A ilha de Sacalina

Anton Tchékhov

A ilha de Sacalina

Notas de viagem

tradução e apresentação
Rubens Figueiredo

posfácio
Samuel Titan Jr.

todavia

Apresentação 7

A ilha de Sacalina 14

Duas cartas de Sacalina 445
Tudo o que puderes ver
Samuel Titan Jr. 455

Apresentação

Anton Tchékhov escreveu *A ilha de Sacalina* entre 1891 e 1894. A matéria do livro são as observações e a pesquisa que fez na ilha, quando lá esteve, em 1890, aos trinta anos de idade. Era solteiro, residia em Moscou, vivia muito ligado aos pais e aos irmãos, que, em boa medida, dependiam dele financeiramente. Nessa altura, Tchékhov era um escritor com poucos anos de carreira, mas já famoso como autor da peça *Ivánov* e de vários contos e novelas marcantes, como *A estepe*. Também havia recebido o prestigioso Prêmio Púchkin de 1888 por uma coletânea de contos.

Tchékhov nasceu na cidade de Taganrog, à beira no Mar de Azov, contíguo ao Mar Negro, bem próximo à fronteira da Ucrânia. Sua família era pobre. O avô tinha sido servo, o pai era um pequeno comerciante que fugiu de Taganrog para não ser preso por dívidas. Tchékhov, porém, ficou na cidade sozinho, ainda adolescente, para não perder uma bolsa concedida pela prefeitura, que lhe permitiu completar os estudos no liceu. De lá, partiu ao encontro dos pais, em Moscou, onde se formou em medicina.

Durante os estudos na faculdade, descobriu que escrever pequenos contos humorísticos para jornais e revistas era uma forma de ganhar o dinheiro de que a família tanto precisava. Na época, a família morava num porão, numa rua onde ficavam os prostíbulos. Assinando sempre com pseudônimo, Tchékhov publicou centenas de contos curtos, que, por mais despretensiosos, na origem, acabaram chamando a atenção de pessoas importantes, no meio. Para compreender o teor dessa atenção, é preciso lembrar que o ambiente cultural russo era a expressão imediata de uma sociedade ávida de progresso e de melhorias para o povo e o país. A atividade artística e intelectual, em conjunto, canalizava grande parte das expectativas históricas nacionais. De modo explícito ou não, as ricas polêmicas em curso permeavam as obras artísticas, que, dessa maneira, se articulavam umas às outras, adquiriam uma densidade de fundo e tendiam a formar um conjunto orgânico, ou pelo menos bem mais coeso do que o habitual.

Foi nesse contexto que Tchékhov recebeu, de escritores e críticos respeitados, a advertência de que deveria levar seu talento mais a sério. A partir de 1886, já médico formado, parou de assinar os textos com pseudônimos e passou a encarar sua atividade literária por outro ângulo, no mínimo, com a mesma responsabilidade com que tratava a medicina e a ciência. Isso já aponta para o caminho que o levou à ilha de Sacalina e ao projeto do livro que resultou dessa verdadeira expedição. Pois o conteúdo da seriedade que ele passou a assumir, como escritor, provinha de um enraizado compromisso histórico da intelligentsia do país, motor da atividade intelectual naquele estágio da sociedade russa.

Mas por que Sacalina? Foi o que alguns amigos e conhecidos de Tchékhov perguntaram, perplexos, em 1889, quando o escritor divulgou seu projeto. O espanto não era gratuito. Sacalina é uma ilha no Pacífico, ao norte do Japão, a bem mais de 9 mil quilômetros de Moscou, num intervalo de sete fusos horários, segundo o critério atual. Seu território é vasto, 76,5 mil quilômetros quadrados, o equivalente a quase duas vezes o estado do Rio de Janeiro. Na época, a ilha representava uma das fronteiras orientais da expansão colonial do Império Russo. Porém o mais importante era que lá o regime tsarista havia instalado uma grande colônia agrícola e penal de deportados.

A ideia de povoar territórios coloniais com criminosos condenados pela justiça estava bem longe de ser uma novidade.

Tratava-se de uma das práticas triviais dos impérios colonialistas, havia mais de cem anos, e era tida como racional e modernizadora. O Império Britânico, por exemplo, implementou projetos desse tipo na América do Norte, onde estados inteiros dos Estados Unidos, como Virginia e Maryland, tiveram origem em colônias penais de trabalhos forçados. Além da Austrália e da África do Sul, a Coroa Britânica adotou amplamente o sistema na Índia, onde as colônias de trabalhos forçados eram especialmente numerosas. O Império Francês reproduziu o mesmo sistema, por exemplo, no território da Guiana, na América do Sul, em especial na Ilha do Diabo, mantida como colônia penal até 1946.

A julgar por seus textos, exceto por algumas referências à Austrália e Caiena, Tchékhov parece que não tinha uma noção clara da larga difusão desse sistema pelo mundo. O fato, porém, é que seu interesse por Sacalina lhe permitia conjugar, de forma produtiva, preocupações de diversas ordens. Primeiro, ele se dizia em dívida com a medicina, e seu projeto compreendia um recenseamento da população deportada, com destaque para as condições higiênicas, sanitárias, nutricionais e médicas. Além disso, a responsabilidade que ele passou a se cobrar no âmbito literário teria ocasião de ser posta à prova, numa esfera em que a gravidade dos fatos não poderia ser mais evidente. Pois, mesmo envolto pelos critérios de objetividade da pesquisa científica e pelos cuidados literários com a linguagem, o tema do livro, em si mesmo, comportava um alcance político que nem o escritor nem ninguém podia ignorar.

A par disso, é bom ressaltar que, entre os contos escritos antes de Sacalina, não eram tão raros aqueles que tinham por tema os criminosos, os julgamentos e a deportação.[1] Numa di-

---

1 M. L. Semánova, "Primetchânia" [Comentários]. In: A. P. Tchékhov, *Pólnoie Sobránoie Sotchiníenii i Píssiem v 30 T.* [Obras completas e cartas em 30 volumes]. Moscou: Naúka, 1974-1983, v. 14-15.

mensão mais pessoal, também pesou na escolha de Sacalina sua tendência a se deslocar constantemente, uma inquietação que já o havia levado a viajar por várias partes da Rússia e, depois disso, o levaria ainda a viajar bastante pelo exterior. Na prática, o projeto de Tchékhov se dividia em três pontos. A viagem de ida e de volta, o recenseamento da população e de suas condições de vida durante os três meses que ia passar em Sacalina e, por último, a redação do livro.

Os preparativos para a viagem exigiram bastante de Tchékhov. Não só adquiriu mapas, como leu 65 obras sobre o assunto, número que chegou a dobrar, depois que regressou e durante os mais de três anos em que escreveu *A ilha de Sacalina*. Tchékhov imaginou várias rotas para a viagem, sempre alteradas por força de circunstâncias imprevisíveis. Enfim, partiu de Moscou no dia 19 de abril de 1890, de trem, para Iaroslavl. De lá seguiu de navio para Níjni Nóvgorod, Kazan e Perm, pelos rios Volga e Kamá. De trem, novamente, seguiu para Ekatierimburg e Tiumién. Daí, viajou de coche para Tomsk, aonde chegou no dia 15 de maio, depois de enfrentar, em balsas, os riscos das travessias dos rios em época de cheia. Nessa altura, Tchékhov observou em si fortes sintomas da tuberculose que o levaria à morte aos 44 anos de idade. De Tomsk a Irkutsk, foram mais de 2 mil quilômetros viajando em coche e até mesmo a pé. De Irkutsk, viajou de navio até o lago Baikal, onde outra embarcação o levou a Kliúievo. Daí, percorreu a pé oito quilômetros até Boiárski e, de coche, até Sriétiensk, já na Transbaikália. Seguiu de navio até Blagoviéschensk e, depois, até Khabárovsk, numa cabine em companhia de um chinês, e por fim chegou a Nikoláievsk, onde começa o primeiro capítulo do livro. De Nikoláievsk, partiu de navio até Sacalina, onde desembarcou, enfim, no dia 11 de julho, após quase três meses.

A viagem de volta também merece a consideração do leitor. Pois Tchékhov resolveu voltar por mar. No dia 13 de outubro, partiu de Sacalina para Vladivostok e de lá para Hong Kong, trajeto em que foi preciso escapar de um tufão. Em seguida, passou por Cingapura e Sri Lanka, onde Tchékhov viajou de trem e começou a redação do conto "Gússev", aproveitando incidentes da viagem. A partir daí, foram treze dias de navio, pelo Oceano Índico, Mar Vermelho e canal de Suez. Mais sete dias pelo Mediterrâneo e o Mar Negro, até Odessa, já no Império Russo. Por fim, chegou a Moscou, no dia 8 de dezembro, após quase dois meses.

A viagem de ida forneceu a matéria para um texto intitulado "Da Sibéria", publicado no periódico *Nóvoie Vrêmia* [Novo Tempo] em forma de cartas, mas que o autor não se interessou em editar em livro e que só voltou a ser publicado após sua morte. Já os três meses que Tchékhov morou na ilha estão descritos aqui, nas páginas de *A ilha de Sacalina*. No entanto, é importante acrescentar algumas informações para o leitor. A fim de fazer o recenseamento sistemático da população, Tchékhov imprimiu milhares de fichas na tipografia do departamento de polícia de Sacalina. Recebeu das autoridades locais um salvo-conduto para visitar toda a ilha e falar com todos os habitantes, exceto os presos políticos. Mas há sinais de que o escritor tenha conversado com alguns deles e de que essa teria sido a fonte da novela *Relato de um desconhecido*, escrita em 1893.

Além da exploração de minas de carvão, o projeto do regime tsarista para Sacalina era o de uma colônia agrícola, em que o preso entrava como forçado, passava à condição de colono, recebendo a propriedade de uma parcela de terra e, por fim, adquiria o estatuto de camponês, que lhe dava a possibilidade de ir para a Sibéria, se desejasse. Lá, podia integrar-se a uma comunidade camponesa ou trabalhar nas cidades, mas sempre como deportado, pois a deportação era perpétua. O intuito oficial, porém, era assentar a população russa no território da ilha, com base na atividade agrícola. Desse modo, a Rússia consolidava sua integração ao restante do país, ao mesmo tempo que se protegia das pretensões expansionistas do Império Japonês. Os problemas envolvidos em todo esse processo são, também, objeto da pesquisa e das reflexões de Tchékhov.

A ilha de Sacalina começou a ser escrito no início de 1891, assim que Tchékhov regressou para Moscou. Entre 1893 e 1894, os dezenove primeiros capítulos foram publicados no periódico *Pensamento Russo*. Os quatro capítulos restantes saíram na mesma revista apenas em 1895,[2] quando a obra, enfim, foi publicada na íntegra em forma de livro.

A ilha de Sacalina é, antes de tudo, uma pesquisa científica, repleta de dados, estatísticas, hipóteses, conclusões e propostas práticas e realistas. A visão do médico profissional se soma, por vezes, à de um etnógrafo amador, mas, outras vezes, deriva para a perspectiva de um autor de livros de viagem, como denota o subtítulo: *Notas de viagem*. De outro lado, nos capítulos se entremeiam o tempo todo passagens de teor autobiográfico em que o leitor é informado sobre o estado de espírito do autor, suas memórias e impressões. Destacam-se também descrições em que o esmero literário sobressai e retratos de personagens reais, traçados com os requintes artísticos de uma página de romance. Há ainda quem aponte no livro elementos de uma longa reportagem. O certo é que se trata de uma obra híbrida, que se movimenta em vários sentidos, o que, como se sabe, constitui uma das características mais significativas e constantes da literatura russa.

A grande repercussão do livro certamente pesou bastante nas pressões para que as autoridades tsaristas promovessem, nos anos seguintes, várias mudanças no regime prisional. Por exemplo: abolição do castigo corporal de mulheres (1893);

---

2 Denise Regina Sales, "A ilha de Tchékhov". Disponível em: <http://sgcd.assis. unesp.br/Home/PosGraduacao/Letras/SEL/anais_2010/deniseregina.pdf>.

mudanças na lei sobre o casamento de deportados (1893); destinação de receitas públicas para o sustento de crianças órfãs (1895); abolição das penas de deportação perpétua e de trabalhos forçados perpétuos (1899); abolição do castigo com chicote e das cabeças raspadas (1903). Em 1906, por fim, a colônia penal de Sacalina foi fechada.

Assim como o Cáucaso — outra área de expansão colonial do Império Russo — deixou marcas duradouras na obra de Liev Tolstói, a experiência de Tchékhov em Sacalina, embora bem mais breve, transparece em vários de seus contos e novelas posteriores e, em certa medida, assinala a transição para um amadurecimento ainda maior, como escritor. Contos importantes, como "O assassinato" e "Na deportação", ecoam de modo profundo aquilo que Tchékhov viveu em Sacalina.

Hoje, na ilha, há vários monumentos em homenagem ao escritor. A pequena casa de toras de madeira em que Tchékhov morou, em Sacalina, no verão de 1890, é um museu histórico-literário, na cidade de Aleksándrovsk-Sakhalinsk. Além disso, na cidade de Iújno-Sakhalinsk, há também um museu dedicado exclusivamente ao livro *A ilha de Sacalina*.

Rubens Figueiredo

A ilha de Sacalina

I

A cidade de Nikoláievsk no Amur — O vapor *Baikal* —
O cabo de Prongue e a entrada no estuário — A península
de Sacalina — La Pérouse, Broughton, Krusenstern
e Nevelskói — Os exploradores japoneses — O cabo
de Djaoré — A costa da Tartária — De-Kástri

No dia 5 de julho de 1890, a bordo de um navio a vapor, cheguei
à cidade de Nikoláievsk, um dos pontos mais orientais de nossa
pátria. Aqui, o rio Amur é muito largo, o mar fica só a 27 verstas;[1]
o local é majestoso e bonito, mas as lembranças do passado dessa
região, os relatos dos companheiros sobre o inverno atroz e sobre os não menos atrozes costumes locais, a proximidade dos
trabalhos forçados e o próprio aspecto da cidade desolada, deserta, tiram completamente a vontade de admirar a paisagem.

Nikoláievsk foi fundada não faz muito tempo, em 1850, pelo
famoso Guenádi Nevelskói, e esse é quase o único ponto de luz
na história da cidade. Nos anos 1850 e 1860, quando, sem poupar soldados, prisioneiros e deportados, implantou-se a civilização nas margens do Amur, os funcionários que administra-
vam a região estabeleceram residência em Nikoláievsk, e todo
tipo de aventureiros, russos e do exterior, acorreram para cá;
colonos se fixaram, atraídos pela extraordinária abundância de
peixes e de animais selvagens e, ao que parece, a cidade não era
desprovida de interesses humanos, pois houve até o caso de um
sábio que, de passagem, julgou possível e necessário dar uma
palestra pública num clube. Já hoje, quase metade das casas foi

---

1 Uma versta equivale a 1,067 quilômetro. [Todas as notas, exceto aquelas
em que aparece a marcação "N.A.", são do tradutor.]

abandonada por seus donos, estão quase em ruínas e as janelas escuras e sem esquadrias olham para nós como as órbitas vazias de uma caveira. Os habitantes levam uma vida sonolenta e embriagada e, no geral, passam fome, comendo o que Deus der a eles. Contentam-se com o envio de peixes para Sacalina, o saque das minas de ouro, a exploração dos nativos, a venda de "pontas", ou seja, de chifres de cervos, com os quais os chineses fazem pílulas estimulantes. No caminho de Khabárovsk para Nikoláievsk, calhou de eu encontrar muitos contrabandistas; aqui, eles não escondem sua profissão. Um deles, depois de me mostrar ouro em pó e um par de chifres, falou com orgulho: "Meu pai também foi contrabandista!". A exploração dos nativos, além das modalidades habituais da embriaguez, do embrutecimento etc., se manifesta às vezes numa forma original. Por exemplo, o comerciante Ivánov, de Nikoláievsk, já falecido, todo verão viajava a Sacalina para cobrar uma taxa dos guiliaques[2] e torturava e enforcava os maus pagadores.

Não há hotel na cidade. Depois do almoço, me permitiram descansar no centro comunitário, uma sala de teto baixo — disseram que ali, no inverno, promovem bailes; quando perguntei onde poderia pernoitar, se limitaram a encolher os ombros. Sem opção, tive de passar duas noites a bordo do navio; quando ele zarpou de volta para Khabárovsk, fiquei, como se diz, como um caranguejo num banco de areia: para onde ir? Minha bagagem estava no cais; eu andava pela beira da água sem saber o que fazer. Bem em frente à cidade, a duas ou três verstas da margem, estava parado o navio a vapor *Baikal*, no qual eu iria para o estreito da Tartária, mas diziam que ele só partiria em quatro ou cinco dias, não antes, embora no mastro já ondulasse a bandeira da partida. E se eu embarcasse e me instalasse no *Baikal*? Mas era embaraçoso: talvez não me

2 Ou *nivkhe*. Povo nativo da região.

deixassem entrar, diriam que era muito cedo. O vento soprava, o Amur se encrespou, formou ondas, como um mar. Veio uma melancolia. Eu caminho até o centro comunitário, almoço demoradamente e ouço que, na mesa vizinha, falam de ouro, de chifres, de um mágico que chegou a Nikoláievsk, de um japonês que arranca dentes sem alicate, só com os dedos. Quando se observa com vagar e atenção, meu Deus, como a vida daqui está distante da Rússia! Desde o *balik*[3] de salmão, que aqui é servido com vodca, até as conversas à mesa, em tudo se sente algo de específico, de não russo. Enquanto eu navegava pelo Amur, tinha a sensação de que não estava na Rússia, mas em algum lugar da Patagônia ou do Texas; sem falar da natureza original e não russa, o tempo todo me parecia que nosso modo de vida russo é completamente estranho aos habitantes do Amur, que Púchkin e Gógol são incompreensíveis ali e, por isso, são desnecessários, que nossa história é maçante e nós, oriundos da Rússia, parecemos estrangeiros. Em relação à política e à religião, percebi uma indiferença completa. Os sacerdotes que vi no Amur comem carne nos dias de jejum, e sobre um deles, que anda de cafetã branco de seda, me contaram, entre outras coisas, que saqueia as minas de ouro, competindo com seus filhos espirituais. Se quisermos ver um habitante do Amur se entediar e bocejar, basta falar com ele sobre política, sobre o governo russo, sobre a arte russa. Aqui, a moralidade é diferente da nossa. A atitude cavalheiresca com as mulheres chega quase às alturas de um culto e, ao mesmo tempo, não se considera condenável ceder a própria esposa a um amigo em troca de dinheiro; ou, melhor ainda: de um lado, há a ausência de preconceitos de classe — aqui, tratam os deportados como iguais; de outro lado, na mata, não é pecado atirar

---

3 Filé de peixe defumado.

num vagabundo[4] chinês, como se fosse um cachorro, ou até, em segredo, caçar prisioneiros fugitivos.

Mas vou continuar a falar de mim. Sem encontrar abrigo, ao anoitecer, resolvi ir para o *Baikal*. Porém, lá, mais um contratempo: as ondas estavam muito altas e os barqueiros guiliaques não quiseram me levar, por dinheiro nenhum. De novo, fiquei andando pela margem, pensando no que fazer. Enquanto isso, o sol já estava se pondo, as ondas do Amur escureciam. Nas duas margens, os cães dos guiliaques latiam com fúria. O que é que eu vim fazer aqui? — me perguntei, e minha viagem me pareceu uma grande insensatez. O pensamento de que os trabalhos forçados já estavam próximos, que dali a alguns dias eu poria os pés em Sacalina sem levar comigo nenhuma carta de recomendação, que poderiam me pedir para ir embora assim que chegasse — esse pensamento desanimador me perturbava. Porém, enfim, dois guiliaques aceitaram me levar ao navio por um rublo e, num bote feito de três tábuas, cheguei a salvo ao *Baikal*.

É um navio a vapor de porte médio, da marinha mercante, que, depois dos vapores da região do rio Amur e do lago Baikal, me pareceu bastante tolerável. Faz viagens entre Nikoláievsk, Vladivostok e portos japoneses, transporta o correio, soldados, prisioneiros, passageiros e cargas, principalmente do governo; por força do contrato fechado com o governo, que lhe paga um considerável subsídio, o navio é obrigado a parar em Sacalina várias vezes durante o verão: no posto de Aleksándrovski e em Korsákov, ao sul. A tarifa é muito alta, provavelmente a mais alta do mundo. É absolutamente incompreensível que coexistam, de um lado, a colonização, que antes de tudo exige liberdade e facilidade de movimento e, de outro, as tarifas caras.

---

4 A palavra "vagabundo" é usada neste livro como designação de uma categoria social, segundo a norma oficial na Rússia tsarista. Refere-se a pessoas sem ofício, sem residência fixa, sem fonte de renda estável.

O refeitório e as cabines no *Baikal* são apertados, mas limpos e completamente equipados à maneira europeia; há um piano. Os criados são chineses, usam tranças compridas e são chamados de *boy*, à inglesa. O cozinheiro também é chinês, mas sua cozinha é russa, embora todas as comidas sejam amargas, por causa do tempero de caril, e tenham um cheiro parecido com o *corylopsis*.[5] Saturado de leituras sobre as tempestades e os gelos do estreito da Tartária, eu esperava encontrar no *Baikal* caçadores de baleia com vozes roucas, que cospem tabaco de mascar quando falam, mas na verdade encontrei pessoas perfeitamente educadas. O comandante do navio, sr. L., nascido na região ocidental, navega pelos mares setentrionais há mais de trinta anos e cruzou essas águas de ponta a ponta e de alto a baixo. Ao longo da vida, viu muitos prodígios, tem um grande conhecimento e conta coisas interessantes. Depois de rodar metade da vida em torno de Kamtchatka e das ilhas Kurilas, talvez ele possa falar, com mais direito que Otelo, dos "mais áridos desertos, dos mais terríveis abismos, dos mais inexpugnáveis penhascos".[6] Devo a ele muitas informações que me foram úteis nestas anotações. Ele tinha três ajudantes: o sr. B., sobrinho do famoso astrônomo B., e dois suecos: Ivan Martínitch e Ivan Veníaminitch, pessoas boas e simpáticas.

No dia 8 de julho, antes do almoço, o *Baikal* levantou âncora. Conosco foram três centenas de soldados, sob o comando de um oficial, e alguns prisioneiros. Um dos presos era acompanhado por uma menina de cinco anos, sua filha, que, quando o pai subiu pelo portaló, se agarrou às correntes que o prendiam. Entre outros, havia uma condenada aos trabalhos forçados que chamava a atenção por ser acompanhada voluntariamente pelo

---

5 Gênero botânico da família das *hamamelidaceae*. **6** *Otelo*, de Shakespeare. Ato I, cena 3.

marido.[7] Além de mim e do oficial, havia na primeira classe mais alguns passageiros de ambos os sexos e, entre eles, até uma baronesa. O leitor não deve se admirar com tamanha fartura de pessoas educadas, aqui, no deserto. No rio Amur e na região de Primórskaia, a intelligentsia conta com um percentual considerável, em razão da população geral reduzida, e assim, aqui, ela é proporcionalmente maior do que em qualquer outra província russa. No Amur, há uma cidade onde só de generais, militares ou civis,[8] existem dezesseis. Agora, deve haver até mais do que isso.

O dia estava calmo e claro. No convés, fazia calor; nas cabines, estava abafado; a água estava a dezoito graus positivos. Um tempo digno do Mar Negro. Na margem direita, a mata pegava fogo; a massa verde interminável expelia labaredas rubras; rolos de fumaça se fundiam numa faixa comprida, negra e imóvel, que pairava acima da mata... Um incêndio enorme, mas em volta reinava a calma e o sossego, a ninguém interessava se as florestas pereciam. Pelo visto, aqui, o tesouro verde pertence só a Deus.

Depois do almoço, às seis horas, já estávamos no cabo de Prongue. Ali termina a Ásia e seria possível dizer que, nesse ponto, o Amur deságua no grande oceano, se a ilha de Sacalina não ficasse bem na sua frente. Diante dos olhos, o estuário se estende e se alarga; à frente, mal se avista uma faixa nebulosa — é a ilha dos trabalhos forçados; à esquerda, perdendo-se

7 Nos barcos do rio Amur e no *Baikal*, os presos se instalam no convés junto com os passageiros da terceira classe. Certa vez, quando saí do navio, ao nascer do dia, para dar uma volta no castelo da proa, vi que soldados, mulheres, crianças, dois chineses e prisioneiros com correntes dormiam profundamente, apertados uns entre os outros; o orvalho os cobria, estava muito frio. A sentinela, de pé no meio desse monte de gente, segurava um fuzil com as duas mãos e também dormia. [N.A.] 8 Havia também o posto de general, na hierarquia do serviço público civil da Rússia tsarista.

nas próprias curvas, a margem desaparece na neblina e segue rumo ao norte misterioso. Parece que lá está o fim do mundo e que, dali em diante, não se pode navegar. A alma é dominada pelo sentimento que, provavelmente, Odisseu experimentou quando navegava por mares desconhecidos e pressentia vagamente o encontro com criaturas extraordinárias. E, de fato, à direita, bem na curva do estuário, onde uma aldeiazinha dos guiliaques se abrigava num banco de areia, criaturas estranhas rumavam em nossa direção a toda pressa, em dois botes, berravam numa língua incompreensível e sacudiam algo. Era difícil entender o que tinham nas mãos, mas, quando chegaram mais perto, distingui pássaros cinzentos.

— Querem nos vender os gansos que caçaram — explicou alguém.

Fizemos uma curva à direita. Por todo nosso trajeto, havia marcos que indicavam o canal de navegação. O comandante não sai da ponte. E o maquinista não se afasta das máquinas; o *Baikal* começa a navegar cada vez mais lentamente e avança quase tateante. É preciso ter grande cautela, pois aqui é fácil encalhar num banco de areia. O vapor tem doze pés e meio de calado, há locais em que a profundidade da água não passa de catorze pés e houve até um momento em que sentimos a quilha raspar na areia. Foi por causa desse canal raso e do quadro especial proporcionado pelas margens da Tartária e de Sacalina que, na Europa, por muito tempo, Sacalina foi considerada uma península. Em 1787, em junho, um conhecido navegador francês, conde La Pérouse, desembarcou na margem ocidental de Sacalina, acima do paralelo 48, e falou com os indígenas. A julgar pelos escritos deixados por ele, em suas margens, encontrou não só os ainos, que já viviam ali, mas também os guiliaques, que vinham fazer comércio, um povo experiente, que conhecia muito bem Sacalina e as costas da Tartária. Desenhando na areia, explicaram para ele que a terra onde moravam é uma ilha e que essa ilha se separa do continente e de Ezo (Japão) pelos estreitos.[9] Em seguida, navegando para o norte ao longo da costa ocidental, ele calculou que ia encontrar uma saída do Mar do Japão, pelo norte, para o Mar de Okhotsk e, desse modo, encurtar consideravelmente sua viagem para Kamtchatka; porém, quanto mais ele subia, mais raso ficava o estreito. A profundidade diminuía uma braça[10] a cada milha. La Pérouse continuou navegando rumo ao norte, enquanto as medidas do navio lhe permitiram e, ao chegar à profundidade de nove braças, parou. A redução gradual e contínua da profundidade e o fato de quase não se perceber uma corrente na água, levaram-no à convicção de que não estava num estreito, mas sim numa enseada e que talvez Sacalina se unisse ao continente por um istmo. Em De-Kástri, pediu orientação a outros guiliaques. Quando ele desenhou a ilha num papel, separada do continente, um dos guiliaques tomou o lápis da sua mão e, fazendo um traço através do estreito, explicou que às vezes eles eram obrigados a carregar seus botes para atravessar aquele istmo e que lá até crescia o capim — assim entendeu La Pérouse. Isso reforçou mais ainda sua convicção de que Sacalina era uma península.[11]

Nove anos depois, o navegador inglês Broughton esteve no estreito da Tartária. Sua embarcação era pequena, o calado não tinha mais de nove pés, por isso ele conseguiu avançar mais do

---

9 La Pérouse escreve que eles chamavam sua ilha de Tchoko, mas com essa palavra, provavelmente, os guiliaques se referiam a outra coisa e ele não entendeu. No mapa do russo Krachenínikov (de 1752), na margem ocidental de Sacalina, está indicado o rio Tchukha. Não teria esse nome Tchukha algo em comum com Tchoko? Por falar nisso, La Pérouse escreve que, ao desenhar a ilha e chamá-la de Tchoko, o guiliaque desenhou também um rio. Na língua guiliaque, Tchoko se traduz pela palavra "nós". [N.A.]   10 Em russo, *sájen*. Equivale a 2,13 metros.   11 Convém, aqui, recordar uma observação de Nevelskói: os nativos costumam fazer um traço entre as margens para indicar que nesse ponto é possível cruzar de bote de uma margem à outra, ou seja, que existe um estreito entre as margens. [N.A.]

que La Pérouse. Quando a profundidade chegou a duas braças, ele mandou o imediato para o norte, a fim de medir a profundidade; em seu caminho, o imediato encontrou, entre os bancos de areia, partes profundas, mas elas iam diminuindo gradualmente e o levaram ora para a margem de Sacalina, ora para baixios arenosos do lado oposto, e com isso formou-se um quadro em que parecia que as duas margens se fundiam; parecia que a enseada terminava ali e que não havia mais passagem. Desse modo, Broughton chegou à mesma conclusão que La Pérouse. Nosso célebre compatriota Krusenstern, ao seguir pela margem da ilha em 1805, caiu no mesmo erro. Navegou para Sacalina já com uma ideia preconcebida, pois usava o mapa de La Pérouse. Passou pela margem oriental, depois de contornar o cabo norte de Sacalina, foi dar no mesmo estreito, tomando o rumo de norte para sul e, ao que parece, já estava bem perto da solução do enigma, mas a redução gradual de profundidade até três braças e meia, o peso específico da água e, sobretudo, a ideia preconcebida o obrigaram a admitir a existência de um istmo, que ele não viu. Mesmo assim, o verme da dúvida ainda o roía por dentro. "É perfeitamente possível", escreveu ele, "que Sacalina tenha sido em algum tempo, e talvez há bem pouco tempo, uma ilha." Pelo visto, ele retornou com o espírito inquieto: na China, quando se deparou pela primeira vez com as anotações de Broughton, ele "se alegrou bastante".[12]

---

12 A circunstância de que três exploradores sérios, como se tivessem combinado, tenham repetido o mesmo erro é algo que fala por si só. Se eles não descobriram a entrada para o rio Amur foi porque tinham à disposição escassos recursos de investigação e, sobretudo, como pessoas geniais, desconfiaram e quase adivinharam outra verdade e deveriam ter levado isso em conta. Hoje está provado que o istmo e a península de Sacalina não são mitos, mas existiram de fato, em algum tempo. A história detalhada da exploração de Sacalina se encontra no livro de A. M. Nikólski, *Ilha de Sacalina, sua fauna de animais vertebrados*. No mesmo livro, é possível encontrar indicações bibliográficas detalhadas relativas a Sacalina. [N. A.]

O erro foi corrigido em 1849 por Nevelskói. A autoridade dos antecessores, no entanto, ainda era tão grande que, quando ele trouxe suas descobertas para Petersburgo, não acreditaram, consideraram uma insolência, passível de punição, e "concluíram" que ele devia ser rebaixado e não se sabe a que ponto isso teria chegado, se não fosse a intercessão do próprio soberano, que julgou seu gesto corajoso, nobre e patriótico.[13] Era um homem culto, de temperamento enérgico, abnegado, humano, impregnado até a medula por suas ideias e dedicado a elas com disposição fanática e pura. Um de seus conhecidos escreveu: "Nunca encontrei pessoa mais honesta". Fez uma carreira brilhante na costa oriental e em Sacalina por mais ou menos cinco anos, mas perdeu a filha, que morreu de fome, ele envelheceu depressa, a esposa também envelheceu e perdeu a saúde, "mulher jovial, bonita e gentil", que suportou todas as privações com heroísmo.[14]

---

13 Detalhes no seu livro: *Feitos dos oficiais russos da marinha no extremo oriente da Rússia. 1849-1855.* [N.A.] **14** A esposa de Nevelskói, Iekatierina Ivánovna, quando partiu de Moscou ao encontro do marido, percorreu a pé 1100 verstas em 23 dias, estando adoentada, passando por pântanos lamacentos, taigas selvagens e montanhosas e por trilhas nas geleiras de Okhotsk. O mais talentoso companheiro de Nevelskói, N. K. Bochniak, que descobriu a enseada do Imperador quando tinha apenas vinte anos e era "um sonhador e uma criança", como dizia um de seus colegas, conta em suas memórias: "No cargueiro *Baikal*, fizemos juntos a travessia para Aian e lá passamos para uma barca frágil, a *Chélekhov*. Quando a barca começou a afundar, ninguém conseguiu convencer a sra. Nevelskáia a desembarcar primeiro. 'O comandante e os oficiais descerão por último', dizia ela, 'e eu vou desembarcar quando não houver nenhuma mulher ou criança a bordo.' Assim ela fez. Nessa altura, a barca já estava de lado...". Mais adiante, Bochniak escreve que, muitas vezes, ao lado de seus camaradas, em companhia da sra. Nevelskáia, nunca ouviu dela nenhuma queixa ou recriminação — ao contrário, sempre percebeu nela a consciência serena e orgulhosa da situação amarga, mas elevada, que a providência lhe reservou. Ela costumava passar o inverno sozinha, em aposentos onde a temperatura não ia além de cinco graus, pois os homens estavam em missão. Quando, em 1852, os cargueiros com provisões não chegaram de Kamtchatka, todos se viram numa situação mais do que desesperadora.

Para encerrar a questão do istmo e da península, julgo relevante registrar ainda alguns pormenores. Em 1710, missionários de Pequim, por ordens do imperador chinês, fizeram um mapa da Tartária; para confeccioná-lo, os missionários chineses usaram mapas japoneses e isso, obviamente, porque só os japoneses, nessa época, tinham condições de saber que os estreitos de La Pérouse e da Tartária podiam ser atravessados. O mapa foi enviado para a França e ganhou fama, porque entrou no Atlas geográfico de D'Anville.[15] Esse mapa deu motivo a um pequeno mal-entendido, ao qual Sacalina deve seu nome. Na costa ocidental de Sacalina, bem na frente da foz do rio Amur, o mapa traz uma inscrição feita pelos missionários: "Saghalien-angahata", o que em mongol significa "rochas do rio negro". Provavelmente, esse nome se referia a algum penhasco ou promontório do rio Amur, mas na França entenderam de outra forma e atribuíram o nome à própria ilha. Daí o nome de Sacalina, mantido também por Krusenstern nos mapas russos. Os japoneses chamavam Sacalina de Karafto ou Karaftu, o que significa "ilha chinesa".

Os trabalhos dos japoneses chegaram à Europa ou tarde demais, quando já não eram mais necessários, ou foram submetidos a correções infelizes. No mapa dos missionários, Sacalina

Não havia leite para as crianças de peito, não havia comida fresca para os doentes e algumas pessoas morreram de escorbuto. Nevelskáia abriu mão de sua única vaca para que ficasse à disposição de todos; todos os alimentos frescos foram cedidos para o proveito geral. Ela tratava os nativos de maneira simples e com tamanha atenção que isso era notado até pelos selvagens. E ela, então, tinha apenas dezenove anos (Tenente Bochniak, *Expedição à região do Amur — Antologia marítima*, 1859, v. 2). Também o marido, em suas memórias, recorda sua tocante relação com os guiliaques: "Iekatierina Ivánovna", escreve ele, "os sentava num círculo no chão, em torno de uma grande tigela de mingau ou de chá, no único aposento que tínhamos, nos fundos da casa, e que servia de salão, sala de estar e refeitório. Encantados com tais gentilezas, toda hora davam palmadinhas no ombro da anfitriã, pedindo que buscasse ora mais *tamtchi* (tabaco), ora mais chá". [N.A.]   15 *Nouvel Atlas de la Chine, de la Tartarie Chinoise e du Thibet*, 1737. [N.A.]

tinha o aspecto de uma ilha, mas D'Anville encarou-o com desconfiança e, entre a ilha e o continente, pôs um istmo. Os japoneses foram os primeiros a explorar a ilha de Sacalina, em 1613, mas na Europa deram a isso tão pouca importância que quando, posteriormente, russos e japoneses trataram da questão de determinar a quem pertencia Sacalina, só os russos falaram e escreveram para defender o direito da primeira exploração.[16] Há muito tempo que se faz necessária uma pesquisa nova, talvez exaustiva, das costas da Tartária e de Sacalina. Os mapas atuais não são satisfatórios, o que se percebe pelo simples fato de que as embarcações, comerciais e militares, muitas vezes encalham em bancos de areia e nas pedras com muito mais frequência do que registram os jornais. É sobretudo graças aos mapas ruins que os comandantes das embarcações, aqui, se mostram muito cautelosos, desconfiados e nervosos. O comandante do *Baikal* não confia no mapa oficial e consulta seu próprio mapa, que ele mesmo vai desenhando e corrigindo, durante a navegação.

Para não encalhar num banco de areia, o sr. L. resolveu não navegar à noite e, depois do pôr do sol, lançamos âncora junto ao cabo de Djaoré. Bem no cabo, no alto do morro, fica uma pequena isbá, onde mora um oficial da marinha mercante, o sr. B., encarregado de fixar os marcos do canal navegável e cuidar deles, e atrás da isbá está a taiga, cerrada e impenetrável. O comandante estava mandando carne fresca para o sr. B.; aproveitei essa circunstância e fui na chalupa

---

16 O agrimensor japonês Mamia Rinzo, em 1808, ao viajar de barco ao longo da costa ocidental, fazia paradas na costa da Tartária e bem na foz do rio Amur e, várias vezes, fez a travessia de ida e volta entre a ilha e o continente. Foi o primeiro a provar que Sacalina é uma ilha. O naturalista russo F. Schmidt se refere com grandes elogios ao mapa feito por Rinzo, julgando que é "especialmente notável, porque obviamente se baseia em levantamentos feitos pelo próprio autor". [N.A.]

até a margem. Em lugar de cais, havia um monte de pedras grandes e escorregadias, nas quais era necessário dar pulos e, no caminho para a isbá, pelo morro, há uma série de degraus feitos de pequenos troncos enterrados no solo quase na vertical, de modo que, ao subir, é preciso segurar-se com força com as mãos. Mas que horror! Enquanto eu escalava o morro e chegava à isbá, nuvens de mosquitos me rodeavam, verdadeiras nuvens, ficou escuro de tantos mosquitos, o rosto e as mãos ardiam e não havia meios de me defender. Acho que se alguém tiver de pernoitar aqui ao ar livre, sem se rodear de fogueiras, poderá morrer ou, no mínimo, ficar louco.

A isbá é dividida ao meio por um vestíbulo: à esquerda, moram os marinheiros; à direita, o oficial e sua família. O dono da casa não estava. Encontrei uma senhora muito educada, vestida com elegância, a esposa do oficial, e duas filhas, meninas pequenas, todas picadas por mosquitos. Nos quartos, as paredes eram todas cobertas de ramos de pinheiro, as janelas estavam toldadas por telas de gaze, havia um cheiro de fumaça, mas, apesar de tudo isso, os mosquitos devoravam as pobres meninas. Na sala, a mobília era barata, típica de um acampamento, mas na decoração sentia-se um toque delicado e de bom gosto. Na parede, pendiam esboços e, entre eles, uma cabecinha de mulher, desenhada a lápis. Revelou-se que B. era pintor.

— Vocês vivem bem aqui? — perguntei à senhora.

— Vivemos bem, exceto pelos mosquitos.

A carne fresca não a deixou alegre; nas suas palavras, ela e as filhas estavam habituadas à carne salgada e não gostavam de carne fresca.

— Além do mais, ontem mesmo cozinhamos trutas — acrescentou.

No caminho de volta até a chalupa, fui acompanhado por um marinheiro triste, que, parecendo adivinhar o que eu queria lhe perguntar, suspirou e disse:

— Por vontade própria, ninguém vem parar aqui!

No dia seguinte, de manhã cedo, retomamos a viagem, com tempo completamente tranquilo e temperatura amena. A costa da Tartária é montanhosa e abundante de picos, ou seja, de cumes cônicos e pontudos. Estava ligeiramente encoberta pela névoa: era a fumaça de distantes incêndios na mata, que, pelo que dizem, pode se adensar a tal ponto que se torna tão perigosa para os marujos quanto o nevoeiro. Se um pássaro voasse em linha reta, vindo do mar e passando por cima do morro, com certeza não encontraria nenhuma habitação, não veria ninguém, numa extensão de quinhentas verstas e até mais... O litoral verdeja alegre sob o sol e, pelo visto, se vira muito bem sem o homem. Às seis horas, estávamos no ponto mais estreito do canal, entre os cabos Pogobi e Lazárev, e víamos as duas margens muito próximas; às oito passamos pelo Gorro de Nevelskói, nome dado a um monte com uma protuberância no topo, semelhante a um gorro. A manhã estava clara, radiosa, e o prazer que eu experimentava era ainda mais forte por causa da consciência de estar vendo aquelas margens.

Entre uma e duas horas, entramos na baía De-Kástri. É o único lugar onde as embarcações que navegam pelo estreito podem buscar abrigo quando há tempestade e, não fosse por isso, a navegação nas margens de Sacalina, que já é bastante inóspita, seria impensável.[17] Existe até a expressão: "fugir para De-Kástri". A baía é linda e construída pela natureza como se fosse por encomenda. É um poço redondo, com três verstas de diâmetro, margens altas, que servem como proteção dos ventos, e com uma saída para o mar que não chega a ser larga. A julgar pelo que se vê de fora, é a baía ideal, mas, que pena! É só aparência; seis meses por ano, ela fica coberta de gelo,

---

17 Sobre o papel dessa baía no presente e no futuro, ver L. Skalkóvski, *O comércio russo no Oceano Pacífico* (p. 75). [N.A.]

tem pouca proteção do vento leste e a água é tão rasa que os navios lançam âncora a duas verstas da margem. A saída para o mar é vigiada por três ilhas, ou, melhor dizendo, por três recifes, que conferem à baía uma beleza peculiar; um deles é chamado de Recife das Ostras: ostras muito grandes e gordas povoam sua parte submersa.

Na margem, há algumas casinhas e uma igreja. É o posto de Aleksándrovski. Ali moram o chefe do posto, seu escriturário e o telegrafista. Um funcionário local que veio almoçar conosco no navio era um senhor entediado e entediante, falou muito durante o almoço, bebeu muito e nos contou uma piada velha sobre uns gansos que, depois de se empanturrarem com frutinhas vermelhas impregnadas de bebida alcoólica e ficarem embriagados, foram tomados por mortos, depenados e jogados fora, e depois, quando voltaram a si, retornaram para casa, sem as penas; o funcionário jurava que a história dos gansos tinha acontecido de fato em De-Kástri, no seu próprio quintal. A igreja não tinha sacerdote e, quando necessário, o padre vinha de Mariinsk. Aqui é muito raro fazer tempo bom, assim como em Nikoláievsk. Dizem que, na primavera deste ano, uma expedição de agrimensores trabalhou aqui e, durante todo o mês de maio, só viu três dias de sol. Já pensou trabalhar sem sol?

No ancoradouro, encontramos os navios de guerra *Bobr* (Castor) e *Tungus* e dois torpedeiros. Recordo outro detalhe: assim que baixamos âncora, o céu escureceu, armou-se um temporal e a água adquiriu uma coloração incomum, verde-clara. O *Baikal* tinha de desembarcar 4 mil *pudi*[18] de cargas do governo e por isso passou a noite em De-Kástri. Para matar o tempo, eu e o maquinista fomos para a coberta para pescar e pegamos uns gobiídeos enormes e de cabeça gorda, como eu

---

18 Um *pud* equivale a 16,3 quilos.

nunca havia pescado nem no Mar Negro nem no Mar de Azov. Também pescamos uma solha. Aqui, os navios sempre descarregam numa lentidão enfadonha, com irritação e má vontade. De resto, essa é a triste sorte de todos nossos portos orientais. Em De-Kástri, descarregam com a ajuda de pequenas barcaças, que só podem chegar à margem na maré cheia e, por isso, quando sobrecarregadas, muitas vezes encalham num banco de areia; em função disso acontece de um navio ficar parado por todo o tempo entre a maré baixa e a maré alta, só por causa de uma simples centena de sacos de farinha. Em Nikoláievsk, a desordem é maior ainda. Lá, quando eu estava no convés do *Baikal*, vi que um rebocador que puxava uma grande barcaça com duas centenas de soldados desprendeu-se de seu cabo de reboque; a barcaça foi arrastada pela correnteza e seguiu direto para a corrente da âncora de um navio à vela, que se encontrava perto de nós. Com o coração apertado, esperávamos que a qualquer momento a barcaça fosse rasgada ao meio pela corrente, porém, por sorte, pessoas corajosas apanharam o cabo a tempo e os soldados se safaram apenas com um susto.

II

Breve geografia — Chegada a Sacalina do Norte —
Incêndio — O embarcadouro — Arrabaldes — Almoço
com o sr. L. — Contatos — General Kononóvitch —
Chegada do governador-geral — Almoço e iluminações

Sacalina fica no Mar de Okhotsk e resguarda, do oceano, quase mil verstas do litoral oriental da Sibéria e a entrada da foz do rio Amur. Tem um formato que se alonga do norte para o sul e, segundo um dos autores, seu desenho faz lembrar um esturjão. Sua posição geográfica é: de $45^{\circ}54'$ a $54^{\circ}53'$ de latitude norte, e de $141^{\circ}40'$ a $144^{\circ}53'$ de longitude leste. A parte norte de Sacalina, atravessada pela linha do congelamento eterno do solo, devido à sua posição, pertence à província de Riazan, e a parte sul, à província da Crimeia. A ilha tem novecentas verstas de comprimento; sua parte mais larga alcança 127 verstas e a mais estreita, 25. É duas vezes maior do que a Grécia e uma vez e meia maior do que a Dinamarca.

Sua antiga divisão em norte, centro e sul era inconveniente, do ponto de vista prático, e agora se divide apenas em norte e sul. O terço superior da ilha, por suas condições de clima e de solo, é completamente inadequado para o povoamento e por isso não é levado em conta; o terço central se chama Sacalina do Norte e o inferior, do Sul; não existe uma fronteira rigorosa entre as duas últimas. Hoje em dia, os deportados vivem no norte, no rio Duika e no rio Tim; o Duika deságua no estreito da Tartária e o Tim, no mar de Okhotsk e, no mapa, os dois rios se juntam, em suas cabeceiras. Os deportados vivem também na costa ocidental, na pequena extensão acima e abaixo da foz do rio Duika. Para fins administrativos, Sacalina do Norte se divide em dois distritos: de Aleksándrovski e de Tímovski.

31

Depois de pernoitarmos em De-Kástri, no dia seguinte, 10 de julho, ao meio-dia, fizemos a travessia do estreito da Tartária rumo à foz do rio Duika, onde fica o posto de Aleksándrovski. Dessa vez, o tempo estava sereno, claro, como agora é muito raro acontecer. No mar perfeitamente liso, baleias passeavam em pares, lançando chafarizes para o alto, e esse espetáculo lindo e original nos divertiu durante todo o caminho. Porém, confesso, meu estado de ânimo não era alegre e, quanto mais perto de Sacalina, pior ficava. Eu estava inquieto. O oficial que acompanhava os soldados, ao saber por que eu ia a Sacalina, muito se admirou e passou a me garantir que eu não tinha nenhum direito de me aproximar dos trabalhos forçados e da colônia, já que não pertenço ao serviço do governo. Naturalmente, eu sabia que ele não tinha razão, porém, mesmo assim, suas palavras me deixaram assustado e temi que, em Sacalina, eu fosse me deparar exatamente com a mesma opinião.

Já depois das oito horas, quando baixaram âncora, a taiga de Sacalina ardia em grandes fogueiras em cinco pontos, na margem. Através da escuridão e da fumaça, que se alastrava pelo mar, eu não via o cais nem as construções e mal conseguia distinguir as luzinhas embaçadas do posto da guarda, duas das quais eram vermelhas. O quadro terrível, grosseiramente feito de trevas, silhuetas de morros, fumaça, chamas e fagulhas em brasa, parecia uma cena fantástica. No plano esquerdo, erguia-se alto para o céu o clarão avermelhado de incêndios distantes; parecia que Sacalina inteira estava em chamas. À direita, a massa escura e pesada do cabo Jonquière avança para o mar, semelhante ao monte Aiu-Dag, na Crimeia; no seu cume, brilha um farol e embaixo, na água, entre nós e a margem, há três recifes pontiagudos — os Três Irmãos. E tudo isso no meio da fumaça, como no inferno.

Uma lancha se aproximou do navio, puxando uma barcaça. Nela, vinham condenados aos trabalhos forçados para descarregarem o navio a vapor. Ouviam-se palavras em língua tártara e palavrões.

— Não deixem que subam a bordo! — soou um grito no convés. — Não deixem! De madrugada, vão saquear o navio todo!

— Aqui em Aleksándrovski ainda é fácil — me disse o maquinista, ao notar a impressão penosa que a margem produzia em mim. — Você vai ver só como é em Duê! Lá, a margem é totalmente íngreme, com desfiladeiros escuros e camadas de carvão... que margem sinistra! Às vezes, no *Baikal*, a gente levava para Duê uns duzentos ou trezentos condenados aos trabalhos forçados e, quando eu via, muitos deles já estavam chorando, só de olhar para a margem.

— Não são eles: aqui, nós é que somos os condenados aos trabalhos forçados — disse o comandante com irritação. — Agora, está calmo, mas se o senhor visse no outono: é vento, nevasca, frio, as ondas invadem o convés... É um deus nos acuda!

Fiquei no navio para pernoitar. De manhã cedo, às cinco horas, me acordaram com gritos: "Rápido! Rápido! A lancha vai fazer a última viagem para a margem! Vamos partir já!". Num minuto, eu já estava sentado na lancha, a meu lado estava um jovem funcionário de rosto zangado e sonolento. A lancha tocou o apito e partimos rumo à margem, rebocando duas balsas com forçados. Exauridos pelo trabalho noturno e sem dormir, os prisioneiros estavam debilitados e tinham expressões lúgubres; mantinham-se calados o tempo todo. Os rostos estavam cobertos pelo orvalho. Agora, me vêm à memória alguns caucasianos de traços muito marcados e de gorros de pele enterrados até as sobrancelhas.

— Permita que me apresente — disse o funcionário. — Registrador colegiado[1] D.

---

[1] Patente mais baixa na hierarquia do serviço público na Rússia tsarista.

Foi a primeira pessoa de Sacalina que conheci, poeta, autor do poema de denúncia "Sakhalino", que começava assim: "Diga, doutor, se não é em vão...". Depois, esteve comigo muitas vezes e passeou comigo por Aleksándrovski e seus arredores, contando-me anedotas ou recitando versos sem fim, de sua própria obra. Durante as noites de inverno, ele escreve contos liberais, mas, sempre que pode, gosta de informar que é registrador colegiado e ocupa um cargo de décima classe;[2] quando uma mulher simples o procurou para tratar de um assunto de trabalho e o tratou por sr. D., ele ficou ofendido e gritou, indignado: "Para você, não sou sr. D., mas Sua Excelência!".[3] No caminho para a margem, perguntei-lhe acerca da vida em Sacalina, como era e o que havia lá, e ele deu um suspiro funesto e disse: "O senhor vai ver!". O sol já estava alto. O que, na véspera, estava escuro e soturno e havia assustado minha imaginação, agora estava afogado no brilho da manhã; o gordo e desajeitado cabo Jonquière, com o farol, os Três Irmãos e as margens altas e escarpadas, que se avistam a dezenas de verstas de distância e de ambos os lados, a nuvem translúcida nos morros e a fumaça dos incêndios formavam, sob o brilho do sol e do mar, um quadro até bonito.

Aqui não há desembarcadouro e as margens são perigosas, do que dá um testemunho impressionante o navio sueco *Atlas*, que sofreu naufrágio pouco antes da minha chegada e agora estava encalhado na margem. Os navios costumavam parar a uma versta da margem, raramente menos que isso. Até existe um desembarcadouro, mas só para lanchas e barcaças. É uma estrutura grande, com algumas braças de extensão, que avança no mar na forma de uma letra T; grossas estacas cortadas de árvores, fincadas com força no fundo do mar, formam caixas,

---

2 Na verdade, seu cargo era da 14ª classe.   3 Na Rússia tsarista, havia uma forma de tratamento própria para cada faixa da hierarquia do serviço público.

cheias de pedras até em cima; o piso é de tábuas, mas, ao longo de todo o cais, estão instalados trilhos para as vagonetas. No final largo do T, há uma casinha — o escritório do cais — e ali há um mastro alto e negro. A construção é sólida, mas não é para durar muito. Na hora de uma tormenta das boas, como dizem, as ondas às vezes chegam às janelas da casinha e os respingos voam até a verga do mastro, fazendo o cais inteiro sacudir.

Na margem, perto do cais, pelo visto sem ter o que fazer, vagava meia centena de condenados aos trabalhos forçados: uns de *khalat*,[4] outros de casaco ou paletó de feltro cinzento. Ao me verem, as cinquenta pessoas tiraram os gorros — honraria que, provavelmente, nenhum literato jamais recebera, até então. Na margem, estava um cavalo, atrelado a uma charrete de quatro rodas e sem molas. Os forçados levaram minha bagagem para a charrete, um homem de barba preta, paletó e camisa por fora da calça sentou na boleia. Partimos.

— Para onde Vossa Excelência ordena? — perguntou, virando-se e tirando o gorro.

Perguntei se ali não se podia arranjar algum alojamento para alugar, mesmo que fosse de um cômodo só.

— Claro que sim, Vossa Excelência, pode-se arranjar.

As duas verstas do cais até o posto da guarda de Aleksándrovski foram percorridas numa estrada excelente. Em comparação com os caminhos da Sibéria, aquela estrada limpa, lisa, com drenos laterais e lanternas, parece um verdadeiro luxo. Ao lado, correm os trilhos da via férrea. Mas, no caminho, a natureza impressiona por sua pobreza. No alto das montanhas e morros que circundam o vale de Aleksándrovski, no qual corre o rio Duika, há tocos de árvore queimados ou despontam, como espinhos de um ouriço, troncos de lariços, estorricados pelo

---

4 Espécie de túnica folgada e com mangas compridas, típica da Ásia Central (Turquia, Irã, Paquistão etc.), muito usada na Rússia.

vento seco ou pelos incêndios, e embaixo, pelo vale, há montinhos de terra e de capim azedo — vestígios do pântano impenetrável que existia aqui até pouco tempo. Os recentes cortes de valas na terra deixam à mostra, para todos, a pobreza do solo pantanoso calcinado, com uma camada de terra preta ruim de apenas meio *verchok*.[5] Nem pinheiros nem carvalhos nem bordos — apenas uns lariços mirrados, de dar pena, como que corroídos, que aqui servem não para embelezar os bosques e os parques, como entre nós, na Rússia, mas como um sinal do solo ruim e pantanoso e do clima inóspito.

O posto de Aleksándrovski, ou, na forma abreviada, Aleksándrovski, compreende uma cidadezinha agradável de tipo siberiano, com uns 3 mil habitantes. Nela, não há nenhuma construção de pedra, tudo é feito de madeira, sobretudo de madeira de lariço: a igreja, as casas, as calçadas. Aqui fica a residência do comandante da ilha, o centro da civilização de Sacalina. A prisão se encontra perto da rua principal, mas, olhando de fora, mal se diferencia de um quartel militar e, por isso, Aleksándrovski não tem, absolutamente, aquele aspecto sombrio de presídio que eu esperava encontrar.

O cocheiro me levou a um arrabalde de Aleksándrovski, um subúrbio do posto, e à casa de P., um deportado camponês. Mostraram-me as acomodações. Tinha um quintalzinho pequeno, calçado com toras, à maneira siberiana, e com toldos em volta; a casa tinha cinco aposentos amplos e limpos, uma cozinha, mas nenhum sinal de mobília. A senhoria, uma jovem camponesa, trouxe uma mesa e, um minuto depois, cinco banquinhos.

— Esta casa, nós alugamos por 22 rublos, com a lenha, e sem a lenha, por quinze — disse.

---

5 Um *verchok* equivale a 4,4 centímetros.

E uma hora depois, quando trouxe o samovar, disse, com um suspiro:

— Onde já se viu se meter num lugar como este!

Quando menina, ela foi para lá com a mãe, atrás do pai, condenado aos trabalhos forçados e que, até aquele momento, ainda não tinha terminado de cumprir sua pena; agora, ela estava casada com um deportado camponês, o velho soturno que eu vi vagamente ao passar pelo quintal; estava com alguma doença, deitado sob um toldo, e gemia.

— Agora, em nossa terra, na província de Tambov, estão ceifando, eu aposto — disse a senhoria. — E aqui, olhe só, quem dera eu nunca tivesse posto os olhos neste lugar.

E, de fato, era triste de ver: na janela, havia canteiros de mudas de repolho; perto deles, valetas malfeitas; ao longe, se avistava um lariço mirrado, murcho. Gemendo e com as mãos apertando os lados do corpo, entrou o dono da casa e começou a se queixar comigo, da colheita ruim, do clima frio, da terra má. Os trabalhos forçados e a colonização não foram maus para ele: tinha agora duas casas, cavalos, vacas, muitos empregados, enquanto ele mesmo nada fazia, casado com uma jovem e, acima de tudo, já havia muito tempo que tinha o direito de se mudar para o continente — e, mesmo assim, se queixava.

Ao meio-dia, andei por aquele subúrbio. Na extremidade dele, ficava uma casinha bonita, com um jardinzinho na frente e uma tabuleta de cobre na porta, ao lado de uma pequena loja, que dava para o mesmo pátio que a casinha. Fui até lá comprar algo para comer. "Estabelecimento comercial" e "Empório de comércio e corretagem" — assim se chamava a lojinha modesta, segundo os impressos e manuscritos que guardei comigo e que apresentam listas de preços, pertencente ao colono deportado L., ex-oficial da guarda, condenado doze anos antes pelo crime de homicídio por um tribunal de Petersburgo. Já havia cumprido a pena e agora trabalhava no comércio, além de prestar vários serviços nas estradas e outras coisas, ganhando por isso um salário de carcereiro. A esposa era livre, oriunda da nobreza, trabalhava como enfermeira no hospital da prisão. Na lojinha, vendiam estrelinhas para as dragonas dos uniformes, *rakhat-lukum*,[6] serras transversas, foices e "chapéus da moda para senhoras, dos melhores modelos, de quatro rublos e cinquenta copeques e de doze rublos, cada". Enquanto eu falava com o vendedor, na lojinha, entrou o proprietário, com jaqueta de seda e gravata colorida. Apresentamo-nos.

— Tenha a bondade de almoçar em minha casa — propôs.

Aceitei e fomos até lá. Sua residência era confortável. Mobília vienense, flores, um piano mecânico Ariston americano e uma cadeira de balanço em curva, na qual L. se balança depois do almoço. Além da esposa, encontrei mais quatro convidados na sala de jantar, todos funcionários. Um deles, um velhote sem bigode e de costeletas brancas, com o rosto semelhante ao do dramaturgo Ibsen, era um médico novo no hospital militar local, o outro, também velho, apresentou-se como oficial do estado-maior da divisão de cossacos de Oremburgo. Desde as primeiras palavras, esse oficial me deixou a impressão de um homem excelente e grande patriota. Modesto, generoso e sensato, mas, quando falavam de política, ficava fora de si e se punha a falar, com emoção autêntica, sobre a potência da Rússia e, com desprezo, sobre os alemães e os ingleses, a quem nunca tinha visto na vida. A respeito desse homem, contam que, quando estava indo para Sacalina, de navio, quis descer em Cingapura para comprar um lenço de seda para a esposa e lhe propuseram trocar o dinheiro russo por dólares, mas ele se ofendeu e disse: "Onde já se viu? Pois agora eu vou trocar nosso dinheiro cristão ortodoxo por esse dinheiro etíope?". E o lenço não foi comprado.

6 Doce turco.

No almoço, serviram sopa, frango e sorvete. Também serviram vinho.

— Quando cai a última neve por aqui, aproximadamente? — perguntei.

— Em maio — respondeu L.

— Não é verdade, em junho — disse o médico parecido com Ibsen.

— Conheço um colono — disse L. — que semeou um trigo californiano que rendeu duas vezes o peso das sementes plantadas.

E nova contestação da parte do médico:

— Não é verdade. Sacalina não dá nada para a gente. Terra desgraçada.

— No entanto, queira me perdoar — disse um dos funcionários —, no ano de 1882, o trigo chegou a render quarenta vezes o peso das sementes plantadas. Sei muito bem disso.

— Não acredite — disse-me o médico. — Querem jogar areia nos olhos do senhor.

Durante o almoço, também contaram a seguinte lenda: quando os russos ocuparam a ilha e depois começaram a humilhar os guiliaques, o xamã dos guiliaques rogou uma praga contra Sacalina e predisse que dela não iam conseguir nada.

— E foi isso mesmo que aconteceu — suspirou o médico.

Depois do almoço, L. tocou no piano Ariston. O médico me convidou para me mudar para sua casa e, naquele mesmo dia, à noite, eu estava instalado na rua principal do posto, numa das casas mais próximas das repartições públicas. Nessa noite, teve início minha iniciação nos segredos de Sacalina. O médico me contou que, pouco tempo antes de minha chegada, na ocasião da inspeção médica do gado no cais marítimo, ocorreu uma forte desavença entre ele e o comandante da ilha e que, no final, o general chegou até a ameaçá-lo com a bengala; no dia seguinte, ele teve seu pedido de demissão aceito, sem que tivesse apresentado nenhum pedido de demissão. O médico me mostrou um monte de papéis, escritos por ele, como disse, em defesa da verdade e movido por sentimento humanitário. Eram folhas com petições, queixas, relatórios e... denúncias.[7]

— Mas o general não vai gostar de o senhor ter ficado na minha casa — disse o médico e, de modo expressivo, piscou o olho.

No dia seguinte, fui visitar o comandante da ilha, V. O. Kononóvitch. Apesar do cansaço e da falta de tempo, o general me recebeu de modo extremamente amável e conversou comigo por mais ou menos uma hora. É instruído, lido e, além do mais, possui grande experiência prática, pois, antes de ser nomeado para trabalhar em Sacalina, comandou os trabalhos forçados de Kara por dezoito anos; fala bonito, escreve bonito e deixa a impressão de uma pessoa sincera, imbuída de aspirações humanitárias. Não consigo esquecer a satisfação que as conversas com ele me proporcionaram e a impressão agradável que me causou, desde o início, sua aversão aos castigos corporais, manifestada constantemente. G. Kennan,[8] em seu livro famoso, refere-se a ele com admiração.

Ao saber que eu tinha intenção de passar alguns meses em Sacalina, o general me preveniu que viver ali era penoso e maçante.

— Todos querem fugir daqui — disse ele. — Os forçados, os colonos, os funcionários. Eu ainda não tive vontade de fugir, mas já sinto certo cansaço devido ao trabalho cerebral, que aqui é muito exigido, graças, sobretudo, ao caráter disperso das atividades.

---

7 Aqui está uma amostra de denúncia telegráfica: "Em obrigação à consciência e ao artigo 712, tomo terceiro, é meu dever incomodar Vossa Senhoria para que se providencie a defesa da justiça contra a impunidade das extorsões, fraudes e torturas perpetradas por N". [N.A.] 8 G. Kennan (1845-1924), autor de vários livros sobre a Sibéria.

Prometeu-me total cooperação, mas pediu para esperar um pouco: em Sacalina, estavam se preparando para a chegada do governador-geral e todos estavam ocupados.

— Mas estou contente de o senhor estar hospedado na casa de nosso inimigo — disse, ao se despedir. — O senhor ficará sabendo de nossos pontos fracos.

Até a chegada do governador-geral, morei em Aleksándrovski, na casa do médico. A vida nada tinha de rotineiro. Quando acordava, de manhã, os sons mais variados me faziam recordar onde estava. Diante das janelas abertas, na rua, sem pressa, com um barulho ritmado, passavam os acorrentados; na frente de nossa casa, no quartel militar, soldados da banda militar ensaiavam as marchas que iam tocar na visita do governador-geral e, nessas horas, a flauta tocava uma peça, o trombone, outra e o fagote, uma terceira, e o resultado era um caos inimaginável. Já dentro de nossa casa, os canários piavam incansáveis, meu anfitrião médico andava de um lado para outro e, enquanto folheava livros de leis, pensava em voz alta:

— Se com base no artigo tal, eu apresentar uma petição em tal lugar etc.

Ou sentava junto ao filho para redigir alguma denúncia. Do lado de fora, fazia muito calor. Andavam até queixando-se de uma seca, e os oficiais circulavam de túnica, o que não acontece em todos os verões. Ali, o movimento nas ruas é muito mais significativo do que em nossas cidades de província e isso é fácil de explicar, por conta dos preparativos para a visita da maior autoridade da região e, sobretudo, pelo predomínio, na população local, de pessoas em idade de trabalhar, que passam a maior parte do dia fora de casa. Além do mais, ali, numa área pequena, se concentram uma prisão com mais de mil pessoas e um quartel militar com quinhentos soldados. Estavam construindo às pressas uma ponte sobre o rio Duika, levantavam arcos, limpavam, pintavam, varriam, marchavam. Pelas ruas, passavam troicas e parelhas com guizos — dizem que são os cavalos para o governador-geral. Tamanha era a afobação que trabalhavam até nos feriados.

Em certo momento, na rua, um bando de guiliaques, os aborígenes locais, se dirigia à delegacia de polícia e contra eles latiam os pacíficos cães vira-latas de Sacalina, os quais, não se sabe por que razão, só latem para os guiliaques. Depois, outro grupo: forçados, com grilhões nos pés, de gorro e sem gorro, tilintando as correntes, empurram um carrinho pesado, cheio de areia, meninos se penduram atrás do carrinho, os soldados da escolta caminham de ambos os lados, arrastando os pés, de rosto vermelho, suado, e fuzil no ombro. Depois de descarregar a areia na área na frente da casa do general, os acorrentados voltam pelo mesmo caminho e se ouve o tempo todo o som dos grilhões. Um forçado, de *khalat* com um ás de ouros,[9] anda de casa em casa e vende mirtilos. Quando saio pela rua, quem está sentado se levanta e todos que encontro no caminho tiram o chapéu.

Os forçados e os colonos, com poucas exceções, andam livremente pela rua, sem grilhões e sem escolta e, a cada passo, são encontrados em bandos ou sozinhos. Eles ficam na rua e também dentro das casas, porque são cocheiros, vigias, cozinheiros, cozinheiras e babás. Para quem não está habituado, tal proximidade, no início, incomoda e causa perplexidade. Passamos por uma construção e lá estão os forçados empunhando machados, serras e martelos. Ora, já pensou, é só levantar a mão e atacar! Ou então, vamos à casa de um conhecido e, como ele não está, sentamos para escrever um bilhete e, atrás de nós, naquele momento, o criado aguarda — um forçado com uma faca que ele acabou de usar para descascar uma batata na cozinha. Ou, às vezes, de manhã cedinho, mais ou menos às quatro horas, acordamos com algum rumor, vamos

---

9 Referência ao losango costurado nas costas da roupa dos forçados.

ver o que é — na ponta dos pés, prendendo a respiração, um forçado se aproxima da cama. O que é? Para quê? "Vim limpar os sapatos, Vossa Excelentíssima." Quando vi, eu já estava acostumado. Todos se acostumam, até as mulheres e as crianças. As damas ficam absolutamente tranquilas quando deixam os filhos para passear com babás condenadas à prisão perpétua.

Um jornalista escreveu que, no início, tinha medo até dos arbustos e, quando encontrava um prisioneiro nas ruas e nos becos, logo apalpava o revólver, dentro do casaco, mas que depois se acalmou, chegando à conclusão de que "os forçados, em geral, são um bando de carneiros, medrosos, preguiçosos, semiesfomeados e servis". Para pensar que é por covardia e preguiça que os presos russos não matam e roubam quem passa por eles na rua é preciso ter uma opinião muito ruim sobre o ser humano em geral ou simplesmente não saber nada sobre o ser humano.

O governador-geral da região do rio Amur, barão A. N. Korf, esteve em Sacalina no dia 19 de julho, no navio de guerra *Bobr*. Na praça, entre a casa do comandante da ilha e a igreja, ele foi recebido pela guarda de honra, pelos funcionários e por uma multidão de colonos e forçados. Tocaram a mesma música de que falei há pouco. Um velho de ar respeitável, um ex-forçado que havia enriquecido em Sacalina, cujo nome de família era Potiómkin, levou pão e sal[10] para o governador, numa bandeja de prata de fabricação local. Na praça, também estava o meu anfitrião, o médico, de fraque preto e quepe, trazendo nas mãos uma petição. Foi a primeira vez que vi a multidão dos habitantes de Sacalina e não me escapou sua lamentável peculiaridade: era constituída por homens e mulheres em idade de trabalhar, além de velhos e crianças, mas os jovens eram de todo ausentes. Parecia não haver ninguém entre os treze e os

---

10 Gesto de boas-vindas, na tradição russa.

vinte anos. E fiz a mim mesmo a seguinte pergunta: Isso não é sinal de que a juventude, quando cresce um pouco, abandona a ilha na primeira oportunidade?

Um dia depois de sua chegada, o governador-geral deu início à inspeção da prisão e dos assentamentos de colonos. Em toda parte, os colonos, que o haviam esperado com grande impaciência, lhe entregavam petições e apresentavam requerimentos orais. Cada um falava por si ou um falava por toda a colônia e, como a arte da oratória floresce em Sacalina, nenhum assunto se resolvia sem discursos; o colono Máslov, de Debrinsk, em seu discurso, várias vezes chamou o comandante da ilha de "muito misericordioso comandante". Infelizmente, muito poucos daqueles que se dirigiram ao barão A. N. Korf pediram o que era necessário. Ali, como na Rússia, em situações semelhantes, se revela a lamentável ignorância dos mujiques: não pediam escolas, tribunais, salários, mas várias bobagens: um queria um subsídio do governo, outro queria adotar uma criança — em suma, entregaram petições que poderiam ser atendidas pelo comandante da ilha. A. N. Korf tratava seus pedidos com toda a atenção e boa vontade; profundamente comovido por sua condição de pobreza, fazia promessas e alimentava as esperanças de uma vida melhor.[11] Em Árkovo, quando o adjunto do inspetor da prisão relatou: "Na colônia de Árkovo, tudo corre bem", o barão apontou para a colheita do inverno e da primavera e disse: "Tudo corre bem, exceto o fato de que, em Árkovo, não há comida". Na prisão de Aleksándrovski, por ocasião da sua vinda, os prisioneiros receberam carne fresca e até carne de cervo para comer; ele percorreu todas as celas, recebeu os pedidos e mandou tirar os grilhões de muitos.

---

11 E até esperanças impossíveis. Num assentamento de colonos, ao dizer que os deportados camponeses agora tinham o direito de mudar-se para o continente, ele disse também: "E depois vocês podem ir para sua terra, na Rússia". [N.A.]

No dia 22 de julho, depois da missa e da parada (era dia de festa), um carcereiro veio me avisar que o governador-geral queria me ver. Fui até lá. A. N. Korf me recebeu muito carinhosamente e conversou comigo mais ou menos meia hora. Nossa conversa se deu em presença do general Kononóvitch. Entre outras coisas, me perguntaram se não tenho alguma missão oficial. Respondi: Não.

— O senhor não vem, pelo menos, a mando de alguma sociedade científica ou de algum jornal? — perguntou o barão.

Eu trazia no bolso uma credencial de jornalista, porém, como eu não pretendia publicar nos jornais o que quer que fosse sobre Sacalina, não quis induzir a um engano pessoas que me tratavam, obviamente, com total confiança, e respondi: Não.

— Autorizo o senhor a ir aonde quiser — disse o barão. — Nada temos a esconder. Aqui, o senhor vai observar tudo, lhe darão salvo-conduto para todas as prisões e colônias, o senhor poderá fazer uso dos documentos necessários para seu trabalho, numa palavra, as portas estarão abertas para o senhor, em toda parte. Só não posso autorizar uma coisa: nenhum contato com os presos políticos será possível, pois não tenho direito de autorizar isso.

Ao se despedir, o barão me disse:

— Amanhã conversaremos mais. Traga papel.

No mesmo dia, participei de um almoço solene na casa do comandante da ilha. Lá, travei conhecimento com quase toda a administração de Sacalina. Durante o almoço, tocaram música, fizeram discursos. Em resposta ao brinde em sua saúde, A. N. Korf disse algumas palavras, das quais agora me recordo estas: "Estou convencido de que, em Sacalina, a vida é mais leve para os 'infelizes' do que em qualquer outro lugar da Rússia e até da Europa. Em relação a isso, os senhores ainda têm muito que fazer, pois o caminho do bem é infinito". Cinco anos antes, ele tinha estado em Sacalina e, agora, encontrava um progresso notável, acima de todas as expectativas. Suas palavras elogiosas não se conciliavam com a consciência de fatos como a fome, a prostituição geral das mulheres deportadas, os castigos corporais cruéis, mas os ouvintes deviam estar acreditando nele: em comparação com o que existia cinco anos antes, o presente se apresentava quase como o início de uma era de ouro.

À noite, houve luzes. Nas ruas, iluminadas por lampiões e fogos de bengala, a multidão de soldados, forçados e colonos ficou passeando até tarde da noite. A prisão estava aberta. O rio Duika, sempre miserável e lamacento, com as margens peladas, agora estava enfeitado, em ambos os lados, com lanternas coloridas e fogos de bengala que refletiam suas luzes na água e, dessa vez, o rio estava bonito, até majestoso, mas também ridículo, como a filha de uma cozinheira em quem vestiram a roupa da nobre dona da casa, para provar. No jardim do general, tocavam música e cantavam em coro. O canhão dava tiros de festim e ribombava. No entanto, apesar de tamanha alegria, as ruas tinham um ar melancólico. Nem canções nem acordeão nem um bêbado sequer; as pessoas vagavam como sombras, mudas como sombras. Mesmo sob a iluminação dos fogos de bengala, os trabalhos forçados continuavam sendo os trabalhos forçados, e a música, quando ouvida de longe por alguém que sabe que nunca mais voltará para sua terra, só inspira uma tristeza mortal.

Quando fui à residência do governador-geral, levando papel, ele expôs para mim sua visão dos trabalhos forçados e da colônia penal de Sacalina e propôs que eu anotasse tudo que dizia, o que eu, naturalmente, tratei de fazer com satisfação. Depois de tudo anotado, ele me propôs dar este título: "Descrição da vida dos infelizes". De nossa conversa anterior a essa, em que anotei o que ele ditava, formou-se minha convicção de que se tratava de um homem nobre e generoso, mas que não conhecia a "vida dos infelizes" tão de perto quanto imaginava.

Aqui estão algumas linhas da descrição: "Ninguém deve ser privado da esperança de recuperar plenamente seus direitos; não existe castigo para toda a vida. A pena de trabalhos forçados perpétuos não vai além de vinte anos. Os trabalhos forçados não são pesados. O trabalho não é voluntário e não traz benefício pessoal para o trabalhador — nesse aspecto, é pesado, e não pelo esforço físico. Não há correntes, não há sentinelas, não há cabeças raspadas".

Os dias ficaram mais bonitos, com céu claro e ar translúcido, semelhantes aos nossos dias de outono. O entardecer era maravilhoso; recordo o lado oeste iluminado por um clarão de brasa, o mar azul-escuro e a lua completamente branca, que subia por trás do monte. Nesses fins de tarde, eu adorava passear de charrete pelo vale, entre o posto da guarda e a aldeia de Novo-Mikháilovka; ali, a estrada é lisa, reta, a seu lado correm os trilhos para as vagonetas e os fios do telégrafo. Quanto mais longe de Aleksándrovski, mais o vale fica estreito, mais a escuridão se adensa, bardanas gigantes começam a tomar o aspecto de plantas tropicais, montes escuros avançam de todos os lados. Ao longe, um clarão de fogo, onde queimam carvão e, também ao longe, as chamas de um incêndio na mata. A lua sobe. De repente, um quadro fantástico: na minha direção, pelos trilhos, de pé sobre uma pequena plataforma sobre rodas, vem um forçado, de roupa branca. Dá uma sensação de pavor.

— Não está na hora de voltar? — perguntei ao cocheiro.

O cocheiro, um forçado, dá a volta com os cavalos, depois olha para trás, para os montes e as luzes, e diz:

— Aqui é uma tristeza, Vossa Excelência. Na Rússia, a gente tem coisa melhor.

III

O recenseamento — Conteúdo das fichas
estatísticas — O que perguntei e como me
responderam — A isbá e seus habitantes — Opiniões
dos deportados sobre o recenseamento

A fim de visitar todos os assentamentos de colonos que fosse possível e conhecer mais de perto a vida da maioria dos deportados, recorri ao método que, na minha situação, me pareceu ser o único viável. Fazer um recenseamento. Nos povoados onde estive, percorri todas as isbás e registrei os proprietários, membros da família, inquilinos e empregados. Para tornar meu trabalho mais leve e poupar tempo, me propuseram usar alguns ajudantes, porém, como meu objetivo principal ao fazer o recenseamento não era o seu resultado, mas as impressões produzidas pelo próprio processo do recenseamento, só em casos raros eu recorria à ajuda de outras pessoas. Um trabalho como esse, realizado em três meses por uma só pessoa, na realidade, não pode ser chamado de recenseamento; é impossível que seus resultados se destaquem pela precisão e pela abrangência, mas, na ausência de dados mais sérios, tanto na literatura quanto nas repartições públicas de Sacalina, meus números talvez possam ser úteis.

Para o recenseamento, usei fichas impressas para mim na tipografia da delegacia de polícia. O processo do recenseamento foi realizado da seguinte forma: em primeiro lugar, em cada ficha, na primeira linha, registrei o nome do posto ou do povoado. Na segunda linha: o número da casa, segundo o cadastro geral. Depois, na terceira linha, a categoria do recenseado: forçado, colono, deportado camponês, livre. Eu só registrava os livres nos casos em que eles participavam diretamente da vida doméstica do deportado, por exemplo, mediante matrimônio, legal ou ilegal; ou quando pertencia à família dele ou residia na mesma casa, na condição de empregado, inquilino etc. É costume em Sacalina atribuir grande importância à categoria das pessoas. O forçado, sem dúvida, se sente constrangido por sua condição; se perguntamos qual sua categoria, responde: "trabalhador". Se antes dos trabalhos forçados ele era soldado, sempre acrescenta: "e soldado, Vossa Excelência". Cumprida a pena, ou, como dizem, concluído o tempo de serviço, ele se torna colono. Essa nova categoria já não é considerada inferior, porque a palavra "colono" pouco se diferencia da palavra russa para designar "campônio", sem falar dos direitos associados a essa condição. Quando se pergunta ao colono o que ele é, responde: "livre". Depois de dez anos, ou seis, em condições favoráveis, previstas no estatuto dos colonos, ele recebe o título de deportado camponês. Quando se pergunta a um deportado camponês qual a sua categoria, responde: "sou camponês", não sem certa dignidade, como se não pudesse ser tratado como os outros e se diferenciasse deles por algo especial. Mas não acrescenta o termo "deportado". Eu não perguntava aos deportados qual era sua categoria anterior, pois isso estava bem documentado nos registros oficiais. Eles mesmos, com exceção dos soldados, não se referiam à sua categoria anterior, aquela que haviam perdido, e, fossem burgueses, comerciantes ou religiosos, pareciam ter esquecido o assunto e denominavam sua condição prévia de forma sucinta: livres. Se alguém se punha a conversar sobre seu passado, em geral começava assim: "Quando eu era livre..." etc.

Quarta linha: nome, patronímico e sobrenome de família. Quanto aos nomes, só consigo lembrar que não anotei corretamente nenhum nome tártaro feminino. Numa família tártara em que há muitas filhas pequenas e na qual o pai e a mãe mal sabem falar russo, é difícil se fazer entender e é necessário anotar por adivinhação. Além disso, nos registros oficiais, os nomes tártaros também estão escritos erradamente.

Um dia, ao perguntar a um mujiquezinho russo ortodoxo qual seu nome, ele me respondeu assim, e a sério: "Karl". Era um vagabundo que, em algum momento, havia trocado seu nome por um nome alemão. Lembro que registrei dois desses nomes: Karl Langer e Karl Karlov. Há um forçado que se chama Napoleão. Há uma andarilha que ora é Praskóvia, ora Mária. Quanto ao sobrenome de família, por alguma circunstância estranha, há em Sacalina muitos Dadopordeus e Semdedos. Há muitos sobrenomes de família curiosos: Capenga, Barriga, Semdeus, Basbaque. Os sobrenomes tártaros, como me explicaram, são mantidos em Sacalina, no entanto não se conservam os direitos da sua posição social nem os prefixos e as partículas que indicam categorias e títulos elevados. Até que ponto isso é verdade, não sei, mas anotei muitas vezes khan, sultão e *ógli*.[1] Entre os vagabundos, o nome mais usado é Ivan e o sobrenome de família, Nãolembro. Eis alguns apelidos dos vagabundos: Mustafá Nãolembro, Vassíli Sempátria, Franz Nãolembro, Ivan Nãolembro 20 Anos, Iákov Semapelido, vagabundo Ivan 35 Anos,[2] Pessoa de Nome Ignorado.

Na mesma linha, eu anotava a relação do recenseado com o proprietário: esposa, filho, concubina, empregado, inquilino, filho do inquilino etc. Ao registrar os filhos, eu distinguia os legítimos dos ilegítimos, os de sangue dos adotivos. Por falar nisso, é muito comum encontrar filhos adotivos em Sacalina, e eu tive de registrar não só os filhos adotivos como os pais adotivos. Muitos dos residentes nas isbás se referem aos proprietários como coproprietários ou coinquilinos. Nos dois

---

1 Partícula usada no fim dos nomes tártaros que significa "filho de". 2 Esse número faz parte do sobrenome de família. Na verdade, ele tinha 48 anos. [N.A.]

territórios setentrionais, há terrenos com dois e até três donos, e assim é em mais da metade das propriedades; um colono assenta em um terreno, constrói uma casa, monta uma granja, porém, dali a dois ou três anos, mandam para lá um coproprietário ou até dão o mesmo terreno para dois colonos ao mesmo tempo. Isso ocorre por causa da incapacidade ou da falta de vontade da administração de procurar novas áreas para assentamentos. Também acontece de um forçado que já cumpriu sua pena pedir que lhe permitam instalar-se num posto ou num povoado onde já não há mais terras cultiváveis e, a contragosto, ele é obrigado a se instalar numa propriedade rural já estabelecida por outra pessoa. A quantidade de coproprietários aumenta especialmente depois da promulgação de indultos do imperador, quando a administração se vê obrigada a procurar lugar para centenas de pessoas ao mesmo tempo.

Quinta linha: idade. Mulheres que já passaram dos quarenta mal se lembram da idade e só respondem depois de pensar um pouco. Armiane, da província de Erivan, não consegue lembrar-se da idade. Uma delas me respondeu assim: "Talvez trinta, talvez já cinquenta". Em tais casos, é necessário estimar, no olho, uma idade aproximada e depois conferir nos registros oficiais. Um jovem de quinze anos, e até mais velho, costuma diminuir a idade. Uma jovem que já é noiva, ou que já é prostituta há muito tempo, continua a dizer que tem treze anos. A questão é que as crianças e os adolescentes nas famílias pobres recebem do governo um auxílio para a alimentação que só é concedido até os quinze anos de idade, e assim um cálculo simples induz os jovens e seus pais a dizer uma mentira.

A sexta linha referia-se à religião.

Sétima: onde nasceu? A essa pergunta, me respondiam sem a menor dificuldade, e só os vagabundos respondiam com uma evasiva sagaz ou com as palavras: "não me lembro". A mocinha chamada Natália Nepomniáchaia, quando lhe perguntei de que província ela era, me respondeu: "De todas, um pouquinho". Os conterrâneos se mantêm notavelmente unidos, formam grupos e, quando fogem, também vão juntos; uma pessoa de Tula prefere ser coproprietária de alguém de Tula, e uma pessoa de Baku, de outro nativo de Baku. Pelo visto, existem associações de conterrâneos. Quando calhava de eu perguntar sobre alguém ausente, seus conterrâneos me davam as informações mais minuciosas a seu respeito.

Oitava linha: em que ano chegou a Sacalina? Raramente os habitantes de Sacalina respondem essa pergunta de pronto, sem esforço. O ano de chegada a Sacalina é um ano de infelicidade terrível, mesmo assim, eles não sabem ou não lembram. Ao perguntar a uma camponesa condenada aos trabalhos forçados em que ano foi levada para Sacalina, ela responde vagamente, sem pensar: "Quem vai saber? Deve ter sido no ano de 1883, por aí". O marido, ou concubino, intervém: "Puxa, para que jogar conversa fora? Você chegou foi em 1885". "É, pode ser, 1885", admite ela, com um suspiro. Começam a fazer as contas e o mujique tem razão. Os homens não são tão arredios como as mulheres, mas não respondem na mesma hora, só depois de pensar e conversar um pouco.

— Em que ano mandaram você para Sacalina? — pergunto para um colono.

— Vim na mesma leva que o Gládki — diz, em dúvida, olhando para seus camaradas.

Gládki é da primeira leva, ou seja, a primeira viagem do navio *Voluntário*, que chegou a Sacalina em 1879. Assim anotei. Ou recebo uma resposta como esta: "Nos trabalhos forçados, eu fiquei seis anos e aqui com os colonos já estou há três anos... Então faz a conta". "Quer dizer que você está em Sacalina há nove anos?" "Nada disso. Antes de Sacalina, ainda fiquei dois anos na Central." Etc. Ou uma resposta assim: "Vim no ano em que mataram o Dierbin". Ou: "Quando o Mitsul morreu". Para mim, era especialmente importante obter respostas corretas daqueles que chegaram nos anos 1860 e 1870; eu não queria deixar nenhum deles de fora do meu recenseamento, mas, muito provavelmente, não consegui. Quantos sobreviveram, daqueles que chegaram vinte ou 25 anos atrás? Uma questão crucial, pode-se dizer, para a colonização de Sacalina.

Na nona linha, eu registrava a principal atividade e profissão.

Na décima, o nível de alfabetização. Em geral, a pergunta é feita desta forma: "Você é alfabetizado?". Mas preferi perguntar assim: "Você sabe ler?", e isso, em muitos casos, me poupava de respostas incorretas, porque um camponês que não escreve, mas sabe decifrar textos impressos, se considera analfabeto. Há também os que, por modéstia, se fazem de ignorantes. "Quem somos nós? Como é que vamos saber ler?" E só quando a pergunta é repetida, dizem: "Antigamente eu até soletrava no livro, mas agora, sabe, esqueci. A gente é povo ignorante, numa palavra, somos mujiques". Também se consideram analfabetos os que enxergam mal e os cegos.

A 11ª linha se referia à condição conjugal: casado, viúvo ou solteiro? Se é casado, onde casou: na sua terra ou em Sacalina? As palavras "casado, viúvo, solteiro", em Sacalina, não bastam para determinar a situação conjugal; ali, é muito frequente que os casados sejam condenados a viver sozinhos, sem cônjuge, pois seus cônjuges oficiais ficaram morando em sua terra natal e não lhes concedem o divórcio, e os solteiros e os viúvos acabam formando família e têm meia dúzia de filhos; por isso, quanto àqueles que levam vida de solteiro de fato, mas não o são de direito, julguei relevante registrá-los com a palavra "sozinho", embora eles mesmos se considerem casados. Em nenhum outro lugar da Rússia, o casamento ilegítimo tem uma difusão tão vasta e geral e em nenhum outro lugar se revestiu de uma forma tão original como em Sacalina. A união ilegal, ou, como dizem aqui, livre, não encontra opositores nem nas autoridades nem nos membros da Igreja e, ao contrário, é estimulada e sancionada. Há colônias onde não se encontra nenhum casal legalmente constituído. Os casais livres constituem sua vida doméstica nas mesmas bases que os casais legais; geram filhos para a colonização e, portanto, não existe motivo para criar regras especiais para registrar seu estado civil.

Finalmente, a 12ª linha: recebe subvenção do governo? Por meio dessa pergunta, eu pretendia deixar claro que parte da população não tem condições de subsistir sem ajuda material do governo ou, em outras palavras, eu queria saber quem sustenta a colônia: ela se sustenta sozinha ou depende do governo? A subvenção do governo, a ajuda alimentícia, de vestuário ou monetária, é recebida obrigatoriamente por todos os forçados e colonos nos primeiros anos após o cumprimento da pena, bem como pelos internos em asilos e pelas crianças indigentes. Além desses pensionistas oficialmente reconhecidos, notei que também viviam à custa do governo os deportados que ganham salário por diversos serviços, por exemplo: de professor, de escrevente, de carcereiro etc. Porém a resposta acabou ficando incompleta. Além dos subsídios habituais, a ajuda para alimentação e os salários, pratica-se também, em larga medida, uma distribuição por meios diversos, impossíveis de se registrar numa ficha. Por exemplo: a subvenção para as pessoas que se casam, para a compra de grãos dos colonos, feita por um preço propositalmente elevado e, acima de tudo, a distribuição de sementes, gado etc., a crédito. Um colono está devendo várias centenas de rublos ao governo e nunca vai pagar, mas fui obrigado a registrá-lo como se não recebesse subvenção nenhuma.

Fiz um traço com o lápis vermelho nas fichas das mulheres condenadas aos trabalhos forçados, pois achei mais prático do que fazer uma rubrica especial para indicar o sexo. Só registrei os membros da família presentes; se me diziam que o filho mais velho tinha ido para Vladivostok para ganhar a vida e que o segundo filho trabalhava na colônia de Ríkovskoie, como empregado, eu simplesmente não registrava o primeiro e inscrevia na ficha do segundo o seu local de moradia.

Eu andava sozinho, de isbá em isbá; às vezes era acompanhado por algum forçado ou colono, que por tédio se atribuía o papel de guia. Às vezes, um guarda com um revólver vinha atrás de mim, ou me seguia a certa distância. Enviavam o guarda para o caso de eu querer algum esclarecimento. Quando eu lhe dirigia alguma pergunta, num instante sua testa se cobria de suor e ele respondia: "Não tenho como saber, Vossa Excelência!". Em geral, meu parceiro, descalço e sem chapéu, com meu tinteiro nas mãos, ia correndo na minha frente, abria a porta com muito barulho e, no vestíbulo, ainda conseguia cochichar algo para o proprietário — na certa, suas conjeturas sobre meu recenseamento. Eu entrava na isbá. Em Sacalina, encontramos isbás de todos os tipos, dependendo de quem construiu — um siberiano, um ucraniano ou um finlandês —, porém, na maioria das vezes, é uma estrutura pequena, de uns seis *archins*,[3] com duas ou três janelas, sem nenhum ornamento externo, coberta de palha, casca de árvore ou, raramente, ripas de madeira. Pátio, em geral não há. Em volta, nenhum arbusto. Galpão ou sauna, à maneira siberiana, é raro encontrar. Se existem cães, são apáticos, não bravos, e que, como eu já disse, só latem contra os guiliaques, provavelmente porque eles usam botas feitas de couro de cachorro. E por alguma razão esses cães mansos, inofensivos, ficam presos. Se há um porco, traz um bloco de madeira preso no pescoço. Os galos também ficam presos pelo pé.

3 Um *archin* corresponde a 71 centímetros.

— Para que você mantém os galos e os cachorros presos? — pergunto ao proprietário.

— Em Sacalina, todo mundo vive acorrentado — responde ele, mordaz. — Esta terra é assim.

Na isbá, só há um cômodo, onde fica a estufa. O chão é de madeira. Mesa, dois ou três banquinhos, um banco, uma cama com colchão, ou um colchão estendido direto no chão. Ou não há nenhum móvel, só um fino enxergão de penas, no meio do piso, e dá para ver que, pouco antes, alguém estava dormindo ali; na janela, há uma cuia com restos de comida. A julgar pelo mobiliário, não é uma isbá, não é um cômodo, é antes uma cela, uma solitária. Apesar de tudo, onde há mulheres e crianças, ainda parece uma granja e um lar camponês, mas mesmo ali se sente a ausência de algo importante; não existem avós, não há imagens antigas nem móveis dos avós e, na casa, portanto, falta simplesmente o passado, a tradição. Não existe o oratório com os ícones, ou ele é muito pobre e desbotado, sem lamparinas votivas e sem ornamentos — não existe o costume; a mobília tem um aspecto acidental, é como se a família não residisse na sua casa, mas num cômodo alugado, ou como se tivesse acabado de chegar e ainda não houvesse tido tempo de se adaptar; não há gatos, não se ouvem grilos nas noites de inverno e... acima de tudo, não existe a terra natal.

Os cenários com que deparei, em geral, não exprimiam cuidados domésticos, conforto nem a ideia de um lar duradouro. Na maioria das vezes, quem eu encontro na isbá é o proprietário, um solteirão aborrecido e sozinho, que parece entorpecido pelo ócio compulsório e pelo tédio; usa roupas de homem livre, mas traz o sobretudo de costume jogado sobre os ombros, como fazem os prisioneiros e, caso ele tenha saído da prisão há pouco tempo, há um quepe sem pala largado sobre a mesa. A estufa não está acesa, toda a louça que há se resume a uma caçarola e uma garrafa arrolhada com um chumaço de papel. Sobre sua vida e seu lar, ele mesmo fala em tom jocoso, com um desprezo frio. Diz que já experimentou todos os métodos, mas nada dá certo; só resta uma coisa: largar tudo de mão. Enquanto falo com ele, na isbá, se juntam os vizinhos, começa uma conversa sobre diversos assuntos: o comandante da ilha, o clima, as mulheres... Por tédio, todos estão dispostos a falar e ouvir, de forma interminável. Acontece também de eu encontrar na isbá, além do proprietário, um verdadeiro bando de inquilinos e empregados; no limiar da porta, senta-se um forçado inquilino, com uma correia fina prendendo os cabelos, e fica costurando umas botinas leves; sente-se um cheiro de couro e de piche de sapateiro; no vestíbulo, os filhos estão ali deitados, sobre uns farrapos e, no mesmo canto escuro e apertado, se encontra a esposa, que acompanhou o marido por vontade própria e está preparando *variéniki* [4] com mirtilos, em cima de uma mesinha; é uma família que, até pouco antes, estava na Rússia. Mais adiante, na mesma isbá, estão umas cinco pessoas, todos homens, que se dizem inquilinos, empregados ou coabitantes; um se encontra de pé junto à estufa e, com as bochechas infladas, os olhos arregalados, está soldando alguma coisa; outro, sem dúvida um gozador, fazendo cara de bobo, balbucia algumas palavras e os restantes abafam o riso com as mãos. Sobre a cama, está sentada a Meretriz da Babilônia, a própria dona da casa, Lukéria Nepomniáchaia, descabelada, muito magra, sardenta; ela se esforça para responder minhas perguntas da maneira mais engraçada, enquanto balança as pernas. Seus olhos são feios, turvos e, pelo rosto chupado, apático, posso avaliar quantas prisões, doenças e locais de repouso nos transportes de presos ela havia suportado, em sua existência ainda tão curta. Essa Lukéria é quem dá o tom de vida geral da isbá, mas é graças a ela que todo o ambiente

---

4 Espécie de ravióli quadrado.

inspira a sensação de uma vadiagem desenfreada e vertiginosa. Ali, não se pode nem falar de cuidados domésticos a sério. Ao entrar numa isbá, acontece também de eu deparar com um grupo grande, que está jogando cartas; nos rostos, vejo embaraço, aborrecimento e expectativa: quando eu vou sair, para eles poderem voltar às cartas? Ou, ao entrar numa isbá e não ver nem sinal de mobília, só a estufa e mais nada, reparo numa fileira de circassianos sentados no chão, as costas apoiadas na parede, uns de gorro, outros com as cabeças descobertas, de cabelo raspado, que parece muito áspero, e olham todos para mim, sem piscar. Se entro numa casa e encontro apenas a concubina, em geral ela está deitada na cama, responde minhas perguntas bocejando e se espreguiçando e, quando saio, vai deitar-se de novo.

Os colonos deportados olhavam para mim como se fosse um funcionário do governo e, para o recenseamento, como mais um dos procedimentos formais que, ali, se cumprem com muita frequência e não levam a nada. Entretanto, a circunstância de eu não ser residente na ilha, não ser um funcionário de Sacalina, despertava nos deportados certa curiosidade. Perguntavam-me:

— Para que o senhor está anotando essas coisas de todo mundo?

E assim tiveram início diversas conjeturas. Umas diziam que, provavelmente, uma autoridade superior queria distribuir uma subvenção entre os deportados — que, talvez, tinham decidido, enfim, transferir todos para o continente — pois ali se conserva uma convicção forte e obstinada de que, cedo ou tarde, os trabalhos forçados e as colônias serão transferidos para o continente — outros ainda, com tendências céticas, diziam que nada de bom os aguardava, pois até Deus os havia abandonado, e faziam isso para suscitar uma objeção de minha parte. Todavia, do vestíbulo ou da estufa, como que para zombar de todas aquelas esperanças e hipóteses, se erguia uma voz, na qual se percebia o cansaço, o tédio e a irritação com aquele incômodo:

— E eles ficam aí o tempo todo escrevendo e escrevendo e escrevendo, minha Rainha do Céu!

Durante minhas viagens por Sacalina, não me aconteceu de passar fome ou suportar qualquer privação. Li que o agrônomo Mitsul, ao explorar a ilha, teve de enfrentar grandes apuros e até se viu obrigado a comer seu cachorro. Mas, de lá para cá, as condições mudaram profundamente. Um agrônomo de hoje em dia viaja por ótimas estradas; mesmo nos povoados mais pobres existem os postos de inspeção, ou "estações", como chamam, onde sempre se pode encontrar uma acomodação quente, um samovar e uma cama. Os exploradores, quando partem para o interior da ilha, para a taiga, levam consigo comida americana em conserva, vinho tinto, pratos, garfos, travesseiros e tudo que os forçados, os substitutos dos animais de carga em Sacalina, conseguem carregar nos ombros. Hoje em dia, também acontece de pessoas comerem madeira apodrecida com sal e até de devorarem umas às outras, mas isso não diz respeito aos turistas nem aos funcionários.

Nos capítulos seguintes vou descrever os postos de guarda e os povoados e, de passagem, vou apresentar aos leitores os trabalhos forçados e as prisões, na medida em que eu mesmo consegui conhecê-los, nesse tempo curto. Em Sacalina, os trabalhos forçados são diversificados no mais alto grau; não se especializaram no ouro ou no carvão, abrangem todo o âmbito da vida de Sacalina e estão disseminados por todos os locais habitados da ilha. O corte de árvores, as construções, a drenagem dos pântanos, a pesca, a ceifa do feno, a carga e a descarga dos navios — todas essas são variedades dos trabalhos forçados que, por necessidade, se fundiram com a vida da colônia a tal ponto que separá-las e falar sobre elas como algo que existe de forma independente, na ilha, só é possível para quem encare a questão com um olhar notoriamente convencional, que busque nos trabalhos forçados, antes de tudo, o trabalho nas minas e nas fábricas.

Vou começar pelo vale de Aleksándrovski, pelos povoados situados no rio Duika. Em Sacalina do Norte, esse vale foi o primeiro local escolhido para a colonização, não por ser a região mais bem explorada de todas nem por atender os objetivos da colonização, mas simplesmente por acaso, graças à circunstância de ficar mais perto de Duê, onde primeiro surgiram os trabalhos forçados.

IV

O rio Duika — O vale de Aleksándrovski —
O subúrbio de Aleksándrovski — O vagabundo
Bonito — O posto de Aleksándrovski —
Seu passado — As iurtas[1] — A Paris de Sacalina

O rio Duika, ou Aleksándrovka, como também é chamado, em
1881, quando o zoólogo Poliákov o explorou, em seu curso inferior, tinha até dez braças de largura e, na margem, havia enormes amontoados de troncos de árvores que desabaram na água;
as partes baixas do vale, em muitos pontos, estavam cobertas
pela mata antiga, de abetos, lariços, amieiros e salgueiros silvestres e, em redor, havia um pântano lodoso e intransponível.
No presente, esse rio tem o aspecto de um charco estreito e
comprido. A largura, as margens completamente peladas e o
débil curso de água fazem o rio lembrar um canal de Moscou.

É preciso ler bem a descrição do vale de Aleksándrovski
feita por Poliákov e olhar para ele agora, ainda que por alto, para
entender a quantidade enorme de trabalho duro, verdadeiramente forçado, necessária para transformar esse lugar em terra
cultivável. "Do alto dos montes vizinhos", escreve Poliákov, "o
vale de Aleksándrovski parece uma floresta sufocante, cerrada...
uma enorme mata de coníferas recobre uma extensão considerável no fundo do vale." Ele descreve os pântanos, os atolei-
ros intransponíveis, o solo horrível e a mata, onde, "exceto as
árvores que se erguem fincadas em suas raízes, o solo muitas
vezes é coalhado de imensos troncos semiapodrecidos, que

[1] Cabana simples, de formato circular, usada pelos mongóis e outros povos
da Ásia Central.

tombaram ou de velhos ou por força das tempestades; entre os troncos, junto às raízes das árvores, não raro sobressaem montinhos de musgos muito crescidos e, ao lado deles, há buracos e valas". Hoje, em lugar da taiga, dos charcos e das valas, há uma verdadeira cidade, abriram-se estradas, o prado, os campos de centeio e as hortas vicejam e já se ouvem queixas por causa da falta de madeira. Ao pensar nessa enormidade de esforço e de luta, quando as pessoas trabalhavam no pântano com água na cintura, e se acrescenta a isso as geadas, as chuvas frias, a saudade da terra natal, as humilhações e as chicotadas, se formam na imaginação imagens terríveis. E não é à toa que um funcionário de Sacalina, homem bondoso, toda vez que viajávamos juntos a qualquer lugar, recitava para mim o poema "A estrada de ferro", de Nekrássov.[2]

Bem perto da desembocadura do rio Duika, do lado direito, deságua um riacho chamado Málaia Aleksándrovskia. De ambos os lados, se estende um povoado que faz parte de Aleksándrovski, seu subúrbio, ou Slobodka. Já falei aqui sobre isso. É um subúrbio do posto e já se fundiu com ele, mas, como se distingue por certas peculiaridades e vive de forma independente, convém ser tratado à parte. É um dos povoados mais antigos. Ali, a colonização começou logo depois da fundação dos trabalhos forçados em Duê. A escolha desse lugar e não de outro, como escreve Mitsul, foi determinada pelos prados luxuriantes, pelas matas com madeira boa, pelo rio navegável, pela terra fértil... "Ao que tudo indica", escreve esse fanático, que via Sacalina como a terra prometida, "era impossível pôr em dúvida o sucesso da colonização, mas, de oito pessoas enviadas a Sacalina em 1862 com esse objetivo, só quatro se estabeleceram junto ao rio Duika." No entanto, o que podiam fazer essas quatro pessoas? Prepararam a terra com pá e picareta,

---

2 Nikolai Alekséievitch Nekrássov (1821-1877), poeta e escritor russo.

semearam grãos de outono em vez de grãos de primavera e acabaram pedindo para voltar ao continente. Em 1869, no lugar onde está Slobodka, foi criada uma fazenda. Ali, se propunham responder uma pergunta muito importante: era possível considerar viável o uso do trabalho compulsório dos deportados para a produção agrícola? Durante três anos, os forçados arrancaram raízes do solo, construíram casas, secaram pântanos, abriram estradas e cultivaram cereais, mas, depois de cumprido seu tempo de pena, eles não queriam ficar ali e enviaram ao governador-geral um pedido para que os deixasse partir para o continente, pois o cultivo de cereais não dava em nada e não havia nenhum modo de ganhar a vida. O pedido foi atendido. Mas aquilo que chamavam de fazenda continuou a existir. Os forçados de Duê, ao longo do tempo, se tornaram colonos; da Rússia, vieram forçados com suas famílias, que tinham de ser assentados numa terra; deu-se a ordem de considerar Sacalina terra fértil e própria para a colonização agrícola e, lá onde a vida não podia se estabelecer segundo a ordem natural, pouco a pouco se constituiu uma forma artificial de viver, à força, à custa de enorme dispêndio de dinheiro e de energia humana. Em 1879, o dr. Avgustínovitch já encontrou 28 casas em Slobodka.[3]

Hoje em dia, em Slobodka, há quinze propriedades rurais. As casas são amplas, cobertas com ripas, às vezes têm vários cômodos, boas dependências externas e hortas contíguas. Para cada duas casas, há uma sauna.

No total, os registros indicam 39,75 deciatinas[4] de terras lavradas e 24,5 deciatinas de pastagens, 23 cavalos e 47 cabeças de gado, pequeno e grande.

---

3 Avgustínovitch. "Algumas informações sobre Sacalina. Extratos do diário de viagem". *O contemporâneo*, 1880, nº 1. Há também seu artigo: "Estada na ilha de Sacalina". *Mensageiro governamental*, 1879, nº 276. [N.A.] **4** Uma deciatina equivale a 1,09 hectare.

Na composição de seus proprietários, Slobodka é considerado um povoado aristocrático: um Conselheiro da Corte[5] casado com a filha de um colono, um livre que veio para a ilha acompanhando a mãe, condenada aos trabalhos forçados, sete deportados camponeses, quatro colonos e só dois forçados.

Dos 22 casais que ali residem, só quatro são ilegítimos. E, quanto à faixa etária, Slobodka se aproxima de uma aldeia normal; a idade de trabalhar não predomina de forma tão acentuada quanto em outros povoados; ali, existem crianças, jovens e velhos com mais de 65 anos e até de 75 anos.

Então, é o caso de perguntar, como se explica a situação comparativamente próspera de Slobodka, tendo em vista até as declarações dos próprios proprietários locais, para quem "aqui não dá para viver de agricultura"? Em resposta, é possível apontar alguns motivos que, em condições comuns, encaminham as pessoas para uma vida correta, sedentária e próspera. Por exemplo, há um grande contingente de residentes antigos, que vivem na ilha desde 1880 e já tiveram tempo de se acostumar à terra local e adaptar-se. Também é muito relevante o fato de que há dezenove maridos que trouxeram suas esposas para Sacalina e quase todos se estabeleceram em seus terrenos já com uma família formada. Comparativamente, há mulheres em número suficiente, tanto assim que só há nove homens solteiros, embora nenhum deles viva sozinho. No geral, a sorte ajudou Slobodka e, como mais uma circunstância favorável, pode-se também apontar o elevado percentual de alfabetizados: 26 homens e onze mulheres.

Sem falar do Conselheiro da Corte, que exerce em Sacalina o cargo de agrimensor, por que os proprietários livres e os deportados camponeses não partem para o continente, se têm esse direito? Dizem que aquilo que os prende em Slobodka é

5 Posto de sétima classe na hierarquia do serviço público na Rússia tsarista.

o sucesso na agricultura, mas isso não explica tudo. Pois nem todos os proprietários, em Slobodka, têm à disposição pastos e terra lavrada, só alguns. Somente oito proprietários têm pasto e gado, doze lavram a terra e, de todo modo, a dimensão da produção agrícola ali não é tão considerável para explicar, sozinha, a situação econômica melhor. Não existem outras maneiras de ganhar a vida, não trabalham com artesanato e só L., um ex-oficial, tem uma lojinha. Também não há dados oficiais que expliquem por que os habitantes de Slobodka são ricos e portanto, para a solução do enigma, somos obrigados a nos voltar para a única fonte disponível nesse caso — a má fama. No passado, em Slobodka, existiu um vasto comércio clandestino de bebida alcoólica. Em Sacalina, é rigorosamente proibida a importação e a venda de bebidas e isso gerou um tipo especial de contrabando. Introduziam bebida em latas com formato de pão de açúcar e em samovares, chegavam a trazer bebida escondida na cintura, porém o modo mais frequente eram mesmo os barris, ou então escondiam a bebida em recipientes usados no dia a dia, pois as autoridades de baixo escalão eram subornadas e os superiores faziam vista grossa. Em Slobodka, uma garrafa de vodca ruim era vendida por seis e até por dez rublos; todas as prisões de Sacalina do Norte recebiam vodca exatamente de lá. Entre os funcionários, os beberrões contumazes não rejeitavam essa vodca; sei de um que, num acesso de bebedeira, em troca de uma garrafa de bebida, deu para os prisioneiros o último dinheiro que tinha no bolso.

Hoje em dia, em relação à bebida, Slobodka ficou muito mais calma. Agora, falam de outro tipo de negócio — o comércio com objetos antigos dos prisioneiros —, "quinquilharia". Arrematam-se *khalat*, camisas, casacos curtos por uma ninharia. e todos esses andrajos escoam para Nikoláievsk, onde são vendidos. Há também lojas de penhores clandestinas. O barão A. N. Korf, certa vez, numa conversa, chamou o posto de

Aleksándrovski de a Paris de Sacalina. Tudo o que há de sedutor, embriagante, aventureiro e de fraqueza nessa Paris barulhenta e faminta acaba indo justamente para Slobodka, quando se trata de beber, desvencilhar-se de objetos roubados ou vender a alma ao diabo.

Na área entre a beira do mar e o posto da guarda, além dos trilhos da ferrovia e da Slobodka que acabei de descrever, existe mais uma coisa digna de nota. É a maneira como se faz a travessia do rio Duika. Na água, em vez de um barco ou de uma balsa, há uma caixa grande, um quadrado perfeito. O comandante dessa embarcação, única de sua espécie, é o forçado Bonito De Pais Ignorados. Já tem 71 anos. Corcunda, escápulas salientes, uma costela quebrada, sem o polegar numa das mãos, traz no corpo inteiro as cicatrizes das chicotadas e vergastadas que levou no passado. Os cabelos grisalhos quase não existem; seus cabelos são desbotados, os olhos são azuis, claros, com uma expressão alegre e bondosa. Veste andrajos e anda descalço. Muito ágil, falante e adora rir. Em 1855, fugiu do serviço militar "por tolice" e passou a levar vida de vagabundo e a dizer que tinha pais ignorados. Foi preso e enviado para a Transbaikália, por castigo, como ele diz.

— Na época — me contou ele —, eu pensava que as pessoas na Sibéria viviam embaixo da terra e então, depois que saí de Tiúmen, na estrada, eu peguei e fugi. Cheguei até Kamichlov, lá me prenderam e me condenaram, Vossa Excelência, a vinte anos de trabalhos forçados e a noventa chicotadas. Me mandaram para Kara e, lá, aplicaram essas tais chicotadas e daí vim para cá, para Sacalina, para Korsákov; de Korsákov, eu fugi com um camarada, mas só cheguei até Duê; lá, fiquei doente, não consegui mais andar. Meu camarada chegou até Blagoviéschensk. Agora estou cumprindo minha segunda pena e vivo aqui em Sacalina há 22 anos. E meu crime foi só ter fugido do serviço militar.

— Para que você esconde seu nome verdadeiro? Qual a necessidade?

— Ano passado, falei meu nome para um funcionário.

— E então?

— Então, nada. O funcionário disse: "Quando resolverem seu processo, você já vai ter morrido. Vai vivendo assim mesmo. O que mais você pode ter?". E é verdade, está bem certo... Não vou viver muito tempo, não faz diferença. Mesmo assim, meu bom senhor, meus parentes iam ficar sabendo onde estou.

— Como você se chama?

— Meu nome aqui é Ignátiev Vassíli, Vossa Excelência.

— E o nome verdadeiro?

Bonito pensou um pouco e disse:

— Nikita Trofímov. Sou do distrito de Skopin, da província de Riazan.

Comecei a fazer a travessia pelo rio, dentro da caixa. Com uma vara comprida, apoiada no fundo do rio, Bonito empurra a caixa para a frente e, assim, faz força com todo o corpo magro e ossudo. É um trabalho difícil.

— Esse trabalho deve ser muito duro, não é?

— Bobagem, Vossa Excelência; ninguém fica pegando no meu pé, e eu vou devagarzinho.

Conta que, em seus 22 anos em Sacalina, nunca levou uma chicotada e nenhuma vez ficou na prisão.

— Porque, se mandam serrar madeira, eu vou; se me dão essa vara na mão, eu pego; se me ordenam acender as estufas do escritório, eu vou e acendo. Tem de obedecer. A vida é boa, não adianta ter raiva de Deus. O Senhor seja louvado!

No verão, ele mora numa iurta, perto do local da travessia. Na sua iurta, estão seus andrajos, um bloco de pão, uma espingarda e, ali dentro, há um cheiro sufocante e azedo. Quando pergunto para que serve a espingarda, responde que é por causa dos ladrões e para atirar nas narcejas — e dá uma risada.

A espingarda está quebrada e só serve de enfeite. No inverno, ele se transforma em carregador de lenha para as estufas e fica morando no escritório do cais. Certa vez, eu o vi com as calças arregaçadas até o alto, deixando à mostra as pernas lilases e de veias saltadas, enquanto puxava com um chinês uma rede, na qual rebrilhavam prateados os salmões, tão grandes quanto as nossas percas. Gritei um cumprimento e ele me respondeu com alegria.

O posto de Aleksándrovski foi fundado em 1881. Um funcionário que já mora em Sacalina há dez anos me disse que, quando chegou pela primeira vez ao posto de Aleksándrovski, por pouco não se afogou no pântano. O hieromonge[6] Irákli, que morou no posto de Aleksándrovski até 1886, contava que, no início, ali só havia três casas e a prisão, que ficava num pequeno quartel militar, onde agora moram os músicos. Nas ruas, havia tocos de árvore. Onde agora há uma fábrica de tijolos, em 1882 caçavam zibelinas. Como igreja, sugeriram ao padre usar a guarita do vigia, mas ele rejeitou, alegando pouco espaço. Com o tempo bom, o padre rezava a missa ao ar livre e, com o tempo ruim, no quartel ou onde pudesse, encurtando a missa.

— Você está rezando a missa e, de repente, ouve o tilintar de correntes — contava ele. — Tem o barulho, o calor das panelas. Você diz: "Louvada seja a Sagrada Eucaristia", e ao lado, alguém diz: "Vou quebrar sua cara...".

O verdadeiro crescimento de Aleksándrovski começou com a promulgação do novo estatuto de Sacalina, quando foram instituídos muitos cargos novos, entre eles um cargo de general. Para o pessoal novo e seus escritórios, foi necessário arranjar um lugar novo, pois em Duê, onde até então ficava a direção dos trabalhos forçados, o espaço era pouco e o aspecto geral, soturno. A seis verstas de Duê, numa área aberta, já estava

6 Na Igreja ortodoxa, monge que também exerce a função de padre.

Slobodka, já havia a prisão no Duika e, então, na vizinhança, começou a crescer, pouco a pouco, um bairro residencial: acomodações para os funcionários e o pessoal de escritório, a igreja, armazéns, lojas etc. E formou-se aquilo sem o que Sacalina não poderia sobreviver, ou seja, uma cidade, a Paris de Sacalina, onde pessoas urbanas, que só conseguem respirar no ar da cidade e só se interessam por coisas da cidade, encontram uma sociedade e um ambiente apropriados, além do seu ganha-pão.

Várias construções, a derrubada de árvores e a drenagem do solo pantanoso foram feitas pelos forçados. Até 1888, antes de construírem a prisão atual, eles moravam em iurtas cavadas na terra. Eram estruturas escavadas no solo, com dois *archins*, ou dois *archins* e meio, de profundidade, com telhados de duas águas, cobertos de barro. As janelas eram pequenas, estreitas, ao nível do solo; no lado de dentro, era escuro, sobretudo no inverno, quando as iurtas ficavam cobertas de neve. Por causa da água do subsolo, que às vezes subia até o chão, e por causa do constante acúmulo de umidade no telhado de barro e nas paredes fofas e quebradiças, a umidade no interior desses porões era terrível. As pessoas dormiam de casaco. O solo em redor e o poço de água ficavam constantemente contaminados de excrementos humanos e de toda sorte de detritos, pois não havia, em lugar nenhum, nem latrina nem lixeira. Nas iurtas, os forçados moravam com as esposas e os filhos.

Hoje em dia, no mapa, Aleksándrovski ocupa uma área de duas verstas quadradas; porém, como já se fundiu com Slobodka e uma de suas ruas vai até o povoado de Korsákov, para, num futuro não distante, fundir-se com ele, suas dimensões, na realidade, são mais impressionantes. Aleksándrovski tem algumas ruas retas e largas, que, no entanto, por força do costume, não são chamadas de ruas, mas sim de *slobodkas*, ou subúrbios. Em Sacalina, existe o costume de escolher o nome das ruas para homenagear funcionários ainda vivos; nomeiam as ruas não só com o sobrenome de família, mas também com o prenome e patronímico[7] da pessoa. Entretanto, por algum feliz acaso, Aleksándrovski ainda não imortalizou nenhum funcionário e suas ruas conservaram, até agora, os nomes dos subúrbios de que se formaram: rua dos Tijolos, rua dos Cachinhos, rua do Kassian, rua dos Escreventes, rua dos Soldados. Não é difícil adivinhar a origem de todos esses nomes, exceto a rua dos Cachinhos. Dizem que os forçados lhe deram esse nome em homenagem às trancinhas de um judeu que fazia negócios por ali, quando ainda havia taiga no lugar onde está Slobodka; mas, segundo outra versão, ali morava e fazia negócios uma colona chamada Péisikova.[8]

Nas ruas, as calçadas são de madeira, em toda parte há ordem e limpeza e até em ruas afastadas, onde a pobreza se comprime, não há poças de lama nem montes de lixo. O setor principal do posto fica na sua parte oficial: a igreja, a casa do comandante da ilha, seu escritório, o posto do correio e do telégrafo, a delegacia de polícia com sua tipografia, a casa do comandante do distrito, a loja do fundo de colonização, o quartel militar, o hospital da prisão, a enfermaria militar, uma mesquita em construção, com um minarete, prédios do governo, onde se alojam os funcionários, e uma prisão para os forçados, com numerosos armazéns e oficinas. As casas, novas, em grande parte, e em estilo europeu, têm telhados de ferro e, muitas vezes, são pintadas por fora. Em Sacalina, não há cal nem pedra de boa qualidade, por isso não há construções de pedra.

Se não contarmos os alojamentos dos funcionários e oficiais e o subúrbio dos soldados, onde moram os soldados casados com mulheres livres — contingente temporário, que muda todo ano —, o número total de casas em Aleksándrovski chega

---

7 Suponhamos, se o funcionário se chama Ivan Petróvitch Kuznétsov, vão chamar uma rua de Kuznétsovkaia, a outra de Ivanskaia e uma terceira de Ivanovno-Petróvskaia. [N.A.]   **8** *Péisiki*, em russo, cachinhos de judeu.

a 298; de habitantes, 1499; dos quais, 923 homens e 576 mulheres. Se acrescentarmos a população livre, o comando militar e os forçados que pernoitam na prisão e não participam da vida nas propriedades agrícolas, chegaremos a cerca de 3 mil pessoas. Em comparação com Slobodka, em Aleksándrovski há muito poucos camponeses; em troca, os forçados constituem um terço do número total de proprietários. O regulamento sobre os deportados permite que eles morem fora da prisão, entretanto, permite a fundação de propriedades rurais só para forçados considerados reabilitados, mas essa lei é constantemente ignorada, em função de seu caráter pouco prático; nas isbás, residem não apenas os reabilitados como também os presos em período probatório, os que cumprem penas longas e até os condenados à prisão perpétua. Sem falar dos escreventes, desenhistas e bons artesãos, que, em virtude de suas habilidades, não precisam morar na prisão, em Sacalina não são poucos os forçados que têm família, que são maridos e pais, e que, por razões práticas, não convém manter nas prisões, separados de seus familiares; isso causaria muita confusão na vida da colônia. Seria necessário manter também a família na prisão ou providenciar alojamento e comida para eles, à custa do governo, ou manter os familiares confinados em sua terra natal durante todo o tempo da pena do pai de família, nos trabalhos forçados.

Os forçados em período probatório moram em isbás e, por isso, muitas vezes, sua pena é menos dura do que a dos reabilitados. Isso vai frontalmente contra a ideia da uniformidade da pena, mas essa incoerência encontra justificação nas condições em que transcorre a vida na colônia e, ao mesmo tempo, é algo fácil de remediar: basta apenas transferir da prisão para as isbás os prisioneiros restantes. Porém, quanto aos forçados que têm família, é impossível aceitar outras incoerências — a imprevidência da direção, que permite que dezenas de famílias sejam assentadas onde não há hortas nem terras cultiváveis nem pastagens, ao mesmo tempo que, em povoados de outros distritos, situados, nesse aspecto, em condições mais favoráveis, quem cuida da terra são apenas homens solteiros, e as propriedades não dão resultado nenhum, por causa da falta de mulheres. Em Sacalina do Sul, onde há colheitas todos os anos, existe um povoado no qual não há nenhuma mulher, ao passo que na Paris de Sacalina, só de mulheres livres, que vieram da Rússia voluntariamente para acompanhar os maridos, existem 158.

Em Aleksándrovski, já não há mais terras cultiváveis disponíveis. No passado, quando elas eram fartas, davam cem, duzentas e até quinhentas braças quadradas de terra; agora, assentam em doze braças quadradas, e até em nove ou oito, apenas. Contei 161 propriedades que, com sua área construída e sua horta, ocupam cada uma não mais do que vinte braças quadradas. A culpa disso reside, sobretudo, nas condições naturais do vale de Aleksándrovski: recuar na direção do mar era impossível, o solo ali não vale a pena, o posto é barrado por montes de ambos os lados e, para a frente, a cidade só pode crescer numa direção, ao longo do rio Duika, à montante, pelo chamado caminho de Korsákov: ali, as propriedades se estendem numa fileira, muito juntas umas das outras.

Pelos dados do cadastro geral, só 36 proprietários fazem uso de terras cultiváveis, e apenas nove, de pastagens. A área dos lotes de terra cultivável vai de trezentas braças a uma deciatina. Quase todos semeiam batata. Só dezesseis possuem cavalos e 38 têm vacas, entretanto são camponeses e colonos que cuidam do gado, e eles não se ocupam da lavoura, mas do comércio. Dessas poucas cifras, conclui-se que os proprietários, em Aleksándrovski, não se dedicam à lavoura. A pouca atratividade da terra local fica evidente pelo fato de que quase não existem proprietários que sejam antigos habitantes da ilha. Entre os que assentaram em seus lotes em 1881, não restou nenhum; dos de 1882, só seis continuam; dos de 1883, quatro; de 1884, treze; de 1885, 68. Ou seja, os 207 proprietários restantes foram assentados depois de 1885. A julgar pelo número muito menor de camponeses — só dezenove —, é preciso concluir que cada proprietário permanece em sua terra somente pelo tempo necessário para, por direito, receber a categoria de camponês, ou seja, o direito de abandonar a propriedade na ilha e ir embora para o continente.

A questão de saber com que meios vive a população de Aleksándrovski continua, para mim, até agora, sem uma resposta cabal. Suponhamos que os proprietários, com esposas e filhos, a exemplo dos irlandeses, se alimentem só de batata e que a safra baste para um ano; mas então o que comem os 241 colonos e os 358 forçados, de ambos os sexos, que moram nas isbás, na condição de coabitantes, inquilinos e empregados? Na verdade, quase metade da população recebe uma subvenção do governo, na forma de ração para os prisioneiros e ajuda alimentícia para as crianças. Há também as remunerações pagas por trabalhos avulsos. Mais de cem pessoas trabalham nas oficinas do governo e nos escritórios. Nas minhas fichas, registrei não poucos artesãos, sem os quais uma cidade não pode funcionar: marceneiros, estofadores, joalheiros, relojoeiros, alfaiates etc. Em Aleksándrovski, pagam muito caro por produtos artesanais de madeira ou de metal e é preciso dar uma gorjeta, "para o chá", de não menos de um rublo. Porém, para tocar a vida da cidade, dia após dia, será que bastam as rações dos prisioneiros e essas remunerações ínfimas, até miseráveis? Entre os artesãos, a oferta é incomensuravelmente superior à procura, e os operários, por exemplo, os carpinteiros, trabalham em troca de dez copeques por dia, só para a comida. A população sobrevive a duras penas, mas mesmo assim as pessoas bebem chá todo dia, fumam tabaco turco, andam em roupas de pessoas livres, pagam aluguel, compram as casas dos camponeses que partem para o continente e constroem casas novas. Ao redor, lojas fazem negócios com animação, e vários *kulak*[9] que saíram da prisão conseguem acumular dezenas de milhares de rublos. Há muita coisa obscura, e fiquei com a suspeita de que as pessoas que se estabelecem em Aleksándrovski, em sua maioria, trazem dinheiro da Rússia e que, para a vida da população, os meios ilegais são de grande ajuda. Comprar objetos dos prisioneiros e enviá-los em grandes carregamentos para Nikoláievsk, explorar os nativos e os prisioneiros novatos, vender bebida em segredo, emprestar dinheiro a juros muito altos, jogar cartas com apostas volumosas — com isso, se ocupam os homens. E as mulheres, deportadas e livres, que acompanharam os maridos voluntariamente, dedicam-se à depravação. Quando, durante um inquérito, perguntaram a uma mulher livre de onde tirava seu dinheiro, ela respondeu: "Ganhei com meu corpo".

Ao todo, são 332 casais: deles, 185 legais e 147 livres. A quantidade comparativamente grande de casais se explica não por alguma peculiaridade das atividades agrícolas, que predisponha as pessoas ao casamento, à vida familiar, mas sim por circunstâncias acidentais: a leviandade da administração, que assenta os casais em lotes de terra em Aleksándrovski, em vez de procurar um local mais adequado para eles, e também pela relativa facilidade com que os colonos locais arranjam mulheres, graças à sua relação estreita com as autoridades e com a prisão. Se a vida surge e se desenvolve de uma forma que não é a natural, mas sim artificial, e se seu crescimento depende menos das condições naturais e econômicas do que da teoria e do arbítrio de determinadas pessoas, acasos desse tipo subordinam a vida de forma imperiosa e inevitável e se tornam uma espécie de lei, para essa vida artificial.

---

9 *Kulak* era o camponês que enriqueceu; palavra às vezes pejorativa, associada à ideia de ganância.

V

A prisão dos trabalhos forçados de Aleksándrovski —
As celas comuns — Os acorrentados — A Mãozinha de Ouro
— As instalações sanitárias — O *maidan* — Os trabalhos
forçados em Aleksándrovski — Os criados — As oficinas

Fui à prisão dos trabalhos forçados de Aleksándrovski, pouco depois de chegar à ilha.[1] Esse terreno amplo e quadrangular é cercado por seis alojamentos temporários de soldados, semelhantes a casernas, com uma cerca entre eles. O portão está sempre aberto e, na frente, caminha uma sentinela. O pátio é varrido e limpo; não se vê, em lugar nenhum, nem pedras nem lixo nem detritos nem poças de lama. Essa limpeza exemplar produz uma boa impressão.

As portas de todos os blocos ficam totalmente abertas. Entro por uma das portas. O corredor é pequeno. À direita e à esquerda, há portas que dão para as celas comuns. Acima das portas, há tabuletas pretas com letras brancas: "Caserna número tal. Quantidade cúbica de ar: tanto. Forçados alojados: tanto". Seguindo reto, no fim do corredor, há mais uma porta, que dá para uma cela pequena: ali, há dois presos políticos, de coletes desabotoados, de botinas leves e sem meias, e estão dobrando às pressas um enxergão estofado de palha; sobre o peitoril, há um livrinho e um pedaço de pão preto. O comandante do distrito, que me acompanha, explica que aqueles dois

---

[1] A melhor descrição das prisões russas foi feita por N. V. Muraviov, em seu artigo "As nossas prisões e a questão carcerária" (*O mensageiro russo*, 1878, livro IV). Sobre as prisões siberianas, que serviram de modelo para as de Sacalina, ver a pesquisa de S. V. Maksímov, "A Sibéria e os trabalhos forçados". [N.A.]

presos receberam autorização para morar fora da prisão, porém, como não queriam se separar dos demais forçados, não tiraram proveito da autorização.

— Sentido! De pé! — ressoa o grito do guarda.

Entramos na cela. O cômodo parece amplo, tem capacidade de cerca de duzentas braças cúbicas. Muita luz, janelas abertas. Paredes sem pintura, ásperas, escuras, com estopa calafetada entre as vigas; de cor branca, só as estufas holandesas. Chão de madeira, sem verniz, completamente ressecado. Ao longo de toda a cela, no meio, se estende uma série contínua de camas de tábua, com um ressalto de ambos os lados, de modo que os forçados dormem em duas fileiras e, assim, a cabeça de um fica perto da cabeça do outro. O lugar de cada um dos forçados não é numerado, não se distingue em nada dos lugares dos outros e por isso, nessa série de camas de tábua, é possível alojar setenta ou 170 pessoas. Não há colchão. Dormem sobre a superfície dura ou estendem, por baixo, velhos sacos sujos, sua própria roupa ou trapos podres, de aspecto extremamente repulsivo. Sobre as camas de tábua, ficam também gorros, sapatos, pedaços de pão, garrafas de leite vazias, arrolhadas com papel ou com um trapo, formas de madeira para sapatos; embaixo das camas, há caixinhas, sacos imundos, cordas amarradas, ferramentas e um monte de farrapos. Em torno das camas, passeia um gato, farto de comer. Nas paredes, há roupas, panelas, ferramentas; no chão, há chaleiras, pão, caixotes com não se sabe o quê.

Em Sacalina, os livres que entram nessas casernas não tiram o chapéu. Essa cortesia só é obrigatória para os deportados. Nós passamos de chapéu junto às camas de tábua, enquanto os prisioneiros ficam de pé, em posição de sentido, e olham para nós, em silêncio. Também ficamos em silêncio e olhamos para eles, e é como se tivéssemos entrado para comprá-los. Seguimos em frente, para outra cela e, ali, a mesma miséria horrível, que é tão difícil esconder embaixo dos farrapos quanto uma mosca embaixo de uma lente de aumento, a mesma vida de indigência, niilista no pleno sentido da palavra, que nega a propriedade, a solidão, o conforto, o sono tranquilo.

Os prisioneiros que moram na prisão de Aleksándrovski desfrutam uma liberdade relativa; não usam correntes, podem sair da prisão durante o dia para ir aonde bem entenderem, e sem escolta, não vestem uniforme, usam a roupa que quiserem, conforme o tempo e o trabalho. Os que estão respondendo a um processo, os que fugiram e foram recapturados há pouco tempo e os presos temporários, por qualquer motivo, ficam trancados num bloco especial, chamado de "acorrentados". A ameaça mais ouvida em Sacalina é esta: "Vou colocar você nos acorrentados!". Guardas vigiam a entrada desse lugar terrível e um deles nos informa que, nesse bloco, tudo está correndo bem.

O cadeado suspenso tilinta, enorme, complicado, uma verdadeira peça de antiquário, e entramos numa cela pequena, onde, dessa vez, estão instalados uns vinte prisioneiros, capturados em fugas recentes. Esfarrapados, sujos, presos a correntes, de sapatos disformes e atados com trapos e cordões; têm metade da cabeça descabelada, a outra, raspada, e o cabelo está começando a crescer. Todos muito magros, a pele parece descascada, mas têm um aspecto animado. Não há camas, eles dormem despidos diretamente nas tábuas. No canto, está o "penico"; todos têm de fazer suas necessidades diante de vinte testemunhas. Um pede para ser solto e jura que não vai mais fugir; outro pede que retirem suas correntes; um terceiro se queixa de que lhe dão comida ruim.

Há celas onde ficam duas ou três pessoas e há as solitárias. Ali, se encontram pessoas muito interessantes.

Entre as que estão nas solitárias, me chama a atenção, em especial, a famosa Sofia Bliuvchtein — a Mãozinha de Ouro, condenada a três anos de trabalhos forçados por ter fugido da Sibéria.

Essa mulher pequena, bonita, já um pouco grisalha, de rosto enrugado e envelhecido, tem correntes nas mãos; sobre a cama de tábua, há apenas um casaco feminino de lã de carneiro cinzenta, que serve ao mesmo tempo de agasalho e de colchão. Ela caminha pela cela, de uma ponta à outra, e parece farejar o tempo todo, como um rato na ratoeira, e até a expressão do rosto é de rato. Olhando para ela, não dá para acreditar que, pouco tempo antes, era bonita a tal ponto que seduzia seus carcereiros, como, por exemplo, em Smolensk, onde um guarda da prisão a ajudou a fugir e chegou mesmo a fugir, também, junto com ela. Em Sacalina, no início, como todas as mulheres enviadas para lá, ela vivia fora da prisão, num alojamento de livres; tentou fugir e, para isso, vestiu-se de soldado, mas foi capturada. Enquanto esteve em liberdade, no posto de Aleksándrovski, ocorreram diversos crimes: mataram um dono de loja chamado Nikítin, roubaram 56 mil rublos do colono judeu Iuróvski. De todos esses crimes, Mãozinha de Ouro foi tida como suspeita, na condição de principal culpada ou cúmplice. As autoridades locais incumbidas do inquérito misturaram os assuntos e confundiram a si mesmas num emaranhado tão denso de toda sorte de incoerências e enganos que se tornou francamente impossível entender qualquer coisa. De todo modo, ainda não encontraram os 56 mil rublos, que, por enquanto, servem de tema para as histórias mais fantásticas e disparatadas.

Vou escrever um capítulo à parte sobre a cozinha, onde, em minha presença, prepararam o almoço para novecentas pessoas, sobre as provisões e sobre a alimentação dos prisioneiros. Mas agora direi algumas palavras sobre as instalações sanitárias. Como se sabe, essa conveniência, entre a grande maioria dos russos, é tratada com total desdém. No campo, não existem instalações sanitárias. Nos conventos, nas feiras, nas estalagens de estrada e em todo tipo de comércio onde ainda não foi instituída uma vigilância sanitária, tais instalações são extremamente repugnantes. Esse desprezo pelas instalações sanitárias, o homem russo o trouxe consigo para a Sibéria. Na história dos trabalhos forçados, se vê que as instalações sanitárias nas prisões serviram, em toda parte, de fonte de emanações fétidas e asfixiantes, bem como de contaminação, e se vê também que a população das prisões e a administração se conformaram facilmente com isso. Em 1872, em Kara, como escreveu o sr. Vlássov em seu relatório, em uma das casernas simplesmente não havia instalação sanitária nenhuma, e os criminosos eram levados para fora para fazerem suas necessidades naturais ao ar livre, e isso não era cumprido segundo a vontade deles, mas apenas quando já estavam reunidas algumas pessoas com essa mesma vontade. E eu posso dar uma centena de exemplos como esse. Na prisão de Aleksándrovski, a instalação sanitária, geralmente, era uma fossa, instalada no pátio da prisão, dentro de uma construção separada, entre as casernas. É evidente que se esforçaram acima de tudo para que a construção fosse a mais barata possível, mas mesmo assim, em comparação com o que havia no passado, percebe-se um progresso importante. Pelo menos, não inspira repulsa. As instalações são frias e ventiladas por tubos de madeira. Os assentos das latrinas ficam ao longo das paredes; ali, é impossível se manter de pé, é necessário sentar-se, e é isso, acima de tudo, que impede que as instalações sanitárias fiquem sujas e molhadas. O mau cheiro existe, mas é insignificante, mascarado pelas poções de costume, como o alcatrão e o ácido fênico. As instalações sanitárias ficam abertas de dia e também de noite e essa medida simples torna desnecessário o uso dos penicos; estes só são usados no setor dos acorrentados.

Perto da prisão, há um poço e, por ele, é possível avaliar o nível da água do subsolo. Devido à constituição especial do solo local, a água do subsolo fica num nível tão alto que, até no cemitério, situado num monte junto ao mar, vi sepulturas cheias de água até a metade, mesmo quando fazia tempo seco. Em torno da prisão e em todo o posto, o solo é drenado por canais, mas sua profundidade é insuficiente e a prisão não está completamente a salvo da umidade.

Quando faz tempo bom e quente, o que não acontece muitas vezes, a prisão fica muito bem ventilada: janelas e portas ficam totalmente abertas e os presos passeiam boa parte do dia pelo pátio ou vão para longe, fora da prisão. Mas, no inverno e quando o tempo está ruim, ou seja, dez meses por ano, em média, é necessário contentar-se apenas com as janelinhas de ventilação e com as estufas. A madeira de lariço e de abeto, com a qual foram feitos a prisão e seus alicerces, deveria proporcionar uma boa ventilação natural, porém ela é precária; por causa da elevada umidade do ar de Sacalina e da abundância de chuva, além da evaporação que vem de dentro da terra, a água acumula--se nos poros da madeira e, no inverno, congela. Então, a prisão é pouco ventilada e cada um de seus habitantes dispõe de pouco ar. No meu diário, anotei: "Caserna nº 9. Capacidade de ar, 187 braças cúbicas. Acomoda 65 forçados". Isso no verão, quando na prisão pernoita apenas a metade de todos os forçados. Aqui estão os números do relatório médico de 1888: "Capacidade total dos alojamentos dos prisioneiros na prisão de Aleksándrovski: 970 braças cúbicas; número de prisioneiros: máximo: 1950; mínimo: 1623; média anual: 1785; que pernoitam na prisão: 740; ar necessário por pessoa: 1,31 braça cúbica". O acúmulo de prisioneiros na prisão é menor nos meses de verão, quando eles saem em grupos de trabalho para serviços nos campos e nas estradas, e maior no outono, quando voltam do trabalho e o navio *Voluntário* traz uma nova leva de quatrocentas ou quinhentas pessoas, que ficam na prisão de Aleksándrovski, antes de serem distribuídas pelas demais prisões. Ou seja, a quantidade de ar disponível para cada prisioneiro é menor justamente quando a ventilação atinge seu grau mínimo.

Do trabalho, muitas vezes executado num tempo horrível, o forçado retorna à prisão, para pernoitar em roupas ensopadas e sapatos enlameados; não tem como se secar; parte da roupa, ele pendura perto da cama de tábua, outra parte, que ainda não secou, estende embaixo do corpo, para fazer as vezes de colchão. Seu casacão tem cheiro de ovelha, os sapatos cheiram a couro e a alcatrão. As roupas de baixo, completamente saturadas de secreções da pele, ainda molhadas e há muito tempo sem lavar, ficam misturadas com sacos velhos e andrajos apodrecidos, suas perneiras têm um sufocante odor de suor e o próprio forçado, que há um bom tempo não sabe o que é um banho, está cheio de piolhos, fuma tabaco barato e constantemente sofre de gases; seu pão, sua carne, seu peixe salgado, que muitas vezes ele põe para secar ali mesmo na prisão, migalhas, pedacinhos, ossinhos, restos de sopa de repolho numa caçarola; os percevejos, que ele esmaga entre os dedos ali mesmo sobre a cama de tábua — tudo isso deixa o ar das casernas fétido, pestilento, azedo; o ar se impregna de vapores de água no mais alto grau, de modo que, quando ocorrem fortes ondas de frio, as janelas ficam cobertas por uma camada de gelo por dentro, até de manhã, e dentro da caserna fica escuro; o gás sulfídrico, os gases de amoníaco e outros compostos se misturam no ar com os vapores de água e produzem o cheiro repugnante que, nas palavras de um guarda, "viram a alma da gente pelo avesso".

No sistema das celas comuns, não é possível a manutenção da limpeza na prisão; ali, a higiene nunca vai além dos limites restritos determinados pelo clima de Sacalina e pelas condições de trabalho dos forçados e, por melhores que sejam as intenções de que a administração esteja imbuída, ela será impotente e nunca estará a salvo de críticas. É preciso reconhecer que as celas comuns já estão ultrapassadas e é necessário substituí-las por acomodações de outro tipo, o que em parte já está sendo feito, pois muitos forçados não vivem na prisão, mas sim nas isbás; ou então conformar-se com a falta de limpeza como um mal inevitável, necessário, e deixar os cálculos de braças cúbicas do ar empestado para aqueles que veem na higiene apenas uma formalidade vazia.

Em favor do sistema das celas comuns, eu creio que é quase impossível dizer qualquer coisa. As pessoas que habitam uma cela comum, numa prisão, não constituem uma comuna rural, uma corporação de artesãos, as quais impõem a seus membros certas obrigações, mas sim uma gangue, que exime seus membros de toda responsabilidade com relação ao lugar, aos vizinhos e aos objetos. Ordenar ao forçado que não traga nos pés lama e esterco, não cuspa no chão e não esmague percevejos é algo impossível. Se a cela fede, se ninguém consegue viver de tanta roubalheira, ou se cantam músicas sórdidas, os culpados de tudo isso são todos, ou seja, não é ninguém. Pergunto a um forçado que já foi um cidadão respeitável: "É porque a minha limpeza seria inútil, aqui". E, de fato, que valor pode ter, para um forçado, sua própria limpeza, se no dia seguinte vai chegar uma nova leva de prisioneiros, e vão colocar lado a lado com ele um preso que espalha insetos por todo lado e que exala um cheiro sufocante?

A cela comum não concede ao criminoso a solidão necessária nem que seja só para rezar, para refletir e para aquela introspecção que todos os partidários dos objetivos correcionais julgam indispensável. O feroz jogo de cartas, com a autorização dos guardas comprados, os xingamentos, os risos, as conversas fiadas, as portas batendo, o barulho dos grilhões no setor dos acorrentados, ruídos que não param a noite inteira, atrapalham o sono do trabalhador exausto, o irritam e, é claro, não deixam de influenciar negativamente sua condição física e psíquica. A vida gregária, de cocheira, com suas distrações brutas, com a inevitável influência dos maus sobre os bons, como já é sabido há muito tempo, age sobre a moral do preso do modo mais pernicioso. Pouco a pouco, o forçado vai desaprendendo a cuidar das coisas pessoais, ou seja, vai perdendo justamente aquela qualidade que mais precisa conservar nos trabalhos forçados, pois, quando sair da prisão e tornar-se membro independente de uma colônia, desde o primeiro dia, vão exigir dele, segundo a lei e sob ameaça de castigo, que seja um proprietário zeloso e bom pai de família.

Nas celas comuns, é necessário suportar e justificar fenômenos tão horríveis como a calúnia, a delação, os ajustes de contas, os negócios fraudulentos. Estes encontram expressão nos chamados *maidan*, que vieram da Sibéria para cá. O preso que possui e ama dinheiro e que por isso mesmo foi parar na prisão, um *kulak*, sovina e trapaceiro, toma à força para si o direito do monopólio do comércio entre os camaradas prisioneiros, na caserna e, se for um lugar de muito trânsito e superpovoado, a renda obtida à custa dos presos pode alcançar até algumas centenas de rublos por ano. O *maidánchik*, ou seja, o proprietário do *maidan*, é oficialmente chamado de "peniqueiro", pois tem a obrigação de retirar os penicos das celas, se necessário, e cuidar da limpeza. Em cima de sua cama de tábua, geralmente, há uma caixa de um *archin* e meio, verde ou marrom; perto e embaixo dela, estão arrumados torrões de açúcar, pãezinhos brancos do tamanho de um punho, cigarros, garrafas com leite e também algumas mercadorias embrulhadas em papel e em trapos sujos.[2]

Debaixo dos inofensivos torrões de açúcar e dos pãezinhos, esconde-se um mal que alastra sua influência para muito além dos domínios da prisão. O *maidan* — esse cassino, esse pequeno Monte Carlo — desenvolve no preso uma paixão contagiosa pelo *chtos*[3] e por outros jogos de azar. Junto ao *maidan*

---

2 O maço de nove ou dez cigarros custa um copeque, o pãozinho branco, dois copeques, a garrafa de leite, de oito a dez, o torrão de açúcar, dois copeques. A venda é feita à vista, a crédito e por permuta. O *maidan* também vende vodca, cartas de baralho, tocos de velas para jogar à noite — mas às escondidas. As cartas também podem ser alugadas. [N.A.]   3 Também conhecido como faraó.

e ao jogo de cartas, sempre se abrigam, necessariamente, os serviços da agiotagem, cruel e implacável. Os agiotas da prisão cobram 10% ao dia, e até à hora; o bem que não for resgatado ao longo de um dia passará para a propriedade do agiota. Uma vez cumpridas suas penas, os *maidánchiki* e os agiotas saem da prisão e vão para uma colônia, onde não param de exercer sua atividade lucrativa e, por isso, não admira que em Sacalina existam colonos de quem é possível roubar 56 mil rublos.

No verão de 1890, em minha estada em Sacalina, na prisão de Aleksándrovski, estavam registrados mais de 2 mil forçados, porém apenas cerca de novecentos viviam dentro da prisão. Aqui estão os números, tomados ao acaso: no início do verão, 3 de maio de 1890, comiam e dormiam na prisão 1279 pessoas; no fim do verão, 29 de setembro, 675 pessoas. No que diz respeito ao trabalho dos forçados executado na própria Aleksándrovski, é preciso ressaltar, acima de tudo, os trabalhos de construção e de manutenção: a edificação de novos prédios, a reforma dos antigos, a conservação das vias urbanas, das praças etc. Os trabalhos considerados mais penosos são os de carpintaria. O preso que foi carpinteiro em sua terra natal leva, de fato, uma vida de forçado e, nesse aspecto, é muito mais infeliz do que um pintor ou um telhadeiro. Todo o peso do trabalho não reside na construção propriamente dita, mas no fato de que o forçado precisa arrastar da floresta cada tronco de madeira usado no trabalho, e a derrubada das árvores, hoje em dia, se dá a mais de oito verstas do posto. No verão, é penoso ver as pessoas atreladas a um tronco de meio *archin* de largura, ou mais grosso, e com algumas braças de comprimento; a expressão do rosto é sofrida, sobretudo se eles, como observei muitas vezes, são nativos do Cáucaso. Já no inverno, dizem que as mãos e os pés ficam feridos pela friagem e, não raro, eles chegam a morrer de frio, sem conseguir levar os troncos até o posto. Para a direção, os trabalhos de carpintaria também representam dificuldades, porque em Sacalina há poucas pessoas capazes de executar trabalhos pesados sistemáticos e há uma escassez geral de mão de obra — um fenômeno rotineiro, embora os forçados sejam contados aos milhares em Sacalina. O general Kononóvitch me disse que é muito difícil projetar e erigir novas construções — não há pessoal; se há carpinteiros em número suficiente, ninguém quer trazer os troncos; se conseguem pessoas para buscar os troncos, não há marceneiros. Entre os trabalhos pesados, figuram também as funções dos encarregados da calefação, que todo dia cortam lenha, preparam os feixes e, bem de manhãzinha, quando todo mundo ainda está dormindo, acendem as estufas. Para avaliar o grau de dificuldade do trabalho e do esforço necessário, é preciso voltar a atenção não só para a força muscular empregada no serviço, mas também para as condições do local e para as peculiaridades do trabalho, que dependem daquelas condições. O frio rigoroso do inverno e a umidade ao longo de todo ano, em Aleksándrovski, deixam o trabalhador braçal, às vezes, numa situação quase insuportável em comparação com o que ele, por exemplo, um lenhador comum, experimentaria na Rússia. A lei estabelece uma "posição definida" para o trabalho do forçado, aproximando-o do trabalho comum do camponês e do operário;[4] a lei apresenta, também, diversas vantagens para os forçados da categoria dos reabilitados; mas

4 "Estatuto para os trabalhos de construção, sancionado por Sua Alteza em 17 de abril de 1869", Petersburgo, 1887. Segundo esse estatuto, na definição de diversos tipos de trabalho, toma-se por base: as forças físicas do trabalhador e o grau de habilidade para executar o trabalho. O estatuto determina também o número de horas trabalhadas por dia, de acordo com a época do ano e a faixa geográfica na Rússia. Sacalina é situada na faixa intermediária da Rússia. O número máximo de horas trabalhadas é de doze horas e meia por dia, para os meses de maio, junho e julho, e o mínimo, de sete horas por dia, em dezembro e janeiro. [N.A.]

a prática nem sempre se conforma necessariamente à lei, justamente por força das condições locais e das peculiaridades do trabalho. É impossível determinar por quantas horas um forçado deve arrastar um tronco debaixo de uma nevasca, é impossível dispensá-lo dos trabalhos noturnos, quando estes são imprescindíveis, e a lei também não dispensa o forçado reabilitado do trabalho em feriados, se ele, por exemplo, trabalha numa mina de carvão junto com presos em período probatório, pois nesse caso seria necessário dispensar todos e interromper o serviço. Não raro, como os serviços são supervisionados por pessoas sem competência, sem capacidade e sem habilidade, os trabalhos consomem mais esforço do que o necessário. Por exemplo, a carga e a descarga de embarcações que, na Rússia, não exigem do trabalhador nenhum esforço excepcional, em Aleksándrovski, muitas vezes, se tornam um verdadeiro tormento; não existe uma equipe especial, preparada e treinada especialmente para o trabalho no mar; a cada vez empregam-se pessoas diferentes e, por isso, não raro, quando o mar está agitado, ocorrem desordens terríveis; no navio, gritam palavrões, perdem a cabeça e, embaixo, nas lanchas, que ficam se chocando com o navio, pessoas de pé ou deitadas, de rostos verdes e contorcidos, sofrem as agruras do enjoo, enquanto os remos flutuam, perdidos, em volta das lanchas. Graças a isso, o trabalho se prolonga, o tempo é desperdiçado à toa e as pessoas padecem tormentos desnecessários. Certa vez, na hora em que descarregavam um navio, ouvi um inspetor da prisão falar: "O meu pessoal não comeu nada o dia inteiro".

Muito trabalho dos forçados é consumido na mera satisfação das necessidades básicas da prisão. Todo dia, na prisão, trabalham cozinheiros, padeiros, alfaiates, sapateiros, aguadeiros, lavadores de chão, faxineiros, vaqueiros etc. O trabalho dos forçados também é usado no campo militar e na telegrafia; cerca de cinquenta pessoas formam a equipe que trabalha na enfermaria da prisão, não se sabe em que nem para quê, e nem há como calcular aqueles que estão a serviço particular dos senhores funcionários. Todo funcionário, mesmo um mero assistente de escritório, até onde pude verificar, pode tomar para si criados em quantidade ilimitada. O médico, em cuja casa me hospedei e que morava sozinho com o filho, tinha um cozinheiro, um porteiro, uma ajudante de cozinha e uma arrumadeira. Para um médico assistente de prisão, isso é muito luxo. Um inspetor da prisão tinha oito serviçais particulares: uma costureira, um sapateiro, uma arrumadeira, um lacaio, além de um menino de recados, uma babá, uma lavadeira, um cozinheiro e um lavador de chão. A questão dos criados em Sacalina é algo triste e ultrajante, como é, com certeza, em toda parte em que existem trabalhos forçados, e tampouco se trata de uma questão nova. Em seu *Breve ensaio sobre as desordens que existem nos trabalhos forçados*, Vlássov escreveu que, em 1871, quando esteve na ilha, ficou "impressionado, antes de tudo, com a circunstância de que os forçados, com a autorização do ex-governador-geral, serviam como criados do diretor e dos funcionários". As mulheres, segundo as palavras dele, trabalhavam a serviço da administração, inclusive para carcereiros solteiros. Em 1872, o governador-geral da Sibéria Oriental, Siniélnikov, proibiu o emprego de prisioneiros como criados. Mas tal proibição, que tem força de lei até o presente, é transgredida sem a menor cerimônia. Um registrador colegiado requisita meia dúzia de presos para trabalhar como seus criados e, quando vai fazer um piquenique, envia uma dezena da forçados na frente, para levar as provisões. Os comandantes da ilha, srs. Hintze e Kononóvitch, combateram esse mal, mas com energia insuficiente; pelo menos, localizei apenas três ordens escritas relativas à questão da criadagem, e redigidas de tal modo que qualquer pessoa interessada pode interpretá-las em proveito próprio. O general Hintze, como que para revogar o que o governador-geral anterior havia escrito, autorizou os funcionários, em 1885 (ordem nº 95), a tomar a seu serviço particular mulheres forçadas, em troca do pagamento de dois rublos por mês, dinheiro que, no entanto, seria revertido para o governo. O general Kononóvitch, em 1888, revogou a ordem de seu predecessor, determinando: "Os forçados, sejam homens ou mulheres, não podem trabalhar como criados dos funcionários e não é necessário nenhum pagamento para as mulheres. E como os prédios do governo e suas dependências não podem ficar sem vigilância e sem conservação, a cada um desses prédios fica autorizada a convocação do número necessário de homens e mulheres, que com esse fim serão designados como vigias, encarregados da calefação, da limpeza do chão etc., conforme a necessidade" (ordem nº 2716). Porém, como os prédios do governo e suas dependências, em sua larga maioria, não são outra coisa senão os alojamentos dos funcionários, essa ordem foi entendida como uma autorização para que forçados trabalhem como criados particulares e, além do mais, sem pagamento nenhum. Em todo caso, em 1890, quando eu estive em Sacalina, todos os funcionários, mesmo os que não tinham nenhuma relação com a administração prisional (por exemplo, o chefe da agência dos correios e telégrafos), usavam forçados como criados domésticos em enormes proporções, sem pagar nenhum salário e ainda deixando o custo da alimentação dos criados por conta do governo.

O emprego de forçados como criados particulares está em completa contradição com o ponto de vista do legislador acerca do castigo: isso já não é trabalho forçado, mas servidão, pois o forçado trabalha não para o governo e sim para um particular, o qual nada tem a ver com os fins correcionais nem com a ideia da uniformidade da pena; ele não é um forçado, mas sim um escravo, que depende da vontade do senhor e de sua família, satisfaz seus caprichos e participa das rixas por ninharias, na cozinha. Quando se torna um colono, ele passa a ser, na colônia, uma cópia do nosso criado doméstico, sabe limpar sapatos e fritar bolinhos, mas é incapaz de executar trabalhos agrícolas e, por isso, passa fome e se vê entregue à própria sorte. Já o emprego de mulheres forçadas no serviço doméstico, além de tudo isso, tem seus inconvenientes específicos. Sem falar do fato de que, num ambiente de privação da liberdade, favoritas e concubinas são sempre fonte de algo torpe e, no mais alto grau, degradante para a dignidade humana; elas, em particular, quebram a disciplina. Um dos sacerdotes me contou que, em Sacalina, havia casos em que uma mulher de condição livre ou um soldado, que trabalhavam como criados domésticos, tinham de, em circunstâncias conhecidas, limpar e despejar as sujeiras deixadas por uma forçada.[5]

Aquilo que, em Aleksándrovski, é chamado pomposamente de "indústria fabril", visto de fora, se mostra bonito

---

5 Vlássov, em seu relatório, escreve: "A muito estranha relação entre as pessoas — um oficial, uma forçada, na condição de amante, e um soldado, no papel de cocheiro — não pode deixar de despertar a atenção e a lástima". Dizem que esse mal tem relação unicamente com a impossibilidade de obter criados entre pessoas de condição livre. Mas não é verdade. Em primeiro lugar, é possível limitar o número de criados; pois é perfeitamente possível que um oficial tenha só um ordenança. Em segundo lugar, os funcionários em Sacalina recebem bons salários e podem contratar criados entre os colonos, entre os deportados camponeses e entre as mulheres de condição livre, que na maioria dos casos precisam trabalhar e, portanto, não rejeitariam um salário. Essa ideia, pelo visto, também ocorreu ao comandante da ilha, pois existe uma ordem em que uma colona, por ser incapaz do trabalho agrícola, foi autorizada "a adquirir meios de subsistência com o trabalho assalariado como criada na casa dos funcionários" (ordem nº 44, 1889). [N.A.]

e vibrante, mas não tem, por enquanto, nenhum significado sério. Na oficina de fundição, chefiada por um mecânico autodidata, vi sinos, rodas de vagonetas e de carrinhos de mão, um moinho manual, uma máquina para fazer renda, torneiras, peças para estufas etc., mas tudo isso dá a impressão de serem objetos de brinquedo. Coisas bonitas, mas que não vendem e, para as necessidades locais, seria mais vantajoso comprá-las no continente ou em Odessa do que pagar o custo de seus locomóveis[6] e de uma equipe fixa de operários assalariados. Naturalmente, não haveria o que reclamar da despesa, se em Sacalina as oficinas fossem escolas onde os forçados aprendessem ofícios; na verdade, na oficina de fundição e na serralheria, não são os forçados que trabalham, mas colonos artesãos experientes, que ocupam a posição de assistentes de carcereiro e ganham um salário de dezoito rublos mensais. Aqui, fica visível demais o entusiasmo pelos objetos fabricados; as rodas e o martelo rugem, os locomóveis apitam, e tudo apenas em nome da qualidade dos objetos fabricados e de sua boa aceitação no mercado; na verdade, considerações comerciais e artísticas não têm nenhuma relação com a questão penitenciária e, em Sacalina, como em todos os trabalhos forçados, qualquer atividade deve ter um único objetivo, próximo ou remoto: a reabilitação do condenado, e as oficinas devem se esforçar para embarcar para o continente não portas de estufa ou torneiras, mas sim, antes de tudo, pessoas úteis e artesãos bem preparados.

O moinho a vapor, a serraria e a forja são mantidos em perfeita ordem. As pessoas trabalham com alegria porque, com certeza, têm consciência da produtividade do trabalho. Mas também trabalham, sobretudo, especialistas que, já na terra natal, eram moleiros, ferreiros etc., e não aqueles que, quando

6 Motor a vapor, às vezes sobre trilhos, para ser deslocado.

viviam na terra natal, não tinham nenhum ofício, não sabiam nada e que agora, mais do que ninguém, precisam trabalhar em moinhos e em forjas, onde serão educados para ter como ganhar a vida.[7]

---

7 O moinho e a serralheria se encontram no mesmo prédio, recebem correias de transmissão que vêm de dois locomóveis. No moinho, há quatro mós com capacidade de moer 1500 *pudi* por dia. Na serraria, trabalha um velho locomóvel, levado para lá ainda pelo príncipe Chakhovskói; sua fornalha é abastecida com serragem. Na forja, o trabalho prossegue dia e noite, em dois turnos, e seis fornos estão em atividade. A oficina ocupa, ao todo, 105 pessoas. Os forçados em Aleksándrovski também trabalham na extração de carvão, mas essa atividade dificilmente terá êxito, algum dia. O carvão das minas locais é muito pior do que o de Duê: tem aspecto sujo e é misturado com xisto. Sua extração não é barata, por isso, nas minas, uma equipe constante de operários trabalha sob a observação de um engenheiro especialista em mineração. A existência de jazidas locais não se mostra necessária, pois Duê não é longe e, a qualquer momento, é possível trazer de lá um carvão excelente. No entanto, elas foram abertas com um bom propósito — oferecer aos colonos uma forma de ganhar a vida no futuro. [N.A.]

VI

A história de Egor

O médico em cuja casa fiquei hospedado partiu para o continente logo depois de ser demitido e, assim, me alojei na casa de um jovem funcionário, muito boa pessoa. Ele tinha só uma criada, uma velha ucraniana condenada aos trabalhos forçados, e também, de vez em quando, mais ou menos uma vez por dia, nos visitava um forçado chamado Egor, que cuidava da estufa, mas não se considerava um criado do funcionário e dizia que, "por respeito", trazia lenha, lavava a cozinha e, no geral, executava as tarefas que não estavam ao alcance das forças da velha. Acontecia de eu estar sentado, lendo ou escrevendo alguma coisa e, de repente, ouvia uma espécie de rumor, de respiração ofegante, e algo pesado se remexia embaixo da mesa, perto do pé; dou uma olhada — é o Egor, descalço, metido embaixo da mesa, apanhando pedacinhos de papel ou tirando a poeira. Ele tem menos de quarenta anos e aparenta ser uma pessoa desajeitada, inábil, como se diz, um bobão, de rosto simplório e tolo, ao primeiro olhar, e de boca larga, como a do peixe lota-do-rio. É ruivo, de barbicha rala e olhos miúdos. Quando faço uma pergunta, ele não responde logo, primeiro olha de lado e pergunta: "O quê?" ou "Com quem está falando?". Trata-me de Vossa Excelência, mas usa o pronome "tu", em vez de "vós". Não consegue ficar sem trabalhar nem um minuto e encontra trabalho em toda parte, sempre, onde quer que seja. Enquanto fala com os outros, seus olhos ficam procurando algo para limpar ou arrumar. Dorme duas ou três horas por dia, porque não tem tempo para dormir. Nos feriados, fica parado num cruzamento qualquer, de paletó por cima da camisa vermelha, a barriga estufada para a frente e os pés afastados um do outro. Chama isso de "passear".

Ali, nos trabalhos forçados, ele mesmo construiu sua isbá, fabrica baldes, mesas, uns armários desengonçados. Sabe fazer qualquer móvel, mas só "para si", ou seja, para uso próprio. Nunca brigou nem apanhou; só uma vez, na infância, o pai lhe deu uma surra, porque tinha de vigiar as ervilhas e deixou um galo entrar na horta.

Certa vez, eu e ele tivemos esta conversa:

— Por que mandaram você para cá? — perguntei.

— O que está dizendo, Vossa Excelência?

— Por que mandaram você para Sacalina?

— Por um assassinato.

— Conte para mim, desde o início, o que foi que aconteceu.

Egor, de pé junto à ombreira da porta, cruzou as mãos nas costas e começou:

— A gente foi lá falar com o patrão, Vladímir Mikháilitch, sobre uns negócios de madeiras, de serra e de abastecimento na estação. Tudo bem. Combinamos e fomos para casa. Aí, quando a gente não estava longe da aldeia, o povo me mandou ir ao escritório assinar o documento do negócio. Eu estava a cavalo. No caminho para o escritório, o Andriukha me fez voltar: tinha uma grande inundação no caminho, era impossível passar. "Amanhã eu vou ao escritório por causa da terra que tenho arrendada", disse ele, "e aí resolvo essa história do documento." Tudo bem. De lá, a gente foi junto, eu a cavalo, o pessoal a pé. A gente chegou a Parákhino. Os mujiques foram fumar na cantina, eu e Andriukha ficamos para trás, na calçada, perto da taberna. Ele vem e diz: "Meu irmão, você não tem aí uns cinco copeques? Me deu uma vontade de beber". E eu digo: "Sei como você é, irmão: você vai lá beber cinco copeques e depois acaba se embriagando". E ele diz: "Não, eu não, vou beber só um pouquinho e depois vou para casa". A gente foi para junto dos mujiques, combinou de pedir uma garrafa, aí juntamos o dinheiro, entramos na cantina e compramos uma garrafa de vodca. A gente sentou em volta da mesa para beber.

— Conte mais resumido — pedi.

— Espere aí, não estrague, Vossa Excelência. A gente deu cabo daquela vodca e aí lá vem ele, o Andriukha, e pede logo mais uma *sorokóvka*[1] de vodca com pimenta malagueta. Encheu o copo dele e o meu. Eu e ele esvaziamos um copo juntos. Muito bem, aí o povo todo saiu da cantina e foi para casa, e eu e ele também fomos atrás. Cansei de andar a cavalo, desmontei e sentei ali na beirinha do rio. Cantei e fiz umas brincadeiras. Não falei nada de ruim. Depois, a gente levantou e foi em frente.

— Conte-me sobre o assassinato — interrompi.

— Espere aí. Fui para casa e dormi até de manhã, até me acordarem: "Anda, anda, qual de vocês matou o Andrei?". E aí logo trouxeram o Andrei e chegou o sargento cossaco. O sargento saiu logo perguntando para todo mundo, mas ninguém confessou ter culpa daquela história. Só que o Andrei ainda estava vivo e falou: "Você, Sergukha, me acertou com um sarrafo, não lembro mais nada". O Sergukha não confessou. Todo mundo achava que tinha sido o Sergukha e ficaram de olho, para ele não se matar. Um dia depois, o Andrei morreu. O pessoal do Serguei, a irmã e o padrasto, ficou pegando no pé dele: "Não negue, Serguei, e para você tanto faz mesmo. Confesse logo de uma vez, mas arraste também quem estava perto. Vai aliviar o seu lado". Bastou o Andrei morrer que todo o povo, e eu junto, foi falar com o estaroste e aí avisaram o Serguei. Ficaram lá interrogando o Serguei até que ele confessou. Depois soltaram para ele ir dormir em casa. Alguns ficaram lá de vigia, para ele não se matar. Tinha uma espingarda em casa.

[1] Equivale a 4,8 litros.

Um perigo. De manhã, foram ver... ele tinha sumido, deram uma busca na casa toda, procuraram pela aldeia, correram pelo campo à procura dele. Depois, veio alguém da polícia e avisou que o Serguei já estava lá. E começaram a levar a gente, também. Pois o Serguei, veja só, foi direto para a delegacia e para o sargento, ficou de joelhos e falou da gente, disse que os filhos de Efrémov já fazia três anos que vinham querendo matar o Andriukha. "Nós três íamos pela estrada", disse ele, "Ivan, Egor e eu, e aí combinamos de matar juntos. Eu acertei o Andriukha com um sarrafo, enquanto o Ivan e o Egor metiam a pancada nele, para ver quem batia mais, e eu me assustei, dei para trás, fugi correndo, por detrás dos mujiques." E depois levaram a gente para a cadeia na cidade, o Ivan, o Kircha, o Serguei e eu também.

— Quem são Ivan e Kircha?

— Meus irmãos. Na cadeia, chegou o comerciante Piotr Mikháilitch e pagou a fiança. E a gente ficou assim, sob fiança, até o dia do Pokróv.[2] A gente vivia bem, estava protegido. Um dia depois do Pokróv, julgaram a gente lá na cidade. O Kircha tinha testemunhas, os mujiques que vinham atrás justificaram, mas eu, meu irmão, não tinha testemunha e aí me dei mal. No tribunal, contei isto que estou aqui contando para você, como foi tudo, mas o tribunal não acredita. "Aqui, todo mundo fala assim, jura de pés juntos, e é tudo mentira." Pois bem, me condenaram à prisão. Na prisão, eu vivia trancado, mas era só eu que esvaziava o penico, lavava as celas e servia a comida. Em troca disso, cada preso me dava uma ração de pão por mês. Umas três libras por pessoa. Quando soube que eu ia vir para cá, mandei um telegrama para casa. Aconteceu antes do dia de São Nicolau.

2 Em russo, manto. Dia 14 de outubro. Na tradição popular, dia em que o outono recebe o inverno e a neve cobre as isbás como um manto. Na Igreja ortodoxa, o dia celebra a intercessão da Virgem Maria, que protege os fiéis com seu manto.

A esposa e o irmão Kircha vieram me ver e trouxeram roupa e mais umas coisas... A esposa chorou, gemeu, e não tinha jeito. Quando foi embora, dei para ela duas rações de pão de presente. Chorei um pouco e mandei lembranças para os filhos e para todo o povo batizado. No caminho, prenderam a gente em correntes. Prenderam dois a dois. Fui com o Ivan. Em Nóvgorod, tiraram retratos da gente, puseram correntes e pegaram e rasparam a cabeça. Depois, despacharam para Moscou. Em Moscou, quando a gente chegou, mandei um pedido de indulto. Não lembro como foi a viagem para Odessa. Fui direito. Em Odessa, no médico, perguntaram um monte de coisa, tiraram a roupa toda, ficaram examinando. Depois juntaram a gente e despacharam para um navio. Lá, os cossacos e os soldados fizeram a gente andar em fila pela escadinha e meteram a gente lá embaixo. Sentamos nos beliches e pronto, acabou. Cada um no seu lugar. No beliche em cima de mim, ficaram cinco pessoas. No início, a gente não entendeu, e depois gritaram: "Vamos embora, vamos embora!". Foi indo, foi indo, e depois começou a balançar. O calor era tanto que o povo ficou nu. Uns vomitavam, outros, tudo bem. A maior parte do tempo, a gente ficava deitado, é claro. E a tempestade foi enorme. O navio jogava para tudo quanto era lado. Foi indo, foi indo e a gente acabou batendo. Feito um tranco dentro da gente. O dia estava nebuloso. Estava escuro. Foi assim que nem um tranco, e parou e balançou assim, sabe, em cima dos rochedos; pensei que tinha um peixão desses, sabe, embaixo do navio, sacudindo o navio.[3] Forçaram para a frente e forçaram mais e o navio não andava, e aí começaram a puxar o navio para trás. Puxaram para trás e ele rompeu ao meio, lá embaixo. Começaram a cobrir o buraco com uma das velas; cobriram, cobriram, mas não tinha jeito. A água subiu até o chão

---

3 Refere-se ao naufrágio do *Kostromá*, na costa ocidental de Sacalina, em 1887. [N.A.]

onde o povo estava sentado e a água começou a entrar pelo chão, embaixo do povo. O povo pede: "Não nos deixe morrer, Vossa Excelência!". E, primeiro, ele disse: "Não percam a cabeça, não fiquem pedindo nada, não vou deixar ninguém morrer". Depois, começou a alagar nos beliches de baixo. Os batizados começaram a implorar e se empurrar. O patrão vem lá e diz: "Tudo bem, pessoal, vou soltar vocês, mas não vão arrumar confusão, senão fuzilo todo mundo". Depois soltou. Fizeram uma reza para que Deus ficasse calmo, não matasse. Rezaram de joelhos. Depois da reza, deram para a gente umas bolachas, açúcar, e o mar se acalmou. No dia seguinte, começaram a retirar o povo em lanchas e levar até a margem. Na margem, teve mais reza. Depois, embarcaram a gente em outro navio, um barco turco,[4] e trouxeram para cá, para Aleksándrovski. Desceram a gente no cais quando o sol se punha e seguraram a gente ali um tempão, só tiraram a gente do cais quando estava bem escuro. Os batizados fizeram uma fila e lá fomos nós, ainda com a cegueira da galinha.[5] Se agarravam uns nos outros, um enxergava, outro não, e todos iam muito juntos. Eu guiava uma dezena de batizados atrás de mim. Levaram a gente para o pátio da prisão e começaram a distribuir pelas casernas, cada um no seu lugar. Jantamos antes de dormir, quem tinha trazido comida, mas de manhã começaram a dar comida direito. A gente descansou uns dois dias, no terceiro, para o banho e, no quarto, levaram para trabalhar. Primeiro, de cara, cavamos umas valas embaixo do prédio onde agora fica a enfermaria. Arrancamos tocos de árvores da terra, tiramos raízes, escavamos e tudo isso... e assim passou uma semana, ou duas, ou um mês, pode ser. Depois a gente transportou troncos desde Mikháilovka. Carregava tudo por umas três verstas, mais ou menos, para depois empilhar

---

4 O vapor *Vladivostok*, da Frota Voluntária. [N.A.]   **5** Nictalopia, incapacidade de enxergar à noite.

perto da ponte. Depois, mandaram cavar as valas para a água nas hortas. Depois chegou a hora de ceifar o feno, começaram a juntar os batizados todos: perguntam quem sabe ceifar. Bom, aí, quem confessou que sabia, eles registraram. Deram para a gente, o pessoal todo, pão, sementes, carne e mandaram ceifar feno em Armudan, junto com um guarda. E eu ia vivendo bem, Deus dava saúde e eu ceifava direito. O guarda batia nos outros e não me dizia nenhuma palavra feia. Só o povo xingava, porque eu ia muito depressa, mas não era nada. No tempo livre ou quando chovia, eu trançava umas alpercatas de palha para mim. O pessoal ficava dormindo por causa do trabalho, mas eu sentava e trançava. Vendia as sandálias, duas porções de carne por uma sandália, o que valia quatro copeques. A ceifa do feno acabou e a gente foi para casa. Chegamos em casa e eles meteram a gente na prisão. Depois me levaram para a casa do colono Sachka, em Mikháilovka, para trabalhar de empregado. Na casa do Sachka, eu fazia tudo que é trabalho da roça: capinava, colhia, debulhava, escavava a batata, enquanto o Sachka, pelas minhas costas, transportava madeira para o governo. Tudo que a gente comia vinha do governo. Trabalhei direto, dois meses e quatro dias. O Sachka tinha prometido dinheiro, mas não me dava nada. Só deu um *pud* de batata. O Sachka me levou para a prisão e me deixou lá. Aí me deram um machado e uma corda, para carregar lenha. Eu abastecia sete estufas. Morava numa iurta, carregava água e fazia faxina para um carcereiro. Eu tomava conta do *maidan* de um tártaro de Magza.[6] Quando eu chegava do trabalho, ele me confiava o *maidan*, eu ficava vendendo e por isso ele me pagava quinze copeques por dia. Na primavera, quando os dias ficam mais compridos, comecei a trançar alpercatas de palha. Vendia por dez copeques. E, no verão, eu pegava lenha no rio. Eu juntava uma pilha grande e depois vendia para um judeu que

6 Um chinês mánzi. [N.A.]

fazia sauna. Também cortei sessenta árvores na floresta e vendi por quinze copeques. E assim vou vivendo, devagar e sempre, como Deus quer. Só que agora não tenho mais tempo para conversar com Vossa Excelência, tenho de pegar água.

— Quanto tempo falta para você se tornar colono?

— Uns cinco anos.

— Sente saudade de casa?

— Não. Só me dá pena dos filhos. São burros.

— Diga, Egor, em que você pensava, quando levaram você de navio para Odessa?

— Eu rezava.

— Pedia o quê?

— Que mandasse inteligência e cabeça boa para os filhos.

— E por que você não trouxe a esposa e os filhos para Sacalina?

— Porque eles estão bem lá em casa.

VII

O farol — Korsákov — A coleção do dr. P. I. Suprunenko
— A estação meteorológica — O clima da região de
Aleksándrovski — Novo-Mikháilovka — Potiómkin —
O ex-carrasco Tiérski — Krásni Iar — Butakovo

Os passeios por Aleksándrovski e seus arredores, com o funcionário dos correios, o autor de *Sakhalino*, deixaram em mim uma lembrança agradável. Em geral, andávamos até o farol que se ergue acima do vale, no cabo Jonquière. De dia, quando olhamos lá de baixo para o farol, é uma casinha branca e modesta, com um mastro e uma lanterna, mas à noite ele brilha com força, nas trevas, e então parece que os trabalhos forçados estão mirando o mundo com seu olho vermelho. A estrada para a casa do farol sobe abrupta, contorna o morro em espiral, passa por velhos lariços e abetos. Quanto mais alto, mais livremente respiramos; o mar se estende diante dos olhos, pouco a pouco nos vêm pensamentos que nada têm em comum com a prisão nem com os trabalhos forçados nem com a colônia de deportados e é só ali que tomamos consciência de como é maçante e difícil a vida lá embaixo. Os forçados e os colonos, dia após dia, vivem sua pena, enquanto os livres, da manhã até a noite, só conversam sobre quem foi chicoteado, quem fugiu, quem foi apanhado e vai levar chicotadas; e o estranho é que nos acostumamos a tais conversas e interesses em uma semana e, quando acordamos de manhã, recebemos antes de tudo as ordens impressas do general — o único jornal diário local — e depois, o dia inteiro, escutamos e falamos sobre quem fugiu, quem levou tiros etc. Mas, no alto do morro, diante da vista do mar e das belas ravinas, tudo isso se torna extremamente vulgar e grosseiro, como é, na realidade.

Dizem que, antigamente, na estrada para o farol, havia bancos, mas que foi necessário retirá-los, porque os forçados e os colonos, quando passeavam, escreviam neles e, com facas, riscavam palavrões e toda sorte de obscenidade. Os amantes dessa chamada literatura de muro são numerosos também entre as pessoas livres, mas nos trabalhos forçados o cinismo supera todas as medidas e não há comparação possível. Não só os bancos e as paredes dos pátios são repugnantes, como também qualquer carta de amor. É notável que uma pessoa escreva e risque à faca num banco diversas obscenidades, embora, ao mesmo tempo, sinta-se perdida, abandonada, profundamente infeliz. Um velho explica que já está farto do mundo e que está na hora de morrer, sofre cruelmente de reumatismo e enxerga muito mal, mas com que apetite profere, sem parar, palavrões dignos de um cocheiro, um comprido, interminável e empolado palavrório de indecências ofensivas, como num transe febril. Se é alfabetizado e estiver num lugar isolado, terá dificuldade para reprimir o impulso e conter a tentação de arranhar na parede, nem que seja com a unha, alguma palavra proibida.

Perto da casa do farol, um cachorro feroz tenta soltar-se da corrente. Há um canhão e um sino; dizem que em breve vão trazer e instalar ali uma sirene, que vai tocar quando houver neblina, o que vai servir para aumentar mais ainda a angústia dos habitantes de Aleksándrovski. Quando estamos na lanterna do farol e olhamos para baixo, para o mar e para os Três Irmãos, em volta dos quais as ondas espumam, a cabeça gira e bate um medo. Não se avista com clareza a costa da Tartária nem mesmo a entrada da baía De-Kástri; o vigia do farol diz que consegue enxergar os navios que entram e saem de De-Kástri. O mar vasto, que cintila sob o sol, levanta um rumor surdo enquanto, lá embaixo, a margem distante acena tentadora, chamando para si, e me vem uma tristeza e uma melancolia, como se nunca mais eu fosse sair desta Sacalina. Olho para a margem do outro lado e dá a impressão de que, se eu fosse um forçado, fugiria de lá a qualquer preço, a todo custo. Para além de Aleksándrovski, subindo o rio Duika, está o povoado de Korsákov. Fundado em 1881, foi batizado com esse nome em homenagem a M. S. Korsákov, ex-governador-geral da Sibéria Oriental. O interessante é que, em Sacalina, batizam os povoados em homenagem aos governadores siberianos, aos inspetores da prisão e até aos enfermeiros, mas se esquecem totalmente dos exploradores, como Nevelskói, o marinheiro Korsákov, Bochniak, Poliákov e muitos outros, cuja memória, suponho, merece mais respeito e atenção do que qualquer carcereiro Dierbin, morto por causa de sua crueldade.[1]

Em Korsákov, há 272 habitantes: 153 homens e 119 mulheres. Os proprietários são 58. Quanto à constituição dos proprietários — dos quais 26 têm a categoria de camponeses e só nove são forçados — e quanto ao número de mulheres, de pastos, de cabeças de gado etc., Korsákov pouco se diferencia do próspero subúrbio de Aleksándrovski: são duas casas para cada oito proprietários e uma sauna para cada nove casas; 45 proprietários possuem cavalos; 49 possuem vacas. Muitos deles possuem dois cavalos e três ou quatro vacas. Em relação à quantidade de antigos residentes, Korsákov ocupa, talvez, o primeiro lugar em Sacalina do Norte: 43 proprietários estão

---

1 Até a data de hoje, os que mais fizeram pela colônia de deportados, no que diz respeito à sua criação e às responsabilidades com sua organização, foram duas pessoas: M. S. Mitsul e M. N. Gálkin-Vraskoi. Em homenagem ao primeiro, deram seu nome a um pequeno povoado, pobre e precário, de umas dez casas, e em homenagem ao segundo, batizaram um povoado que já tinha um nome antigo e tradicional, Siantsa, e por isso o nome novo ficou só no papel e apenas nos documentos ele é chamado de Gálkino-Vraskoie. Enquanto isso, em Sacalina, o nome de M. S. Korsákov foi dado a um povoado e também a um grande posto, não por causa de quaisquer serviços importantes ou sacrifícios, mas apenas porque ele foi o governador-geral e podia deixar os outros com medo. [N. A.]

em suas terras desde a fundação do povoado. Ao recensear os habitantes, encontrei oito pessoas que chegaram a Sacalina em 1870 e uma que foi enviada para a ilha em 1866. Um alto número de residentes antigos numa colônia é um bom sinal.

Por seu aspecto, Korsákov tem uma semelhança enganosa com um vilarejo russo bonito, perdido no mato, ainda não tocado pela civilização. A primeira vez que estive lá foi num domingo, depois do almoço. O tempo estava ameno, tranquilo, e havia a sensação de um feriado. Mujiques cochilavam na sombra ou tomavam chá; junto aos portões e ao pé das janelas, as mulheres catavam piolhos nas cabeças umas das outras. Havia flores nos jardinzinhos cercados, nos canteiros, e gerânios nas janelas. Muitas crianças, todas na rua, brincavam de soldado ou de cavalinho, provocavam cachorros bem nutridos, que só queriam dormir. E quando um pastor, um velho vagabundo, veio tocando um rebanho de mais de 150 cabeças e o ar se encheu de sons de verão — mugidos, chicotadas, gritos de mulheres e crianças que perseguem os bezerros, o baque surdo dos pés descalços e dos cascos na estrada poeirenta e cheia de esterco —, nesses momentos, quando se sentia um cheiro de leite, a ilusão era completa. E ali até o rio Duika é bonito. Em certos pontos, ele passa junto aos quintais, às hortas; sua margem, ali, é verdejante, coberta por salgueiros e juncos; quando vi o rio, as sombras da tarde se estendiam em sua superfície absolutamente lisa; o rio estava sereno e parecia cochilar.

Ali, como no subúrbio rico de Aleksándrovski, encontramos uma alta porcentagem de residentes antigos, de alfabetizados e de mulheres, um número maior de mulheres livres e uma "história do passado" quase idêntica, com a venda clandestina de bebida, a agiotagem etc.; contam que ali, em tempos antigos, o favoritismo também exerceu um papel importante, na organização da propriedade, quando as autoridades distribuíam facilmente, e a crédito, o gado, as sementes e até a bebida, e isso se tornava mais fácil ainda porque os habitantes de Korsákov eram sempre bastante políticos e tratavam de Excelentíssimo Senhor mesmo os mais modestos funcionários. Porém, à diferença do subúrbio de Aleksándrovski, ali, apesar de tudo, a causa principal da prosperidade não é a venda de bebida, não é o favoritismo ou a proximidade com a Paris de Sacalina, mas os incontestáveis sucessos da agricultura. Enquanto em Slobodka um quarto dos proprietários vive sem terras aráveis e outra quarta parte tem muito pouca terra arável, em Korsákov todos os proprietários lavram a terra e semeiam cereais; em Slobodka, metade dos proprietários não tem gado e, mesmo assim, vive bem nutrida, mas em Korsákov quase todos os proprietários acham necessário ter gado. Por muitos motivos, é impossível encarar a agricultura em Sacalina sem ceticismo, mas é imperioso reconhecer que em Korsákov a atividade agrícola foi organizada com seriedade e produz resultados comparativamente bons. É impossível supor que os habitantes de Korsákov semeiem, todos os anos, 2 mil *pudi* de grãos só por teimosia ou pelo desejo de agradar às autoridades. Não tenho números exatos relativos às colheitas e tampouco se pode acreditar nas avaliações dos próprios habitantes, mas por alguns indícios, como, por exemplo, a grande quantidade de cabeças de gado, as condições aparentes de vida e o fato de os camponeses, ali, não terem nenhuma pressa de partir para o continente, embora já tenham esse direito há muito tempo, convém concluir que a colheita não só alimenta como também fornece algum excedente, o que estimula o colono a viver no local.

Por que os habitantes de Korsákov têm êxito na agricultura, enquanto os habitantes dos povoados vizinhos sofrem extremas necessidades, por conta de uma série de fracassos, e até já perderam a esperança de se alimentarem, algum dia, com a própria produção, é algo fácil de explicar. Na localidade onde se estabeleceu o povoado de Korsákov, o vale do rio Duika é mais largo e os habitantes de Korsákov, desde o início, quando foram assentados em seus lotes, tiveram a seu dispor uma enorme extensão de terra. Puderam não só tomar a terra para si como também escolher qual terra queriam. Hoje, vinte proprietários lavram de três a seis deciatinas de terra, e só em raros casos menos de duas deciatinas. Se o leitor quiser comparar os lotes daqui com aqueles concedidos aos nossos camponeses, deve também ter em mente que a terra arável em Sacalina nunca fica em descanso, todo ano ela é semeada até o último *verchok* e, portanto, duas deciatinas, aqui, equivalem a três deciatinas em nossas terras. O uso apenas de terrenos grandes constitui o segredo do sucesso dos habitantes de Korsákov. Como as colheitas em Sacalina rendem, em média, duas ou três vezes aquilo que é semeado, a terra pode produzir bastante cereal só nessas condições: quando há muita terra, muita semente e mão de obra barata ou sem nenhum custo. Nos anos em que o cereal não cresce, os habitantes de Korsákov ganham com os legumes e com a batata, que ocupam consideráveis lavouras de 33 deciatinas de terra.

Como a colônia de deportados existe há pouco tempo e tem uma população pequena e variável, ainda não está madura para estatísticas; por conta dessa escassez de dados, qualquer afirmação que se faça sobre ela, queiram ou não, será necessariamente, em todo e qualquer caso, baseada em conjeturas e palpites. Se eu não temesse a acusação de tirar conclusões apressadas e de usar os dados relativos a Korsákov para aplicar a toda a colônia, talvez fosse possível dizer, a respeito das colheitas insignificantes de Sacalina, que, para não trabalhar no prejuízo e não passar fome, cada proprietário deveria possuir mais de duas deciatinas de terra arável, sem considerar os pastos e as terras para plantar legumes e batata. Neste momento, é impossível estabelecer um padrão mais exato, porém é muito provável que o padrão equivalha a quatro deciatinas de terra. No entanto, segundo o *Relatório sobre a situação da agricultura em 1889 na ilha de Sacalina*, para cada agricultor, corresponde em média apenas meia deciatina (1555 braças quadradas).

Em Korsákov há uma casa que, por suas dimensões, pelo telhado vermelho e pelo jardim confortável, lembra a casa de fazenda de um senhor de terras mediano. O proprietário dessa casa, diretor do departamento médico, dr. P. I. Suprunenko, viajou para a Rússia na primavera para participar de uma exposição de penitenciárias e, depois, ficou lá em definitivo e, assim, nos cômodos vazios, encontrei apenas os restos da exuberante coleção zoológica reunida pelo médico. Ignoro onde se encontra agora essa coleção e quem estuda, por meio dela, a fauna de Sacalina, mas, pelos poucos exemplares remanescentes, de extremo requinte, e pelos relatos que ouvi, posso avaliar a riqueza da coleção e quanto conhecimento, trabalho e amor foram investidos pelo dr. Suprunenko nesse útil empreendimento. Ele começou a reunir a coleção em 1881 e, em dez anos, conseguiu juntar quase todos os vertebrados que se encontram em Sacalina, além de muito material antropológico e etnográfico. Sua coleção, se ainda estiver na ilha, poderá servir de base para um museu excelente.

Junto à casa, encontra-se a estação meteorológica. Até pouco tempo, ela estava sob a direção do dr. Suprunenko, mas agora quem a dirige é o inspetor agrícola. Em minha presença, o secretário, o forçado Golovátski, homem sagaz e solícito, fazia observações e me forneceu tabelas meteorológicas. Já é possível tirar conclusões a partir de observações de nove anos, e vou me esforçar para dar uma ideia do clima na região de Aleksándrovski. O prefeito de Vladivostok me disse, certa vez, que em Vladivostok e, no geral, em todo o litoral leste, "não existe um clima", assim como me diziam que, em Sacalina, não existe um clima, só existe o mau tempo, e que a ilha é o lugar onde o tempo é o pior e o mais feio em toda a Rússia. Não sei até que ponto é confiável essa afirmação; o que vi foi um verão muito bonito, mas as tabelas meteorológicas e os relatórios sucintos de outros autores fornecem um quadro geral de um tempo extraordinariamente ruim. O clima da região de Aleksándrovski é marítimo e se destaca por sua inconstância, ou seja, pelas notáveis oscilações da temperatura média anual,[2] do número de dias com precipitações etc.; a baixa temperatura média anual e a enorme quantidade de precipitações e de dias nublados constituem suas principais características. Para comparação, tomemos a temperatura média mensal da região de Aleksándrovski, do distrito de Tcherepoviets, da província de Nóvgorod, onde "o clima é rigoroso, úmido, instável e inóspito".[3]

	Aleksándrovski	Tcherepoviets
Janeiro	–18,9	–11,0
Fevereiro	–15,1	–8,2
Março	–10,1	–1,8
Abril	+0,1	+2,8
Maio	+5,9	+12,7
Junho	+11,0	+17,5
Julho	+16,3	+18,5
Agosto	+17,0	+13,5
Setembro	+11,4	+6,8
Outubro	+3,7	+1,8
Novembro	–5,5	–5,7
Dezembro	–13,8	–12,8

2 A temperatura média anual oscila entre +1,2 e –1,2; o número de dias com precipitações oscila entre 102 e 209; os dias calmos e sem ventos em 1881 foram só 35; em 1884, foram três vezes mais: 112. [N.A.] 3 P. Griáznov. *Ensaio comparativo do estudo das condições higiênicas da vida camponesa e topografia médica do distrito de Tcherepoviets*, 1880. Converti em graus Celsius os graus Réaumur registrados por Griáznov. [N.A.]

A temperatura média anual na região de Aleksándrovski é +0,1, ou seja, quase zero, e no distrito de Tcherepoviets, +2,7. O inverno na região de Aleksándrovski é mais rigoroso do que em Arkhanguélsk, a primavera e o verão são como na Finlândia e o outono é como em Petersburgo, a temperatura média anual é igual à das ilhas Soloviétski, onde também é de zero grau. No vale do rio Duika, se observam áreas de congelamento eterno. Poliákov encontrou uma delas no dia 20 de junho, a uma profundidade de três quartos de *archin*.[4] Já no dia 14 de julho, ele descobriu, embaixo de montes de lixo e numa cavidade perto da montanha, uma neve que só derreteu no fim de julho. No dia 24 de julho, nos montes que, ali, não são muito altos, nevou e todos se agasalharam com casacos de pele e de lã. Por nove anos, observaram em que dia o gelo do rio Duika rachou: a data mais precoce foi no dia 23 de abril e a mais tardia, em 6 de maio. Durante aqueles nove invernos, nenhuma vez ocorreu o degelo. Há geada 181 dias por ano e, em 151 dias, sopra um vento gelado. Tudo isso tem uma consequência prática significativa. No distrito de Tcherepoviets, onde o verão é mais quente e mais prolongado, segundo Griáznov, o trigo-sarraceno, o pepino e o trigo comum não amadurecem, e na região de Aleksándrovski, segundo o testemunho do inspetor agrícola local, em nenhum ano se observou o nível de calor suficiente para o pleno desenvolvimento da aveia e do trigo.

A maior parte da atenção dos agrônomos e dos higienistas é dedicada à excessiva umidade local. Em um ano, a média de dias com precipitação é de 189: 107 dias de neve e 82 de chuva (em Tcherepoviets, são 81 dias de chuva e 82 de neve). Durante semanas inteiras, o céu fica completamente encoberto por nuvens cor de chumbo e o tempo lúgubre, que se prolonga dia após dia, parece interminável para os habitantes.

---

4 Ou seja, a 53 centímetros de profundidade.

Esse tempo predispõe a pensamentos opressivos e a melancólicas bebedeiras. Talvez, sob sua influência, muitas pessoas frias se tornem cruéis e muitas outras, de bom coração e de espírito fraco, ao passarem semanas e até meses inteiros sem ver o sol, percam para sempre a esperança de uma vida melhor. Poliákov, ao escrever sobre o mês de junho de 1881, diz que não houve nenhum dia claro por todo o mês e, pelo relatório do inspetor agrícola, fica evidente que, durante o período de quatro anos, no intervalo que vai de 18 de maio até 1º de setembro, os dias claros, em média, não foram mais de oito. Ali, os nevoeiros são fenômenos muito frequentes, sobretudo no mar, onde representam um verdadeiro desastre para os marinheiros; os nevoeiros marítimos salgados, como são chamados, agem de forma destrutiva na vegetação costeira, tanto nas árvores como nos prados. Mais adiante, falarei sobre os povoados cujos habitantes, sobretudo por causa de tais nevoeiros, já deixaram de semear cereais e toda sua terra arável é dedicada ao cultivo da batata. Certa vez, num dia claro e ensolarado, vi como um paredão de neblina, totalmente branco, cor de leite, avançava do mar; era como se uma cortina branca baixasse do céu até a terra.

A estação meteorológica é equipada com instrumentos aferidos, comprados no principal observatório de física de Petersburgo. Nela, não há biblioteca. Além do já mencionado secretário Golovátski e sua esposa, mais seis empregados e uma mulher trabalham na estação. O que fazem ali, não sei.

Em Korsákov, há uma escola e uma capela. Havia também um asilo médico, onde ficavam, juntos, catorze sifilíticos e três loucos; um destes pegou sífilis. Dizem também que os sifilíticos preparavam as cordas das embarcações e o algodão para o setor de cirurgia. Mas não cheguei a tempo de visitar esse estabelecimento medieval, porque em setembro ele foi fechado por um jovem médico militar que exerceu, temporariamente, o cargo de médico da prisão. Se, por ordem dos médicos da prisão, os loucos tivessem sido queimados em fogueiras, não seria de admirar, pois as normas hospitalares locais estavam defasadas da civilização em, pelo menos, uns duzentos anos.

Numa isbá, já no crepúsculo, encontrei um homem de mais ou menos quarenta anos, de paletó e calça por cima das botas, queixo barbeado, camisa suja e sem engomar, algo parecido com uma gravata — pelo visto, um privilegiado. Estava sentado num banquinho e comia carne de charque e batata numa tigela de barro. Disse seu sobrenome de família, terminado em *kii* e, por alguma razão, me pareceu que eu tinha diante dos olhos um ex-oficial cujo nome também terminava em *kii* e que fora condenado aos trabalhos forçados por um crime disciplinar.

— O senhor é ex-oficial? — perguntei.

— Nada disso, Vossa Excelência, sou sacerdote.

Não sei por que o mandaram para Sacalina nem perguntei a respeito: quando um homem que, pouco tempo antes, chamavam de padre Ioan e de "paizinho" e cuja mão beijavam se põe diante de nós em posição de sentido, vestindo um paletó puído e surrado, não pensamos num crime. Em outra isbá, vi a seguinte cena. Um jovem forçado, moreno, de rosto extraordinariamente triste, num blusão elegante, está sentado diante da mesa, a cabeça segura entre as mãos, enquanto a dona da casa, uma forçada, retira da mesa o samovar e as xícaras. Quando pergunto se é casado, o jovem responde que a esposa e a filha o acompanharam a Sacalina voluntariamente, mas que já faz dois meses que ela partiu com a criança para Nikoláievsk e não voltou, embora ele tenha mandado vários telegramas. "E nem vai voltar", diz a dona da casa, com certa perversidade. "O que é que ela vai fazer aqui? Acha que ela não viu como é a tua Sacalina? Acha que é fácil?" O homem fica calado e ela recomeça: "E não vai voltar mesmo. É uma moça nova, livre... para quê? Bateu asas e voou, que nem um passarinho... e pronto, sumiu no mundo. Não é que nem eu e você, também. Se eu não tivesse matado meu marido e se você não tivesse causado um incêndio, nós dois também seríamos livres, mas agora, olhe só, você fica aí esperando para ver se acha a sua mulherzinha perdida, e o coração vai sangrando…". Ele sofre, sua alma pesa como chumbo, é visível, e a mulher não para de atormentar; saio da isbá e continuo a ouvir a voz dela.

Em Korsákov, enquanto eu visitava as isbás, fui acompanhado pelo forçado Kisliákov, uma pessoa bastante estranha. Com certeza, os repórteres de casos jurídicos ainda não se esqueceram dele. Trata-se do mesmo Kisliákov, escrevente militar, que em Petersburgo, na rua Nikoláievskaia, matou a esposa com um martelo e depois se apresentou ao governador para confessar o crime. Segundo seu relato, a esposa era uma beldade e ele a amava muito, mas, um dia, de repente, depois de uma briga com ela, jurou diante de um ícone que a mataria e, a partir de então até o assassinato, uma espécie de força invisível não parou de sussurrar em seu ouvido: "Mate, mate!". Até o julgamento, ele ficou no hospital São Nicolau; é provável que, por isso, se julgue um psicopata, pois me pediu, mais de uma vez, que apelasse para que o considerassem louco e o confinassem num mosteiro. Os trabalhos forçados que lhe confiaram na prisão se reduzem apenas a fazer uns grampinhos que servem para a fixação dos recipientes da ração de pão — um trabalho que não parece nada difícil, mas ele contrata alguém para fazê-lo em seu lugar, enquanto ele mesmo "dá aulas", ou seja, não faz nada. Veste um paletó de algodão grosso e tem boa aparência. É um sujeito limitado, mas falante e meio filósofo. "Onde há pulgas, há crianças", dizia com sua voz doce de barítono, toda vez que avistava uma criança. Quando perguntavam, em sua presença, para que eu estava fazendo o recenseamento, ele dizia: "É para mandar todos nós para a Lua. Sabe onde fica a Lua?". E quando voltávamos a pé para Aleksándrovski, já de noite, ele repetia várias vezes, sem razão ou motivo: "A vingança é o mais nobre dos sentimentos".

Mais adiante, subindo o rio Duika, o povoado seguinte é Novo-Mikháilovka, fundado em 1872, que recebeu esse nome porque Mitsul era chamado de Mikhail. Para muitos autores, o local se chama Viékhnoie Urotchische (confim de cima), mas os colonos locais o chamam de Páchnia (terra lavrada). Há 520 habitantes no povoado: 287 homens e 233 mulheres. Os proprietários são 133 e, entre eles, há dois coproprietários. Segundo o cadastro geral, todos os proprietários possuem terras aráveis e há 84 cabeças de gado crescido, mas, apesar de tudo, as isbás, com poucas exceções, impressionam pela pobreza e os habitantes, a uma só voz, afirmam que não é possível, "de jeito nenhum", viver em Sacalina. Contam que, nos primeiros anos, quando a pobreza em Novo-Mikháilovka era clamorosa, para ir do povoado até Duê, havia uma trilha aberta no mato pelos passos das mulheres livres e forçadas que caminhavam para as prisões de Duê e de Voievod para vender-se aos presos, em troca de umas poucas moedinhas de bronze. Posso atestar que, até hoje, o capim não voltou a cobrir essa trilha. Os habitantes locais, que, a exemplo dos residentes de Korsákov, possuem grandes lotes de terra arável, de três a seis deciatinas e, em alguns casos, até oito, não estão passando necessidade, porém tais lotes são pouco numerosos, a cada ano ficam menores e, hoje, mais da metade dos proprietários possuem lotes de um oitavo a 1,5 deciatina, e isso significa que o cultivo de cereais só lhes traz prejuízo. Os proprietários mais antigos, escolados pela experiência, semeiam apenas cevada e passaram a deixar suas terras aráveis para o cultivo da batata.

A terra, ali, não serve de atrativo e não predispõe as pessoas a fixar-se no local. Dos proprietários que se estabeleceram nessas terras nos primeiros quatro anos após a fundação do povoado, não restou nenhum; de 1876, ficaram nove; de 1877, sete; de 1878, dois; de 1879, quatro; e todos os demais são novatos.

Em Novo-Mikháilovka há uma estação telegráfica, uma escola, uma caserna, um asilo de velhos e o esqueleto de uma igreja de madeira inacabada. Há uma padaria, onde assam pão para os forçados que se ocupam com o trabalho nas estradas na região de Novo-Mikháilovka; na certa, fazem o pão sem nenhum controle da direção, pois o pão é abominável.

Ninguém que passe por Novo-Mikháilovka consegue esquivar-se de conhecer um deportado camponês chamado Potiómkin, que ali reside. Quando alguém importante vem a Sacalina, é Potiómkin quem lhe entrega o pão e o sal; quando querem mostrar que a colônia agrícola deu certo, costumam mostrar Potiómkin. Segundo o cadastro geral, ele possui vinte cavalos e nove cabeças de gado adulto, mas dizem que, no total, seus cavalos alcançam o dobro disso. É dono de uma lojinha, além de outra loja em Duê, onde é o filho que faz o comércio. Dá a impressão de um cismático[5] laborioso, inteligente e próspero. Os cômodos de sua casa são limpos, forrados com papel de parede e têm um quadro: "Marienbad, banhos de mar perto de Libava".[6] Tanto ele como a esposa velhinha são ponderados, sensatos e astutos na conversa. Quando eu tomava chá em sua casa, ele e a esposa me diziam que é possível viver em Sacalina e que a terra é boa de plantar, mas que toda a desgraça consiste em que o povo, hoje em dia, ficou preguiçoso e não se esforça. Perguntei se era verdade o que diziam, ou seja, que ele havia presenteado melancias e melões da própria plantação a

---

5 *Raskólnik*. Refere-se aos Velhos Crentes, que, em meados do século XVII, separaram-se da Igreja ortodoxa russa, em desacordo com as reformas do Patriarca Níkon.   **6** Cidade da Letônia, à beira do mar Báltico.

uma figura importante. Ele nem piscou os olhos e respondeu: "É isso mesmo, acontece que aqui os melões crescem depressa".[7]

Em Novo-Mikháilovka vive outra celebridade: o colono Tiérski, o ex-carrasco. Ele tosse, aperta o peito com as mãos pálidas e ossudas e se queixa de dores na barriga. Começou a definhar desde o dia em que, por ordem das autoridades, em virtude de uma transgressão qualquer, ele foi castigado por Kómeliev, o carrasco atual de Aleksándrovski. Kómeliev se empenhou tanto que "por pouco não arrancou minha alma". Porém, não demorou para que também Kómeliev cometesse uma transgressão — e foi um dia de festa para Tiérski. Assim, abriu-se caminho para sua vingança, e Tiérski chicoteou o colega com tamanha crueldade que, pelo que contam, até hoje seu corpo está supurado. Dizem que, se duas aranhas venenosas forem colocadas dentro de uma caixa, vão se engalfinhar até a morte.

Até 1888, Novo-Mikháilovka era o último povoado no rio Duika, mas agora existe ainda Krásni Iar e Butakovo. Há uma estrada que vai de Novo-Mikháilovka até esses povoados. A primeira metade do caminho para Krásni Iar, que percorri, tem três verstas e é uma estrada lisa, reta como uma régua, e a segunda metade avança por uma pitoresca clareira na taiga, da qual os tocos e as raízes de árvore já foram extirpados, e a viagem é fácil e agradável, semelhante a uma boa estrada vicinal. No caminho, os exemplares de árvores maiores, próprios para a construção, já foram quase todos derrubados, mas a taiga ainda se mostra bonita e imponente. Bétulas, álamos, choupos, salgueiros, freixos, sabugueiros, cerejeiras, olmeiras, pilriteiros e,

---

7 Potiómkin já chegou a Sacalina rico. O dr. Avgustinóvitch, que o conheceu três anos depois de sua chegada a Sacalina, escreve que "a melhor casa de todos os forçados é a de Potiómkin". Se em três anos o forçado Potiómkin teve condições de construir uma casa boa para si, arranjar cavalos e dar a filha em casamento a um funcionário de Sacalina, creio que a agricultura nada tem a ver com isso. [N.A.]

no meio deles, o capim da altura de um homem; gigantescas samambaias e bardanas, cujas folhas chegam a mais de um *archin* de diâmetro, junto com arbustos e árvores, se fundem numa densa mata impenetrável, que fornece abrigo para os ursos, as zibelinas e os cervos. De ambos os lados, onde termina o vale estreito e começam as montanhas, se ergue um bosque de coníferas, semelhante a uma parede verde, feita de abetos, pinheiros e lariços, e mais acima, de novo, o bosque de lariços, enquanto o topo dos montes é calvo ou coberto de arbustos. Bardanas imensas como aquelas, nunca vi em nenhum lugar da Rússia e são elas, sobretudo, que dão à mata, ao bosque e ao prado locais sua fisionomia original. Já escrevi que, à noite, especialmente ao luar, as bardanas adquirem uma feição fantástica. Nesse aspecto, a decoração é completada ainda por uma planta majestosa da família das umbelíferas, que parece não ter nome em russo: caule reto de uns dez pés de altura e espessura de três polegadas na base, de cor púrpura na parte superior, parece um guarda-chuva de um pé de diâmetro; em torno desse guarda-chuva principal, se agrupam de quatro a seis menores, que dão à planta o aspecto de um candelabro. Em latim, essa planta se chama *angelophyllum ursinum*.[8]

Krásni Iar existe há apenas dois anos. Tem uma rua larga, mas é muito difícil transitar por ela e, de uma isbá para outra, caminhamos por cima de protuberâncias, montes de barro e de restos de madeira, pulamos troncos, tocos de árvore e valas, nas quais vemos uma água marrom e parada. As isbás

---

8 A maioria dos autores não gosta da paisagem daqui. Isso ocorre porque viajaram para Sacalina ainda sob a impressão recente da natureza do Ceilão, do Japão ou do Amur e também porque começaram por Aleksándrovski e por Duê, onde a natureza, de fato, é pobre. O tempo também é culpado. Por mais bonita e original que seja a paisagem de Sacalina, caso permaneça oculta pelo nevoeiro ou pela chuva durante semanas seguidas, será difícil avaliá-la como merece. [N.A.]

ainda não estão acabadas. Um proprietário fabrica tijolos, outro reboca a estufa, um terceiro atravessa a rua arrastando um tronco. Ao todo, os proprietários são 51. Três deles — entre os quais o chinês Pen-Ogui-Tsoi — abandonaram suas isbás já começadas, foram embora e ninguém sabe onde se encontram. Os caucasianos são sete, já pararam de trabalhar, se aglomeraram numa única isbá e ficam todos muito juntos, de frio, embora ainda seja apenas dia 2 de agosto. Os números também deixam evidente que o povoado é jovem e mal começou sua existência. São noventa habitantes, a proporção entre homens e mulheres é de dois para uma; os casais legalizados são três e os livres, vinte; crianças com menos de cinco anos, só há nove. Três proprietários têm cavalos e nove possuem vacas. No momento, todos os proprietários recebem a ração alimentar dos presos, mas não se sabe por enquanto como irão se alimentar no futuro; em todo caso, as esperanças no cultivo de cereais são escassas. Até agora, só conseguiram desmatar e arrancar tocos e raízes em 24 e um quarto deciatinas de terra, para o cereal e a batata, ou seja, menos de meia deciatina de terra por propriedade. Não há nenhum pasto. Como o vale é estreito e cingido, de ambos os lados, por montanhas nas quais nada cresce e, além disso, como a administração não se detém diante de nenhuma consideração quando precisa se desvencilhar de pessoas e como, certamente, todos os anos vai assentar nesses lotes dezenas de novos proprietários, as terras cultiváveis continuarão como agora, ou seja, um oitavo, um quarto e um meio de deciatina, talvez ainda menos. Não sei quem escolheu a localização de Krásni Iar, mas, ao que tudo indica, foram pessoas sem competência, que nunca puseram os pés no campo e que, acima de tudo, não estavam pensando nem de longe numa colônia agrícola. Ali, não existe sequer água decente. Quando perguntei onde pegavam água para beber, apontaram para a vala.

Em Krásni Iar, todas as isbás são idênticas, têm duas janelas e são construídas de madeira verde e ruim, tendo em vista um único propósito: cumprir o tempo de pena do jeito que for possível e partir logo para o continente. Da parte da administração, não existe controle sobre as construções e o motivo, com certeza, é que, entre os funcionários, não há nenhum que saiba como se constroem isbás e como se montam estufas. No entanto, segundo o quadro de pessoal, em Sacalina, deve haver um arquiteto, mas eu nunca o encontrei e, ao que parece, ele supervisiona apenas as obras do governo. A casa mais alegre e mais acolhedora parece ser a construção do governo onde reside o guarda Ubiénikh, soldado miúdo, frágil, com uma expressão que casa muito bem com seu sobrenome de família;[9] no seu rosto há, de fato, algo de morto, um estupor amargo. O motivo pode ser a circunstância de morar com ele, no mesmo cômodo, a sua concubina, uma deportada gorda, alta, que o presenteou com uma família numerosa. Ubiénikh já recebe o salário de um inspetor-chefe e todo seu trabalho se limita à declaração, que repete a todos visitantes, de que tudo vai bem no melhor dos mundos. Porém ele também não gosta de Krásni Iar e sua vontade é ir embora de Sacalina. Perguntou-me se deixarão que sua concubina o acompanhe quando ele se aposentar e partir de vez para o continente. Essa questão o inquieta bastante.

Eu não estive em Butakovo.[10] Segundo os dados do cadastro geral, que pude, em parte, verificar e complementar com a ajuda dos arquivos da paróquia, são 39 os habitantes do local. Só há quatro mulheres adultas. São 22 proprietários. Há quatro casas prontas, por enquanto, e as dos demais proprietários ainda estão no arcabouço. A terra lavrada para cereais e

---

9 Em russo, significa "morto". **10** Assim chamada em homenagem a. M. Butakov, comandante do distrito de Tímovski. [N.A.]

as plantações de batata ocupam, ao todo, 4,5 deciatinas. Nenhum proprietário cria gado e aves, por enquanto.

Encerrado meu trabalho no vale do rio Duika, atravessei o riacho Arkai, no qual há três povoados. O vale do Arkai foi o local escolhido para eles não porque se mostrou melhor do que outros em uma pesquisa, tampouco por satisfazer as exigências próprias de uma colônia, mas apenas por acaso, só porque se encontra mais perto de Aleksándrovski do que outros vales.

VIII

O rio Arkai — O posto avançado do Arkai — Primeiro,
segundo e terceiro Arkovo — O vale do Arkai —
Os povoados da margem ocidental: Mgátchi, Tangui,
Khoê, Trambaus, Viákhti e Vángui — O túnel — A cabana
do telégrafo — Duê — Casernas para os familiares —
A prisão de Duê — As minas de carvão — A prisão de
Voievod — Os acorrentados a carrinhos de mão

O riacho Arkai deságua no estreito da Tartária, a oito ou dez
verstas a norte do Duika. Até pouco tempo, era um rio de verdade, onde se podia pescar o salmão rosa, mas agora, em razão
dos incêndios florestais e do desmatamento, ele ficou raso demais e, no verão, chega a secar totalmente. Entretanto, no tempo das chuvas fortes, o rio transborda como na primavera,
tempestuoso e turbulento, e é então que dá sinal de vida. Já
aconteceu mais de uma vez de o rio varrer as hortas plantadas
nas margens, arrastar para o mar o feno e toda a colheita dos
colonos. É impossível se resguardar de tal calamidade, pois o
vale é estreito e só se pode fugir do rio subindo as montanhas.[1]

1 Uns cinco anos antes, uma pessoa importante, quando conversava com
os colonos sobre agricultura e dava conselhos, disse, entre outras coisas:
"Tenha em mente que, na Finlândia, plantam cereais na encosta das montanhas". Mas Sacalina não é a Finlândia, quanto às condições de clima e, sobretudo, de solo, que excluem qualquer cultura nas montanhas locais. Um inspetor agrícola, em seu relatório, recomenda introduzir a criação de ovelhas,
que poderiam "fazer bom proveito dos pastos numerosos, mas pobres, nas
encostas das montanhas, onde animais maiores não têm como se alimentar".
Mas tal recomendação não tem nenhum sentido prático, pois as ovelhas só
poderiam "fazer bom proveito" durante o curto verão, enquanto no prolongado inverno acabariam morrendo de fome. [N.A.]

Bem perto da desembocadura do rio Arkai, numa curva no vale, fica uma aldeiazinha dos guiliaques chamada Arkai-vo, de onde vem o nome do posto avançado do Arkai e de três povoados: Primeiro, Segundo e Terceiro Arkovo. De Aleksándrovski até o vale do Arkai, há duas estradas: uma montanhosa, que durante minha estada não dava passagem, pois suas pontes tinham queimado na temporada dos incêndios florestais, e outra, que segue pela beira do mar; nessa, só se pode passar quando a maré está baixa. Viajei ao Arkai pela primeira vez no dia 31 de julho, às oito horas da manhã. A maré estava começando a baixar. Havia um cheiro de chuva. O céu estava nublado, o mar, onde não se via nenhum barco, e a margem escarpada e barrenta tinham aspecto hostil; as ondas ressoavam surdas e tristes. Do alto da margem, árvores mirradas e doentes olhavam para baixo; lá, num local desprotegido, cada árvore trava uma luta solitária e cruel contra as geadas e os ventos frígidos e, no outono e no inverno, nas noites compridas e terríveis, cada árvore é obrigada a balançar-se de um lado para outro, sem trégua, curvar-se até o solo e ranger em tom queixoso, sem que ninguém ouça seu lamento.

O posto avançado do Arkai se encontra perto da aldeiazinha dos guiliaques. Antes, tinha a função de um posto de vigilância, nele moravam soldados que capturavam os fugitivos, mas agora ali mora um carcereiro, que exerce a função de inspetor, me parece. A mais ou menos duas verstas do posto avançado, está situado Primeiro Arkovo. Só tem uma rua e, devido às condições locais, o povoado só pode crescer no sentido do comprimento, e não da largura. Quando, com o tempo, esses três povoados terminarem se fundindo, Sacalina terá uma vila bem grande, constituída de uma rua só. Primeiro Arkovo foi fundado em 1883; tem 136 habitantes, 83 homens e 53 mulheres. Os proprietários são 28 e todos moram com a família, exceto a forçada Pávlovskaia, católica, cujo coabitante, o verdadeiro proprietário da casa, morreu há muito tempo; ela me pediu, com insistência: "Me arranje um patrão!". Três proprietários possuem duas casas. Segundo Arkovo foi fundado em 1884. Tem 92 habitantes: 46 homens e 46 mulheres. Os proprietários são 24, todos moram com a família. Dois deles possuem duas casas. Terceiro Arkovo foi fundado ao mesmo tempo que Segundo Arkovo e por aí se vê como era grande a pressa de povoar o vale do Arkai. São 41 habitantes: dezenove homens e 22 mulheres. São dez proprietários e um coproprietário. Nove moram com a família.

Nos três Arkovo, todos os proprietários possuem terras cultiváveis e o tamanho dos lotes oscila entre 0,5 e duas deciatinas de terra. Um deles tem três deciatinas. Semeiam consideráveis quantidades de trigo, cevada e centeio, e plantam batata. A maioria possui gado e aves domésticas. A julgar pelos dados do cadastro geral, colhidos pelo inspetor das colônias, é possível concluir que os três Arkovo, no breve tempo de sua existência, alcançaram um sucesso notável na atividade agrícola; não foi à toa que um autor anônimo escreveu, sobre a agricultura local: "Esse trabalho é recompensado com sobra, graças às condições do solo, amplamente favoráveis para a agricultura, o que é visível pela força da vegetação dos bosques e dos prados". Na realidade, não é assim. Os três Arkovo figuram entre os povoados mais pobres de Sacalina do Sul. Ali, existe terra cultivável, existe gado, mas nunca houve colheita. Além das condições desfavoráveis, comuns a toda Sacalina, os proprietários locais encontram um sério inimigo adicional nas peculiaridades do vale do Arkai e, acima de tudo, no solo, tão elogiado pelo autor que acabei de citar. O solo, ali, é constituído por uma camada de um *verchok* de húmus e um subsolo de cascalho que, nos dias acalorados, esquenta com tanta força que chega a secar as raízes das plantas, enquanto nas temporadas chuvosas não permite que a umidade saia, pois esse cascalho repousa sobre uma camada de argila; por isso as raízes apodrecem. Num solo assim, é evidente, só podem se adaptar com sucesso plantas de raízes fortes e profundas, como, por exemplo, a bardana e, entre as cultivadas, só os tubérculos, como o nabo e a batata, para os quais, além de tudo, o solo tem de ser lavrado mais a fundo e com mais cuidado do que no caso dos cereais. Sobre os desastres causados pelo rio, já falei aqui. Não existem pastos. Ceifam o feno com gadanhas em trechos pequenos da taiga ou ele é cortado com foices em qualquer lugar; já os mais ricos compram feno no distrito de Tímovski. Fala-se de famílias inteiras que, durante o inverno, não tiveram nenhum pedaço de pão para comer e só se alimentaram com nabos. Pouco antes de minha chegada a Segundo Arkovo, o colono Skórin morreu de fome. Pelos relatos dos vizinhos, ele comia só uma libra de pão a cada três dias, e essa situação se prolongou por muito tempo. "Esse é o destino que espera a todos nós", disseram-me os vizinhos, assustados com a morte dele. Lembro-me de três mulheres que, ao me descreverem seu cotidiano, desataram a chorar. Em outra isbá, sem móveis, com uma estufa escura e tristonha, que ocupava metade do cômodo, crianças choravam e pintinhos piavam junto à proprietária; quando ela saía, as crianças e os pintinhos iam atrás. Olhando para eles, a mulher ria e chorava, e se desculpou comigo pelo choro e pelos pios; diz que é por causa da fome, diz que espera que o marido volte logo, pois ele foi à cidade vender mirtilos para poder comprar pão. Ela corta folhas de repolho e dá para os pintinhos, que se atiram com sofreguidão e, ludibriados, erguem pios mais altos ainda. Em outra isbá, se abriga um mujique, peludo como uma aranha, de sobrancelhas eriçadas, um forçado imundo e, com ele, outro forçado também peludo e imundo; os dois têm família grande e, na isbá, como dizem, tudo é vergonha e desgraça — não há nada para comer.

Além do choro, dos pios e de fatos como a morte de Skórin, as manifestações indiretas da penúria e da fome são inúmeras e as mais variadas! Em Terceiro Arkovo, a isbá do colono Petrov está fechada, porque ele "foi mandado para a prisão de Voievod, onde se encontra, por sua displicência com a propriedade e por ter abatido um bezerro sem autorização, para pegar a carne". É claro que o bezerro foi abatido e vendido em Aleksándrovski por necessidade. As sementes, compradas do governo a crédito para plantar, estão registradas no cadastro como semeadas, mas na verdade metade delas foi comida e os próprios colonos, em conversa, não escondem isso. O gado que existe é adquirido do governo a crédito e se alimenta à custa do governo. Quanto mais alto o voo, maior é a queda: todos os habitantes de Arkovo estão endividados, seu endividamento cresce a cada semeadura, a cada nova cabeça de gado, e a dívida de alguns já alcançou cifras impagáveis — duzentos e até trezentos rublos por pessoa.

Entre Segundo e Terceiro Arkovo, encontra-se Estação do Arkai, onde se faz a troca de cavalos na viagem para o distrito de Tímovski. É uma estação de correio ou uma estalagem. Se medirmos pelos padrões russos, em virtude do trânsito bastante modesto na estrada, bastariam dois ou três empregados na estação e um guarda. Mas em Sacalina adoram fazer tudo em grande escala. Além do guarda, moram na estação um escrevente, um mensageiro, um cavalariço, dois padeiros, três encarregados da estufa e mais quatro empregados que, quando perguntei o que fazem ali, responderam: "Carrego feno".

Se, por acaso, um pintor paisagista vier a Sacalina, recomendo que preste atenção no vale do Arkai. À parte a beleza da localização, o lugar é extraordinariamente rico de cores, a tal ponto que é difícil evitar a antiga comparação com um tapete estampado ou com um caleidoscópio. A vegetação é densa e viçosa, com suas bardanas gigantes, que brilham com a chuva que acabou de cair, enquanto ao lado, numa área pequena, de umas três braças, o centeio verdeja, depois há um terreno cheio de cevada e depois, de novo, mais bardanas, atrás delas uma área de terra com centeio, depois um canteiro com batatas, dois girassóis pequenos, em seguida um terreno triangular com cânhamo espesso e verde, aqui e ali se erguem orgulhosas plantas da família das umbelíferas, semelhantes a candelabros, e todo esse colorido é salpicado de manchas cor-de-rosa, vermelho-claras e carmesins das papoulas. Pela estrada, encontram-se camponesas que se protegem da chuva com grandes folhas de bardana, como se fossem lenços de cabeça, e assim elas ficam parecidas com escaravelhos verdes. Enquanto isso, há montanhas por todos os lados, diferentes das do Cáucaso, de fato, mas ainda assim são montanhas.

Na margem ocidental, acima da desembocadura do rio Arkai, há seis povoados insignificantes. Não estive em nenhum deles e todos os dados de que disponho relativos a tais povoados foram obtidos no cadastro geral e nos arquivos da paróquia. Foram fundadas em promontórios que avançam pelo mar ou junto à desembocadura de pequenos riachos, dos quais receberam seu nome. Começaram como postos de vigilância, às vezes com quatro ou cinco pessoas, mas com o tempo, quando esses postos se mostraram insuficientes, decidiram povoar os grandes promontórios entre Duê e Pogóbi com colonos de confiança, de preferência com família. O propósito da fundação desses povoados e dos postos avançados diante deles era "fornecer ao correio que vinha de Nikoláievsk, aos passageiros e aos *kaiur*, abrigo e segurança durante as viagens e estabelecer um policiamento geral na faixa litorânea, a qual é tida como o único (?) caminho possível para os prisioneiros fugitivos e também para o transporte de bebida, cuja venda é proibida". Ainda não existem estradas para as colônias do litoral, a comunicação só é possível a pé, na maré baixa e, no inverno, em trenós puxados por cães. O acesso também é possível em botes e barcos a vapor, mas só quando o tempo está muito bom. Do sul para o norte, esses povoados se distribuem na seguinte ordem:

Mgátchi. Habitantes, 38: vinte homens e dezoito mulheres. Catorze proprietários. Treze vivem em casais, mas os casais legalizados são apenas dois. Todos possuem cerca de doze deciatinas de terra cultivável, mas já faz três anos que não semeiam cereais e usam toda a terra para plantar batata. Onze proprietários permanecem no mesmo lote desde a fundação do povoado e cinco deles já passaram à categoria de camponês. Obtêm bons lucros e isso explica por que, já sendo camponeses, não partiram logo para o continente. Sete homens trabalham como *kaiur*, ou seja, conduzem os cães que puxam os veículos que, no inverno, servem para transportar passageiros e o correio. Um deles tem como negócio a caça. Quanto à pesca, à qual se refere o relatório da direção geral da prisão de 1890, não há nenhum sinal.

Tangui. Dezenove habitantes: onze homens e oito mulheres. Seis proprietários. Há cerca de três deciatinas de terra cultivável, mas também, como em Mgátchi, em virtude dos nevoeiros marítimos frequentes, que prejudicam o cultivo dos cereais, nessa terra só plantam batata. Dois proprietários possuem botes e vivem da pesca.

Khoe, no promontório de mesmo nome, que avança bastante pelo mar, pode ser avistado desde Aleksándrovski. Tem 34 habitantes: dezenove homens e quinze mulheres. São treze os proprietários. Ali, eles não se decepcionaram nem um pouco e continuam a semear o trigo e a cevada. Três ganham a vida com a caça.

Trambaus. Oito habitantes: três homens e cinco mulheres. Um povoado feliz, onde há mais mulheres do que homens. Três proprietários.

Viákhti, no rio Viákhtu, que une um lago ao mar e, nisso, se parece com o rio Nievá.[2] Dizem que no lago pescam o esturjão e o salmão branco. Tem dezessete habitantes: nove homens e oito mulheres. Sete proprietários.

Vangui é o povoado situado mais ao norte. Tem treze habitantes: nove homens e quatro mulheres. São oito os proprietários.

Segundo as descrições dos estudiosos e viajantes, quanto mais para o norte, mais pobre e mais triste é a natureza. A partir de Trambaus, o terço setentrional da ilha constitui uma planície, uma tundra contínua, na qual a principal serra divisória de vertentes que atravessa toda Sacalina tem o aspecto de pequeninas elevações onduladas, tidas por alguns autores como aluviões oriundos do rio Amur. Aqui e ali, pela campina pantanosa, castanho-avermelhada, estendem-se faixas de um bosque de coníferas arqueadas; os troncos dos lariços não vão além de um pé de altura, suas copas repousam na terra e parecem travesseiros verdes, os troncos dos arbustos de cedro se estendem pelo solo e, entre as faixas de mata mirrada, crescem os liquens e os musgos e, como também ocorre nas tundras russas, encontra-se ali todo tipo de bagas silvestres de gosto ácido ou muito adstringente — groselha, mirtilo, framboesa, oxicoco. Somente na extremidade norte da campina, onde o terreno se torna de novo ondulado, por uma breve extensão, no limiar do oceano eternamente congelado, a natureza parece querer dar um sorriso de despedida; no mapa de Krusenstern, essa localidade está representada como um formoso bosque de lariços.

Porém, por mais que a natureza seja agreste e pobre, os habitantes dos povoados litorâneos, segundo o testemunho de pessoas abalizadas, vivem comparativamente melhor do que, por exemplo, os de Arkovo ou de Aleksándrovski.

---

2 Rio que banha São Petersburgo.

Isso se explica pelo fato de que eles são poucos e os bens que têm a seu dispor são divididos também entre poucos. Para eles, o cultivo e a colheita não são indispensáveis; entregues à própria sorte, decidem sozinhos quais as suas atividades e os seus trabalhos. A estrada de inverno que vai de Aleksándrovski até Nikoláievsk atravessa os povoados; por ali, no inverno, chegam os guiliaques e os artesãos iacutos para fazer comércio, e os colonos podem vender e trocar sem intermediários. Ali, não há donos de loja, *maidánchiki*, judeus açambarcadores nem escrivães de cartório que trocam bebida alcoólica por luxuosos casacos de pelo de raposa, que depois, com um sorriso de beatitude, eles vão mostrar para seus convidados.

Em direção ao sul, não fundaram novos povoados. Mais ao sul de Aleksándrovski, na margem ocidental, só existe um local habitado: Duê, um lugar feio, terrível, ruim em todos os aspectos, onde, por livre e espontânea vontade, só podem morar santos ou pessoas completamente degradadas. Isso é o posto; a população o chama de porto. Foi fundado em 1857 e o nome Duê, ou Dui, já existia antes e se referia, de forma geral, à parte do litoral onde hoje se encontram as minas de Duê. No vale estreito onde Duê está situado, corre o diminuto riacho Khóindji. De Aleksándrovski para Duê, há dois caminhos: um pelas montanhas, outro pelo litoral. O cabo Jonquière, com toda sua massa compacta, bloqueia a parte rasa da margem e seria completamente impossível passar por ele, se não tivessem cavado um túnel. Escavaram sem consultar um engenheiro, sem um projeto e, por isso, ficou escuro, torto e sujo. Sua construção foi muito cara, mas acabou se revelando desnecessária, pois, com a existência da estrada boa que passa pela montanha, não é preciso viajar pelo litoral, cuja travessia é limitada pelas condições das marés alta e baixa. Esse túnel demonstra muito bem a tendência do homem russo de gastar seus últimos recursos em qualquer tipo de extravagância, quando ainda não estão satisfeitas as necessidades mais prementes. Enquanto escavavam o túnel, os trabalhadores andavam sobre os trilhos, numa vagoneta, com o cartaz "Aleksándrovski — Cais" e os forçados, nessa ocasião, moravam em iurtas imundas e úmidas, porque não havia pessoal para a construção das casernas.

Logo na saída do túnel, na beira da estrada, há uma salina e a cabana do telégrafo, da qual o cabo telegráfico segue para o mar, passando pela areia. Na cabana, mora um forçado polonês, que é marceneiro, e sua concubina, que, segundo dizem, deu à luz quando tinha doze anos de idade, depois de ser violentada por um prisioneiro numa parada de descanso, durante o transporte dos presos para Sacalina. Em todo o caminho para Duê, a orla é escarpada, íngreme, pedregosa, na qual, aqui e ali, se veem manchas e faixas pretas com largura entre um *archin* e uma braça, causadas por desmoronamentos. Aquilo é o carvão. Ali, segundo a descrição dos especialistas, as camadas de carvão são comprimidas por camadas de arenito, de xisto argiloso, de argila xistosa e de areia argilosa, e são levantadas, curvadas, inclinadas ou expelidas por rochas de basalto, de diorito e de pórfiro, que emergem do solo em vários pontos, em grandes volumes. A seu modo, talvez isso tenha sua beleza, mas o preconceito contra o lugar se estabeleceu em mim tão profundamente que, não só com relação às pessoas, como também às plantas, dá pena pensar que elas tenham de viver logo aqui, e não em outra parte. Umas sete verstas adiante, a costa é cortada por uma fenda. É o desfiladeiro de Voievod; ali fica isolada a terrível prisão de Voievod, onde estão presos os grandes criminosos e, entre eles, alguns acorrentados a carrinhos de mão. Em volta da prisão, circulam sentinelas; com exceção delas, não se vê ao redor nenhum ser vivo e parece que estão ali vigiando um tesouro extraordinário no meio do deserto.

Mais além, a uma versta, começam as minas de carvão a céu aberto; depois, mais uma versta de orla nua, despovoada e, por fim, outro desfiladeiro, no qual se encontra Duê, antiga capital dos trabalhos forçados de Sacalina. Nos primeiros minutos após chegarmos à rua, Duê dá a impressão de uma pequena e antiga fortaleza: a rua é reta e lisa, parece uma pista para os soldados marcharem, casinhas brancas e limpas, uma guarita listrada, postes listrados; para a impressão ser completa, só falta o rufo de um tambor. Nas casinhas, moram o chefe do destacamento militar, o inspetor da prisão de Duê, o sacerdote, os oficiais etc. No ponto onde termina a rua curta, se ergue a seu lado uma igreja cinzenta, de madeira, que bloqueia a visão da parte não oficial do porto; ali, o desfiladeiro se bifurca à maneira da letra ípsilon, se abrindo em barrancos para a esquerda e para a direita. À esquerda, se encontra o subúrbio que, antes, se chamava Judaico e, à direita, diversos prédios da prisão e um subúrbio sem nome. Ambos, especialmente o da esquerda, estão lotados, sujos e sem conforto; ali, já não há casinhas brancas e limpas; as isbás estão decrépitas, sem quintal, sem plantas, sem varanda, amontoadas em desordem na ladeira junto à estrada, na encosta da montanha e na própria montanha. Os lotes de terra de lavoura, se é que se podem chamar assim as terras de Duê, são muito pequenos: segundo o cadastro geral, quatro proprietários possuem apenas quatro braças quadradas. É apertado, não há espaço nem para uma maçã cair do pé, mas, no meio desse aperto e confusão, o carrasco de Duê, Tolstikh, conseguiu, ainda assim, encontrar um cantinho para construir sua casa. À parte os militares, a população livre e a prisão, os habitantes em Duê são 291: 167 homens e 124 mulheres. Os proprietários são 46, e seis coproprietários. Na maior parte, os proprietários são forçados. É impossível entender o que leva a direção a assentar essas pessoas e suas famílias em lotes de terra justamente ali, no desfiladeiro, e não em outra localidade. Segundo o cadastro geral, as terras cultiváveis em Duê se reduzem apenas a um oitavo de deciatina e não há pastagem. Vamos admitir que os homens estejam ocupados nos trabalhos forçados, mas o que fazem, então, as oitenta mulheres adultas? Como passam o tempo, que aqui, devido à pobreza, ao mau tempo, ao tilintar incessante das correntes, à constante visão das montanhas desertas e ao barulho do mar, devido ao gemido e ao choro que, não raro, chegam da carceragem, onde castigam os condenados com látegos e vergastas, parece muitas vezes mais demorado e mais penoso do que na Rússia? As mulheres passam esse tempo em completo ócio. Numa das isbás, que na maioria dos casos é formada por um só cômodo, encontramos a família de um forçado junto com a família de um soldado, dois ou três inquilinos forçados, além de adolescentes, dois ou três berços nos cantos, galinhas, um cachorro e, na rua, perto da isbá, o lixo, poças de água suja, não há nada para fazer, nada para comer, estão todos fartos de conversar e de discutir, é maçante andar pela rua — como tudo é monótono, melancólico, sujo, e que angústia! À tardinha, o marido forçado volta do trabalho; quer comer e dormir, mas a esposa começa a chorar e lamentar-se: "Você acabou com nossa vida, seu desgraçado! Acabou com a minha vida e com a das crianças também!". "Pronto, lá vem a choradeira!", resmunga o soldado, deitado em cima da estufa. Todos já foram dormir, as crianças cansaram de chorar e se acalmaram faz tempo, mas a mulher continua sem dormir, fica pensando e ouvindo o ronco do mar; agora, a angústia a tortura: sente pena do marido, se repreende por não conseguir se conter e recriminar o marido. E, no dia seguinte, de novo, é a mesma história.

A julgar apenas por Duê, a colônia agrícola de Sacalina está abarrotada de mulheres e famílias de forçados. Por conta da falta de espaço nas isbás, 27 famílias moram em construções velhas, há muito condenadas à demolição, sujas e desagradáveis ao mais alto grau, que são chamadas de "casernas para famílias". Ali, não há quartos, mas celas com camas de tábuas e baldes de dejeções, como numa prisão. A composição dos residentes dessas celas destaca-se pela extrema diversidade. Numa cela, onde os vidros das janelas estão quebrados e se sente o cheiro sufocante que sai da latrina, moram um forçado e sua esposa, de condição livre; outro forçado, sua esposa de condição livre e a filha; outro forçado, a esposa colona e a filha; outro forçado, sua esposa de condição livre; um polonês colono e sua concubina forçada; todos, com seus pertences, se misturam na mesma cela e dormem ao lado uns dos outros em uma cama de tábua contínua. Na outra cela: um forçado, a esposa de condição livre e o filho; uma forçada tártara e a filha; um forçado tártaro, sua esposa de condição livre e dois tartarozinhos com boinas; um forçado, a esposa de condição livre e o filho; um colono que está nos trabalhos forçados há 35 anos, mas ainda jovial, de bigodes pretos, descalço por falta de botas, mas apaixonado pelo jogo de cartas;[3] a seu lado na cama de tábua, uma forçada, sua amante — criatura apática, sonolenta e de dar pena; em seguida, um forçado, sua esposa de condição livre e três filhos; um forçado sem família; um forçado, a esposa de condição livre e dois filhos; um colono; um forçado velhinho, bem limpo e de rosto barbeado. Um porco anda pela cela e rumina; no chão, uma sujeira escorregadia, um fedor de

---

3 Ele me contou que, quando joga faraó, sente "uma eletricidade nas veias": as mãos se contraem de emoção. Uma de suas lembranças mais agradáveis é de, nos tempos de mocidade, ter ganhado um relógio de pulso do próprio chefe de polícia. Ele fala do jogo faraó com fervor. Recordo a expressão: "a gente aposta, mas não sai!", que ele falava com o desespero do caçador que erra o alvo. Para os apreciadores do gênero, anotei algumas de suas expressões: A mão de cartas foi comida! Canta o jogo! Cantarola! Cantinho! Perder o ás por um rublo! Artilharia! [N.A.]

percevejos e de algo azedo; dizem que os percevejos não dão sossego. Na terceira cela: um forçado, a esposa de condição livre e dois filhos; um forçado, a esposa de condição livre e a filha; um forçado, a esposa de condição livre e sete filhos: uma filha de dezesseis, outra de quinze; um forçado, a esposa de condição livre e um filho; um forçado, a esposa de condição livre e um filho; um forçado, a esposa de condição livre e quatro filhos. Na quarta cela: um sargento carcereiro, sua esposa de dezoito anos e a filha; um forçado, a esposa de condição livre; um colono; um forçado etc. Nessas acomodações bárbaras e em suas circunstâncias, onde meninas de quinze e dezesseis anos são obrigadas a dormir ao lado de forçados, o leitor pode avaliar como o desprezo e o desrespeito cercam as crianças e as mulheres que, voluntariamente, acompanharam os maridos e os pais aos trabalhos forçados, e também como é pequeno o apreço por elas e como todos acabam pensando muito pouco na atividade agrícola da colônia.

A prisão de Duê é menor, mais velha e muitas vezes mais suja do que a de Aleksándrovski. Também tem celas coletivas e camas de tábua contínuas, mas as condições são mais pobres e a ordem é mais precária. Paredes e chão são igualmente sujos e a tal ponto escurecidos pelo tempo e pela umidade que, se fossem lavados, pouco se notaria o efeito da limpeza. Segundo os dados do relatório médico de 1889, para cada prisioneiro, é necessária 1,12 braça cúbica de ar. No verão, com janelas e portas abertas, sente-se cheiro de comida e de latrina, por isso imagino o inferno que deve ser ali, no inverno, quando, de manhã, no interior da prisão, desce a geada e se veem pingentes de gelo nas beiradas do teto. O inspetor da prisão é um ex-enfermeiro militar polonês, que pertencia à categoria dos secretários de repartição. Além da prisão de Duê, ele também cuida da prisão de Voievod, das minas de carvão e do posto de Duê. As distâncias não são nada compatíveis com o exercício de seu cargo.

Nos cárceres de Duê, estão presos os criminosos graves, em sua maioria, reincidentes e ainda sob investigação. Na aparência, são pessoas com as fisionomias mais comuns e cordiais, que expressavam apenas curiosidade e o desejo de me responder da maneira mais respeitosa possível. E os crimes da maioria deles não eram mais astutos nem mais inteligentes do que suas fisionomias. Em geral, cumprem de cinco a dez anos de pena por homicídio, cometido durante luta corporal, e depois fogem; são apanhados, fogem de novo e assim continuam, até serem considerados irrecuperáveis e pegarem prisão perpétua. O crime de quase todos é tremendamente desinteressante, corriqueiro, pelo menos quanto ao interesse exterior, e foi de propósito que reproduzi mais acima a História de Egor, para que o leitor possa julgar a falta de colorido e a pobreza de conteúdo de centenas de histórias, autobiográficas e anedóticas, que fui obrigado a ouvir de prisioneiros e de pessoas ligadas aos trabalhos forçados. Entretanto, um velhinho grisalho de sessenta ou 65 anos, cujo sobrenome de família é Tiérekhov, que estava num cárcere escuro, me deu a impressão de um autêntico facínora. Na véspera de minha chegada, ele foi condenado a levar chibatadas e, quando calhou de falarmos sobre isso, mostrou-me as nádegas roxo-avermelhadas por causa dos hematomas. Pelo que contam os prisioneiros, esse velho matou sessenta pessoas ao longo da vida; parece que seu método era o seguinte: observava os prisioneiros novatos, descobria quais deles eram um pouco mais ricos e os persuadia a fugir junto com ele; depois, na taiga, matava e roubava o parceiro e, a fim de ocultar os vestígios do crime, retalhava o cadáver em pedaços e jogava no rio. Na última vez que o pegaram, brandiu um porrete contra os guardas. Ao observar seus olhos atormentados e metálicos e seu crânio grande, raspado pela metade e anguloso como uma pedra de calçamento, me senti disposto a acreditar em todas aquelas histórias. Um ucraniano que estava na mesma cela escura me comoveu com sua franqueza; dirigiu um pedido ao guarda: queria que lhe devolvessem os 195 rublos que haviam tomado dele na hora da revista. "Mas onde você arranjou esse dinheiro?", perguntou o inspetor. "Ganhei nas cartas", respondeu, jurou por Deus e, voltando-se para mim, tratou de garantir que nada havia de admirável, pois quase toda a prisão joga cartas e, entre os prisioneiros que jogam cartas, não são raros aqueles que dispõem de somas que chegam a 2 mil ou 3 mil rublos. Já nos cárceres, vi um vagabundo que decepou dois dedos da mão; o ferimento estava enrolado num trapo sujo. Outro vagabundo tinha um ferimento causado por arma de fogo: a bala, por sorte, tinha atravessado a face externa da sétima costela. Seu ferimento também estava envolto por um trapo sujo.[4]

Em Duê, o silêncio é constante. O ouvido logo se habitua ao tilintar ritmado das correntes, ao barulho da arrebentação no mar e ao zumbido dos fios telegráficos e, por conta de tais ruídos, a impressão de um silêncio de morte se torna ainda mais aguda. A impressão de severidade repousa não só nos postes listrados.[5] Se alguém na rua, por acaso, desse uma risada, soaria algo rude e despropositado. Desde a fundação de Duê, a vida local assumiu uma forma que só pode se expressar por meio de sons cruéis, implacáveis e sem esperança, que só o vento frio e feroz é capaz de cantar com a necessária precisão, quando, nas noites de inverno, ele sopra do mar para a ravina. Por isso, é estranho quando, em meio ao silêncio, ressoa de repente a canção de Chkandiba, o excêntrico de Duê. Esse forçado é um velho que, desde o primeiro dia, após sua che-

---

4 Encontrei um bom número de feridos e de pessoas com ulcerações, mas nenhuma vez senti o cheiro de iodofórmio, embora todo ano Sacalina receba um carregamento de mais de meio *pud* [ou seja, oito quilos] desse medicamento. [N.A.]   **5** Postes onde os condenados recebiam castigos corporais.

gada a Sacalina, se recusou a trabalhar e, contra sua obstinação invencível e puramente animal, todas as medidas coercitivas foram inúteis; prenderam-no numa cela escura, chicotearam--no várias vezes, mas ele suportava estoicamente o castigo e, depois de cada punição, exclamava: "Apesar de tudo, não vou trabalhar!". Gastaram muito tempo com ele e, no final, acabaram desistindo. Hoje, ele perambula por Duê e canta.[6]

6 Duê tem péssima reputação para o público. No *Baikal*, me contaram que um passageiro, um funcionário público já idoso, quando o navio parou em Duê, se deteve a olhar demoradamente para a margem e, por fim, perguntou:
— Digam, por favor, onde está o poste no qual enforcam os forçados, para depois jogarem o corpo no mar?
Duê é o berço dos trabalhos forçados de Sacalina. Existe a opinião de que a ideia de escolher esse lugar para uma colônia de deportados antecedeu a ideia dos trabalhos forçados: certo Ivan Lapchim, condenado por parricídio que cumpria pena nos trabalhos forçados na cidade de Nikoláievsk, teria pedido às autoridades locais permissão para transferir-se para Sacalina e, em setembro de 1858, foi autorizado a ir para lá. Instalado perto do posto de Duê, ele passou a trabalhar no cultivo de hortaliças e cereais e, segundo as palavras de Vlássov, ali cumpriu sua pena de trabalhos forçados. Provavelmente, não foi enviado à ilha sozinho, pois em 1858 já se extraía carvão perto de Duê com a ajuda de forçados (ver "De Amur e das margens do Oceano Pacífico", em *Novidades de Moscou*, 1874, nº 207). Vicheslávtsev, em seus *Esboços à pena e a lápis*, escreve que, em abril de 1859, encontrou em Duê quarenta pessoas, entre elas dois oficiais e um oficial engenheiro, que dirigia os trabalhos. "Que hortas maravilhosas", se entusiasma o autor, "rodeiam suas casinhas limpas e aconchegantes! E no verão os legumes amadurecem duas vezes."
O momento da origem dos verdadeiros trabalhos forçados de Sacalina remonta aos anos 1860, quando a desorganização de nosso sistema de deportação alcançou o máximo de tensão. Os tempos eram tais que o diretor executivo do departamento de polícia, o conselheiro colegiado Vlássov, impressionado com tudo que viu nos trabalhos forçados, afirmou sem rodeios que a ordem e o sistema de nossos castigos servem para a expansão dos delitos criminais e rebaixam a moral dos cidadãos. Sua pesquisa parcial dos trabalhos forçados feita in loco levou-o à convicção de que, na Rússia, eles quase não existem (ver seu "Breve relatório sobre a desorganização existente nos trabalhos forçados"). A Direção Geral das Prisões, ao fazer uma análise crítica dos trabalhos forçados em seus dez anos de existência, observa que,

A extração do carvão em pedra, como eu já disse, ocorre a uma versta do posto. Estive na mina, levaram-me pelas galerias escuras e úmidas e me explicaram, com toda gentileza, o funcionamento dos trabalhos, porém é muito difícil descrever tudo isso sem ser um especialista. Vou evitar os detalhes

no período examinado, os trabalhos forçados deixaram de ser a medida punitiva suprema. Eram, na verdade, a mais alta desordem jamais criada pela ignorância, indiferença e crueldade. Aqui estão as principais causas da desorganização que existia: A) Nem os autores das leis de deportação nem seus executores tinham claro entendimento do que são os trabalhos forçados, em que devem consistir e para que servem. A prática, apesar de sua longa duração, não propiciou um sistema nem mesmo materiais para a definição jurídica dos trabalhos forçados. B) Os fins correcionais e penais do castigo eram sacrificados em favor de todo tipo de consideração econômica e financeira. Encaravam o condenado como uma força de trabalho que devia gerar receita para o governo. Caso seu trabalho não gerasse lucros ou causasse prejuízo, preferiam mantê-lo na prisão sem nenhuma atividade. Preferia-se a ociosidade deficitária em lugar do trabalho deficitário. Também era necessário levar em conta os fins da colonização. C) O desconhecimento das condições locais e, portanto, a ausência de uma visão clara do caráter e da essência do trabalho, o que fica evidente na divisão dos trabalhos forçados, suspensa há pouco tempo, em trabalho em minas de carvão, em fábricas e em fortalezas. Na prática, o condenado à pena perpétua de trabalho nas minas de carvão ficava ocioso na prisão, o condenado a quatro anos de trabalho nas fábricas trabalhava numa mina de carvão e, na prisão dos trabalhos forçados de Tobolsk, os prisioneiros transportavam pedras de um lado para outro, carregavam areia etc. Na sociedade e, em certa medida, também na literatura, se estabeleceu a visão de que os trabalhos forçados verdadeiros, os mais árduos e mais humilhantes, só podem estar nas minas de carvão. Se em "A mulher russa", do poeta Nekrássov, o herói, em vez de trabalhar numa mina de carvão, apanhasse peixes para a prisão ou cortasse árvores, muitos leitores ficariam insatisfeitos. D) O caráter antiquado de nosso "Estatuto dos deportados". Às numerosas questões suscitadas pela experiência prática cotidiana, o estatuto não dá resposta alguma, deixando caminho livre para interpretações aleatórias e ações ilegais; nas situações mais difíceis, ele se revela um livro absolutamente inútil e em parte por isso, provavelmente, o sr. Vlássov não conseguiu encontrar o estatuto em várias diretorias das prisões dos trabalhos forçados. E) A ausência de unidade na administração dos trabalhos forçados. F) A distância dos trabalhos forçados

técnicos e quem se interessa por eles deve estudar a obra especializada do engenheiro de mineração Keppen, que, no passado, dirigiu as escavações feitas ali.[7]

Hoje em dia, as minas de Duê se encontram sob a exploração exclusiva da sociedade privada "Sacalina", cujos representantes

em relação a Petersburgo e a completa ausência de informação. Só há pouco tempo começaram a ser impressos os relatórios oficiais, a partir da fundação da Direção Geral das Prisões. G) A organização de nossa sociedade também serviu como um obstáculo considerável para a definição da deportação e dos trabalhos forçados. Quando a sociedade não tem opiniões definidas sobre algo, é preciso contar com seu estado de ânimo. A sociedade sempre se indignou com os costumes prisionais e, ao mesmo tempo, qualquer passo para a melhoria das condições de vida dos prisioneiros se deparava com protestos, como, por exemplo, o seguinte comentário: "Não é bom que o mujique na prisão ou nos trabalhos forçados viva melhor do que em sua casa". Se o mujique muitas vezes vive pior em sua casa do que nos trabalhos forçados, pela lógica de tal comentário, os trabalhos forçados deveriam ser um inferno. Quando dão kvas em vez de água para os presos nos vagões de trem, chamam isso de "mimar assassinos e incendiários" etc. Por outro lado, como que em contrapeso para essa atitude, observamos nos melhores escritores russos uma tendência para idealizar os forçados, os vagabundos e os foragidos.

Em 1863, o Imperador criou um comitê, cujo objetivo é encontrar e indicar medidas para a organização dos trabalhos forçados em bases mais corretas. O comitê reconheceu que é necessário "deportar os criminosos graves para uma colônia distante a fim de empregá-los em trabalhos compulsórios, com o propósito primordial de se fixarem no local de deportação". E, ao escolher colônias distantes, o comitê se deteve em Sacalina. A priori, o comitê reconheceu em Sacalina os seguintes méritos: 1) situação geográfica, que resguardava o continente das fugas; 2) a punição adquire a força repressiva adequada, pois a deportação para Sacalina pode ser encarada como sem regresso; 3) condições para que o criminoso se decida a começar uma vida nova e laboriosa; 4) do ponto de vista do benefício do Estado, a concentração dos deportados em Sacalina representa uma garantia para a estabilização da nossa soberania sobre a ilha; 5) as minas de carvão podem ser exploradas com vantagem, tendo em vista a enorme carência de carvão. Também se supunha que a concentração na ilha de todo contingente de forçados diminui as despesas com sua manutenção. [N.A.]

7 "A ilha de Sacalina, suas áreas de mineração de carvão e a indústria carbonífera que nela se desenvolveu", 1875. Sobre o carvão, além de Keppen, escreveram ainda os engenheiros de mineração: Nossov I. Zamiétki, "Sobre a ilha

moram em Petersburgo. Por contrato, fechado em 1875, a sociedade pode explorar por 24 anos um trecho da margem ocidental de Sacalina de duas verstas ao longo da orla e de uma versta para o interior; a ela foram concedidos, em caráter gratuito, áreas livres e cômodas para o armazenamento do carvão no distrito de Primórski e nas ilhas adjacentes; a sociedade recebe também gratuitamente o material necessário para as obras e para o trabalho; ela pode importar sem impostos todos os recursos necessários para os serviços técnicos e administrativos e para a implantação das minas; para cada *pud* de carvão comprado pelo departamento naval, a sociedade recebe de quinze a trinta copeques; todos os dias, são deixados à disposição da sociedade, para trabalharem, não menos de quatrocentos forçados; se for enviado um número menor, o governo paga à sociedade privada uma multa de um rublo por dia para cada trabalhador a menos; mesmo à noite, pode ser fornecido o número de pessoas de que a sociedade necessitar.

Para cumprir as obrigações que assumiu e assegurar os interesses da sociedade, o governo mantém duas prisões nos arredores das minas, a prisão de Duê e a de Voievod, além de um grupamento militar de 340 homens, que custa 150 mil rublos

de Sacalina e os filões carboníferos que lá se exploram" (*Revista de mineração*, 1859, nº 1). I. A. Lopátin, "Excerto de uma carta." Apêndice a um relatório do Setor Siberiano da Sociedade Geográfica Imperial Russa de 1868. Do mesmo autor: "Relatório para o governador-geral da Sibéria Oriental" (*Revista de mineração*, 1870, nº 10). Deuchman, "A ilha de Sacalina em relação à exploração carbonífera" (*Revista de mineração*, 1871, nº 3). K. Skalkóvski, *Comércio russo no Oceano Pacífico*, 1883. Sobre a qualidade do carvão de Sacalina, em diversas ocasiões, escreveram os comandantes dos navios da frota siberiana, em seus relatórios, que foram impressos em *Antologia marítima*. Para ser mais completo, talvez, podemos ainda mencionar os artigos de I. N. Butkóvski: "A ilha de Sacalina" (*O Mensageiro da História*, 1882, nº 10) e "Sacalina e sua importância" (*Antologia marítima*, 1874, nº 4). [N.A.]

anuais. Portanto, se, como dizem, os representantes da sociedade, que moram em Petersburgo, forem só cinco, a garantia dos lucros de cada um deles custa ao governo, anualmente, 30 mil rublos, sem falar que, para garantir tais receitas, é necessário, em prejuízo das tarefas da colônia agrícola e em detrimento da higiene, manter setecentos forçados, suas famílias, soldados e funcionários em buracos horríveis como os desfiladeiros de Voievod e de Duê, sem falar também que, ao ceder os forçados ao serviço de uma sociedade privada, em troca de dinheiro, a administração sacrifica os fins correcionais da punição por considerações industriais, ou seja, repete o velho erro que ela mesma havia condenado.

Em troca de tudo isso, de sua parte, a sociedade privada retribui com três importantes obrigações: conduzir de forma correta o trabalho na mina de Duê e manter no local um engenheiro de minas, que cuidaria do bom andamento dos trabalhos; duas vezes por ano, pagar pontualmente a taxa pela exploração do carvão e da mão de obra dos forçados; utilizar exclusivamente o trabalho dos forçados na exploração das minas, em todos os tipos de serviço relacionados a essa empresa. Essas três obrigações só existem no papel e, pelo visto, já foram esquecidas há muito tempo. O trabalho nas minas é conduzido de modo inescrupuloso, em condições opressivas. "Não realizaram nenhuma melhoria técnica da produção nem qualquer pesquisa para garantir a ela um futuro duradouro", lemos no relatório de um personagem oficial. "Quanto à sua organização econômica, os trabalhos apresentam todo o aspecto de uma pilhagem, do que dá testemunho o último relatório do engenheiro da região." O engenheiro de minas, que a sociedade é obrigada a manter por contrato, não existe, e quem dirige a mineração é um simples capataz. No que toca aos pagamentos, basta lembrar aquilo que, em seu relatório, a personagem oficial que acabei de mencionar chama de "aspecto de pilhagem". A sociedade usufruiu das minas e do trabalho dos forçados sem pagar nada. Ela está obrigada a pagar, mas, por alguma razão, não paga; em face de tão evidente transgressão contratual, os representantes da outra parte envolvida deveriam ter exercido sua autoridade há muito tempo, entretanto, por razão desconhecida, seguem adiando e, entra ano e sai ano, continuam a gastar 150 mil rublos anuais para garantir os lucros da sociedade, e ambas as partes se comportam de tal modo que é difícil dizer quando essas relações anormais terão fim. A sociedade se instalou em Sacalina com firmeza igual à de Fomá na aldeia de Stepántchikovo e é tão implacável quanto esse personagem.[8] No dia 1º de janeiro de 1890, a sociedade devia ao Governo 194 337 rublos e quinze copeques; pela lei, a décima parte dessa soma pertence aos forçados, como recompensa pelo trabalho. Ignoro quando e como acertam as contas com os forçados de Duê, quem lhes paga e até se eles recebem alguma coisa.

Todo dia, entre 350 e quatrocentos forçados são designados para trabalhar; os 350 ou quatrocentos restantes, que residem nas prisões de Duê e de Voievod, constituem uma reserva. A reserva de mão de obra é indispensável, pois no contrato está dito que, todo dia, os forçados "estarão aptos para o trabalho". A seleção de quem vai trabalhar nas minas é feita antes das cinco da manhã, no chamado setor de distribuição, e os selecionados ficam sob as ordens da administração da mina, ou seja, de um pequeno grupo de pessoas privadas que constitui o "escritório". Do juízo deste último depende a seleção para o trabalho, a quantidade e o nível de esforço do trabalho de cada dia e de cada forçado individualmente; devido à própria organização do serviço, depende do "escritório" cuidar para que os presos recebam castigos proporcionais; à administração prisional, resta

---

8 Refere-se à novela de Fiódor Dostoiévski *A aldeia de Stepántchikovo e seus habitantes*, de 1859.

apenas supervisionar a conduta e prevenir as fugas: quanto ao restante, por motivo de força maior, lava as mãos.

Existem duas minas: a velha e a nova. Os forçados trabalham na nova; ali, a camada de carvão tem cerca de dois *archins* de espessura e a largura das galerias é a mesma; a distância da entrada até o lugar onde agora se extrai o carvão é de 150 braças. Operários com trenós que pesam um *pud*[9] sobem de gatinhas pela galeria escura: é a parte mais árdua do trabalho; depois, sobrecarregados com o peso do trenó cheio de carvão, eles retornam. Na saída, o carvão é despejado nas vagonetas e, sobre trilhos, é transportado para os depósitos. Todo forçado tem de subir pelas galerias, empurrando um trenó, não menos de treze vezes por dia — nisso consiste sua tarefa. Nos anos de 1889-1890, cada forçado extraiu, em média, 10,8 *pudi* por dia, 4,2 *pudi* a menos do que a regra estabelecida pela administração das minas. A produtividade geral e dos trabalhos dos forçados na mina é pequena: oscila entre 1,5 mil e 3 mil *pudi* por dia.

Nas minas de Duê, também trabalham colonos, por vontade própria. Encontram-se em condições mais penosas do que os forçados. Na mina velha, onde eles trabalham, a camada de carvão não supera um *archin* de espessura, o local da extração fica a 230 braças da entrada, a camada de revestimento do teto permite muitas infiltrações e, por isso, é necessário trabalhar em meio à constante umidade; alimentam-se por conta própria e moram em acomodações muitas vezes piores do que a prisão. No entanto, apesar de tudo isso, o trabalho deles é imensamente mais produtivo do que o dos forçados — chega a 70% ou até 100%. Tais são as vantagens do trabalho voluntário frente ao compulsório. Os operários assalariados são mais vantajosos para a empresa do que aqueles que ela está obrigada

---

9 16,3 quilos.

a ter por contrato e, por isso, se, como se faz ali, um forçado contrata um colono ou outro forçado para trabalhar em seu lugar, a administração da mina aceita essa irregularidade.

A terceira obrigação há muito tempo deixou de ser cumprida. Desde a fundação de Duê, se admite que os pobres e simplórios trabalhem por si e também por outros, enquanto os vigaristas e os usurários ficam tomando chá, jogando cartas ou perambulando à toa pelo cais com suas correntes tilintantes e conversando com o guarda subornado. Nesse contexto, constantemente se desenrolam histórias escandalosas. Assim, uma semana antes da minha chegada, um preso rico, ex-comerciante em Petersburgo, condenado por incêndio criminoso, foi castigado com vergastadas por supostamente se recusar a trabalhar. É um homem tolo, que não sabe esconder o dinheiro, distribuiu subornos de maneira exagerada e, por fim, já farto de dar cinco rublos para um guarda e três rublos para o carrasco, resolveu, em má hora, negar categoricamente qualquer pagamento a ambos. O guarda foi queixar-se com o inspetor, disse que tinha um sujeito que não queria trabalhar, o inspetor mandou dar trinta vergastadas no homem e o carrasco, claro, caprichou. O comerciante, quando o açoitavam, gritava: "Nunca ninguém me chicoteou!". Depois do castigo, ele se rendeu, pagava ao guarda e ao carrasco e, como se não tivesse acontecido nada, continuou a contratar um colono para trabalhar em seu lugar.

O peso excepcional dos trabalhos nas minas não reside no fato de ser necessário trabalhar debaixo da terra, em galerias escuras e úmidas, ora de gatinhas, ora curvado; o trabalho nas construções e nas estradas, debaixo de chuva e vento, exige do operário um grande dispêndio de força física. Quem conhece o ambiente de trabalho em nossas minas em Donets não vai ver nada de terrível na mina de carvão de Duê. O peso excepcional não está no trabalho propriamente dito, mas sim nas circunstâncias, na estupidez e na má-fé de qualquer funcionário subalterno, o que obriga a suportar, a cada passo, a arrogância, a injustiça e a arbitrariedade. Os ricos tomam chá enquanto os pobres trabalham, os guardas enganam seus superiores diante dos olhos de todos, os conflitos inevitáveis nas administrações da mina e da prisão engendram uma porção de brigas, fofocas e toda sorte de desordens, cujo peso recai, sobretudo, nas pessoas subalternas, como diz o provérbio: os patrões brigam e os criados é que levam na cabeça. Entretanto, por mais profunda que seja a corrupção e a injustiça, o forçado ama a justiça mais do que tudo e se, ano após ano, não a encontra nas pessoas superiores a ele, o forçado cai num estado de exasperação e de extrema descrença. Quantos deles, por conta disso, nos trabalhos forçados, se convertem em pessimistas, sarcásticos tristonhos, que, com rosto sério e cruel, falam sem parar sobre os outros, sobre as autoridades, sobre uma vida melhor, e a prisão escuta e dá gargalhadas, porque realmente acaba soando engraçado. O trabalho nas minas de Duê é penoso também porque ali os forçados, ao longo de muitos anos, sem pausa, só veem a mina, a estrada para a prisão e o mar. Parece que toda sua vida se reduziu àquele estreito banco de areia entre a orla barrenta e o mar.

Perto do escritório da mina, se ergue o barracão para os colonos que trabalham nas minas, um pequeno e velho celeiro, adaptado às pressas para o pernoite. Estive ali às cinco horas da manhã, quando os colonos tinham acabado de levantar. Que fedor, que escuridão, que falta de espaço! Com os cabelos desgrenhados, parecia que aquelas pessoas haviam passado a noite inteira brigando, tinham o rosto amarelo-acinzentado e, sonolentos, mostravam a fisionomia de doentes ou de loucos. Era evidente que tinham dormido de roupa e de botas, espremidos uns aos outros, alguns em cima da cama de tábua e outros embaixo, deitados no imundo chão de terra. Segundo as palavras do médico que me acompanhou naquela manhã, ali, só existe uma braça cúbica de ar para três ou quatro pessoas. Entretanto, era exatamente a época em que esperavam uma onda de cólera em Sacalina, e os navios tinham ordem de ficar de quarentena.

Na mesma manhã, estive na prisão de Voievod. Ela foi construída na década de 1870 e, para preparar a área onde agora está a prisão, foi preciso nivelar o terreno na margem, numa área de 480 braças quadradas. Hoje, essa é a mais horrível prisão de Sacalina, que passou incólume a todas as reformas, de tal modo que pode servir de ilustração perfeita para descrever os métodos antigos e as antigas prisões, que no passado inspiravam repulsa e horror às testemunhas. A prisão de Voievod consiste em três blocos principais e um pequeno, onde ficam os cárceres. Naturalmente, não é preciso comentar o volume de ar nem a ventilação. Quando entrei na prisão, estavam terminando de lavar o chão, mas o ar úmido, pestilento, ainda não tivera tempo de dissipar o cheiro após a noite e estava bastante carregado. O chão estava molhado e tinha aspecto desagradável. A primeira coisa que ouvi foram queixas contra os percevejos. Os percevejos não dão sossego. Antes, eram eliminados com cal clorada ou morriam gelados, na época das grandes friagens, mas agora nem isso está ajudando. O cheiro das latrinas e o odor azedo chegam até aos locais onde moram os guardas, que também reclamam dos percevejos.

Na prisão de Voievod, há condenados presos a carrinhos de mão. Ao todo, são oito pessoas. Moram em celas coletivas, junto com presos comuns, e passam o tempo em completa ociosidade. Pelo menos no *Relatório sobre a distribuição dos forçados por tipos de trabalho*, os condenados presos a carrinhos de mão figuram entre os que não trabalham. Todos trazem grilhões nos pulsos e correntes nos pés; do meio da corrente que prende suas mãos sai uma comprida cadeia de argolas de três ou quatro *archins* que se prende no fundo de um pequeno carrinho de mão. A corrente e o carrinho de mão estorvam o prisioneiro, ele tenta se movimentar o mínimo possível e, sem dúvida, isso se reflete em seus músculos. Os braços se habituaram a tal ponto que o menor movimento está associado ao sentimento de peso e, mais tarde, quando o prisioneiro termina de cumprir o período de pena acorrentado a um carrinho de mão e com grilhões nos pulsos, continua por muito tempo a sentir um incômodo nos braços, faz esforços desnecessários e movimentos bruscos; por exemplo, quando pega uma xícara, derrama o chá, como se sofresse de *chorea minor*.[10] À noite, na hora de dormir, o prisioneiro acomoda o carrinho de mão embaixo da cama de tábua e, para que seja mais fácil e mais confortável fazer isso, costumam instalar esse preso na extremidade da série de camas de tábua.

Todos os oito são reincidentes que já foram condenados várias vezes. Um deles, um velho de sessenta anos, foi acorrentado por tentativas de fuga ou, como ele diz, "por burrice". Está tuberculoso, pelo visto, e o antigo inspetor da prisão, por piedade, ordenou que fosse acomodado mais perto da estufa. Outro, que trabalhava na estrada de ferro como condutor, foi condenado por sacrilégio e, já em Sacalina, se envolveu na falsificação de notas de 25 rublos. Quando uma das pessoas que me acompanhavam pelas celas começou a repreendê-lo por roubar igrejas, ele respondeu: "E daí? Deus não precisa de dinheiro". E, ao notar que os presos não riram e que aquela frase produzira, em todos, uma impressão desagradável, acrescentou: "Em compensação, eu não matei ninguém". Um terceiro tinha sido marujo da marinha de guerra e foi condenado por um crime disciplinar: partiu para cima de um oficial, com os punhos erguidos. Nos trabalhos forçados, fazia a mesma coisa

---

10 Coreia reumática de Sydenham ou dança de São Vito.

contra qualquer um; na última vez, atacou o inspetor da prisão, quando este mandou castigá-lo com vergastadas. Seu advogado de defesa no tribunal militar explicou que essa sua maneira de avançar contra as pessoas de punhos erguidos decorria de uma enfermidade; o juiz sentenciou-o à pena de morte, mas o barão A. N. Korf alterou a pena para prisão perpétua nos trabalhos forçados, chicotadas e acorrentamento a um carrinho de mão. Os demais foram condenados por homicídio.

A manhã estava úmida, cinzenta, fria. O mar roncava agitado. Recordo que, no caminho da mina velha para a nova, paramos um minutinho perto de um velho caucasiano que estava deitado na areia, num desmaio profundo; dois conterrâneos o seguravam pelos braços, olhando para os lados, desamparados e perdidos. O velho estava pálido, tinha as mãos frias, o pulso fraco. Conversamos um pouco e seguimos em frente, sem lhe prestar ajuda médica. O médico que me acompanhava, depois que comentei que não faria mal algum dar ao velho ainda que fossem apenas umas gotas de valeriana, respondeu que a enfermaria de Voievod não tem remédio nenhum.

IX

Tim, ou Tími — Tenente Bochniak — Poliákov —
Viérkhni Armudan — Níjni Armudan — Dierbínskoie
— Passeio pelo Tim — Úskovo — Ciganos —
Passeio pela taiga — Voskressiénskoie

O segundo distrito de Sacalina do Sul se encontra do outro lado
da serra que é o divisor de águas da ilha e se chama Tímovski, já
que a maior parte do povoado fica junto ao rio Tim, que deságua
no mar de Okhotsk. Quando viajamos de Aleksándrovski para
Novo-Mikháilovka, em primeiro plano sobressai uma serra que
bloqueia a visão do horizonte, e a parte da serra que se vê de lá se
chama Pilinga. Do alto de Pilinga, se avista um panorama deslum-
brante: de um lado, o vale de Duê e o mar; do outro, uma vasta
planície que, numa extensão de mais de duzentas verstas para
nordeste, é banhada pelo rio Tim e seus afluentes. Essa planície é
muito maior e mais interessante do que a de Aleksándrovski. A fartura de água, a variedade de madeira própria para construção, o
capim crescido acima da altura de um homem, a prodigiosa abundância de peixes e as jazidas de carvão permitem supor uma vida
de conforto e saciedade para 1 milhão de pessoas. E poderia ser
assim, mas as correntes frias do Mar de Okhotsk e os blocos de
gelo que flutuam ao encontro da margem oriental, mesmo no mês
de junho, atestam com clareza inexorável que, quando a natureza
criou Sacalina, o que menos tinha em mente eram os seres humanos e seu bem-estar. Não fossem as montanhas, a planície seria
uma tundra mais fria e mais desolada do que a região de Viakhta.

A primeira pessoa que esteve no rio Tim, e escreveu sobre ele,
foi o tenente Bochniak. Em 1852, ele foi enviado para lá por Nevelskói, a fim de verificar a veracidade das informações, recebidas

dos guiliaques, relativas a uma jazida de carvão mineral, por isso atravessou a ilha e chegou à beira do Mar de Okhotsk, onde, segundo dizem, há uma linda enseada. Deram-lhe um trenó puxado por cães, biscoitos para 35 dias, chá e açúcar e uma pequena bússola manual, além disso Nevelskói o benzeu com o sinal da cruz e, para encorajá-lo, disse: "Se há biscoito para matar a fome e uma caneca de água para beber, é possível, com a ajuda de Deus, cumprir a missão". Depois de atravessar o rio Tim, chegar à margem oriental e retornar, a duras penas, Bochniak alcançou a margem ocidental, esfomeado, com as roupas em farrapos e os pés cheios de feridas purulentas. Tamanha era a fome que os cães se negaram a seguir adiante. Bochniak passou o dia de Páscoa escondido no canto de uma iurta dos guiliaques, com as forças completamente esgotadas. Não havia biscoitos, não havia nada para comer, os pés doíam horrivelmente. No relato das explorações de Bochniak, o mais interessante, com certeza, é a personalidade do próprio explorador, sua juventude — tinha 21 anos na ocasião — e sua dedicação heroica e abnegada à missão. A região do Tim estava coberta por uma espessa camada de neve, pois era o mês de março, no entanto aquela viagem lhe forneceu um material extremamente interessante para seu relato.[1]

Em 1881, o zoólogo Poliákov fez uma exploração séria e rigorosa do Tim, com fins científicos e práticos.[2] Partiu de Alek-

[1] Quatro anos depois, L. I. Schrenk fez o mesmo percurso pelo rio Tim, até a margem oriental, e depois voltou. A viagem também se deu no inverno, quando o rio estava coberto de neve. [N.A.] [2] Ele já não se encontra entre os vivos. Morreu pouco depois de sua viagem a Sacalina. A julgar por suas anotações rascunhadas e feitas às pressas, era um homem talentoso e versátil. Eis aqui seus artigos: 1) "Viagem à ilha de Sacalina em 1881-1882" (cartas para o secretário da sociedade), suplemento ao tomo XIX de *Anais da Sociedade Geográfica Imperial Russa*, 1883; 2) "Relatório sobre as explorações na ilha de Sacalina e na região de Ussúri do Sul", suplemento nº 6 ao tomo XLVIII de *Anais da Academia Imperial de Ciências*, 1884; e 3) "Em Sacalina". *Novidades*, 1886, nº 1. [N.A.]

sándrovski no dia 24 de julho, em um carro de bois e, com grandes dificuldades, atravessou a serra de Pilinga. Existiam apenas trilhas para caminhar, por onde os forçados subiam e desciam, carregando nos ombros as provisões de Aleksándrovski para Tímovski. A altura da encosta, ali, chega a 2 mil pés. Junto ao rio Admvo, o afluente do Tim mais próximo de Pilinga, ficava a Estação de Vediérnikovo, da qual, hoje em dia, só sobrevive o cargo de Inspetor da Estação de Vediérnikovo.[3] Os afluentes do Tim são rápidos, sinuosos, rasos e pedregosos, é impossível usar botes e, por isso, Poliákov teve de recorrer ao carro de bois para chegar ao Tim. No povoado de Dierbínskoie, ele e seus ajudantes embarcaram em botes e seguiram a correnteza, rio abaixo.

É cansativo ler a descrição de sua viagem por causa da minúcia com que enumera todas as corredeiras e os bancos de areia que encontrou no caminho. Nas 272 verstas que percorreu a partir de Dierbínskoie, ele teve de superar 110 obstáculos: onze corredeiras, 89 bancos de areia e dez locais em que a passagem estava bloqueada por árvores e emaranhados de galhos, arrastados pela corrente. Ou seja, em média, a cada duas verstas, o rio fica raso ou é bloqueado por galhos emaranhados. Perto de Dierbínskoie, sua largura é de vinte ou 25 braças e, quanto mais largo o rio, mais raso seu leito. Seus meandros e curvas frequentes, o ímpeto da correnteza e o fundo raso não permitem esperar que um dia o rio seja navegável, no sentido rigoroso da palavra. Na opinião de Poliákov, o rio se presta apenas ao transporte por meio de balsas. Só nas últimas setenta ou cem verstas, até a desembocadura, ou seja, lá onde menos se deve pensar em colonização, o rio se torna mais fundo e mais reto, a correnteza é mais tranquila, as corredeiras e os bancos

---

3 Esse inspetor, no que diz respeito à estação, se comporta como um ex-monarca e cumpre funções que nada têm a ver com a estação. [N.A.]

de areia são mais raros; ali, é possível navegar com uma lancha a vapor e até com um rebocador de calado pequeno.

Quando a enorme abundância pesqueira do local cair nas mãos dos capitalistas, muito provavelmente, serão feitos esforços ferrenhos para limpar e aprofundar o canal de navegação do rio; talvez se possa mesmo construir uma ferrovia pela margem até a foz e, sem dúvida, o rio recompensará com sobra todas as despesas. Mas isso será num futuro distante. No presente, com os recursos que existem, numa circunstância em que é preciso ter em vista apenas os objetivos imediatos, as riquezas do Tim são quase uma quimera. Para a colônia penal, o rio oferece vergonhosamente pouco. Pelo menos, os colonos de Tim vivem na mesma escassez de alimentos que os de Aleksándrovski.

O vale do rio Tim, pela descrição de Poliákov, é coalhado de lagos, alagados, desfiladeiros, grotas; não há áreas planas e niveladas, onde cresça um capim que sirva de pasto, não há várzeas de campinas inundadas na primavera e só raramente se encontram prados de juncos; isto é, lagoas tomadas pelo capim alto. Nas encostas da orla montanhosa, cresce uma densa floresta de coníferas; na orla em declive suave, há bétulas, salgueiros, olmos, choupos e bosques inteiros de álamos. Os álamos são muito altos; junto à margem, o rio vai erodindo a terra, as árvores acabam tombando na água, formam emaranhados de galhos e represamentos. Ali, os arbustos são cerejeiras, moitas de salgueiros, roseiras, pilriteiros... Há nuvens de mosquitos. Na manhã de 1º de agosto, houve geada.

Quanto mais perto do mar, mais pobre é a vegetação. Pouco a pouco, desaparecem os álamos, os salgueiros se tornam moitas, no quadro geral já predomina a margem arenosa ou turfosa, com mirtilos, amoras silvestres e musgos. Gradualmente, o rio se alarga até 75 ou cem braças e, em redor, já vemos a tundra, e as margens, aqui, são baixas e pantanosas... Do mar, bate um vento frio.

O Tim deságua da baía de Níiski, ou Tro — um pequeno deserto de água, que serve de limiar para o Mar de Okhotsk ou, o que dá na mesma, para o Oceano Pacífico. A primeira noite que Poliákov passou na beira dessa baía foi clara, fresca e, no céu, reluzia um pequeno cometa de cauda bifurcada. Poliákov não descreve que pensamentos lhe vieram enquanto admirava o cometa e escutava os sons da noite. O sono o "sobrepujou". No dia seguinte, de manhã, o destino presenteou-o com um espetáculo inesperado: na desembocadura do rio, à entrada da baía, havia uma embarcação escura, de costados brancos, esplendidamente equipada e com excelentes instalações para os tripulantes; acorrentada à proa, estava uma águia viva.[4]

A orla da baía produziu em Poliákov uma impressão triste; chamou-a de exemplo típico e característico da paisagem das regiões polares. A vegetação é escassa, retorcida. A baía está separada do mar por uma estreita e comprida língua de areia, oriunda das dunas, e atrás dessa faixa se estende infinitamente, por milhares de verstas, um mar bravio e sinistro. Quando o cobertor escorrega da cama e deixa desprotegido e com frio um menino que adormeceu lendo Mayne Reid,[5] é exatamente esse o mar que aparece em seu sonho. Esse mar é um pesadelo. A superfície tem cor de chumbo e, acima dela, "paira opressivo um céu cinzento e monótono". Ondas implacáveis quebram com estrondo na orla deserta e sem árvores e, de raro em raro, como uma mancha preta, nelas se vislumbra uma foca ou uma baleia.[6]

---

4 Na desembocadura do rio, uma vara de duas braças não toca no fundo do rio. Uma embarcação de grande porte pode ficar na baía. Se a navegação fosse mais desenvolvida no Mar de Okhotsk, perto de Sacalina, os navios encontrariam ali, na baía, um ancoradouro tranquilo e absolutamente seguro. [N.A.]
5 Thomas Mayne Reid (1818-1883), escritor irlandês, autor de romances de aventura. **6** O engenheiro de minas Lopátin, em meados de junho, viu aqui o mar coberto de gelo, que assim continuou até julho. No dia de São Pedro [29 de junho], a água congelou dentro da chaleira. [N.A.]

Hoje em dia, para chegar ao distrito de Tímovski, não há necessidade de cruzar Pilinga, pelas escarpas e grotas. Como eu já disse, hoje em dia, se vai de Aleksándrovski para o distrito de Tímovski através do vale do Arkai e os cavalos são trocados na Estação do Arkai. As estradas, ali, são excelentes e os cavalos andam ligeiro. A dezesseis verstas da Estação do Arkai, se encontra o primeiro povoado do distrito de Tímovski, cujo nome parece saído de um conto oriental: Viérkhni Armudan.[7] Foi fundado em 1884 e tem duas partes, situadas na encosta da montanha junto ao riacho Armudan, afluente do Tim. Tem 178 habitantes: 123 homens e 55 mulheres. São 75 proprietários e, entre eles, 28 coproprietários. O colono Vassíliev tem até dois coproprietários. Em comparação com o distrito de Aleksándrovski, a maioria dos povoados de Tímovski, como o leitor verá, tem muito mais coproprietários, ou meeiros, poucas mulheres e muito poucos casais legítimos. Em Viérkhni Armudan, de 42 casais, só nove são legítimos. As mulheres de condição livre que vieram acompanhando os maridos são só três, ou seja, tanto quanto em Krásni Iar ou Butakovo, que existem há menos de um ano. Essa escassez de mulheres e de casais nos povoados do distrito de Tímovski, não raro chocante, e sem correspondência com o número geral de mulheres e casais em Sacalina, se explica não por quaisquer condições locais ou econômicas, mas sim porque os grupos novos que chegam à ilha são selecionados em Aleksándrovski, e os funcionários locais, seguindo o provérbio que diz "minha camisa fica mais perto do meu corpo", mantêm a maioria das mulheres em seu próprio distrito e, além disso, como disseram os funcionários de Tímovski, "as mais bonitas, separam para eles e as mais feias, mandam para nós".

7 Armudan de cima.

As isbás em Viérkhni Armudan são cobertas de palha ou de casca de árvore, em algumas não há janelas, ou estão fechadas com tábuas pregadas. A pobreza é, de fato, gritante. Vinte homens não moram nas casas, foram embora em busca de um meio de ganhar a vida. A terra aproveitável, para todos os 75 proprietários e 28 coproprietários, abrange apenas sessenta deciatinas; há 183 *pudi* de sementes, ou seja, menos de dois *pudi* por propriedade. Porém, por mais que semeiem, é quase impossível imaginar que alguém aqui consiga cultivar cereais. O povoado fica muito acima do nível do mar, sem nada que o proteja dos ventos setentrionais; aqui, por exemplo, a neve derrete duas semanas depois do povoado vizinho, Malo-Tímovo. Para pescar, no verão, é preciso andar vinte ou 25 verstas até o rio Tim, e, quanto à caça de animais de pele, trata-se meramente de uma atividade de lazer e produz tão pouco para a economia dos colonos que nem vale a pena falar do assunto.

Encontrei os proprietários e seus familiares em casa; não estavam fazendo nada, embora não fosse feriado e, ao que parecia, na temporada quente de agosto, todos, dos pequenos aos adultos, poderiam encontrar facilmente algum trabalho para si, no campo ou no rio Tim, onde os peixes sazonais já haviam chegado. Os proprietários e suas concubinas, pelo visto, estavam entediados e dispostos a ficar ali sentados, jogando conversa fora. Riam de tédio e, para variar, começavam a chorar. São fracassados, em sua maioria neurastênicos e lamurientos, "pessoas supérfluas", que já haviam tentado de tudo para conseguir ganhar seu pão, tinham esgotado suas forças, que eram poucas e, no final das contas, acabaram desistindo, porque "não havia meios" nem "forma nenhuma" de sobreviver. O ócio compulsório, pouco a pouco, transformou-se num hábito e, agora, parecem esperar que a solução caia do céu, definham, dormem sem ter sono, não fazem nada e, provavelmente, já são incapazes de fazer qualquer coisa. Exceto, talvez, jogar cartas. Por mais estranho que pareça, o jogo de cartas floresce em Viérkhni Armudan e seus jogadores são afamados em toda Sacalina. Devido à escassez de recursos, os habitantes de Armudan apostam muito pouco, em compensação jogam sem descanso, como na peça: *Trinta anos, ou a vida de um jogador*.[8] Um dos jogadores mais apaixonados e incansáveis é o colono Sízov, com quem tive a seguinte conversa:

— Por que é que não nos deixam ir para o continente, Vossa Excelência? — perguntou.

— E para que você quer ir para lá? — respondi, de brincadeira. — Veja, lá não tem com quem jogar.

— Que nada, lá é que se joga para valer.

— Você joga o *chtos*? — perguntei, depois de uma pausa.

— É isso mesmo, Vossa Excelência, o *chtos*.

Depois, quando estava saindo de Viérkhni Armudan, perguntei ao meu cocheiro, um forçado:

— Quer dizer que eles jogam a dinheiro?

— Claro, a dinheiro.

— Mas o que eles têm para apostar?

— Como o que eles têm? A ração do governo, pão ou peixe defumado. Apostam a comida e a roupa e, depois, passam fome e ficam com frio.

— E o que vão comer?

— O quê? Bem, quando ganham, comem, mas se não ganham, aí vão dormir de barriga vazia.

Mais abaixo, no mesmo afluente, há mais um povoado um pouco menor: Níjni Armudan.[9] Cheguei lá já depois de anoitecer e pernoitei no sótão da casa do carcereiro, perto do tubo da chaminé da estufa, porque o carcereiro não deixou que eu ficasse no quarto. "Não pode dormir aqui, Vossa Senhoria; tem

---

8 Refere-se à peça *Trente ans, ou la vie d'un joueur* (1827), do francês Victor Ducange (1783-1833). **9** Armudan de baixo.

barata e percevejo que não acaba mais... É uma força!", disse ele, abrindo os braços, em desamparo. "Tenha a bondade de ir lá para cima." No escuro, tive de galgar uma escada externa, úmida e escorregadia, por causa da chuva. Quando desci um pouco para pegar tabaco, vi, de fato, aquela "força" inacreditável, provavelmente possível apenas em Sacalina. As paredes e o teto pareciam cobertos por um crepe fúnebre, que se mexia, como numa ondulação do vento; por certos pontos do crepe, que se enredavam depressa e em alvoroço, podia-se adivinhar do que era formada aquela massa fervente e palpitante. Ouvia-se um farfalhar e um sussurro alto, como se as baratas e os percevejos estivessem indo às pressas para algum lugar e deliberassem entre si.[10]

Níjni Armudan tem 101 habitantes: 76 homens e 25 mulheres; 47 proprietários e, entre eles, 23 coproprietários. Os casais legítimos são quatro, os ilegítimos, quinze. Só há duas mulheres de condição livre. Não há nenhum habitante com idade entre quinze e vinte anos. O povo passa necessidade. Só seis casas são cobertas de ripas de madeira, nas demais o telhado é de casca de árvore e, assim como em Viérkhni Armudan, aqui e ali se veem casas sem janelas ou com janelas fechadas com tábuas pregadas. Não registrei nenhum empregado; obviamente, mesmo os proprietários nada têm para fazer. Em busca de meios para ganhar a vida, 21 homens deixaram o local. A terra trabalhada com arado e para o cultivo de hortas, desde 1884, data da fundação do povoado, abrange apenas 37 deciatinas, ou seja, meia deciatina para cada proprietário. Foram

---

10 A propósito, existe em Sacalina a opinião de que as baratas e os percevejos chegam às casas no musgo trazido da mata, ali usado para calafetar as construções. Tal opinião decorre do fato de que baratas e percevejos surgem entre as frestas das paredes, logo depois de calafetadas. É claro que o musgo nada tem a ver com isso; os insetos são trazidos pelos carpinteiros, que dormem na prisão ou nas isbás dos colonos. [N.A.]

semeados 183 *pudi* de sementes de primavera e de inverno. O povoado não se assemelha em nada a uma aldeia agrícola. Os habitantes locais constituem uma desordenada massa de russos, poloneses, finlandeses e georgianos, famintos e esfarrapados, reunidos ao acaso e contra a própria vontade, como depois de um naufrágio.

O povoado seguinte, no mesmo caminho, se encontra junto ao rio Tim. Foi fundado em 1880 e se chama Dierbínskoie, em homenagem a um guarda de prisão chamado Dierbin, morto por um prisioneiro, em retaliação por seus cruéis maus-tratos. Era um homem ainda jovem, mas corpulento, robusto e implacável. Segundo as recordações das pessoas que o conheceram, andava sempre com um porrete, na prisão ou na rua, apenas para bater nas pessoas. Foi morto numa padaria; ele lutou, caiu dentro da masseira e manchou de sangue a massa de pão. Sua morte despertou entre os presos uma alegria geral e eles angariaram sessenta rublos em moedinhas para o assassino.

Não há nada de alegre no passado do povoado de Dierbínskoie. O trecho estreito da planície onde agora ele se situa era coberto por uma densa mata de bétulas e álamos, e no outro trecho, mais amplo, porém baixo e pantanoso, e aparentemente impróprio para a colonização, crescia um bosque espesso de lariços e abetos. Mal haviam derrubado a mata, arrancado tocos e raízes e drenado o solo para construir as isbás, a prisão e os armazéns do governo, quando foi preciso lutar contra uma desgraça que os colonizadores não tinham previsto: com as cheias da primavera, o riacho Amgá inundou todo o povoado. Foi preciso escavar um novo leito para o rio e lhe dar outro rumo. Hoje, Dierbínskoie ocupa uma área de mais de uma versta quadrada e tem o aspecto de uma verdadeira aldeia russa. À entrada, existe uma esplêndida ponte de madeira; o rio é alegre, de margens verdejantes, com salgueiros, ruas largas, isbás com telhados de ripas e quintais. Construções prisionais novas, alguns armazéns e celeiros e a casa do inspetor da prisão ficam no centro do povoado e não fazem pensar numa prisão, mas sim numa propriedade senhorial. O inspetor caminha, o tempo todo, de um celeiro para outro, enquanto tilinta suas chaves — exatamente igual a um senhor de terras dos bons e velhos tempos, dia e noite vigiando seus estoques. A esposa se mantém perto de casa, no jardinzinho cercado, com ar majestoso, como uma marquesa, e cuida para que tudo esteja em ordem. Numa estufa aberta, bem na frente da casa, ela vê melancias já maduras e, em torno delas, com ar respeitoso e uma expressão de zelo de escravo, caminha o jardineiro, o forçado Karatáiev; ela vê que, do rio, onde os presos pescam, estão trazendo um salmão bem nutrido, seleto, um "prateado", como dizem, e que não vai para a prisão, mas sim para o *balik* das autoridades. Perto do jardinzinho, passeiam as filhas da senhora da casa, vestidas como anjinhos; uma forçada costureira, condenada por incêndio criminoso, é quem faz suas roupas. E, em volta, sente-se uma tranquilidade, uma agradável saciedade e satisfação; as pessoas andam com delicadeza, como gatos, e se exprimem também com delicadeza: o peixinho, o defumadinho, a pensãozinha do governo...

Os habitantes de Dierbínskoie são 739: 442 homens e 297 mulheres, e com a prisão, ao todo, são cerca de mil pessoas. São 250 proprietários, entre eles, 58 coproprietários. Tanto pelo aspecto exterior quanto pelo número de casais e mulheres, pela distribuição etária dos habitantes e, no geral, por todos os números que se referem ao povoado, trata-se de um dos poucos locais em Sacalina que podem ser chamados a sério de um povoado, e não um mero bando de pessoas reunidas ao acaso. Os casais legítimos são 121, os livres, catorze e, entre as esposas legítimas, predominam significativamente as mulheres de condição livre, que aqui são 103; as crianças constituem um terço de todo o povoado. Porém, ao tentarmos entender a situação econômica dos habitantes, mais uma vez esbarramos, sobretudo, com circunstâncias acidentais, que desempenham um papel primordial e predominante, a exemplo de outros povoados de Sacalina. As leis naturais e econômicas parecem se esquivar para o segundo plano, cedendo a primazia a casualidades como, por exemplo, uma quantidade maior ou menor de incapacitados para o trabalho, de doentes, de ladrões ou de ex-moradores da cidade que, aqui, só a contragosto trabalham na agricultura; a quantidade de residentes antigos, a proximidade da prisão, a personalidade do comandante do distrito etc. — tudo isso são condições que podem se alterar a cada cinco anos, ou até menos. Os habitantes de Dierbínskoie que primeiro se estabeleceram ali, depois de cumprirem sua pena de trabalhos forçados até 1880, suportaram nos ombros o peso do passado do povoado, adaptaram-se e, pouco a pouco, tomaram os melhores locais e terrenos, e aqueles que vieram da Rússia com dinheiro e família também não vivem na pobreza; as 220 deciatinas de terra e os 3 mil *pudi* de pescados por ano, registrados nos relatórios, determinam obviamente a situação econômica só desses proprietários; os demais habitantes, ou seja, mais da metade de Dierbínskoie, são famintos, andrajosos e transmitem a impressão de pessoas inúteis, supérfluas, que não vivem e ainda por cima atrapalham a vida dos outros. Em nossas aldeias russas, mesmo depois dos incêndios, não se observa uma diferença tão fortemente marcada.

Quando cheguei a Dierbínskoie e, depois, andei pelas isbás, estava chovendo, fazia frio e havia lama. O inspetor da prisão, por falta de lugar em sua casa apertada, alojou-me num celeiro novo, recém-construído, onde instalaram móveis vienenses. Para mim, prepararam uma cama, uma mesa e improvisaram uma tranca na porta, para que eu pudesse me fechar por dentro. Do anoitecer às duas da madrugada, li ou copiei trechos de inventários por domicílio e listas de habitantes em ordem alfabética. A chuva não parava, martelava no telhado e, de raro em raro, algum preso ou soldado retardatário passava, chapinhando na lama. Estava tudo tranquilo, no celeiro e no meu espírito, porém, assim que apaguei a vela e me acomodei na cama, ouvi um rumor, um sussurro, pancadas, borrifos, suspiros profundos... As gotas que caíam do teto sobre as palhinhas das cadeiras vienenses produziam um som ecoante, estridente e, depois de cada um desses sons, alguém sussurrava em desespero: "Ah, meu Deus, meu Deus!". Junto ao armazém, ficava a prisão. Os forçados não estariam rastejando por baixo da terra em minha direção? Mas o vento mudou, a chuva bateu mais forte, em algum lugar as árvores farfalharam e, de novo, o suspiro profundo e desesperado: "Ah, meu Deus, meu Deus!".

De manhã, saio para o alpendre. O céu está cinzento, tristonho, chove, o chão está enlameado. O inspetor, com suas chaves, anda afobado de porta em porta.

— Você vai ver só uma coisa, vou rabiscar um bilhetinho para você que vai deixar você se coçando durante uma semana! — grita. — Vou mostrar como é o meu bilhetinho!

Essas palavras são dirigidas a um grupo de vinte forçados, que, a julgar pelas poucas frases que chegaram até mim, pediam para ir ao hospital. Estão em farrapos, encharcados pela chuva, respingados de lama, tremem; querem exprimir por meio de mímica que estão de fato doentes, no entanto, nos rostos enregelados, transidos de frio, há algo de tortuoso, enganador, embora em geral eles não mintam. "Ah, meu Deus, meu Deus!", suspira alguém no meio deles, e me parece que meu pesadelo à noite ainda continua. Vem à mente a palavra "pária", que denota, no uso comum, a condição mais baixa possível para uma pessoa. Durante todo o tempo que estive em Sacalina, só no galpão de colonos perto da mina de carvão, ali em Dierbínskoie, naquela manhã chuvosa e lamacenta, houve momentos em que me pareceu ver o grau máximo, supremo, da humilhação humana, além do qual não é possível alcançar.

Em Dierbínskoie, vive uma forçada que já foi baronesa e que, ali, chamam de "patroa empregada". Leva uma vida modesta de trabalhador e, como dizem, está satisfeita com sua situação. Um ex-comerciante de Moscou, que em outros tempos tinha uma loja na rua Tverskaia-Iamskaia, disse-me num sussurro: "Agora, em Moscou, está na época das corridas de cavalo!", e voltando-se para os colonos, começou a contar como são as corridas de cavalos e como é grande a quantidade de gente que se desloca para os portões da cidade pela rua Tverskaia-Iamskaia. "Acredite, Vossa Senhoria", disse-me ele empolgado com seu relato, "eu daria tudo, daria a própria vida, para poder ver só um pouquinho, não a Rússia, não Moscou, mas apenas a rua Tverskaia-Iamskaia." Em Dierbínskoie, aliás, vivem também dois Emelian Samokhválov, homônimos, e no quintal de um desses Emelian, lembro-me de ter visto um galo acorrentado pelo pé. Todos os habitantes de Dierbínskoie, entre eles os próprios Emelian Samokhválov, se divertem com essa estranha, e bastante complexa, combinação de circunstâncias em que dois homens oriundos de dois confins da Rússia, muito distantes um do outro, e portadores do mesmo nome e sobrenome, acabaram se encontrando ali, em Dierbínskoie.

No dia 27 de agosto, chegaram a Dierbínskoie o general Kononóvitch, o comandante do distrito de Tímovski, A. M. Butakov, e mais um funcionário, um homem jovem — os três são pessoas cultas e interessantes. Eles e eu nos reunimos, os quatro, num pequeno passeio, que, no entanto, do início ao fim, esteve cercado de tantos empecilhos que acabou se tornando menos um passeio do que a paródia de uma excursão. Para começar, chovia forte. Terra lamacenta, escorregadia; tudo que se pega está molhado. Da nuca encharcada, a água escorre por dentro do colarinho; dentro das botas, está frio e úmido. Fumar um cigarro é um problema complexo, árduo, solucionado quando todos se juntam. Tomamos um bote perto de Dierbínskoie e navegamos pelo rio Tim. No caminho, paramos a fim de ver a pescaria, o moinho de água, as lavouras da prisão. A pesca, já descrevi em outra passagem; o moinho, fomos unânimes em reconhecer que é excelente; as lavouras não apresentaram nada de especial e só chamaram atenção, talvez, por suas dimensões modestas: um lavrador sério diria que não passam de uma brincadeira. A corrente do rio é forte, quatro remadores e um piloto trabalhavam unidos; graças à velocidade e às curvas frequentes, os quadros diante de nossos olhos mudavam a cada minuto. Navegamos por um rio da montanha, da taiga, mas todo seu encanto selvagem, suas margens verdejantes, as encostas e as figuras dos pescadores, imóveis e idênticas — eu trocaria tudo isso por um quarto aquecido e sapatos secos, ainda mais porque as paisagens eram rotineiras, sem novidade para mim e, além disso, estavam encobertas por uma neblina chuvosa. À frente, na proa, estava A. M. Butakov com um rifle, e ele atirava nos patos selvagens que assustávamos em nossa passagem.

Seguindo pelo rio Tim, a nordeste de Dierbínskoie, só foram fundados dois povoados, até agora: Voskressiénskoie e Úskovo. Para povoar todo o rio, até a foz, com povoados desse tipo, cobrindo uma extensão de dez verstas, serão necessários pelo menos trinta vilarejos. A direção prisional tem o projeto de fundar um ou dois por ano e uni-los por uma estrada, calculando que, com o tempo, entre Dierbínskoie e a baía de Níiski, se forme uma via segura e movimentada, com uma completa cadeia de povoados. Quando nosso bote passou por Voskressiénskoie, um guarda se postou na margem, em posição de sentido, à nossa espera, pelo visto. A. M. Butakov gritou para ele, disse que, no caminho de volta de Úskovo, íamos pernoitar em sua casa e pediu que arrumasse mais palha para deitarmos.

Logo depois, sentimos um forte cheiro de peixe podre. Estávamos nos aproximando de uma aldeia dos guiliaques chamada Usk-vo, a qual deu nome ao atual povoado de Úskovo. Na margem, fomos recebidos pelos guiliaques, suas esposas, filhos e cães de rabo cortado, porém já não observamos a mesma surpresa despertada ali pelo já falecido Poliákov, tempos atrás. Até as crianças e os cachorros nos olhavam com indiferença. O povoado russo se encontra a duas verstas da margem. Em Úskovo, o cenário é o mesmo que em Krásni Iar. Uma rua larga, ainda com tocos e raízes, cheia de lombadas, coberta pelo capim silvestre e, nos dois lados, isbás inacabadas, árvores cortadas e montes de lixo. Todos os povoados em construção em Sacalina produzem a impressão de aldeias devastadas pelo inimigo ou abandonadas há muito tempo e, só pela cor clara das estruturas de toras que formam as isbás e pelas aparas de madeira no chão, se percebe que ali está em curso um processo exatamente oposto ao da destruição. Úskovo tem 77 habitantes: 59 homens, dezoito mulheres; 33 proprietários e, entre eles, vinte pessoas supérfluas, ou, em outras palavras, coproprietários. Só nove vivem em família. Quando os habitantes de Úskovo se reuniram com suas famílias em torno da casa do guarda, onde estávamos tomando chá, e quando as mulheres e as crianças, que tinham mais curiosidade, se adiantaram, o grupo começou a parecer um bando de ciganos. De fato, entre as mulheres, havia algumas ciganas de pele escura, de rosto esperto, com uma tristeza fingida, e quase todas as crianças eram ciganas. Em Úskovo, foram assentados alguns forçados ciganos, suas famílias vieram com eles voluntariamente e, agora, compartilham seu destino amargo. Duas ou três ciganas já eram minhas conhecidas: uma semana antes de chegar a Úskovo, eu tinha visto em Ríkovskoie como elas passavam de casa em casa, com sacos pendurados nos ombros e, junto às janelas, se ofereciam para ler a sorte.

Os habitantes de Úskovo vivem em extrema pobreza. [11] Por enquanto, as terras lavradas e as hortas são apenas onze deciatinas, ou seja, quase meia deciatina por propriedade. Todos vivem à custa do governo, recebem a ração dos presos, pela qual, aliás, pagam um preço alto, pois não há estrada e eles precisam carregar as provisões nos ombros, desde Dierbínskoie, através da taiga.

Depois de descansar um pouco, mais ou menos às cinco da tarde, voltamos a pé para Voskressiénskoie. A distância não é grande, ao todo seis verstas, mas, por falta de costume de viajar pela taiga, comecei a sentir cansaço já ao fim da primeira versta. Como antes, chovia forte. Logo depois de sair de Úskovo, tivemos um problema com um riacho de uma braça de largura, através do qual foram lançados três troncos finos e retorcidos para nossa travessia; todos conseguiram cruzar, mas eu pisei em falso e inundei minha bota. À nossa frente, havia uma clareira comprida e reta, desmatada para uma estrada em projeto; ali, era impossível caminhar uma braça sequer sem tropeçar e perder o equilíbrio. Havia touceiras de capim, buracos cheios de água, rizomas e arbustos endurecidos que pareciam feitos de arame, nos quais tropeçávamos como num degrau na soleira de uma porta, perfidamente ocultos embaixo da água e, o mais desagradável, sobretudo, eram os galhos mortos e as pilhas de troncos de árvores, derrubadas ali durante o desmatamento. Com grande esforço e suor, vencemos uma dessas pilhas e prosseguimos pelo pântano, para logo esbarrar com uma nova pilha de troncos intransponível, começamos de novo a escalar, mas os companheiros gritam que aquela é a direção errada, é preciso virar à esquerda da pilha de troncos, ou à direita etc. No início, tento apenas não inundar a outra

---

[11] Um autor que esteve em Sacalina uns dois anos depois de mim já viu, perto de Úskovo, uma verdadeira manada de cavalos. [N.A.]

bota, mas logo desisto e me rendo às circunstâncias. Ouvimos a respiração ofegante dos três colonos que se arrastam atrás de nós e carregam nossas coisas... O calor oprime, sufoca, dá uma sede... Caminhamos sem chapéu — assim fica mais fácil.

Ofegante, o general senta num tronco grosso. Nós também sentamos. Damos cigarros aos colonos, que não têm coragem de sentar.

— Ufa! Que dureza!

— Quantas verstas faltam até Voskressiénskoie?

— Faltam umas três verstas.

O mais bem-disposto era A. M. Butakov. No passado, ele percorria a tundra e a taiga a pé, por longas distâncias, e agora meras seis verstas representavam para ele uma verdadeira bagatela. Contou-me sua viagem de ida e volta ao longo do rio Poronai até a baía da Paciência: no primeiro dia, andar era um tormento, as energias se esgotaram; no dia seguinte, o corpo todo estava doendo, mas já era mais fácil caminhar, porém no terceiro dia, e nos dias seguintes, eles sentiam ter asas, não parecia que caminhavam, mas sim que alguma força invisível os carregava, embora os pés, como antes, se emaranhassem nas urzes duras e afundassem nos charcos.

No meio do caminho, começou a escurecer e logo fomos envolvidos por verdadeiras trevas. Eu já havia perdido a esperança de chegar ao fim daquela jornada e caminhava tateando o chão, cambaleando, com a água nos joelhos, e tropeçando nos troncos tombados. À minha volta, e à volta de meus companheiros, aqui e ali, imóveis, reluziam ou chamejavam fogos-fátuos: brejos inteiros e enormes árvores apodrecidas brilhavam em fosforescências, enquanto minhas botas ficavam salpicadas de pontinhos movediços, que ardiam como vaga-lumes.

Mas afinal, graças a Deus, uma luz cintilou ao longe, e não era uma fosforescência, mas uma luz de verdade. Alguém gritou para nós e respondemos; surgiu um guarda com uma lanterna;

em largas passadas sobre os charcos, onde a luz da lanterna se refletia, ele nos conduziu para sua casa, passando por todo o povoado de Voskressiénskoie, que mal se podia ver no meio da escuridão.[12] Meus companheiros traziam roupas secas de reserva e, ao chegar à casa do guarda, apressaram-se em se trocar, no entanto eu, que estava ensopado até os ossos, não havia trazido nada. Tomamos chá, conversamos um pouco e fomos dormir. A cama na casa do guarda era só uma e ficou reservada para o general, enquanto nós, pobres mortais, deitamos no chão, sobre o feno.

Voskressiénskoie é quase duas vezes maior do que Úskovo. São 183 habitantes: 175 homens e oito mulheres. Sete casais livres e nem um coroado.[13] Há poucas crianças no povoado: só uma menina. São 97 proprietários e, entre eles, 77 coproprietários.

---

12 Precisamos de três horas para percorrer as seis verstas entre Úskovo e Voskressiénskoie. Se o leitor imaginar uma pessoa que carrega farinha, carne de charque ou cargas oficiais, ou um doente que anda de Úskovo até o hospital de Ríkovskoie, compreenderá perfeitamente o sentido, em Sacalina, das palavras: "não tem estrada". É impossível atravessar essa distância de carroça ou mesmo a cavalo. Houve casos em que tentaram percorrer o caminho a cavalo e os animais quebraram as pernas. [N.A.] **13** Ou seja, sete casais ilegítimos e nenhum legítimo. No ritual do matrimônio da Igreja ortodoxa russa, o noivo e a noiva são coroados no altar.

X

Ríkovskoie — A prisão local — A estação meteorológica
M. N. Gálkin-Vraskoi — Pálievo — Mikriúkov — Válzi
e Longári — Malo-Tímovo — Andréie-Ivánovskoie

No curso superior do rio Tim, na parte mais ao sul de sua bacia, encontramos uma vida mais desenvolvida. Aqui, a despeito de tudo, o clima é mais quente, a natureza tem cores mais suaves e o homem com fome e com frio encontra para si condições naturais mais adequadas do que no curso médio ou baixo do rio Tim. Aqui, até a paisagem faz lembrar a Rússia. Tal semelhança, encantadora e emocionante para o deportado, é especialmente notável na parte da planície onde se encontra o povoado de Ríkovskoie, centro administrativo do distrito de Tímovski. Aqui, a planície chega a ter seis verstas de largura; a serra baixa que acompanha o curso do rio Tim protege um pouco a planície pelo lado leste, enquanto do lado oeste se ergue azulada a grande serra que é o divisor de águas da ilha. Na planície, não há morros nem outeiros, é completamente lisa, se assemelha aos costumeiros campos de lavoura russos e aos verdejantes bosques russos. Quando Poliákov esteve aqui, toda a superfície do vale estava coalhada de touceiras de capim, grotas, valas, alagados e pequenos riachos que desaguavam no Tim; andando a cavalo, o animal ficava atolado até os joelhos ou até a barriga; agora, a terra está limpa, nivelada, drenada e as catorze verstas de Dierbínskoie até Ríkovskoie são percorridas por uma estrada magnífica, impressionante por seu piso perfeitamente liso e reto.

Ríkovskoie, ou Ríkovo, foi fundado em 1878; o local foi muito bem escolhido e indicado por um inspetor da prisão, o sargento

Ríkov. Distingue-se pelo desenvolvimento acelerado, extraordinário até para um povoado de Sacalina: nos últimos cinco anos, sua área e sua população aumentaram cinco vezes. Hoje, ocupa três verstas quadradas e tem 1368 habitantes: 831 homens e 537 mulheres, mas, se somarmos a isso a prisão e os soldados, o número chega a 2 mil. Não se parece com o posto de Aleksándrovski; este é uma cidadezinha, uma pequena Babilônia, que já conta com uma casa de jogos e até com saunas familiares, de propriedade de um judeu, ao passo que Ríkovskoie é uma autêntica aldeia russa, sem brilho, sem quaisquer pretensões quanto ao nível cultural. Quando percorremos, a pé ou de carroça, a rua que se estende por mais ou menos três verstas, logo nos dá uma sensação de tédio, por seu comprimento e sua monotonia. Aqui as ruas não são chamadas de subúrbios, como em Aleksándrovski, à maneira siberiana, mas sim de ruas mesmo, e a maioria delas conserva os nomes dados pelos próprios colonos. Há a rua Sizóvskaia, assim chamada porque, na sua extremidade, fica a isbá da colona Sizóvaia; há a rua Khrebtóvaia, a rua Malorossíiskaia.[1] Em Ríkovskoie há muitos ucranianos e deve ser por isso que em nenhum outro povoado encontramos sobrenomes tão magníficos quanto aqui: Jeltonog (Pé Amarelo), Jeludok (Barriga), dez homens chamados Bezbójni (Sem Deus), Zarivai (Enterra), Reká (Rio), Bublik (Rosca), Sivokobilka (Potra Ruça), Koloda (Cepo), Zamozdria (Narigudo) etc. No centro da aldeia, há uma grande praça, com uma igreja de madeira e, em volta, não há lojas, como nas nossas aldeias, mas construções prisionais, repartições públicas e alojamentos dos funcionários. Quando atravessamos a praça, a imaginação retrata, em pensamento, uma feira alegre e barulhenta, as vozes dos ciganos de Úskovo vendendo seus cavalos ressoam, há um cheiro de alcatrão, estrume e peixe defumado, vacas mugem e as notas

---

1 Ou seja, da Pequena Rússia, como também era chamada a Ucrânia.

estridentes de um acordeão se confundem com canções ébrias; mas o quadro pacífico logo se esfuma, quando ouvimos o repentino som das correntes e dos passos surdos dos prisioneiros e da escolta, que atravessam a praça rumo à prisão.

Em Ríkovskoie, os proprietários são 335 e, entre eles, 189 meeiros, que, junto com eles, cuidam das propriedades e se consideram também proprietários. Os casais legítimos são 195, os livres, 91; as esposas legítimas, em sua maioria, são mulheres livres que vieram acompanhar os maridos. São 155. São números elevados, mas não convém consolar-se ou empolgar-se com eles, pois pouco prometem de bom. A mera quantidade de meeiros, esses suplentes de proprietários, evidencia como é numeroso, aqui, o elemento supérfluo, os seja, aqueles que não têm meios nem possibilidade de cuidar de uma propriedade por conta própria, e também como a população é excessiva e como falta comida. A administração de Sacalina assenta as pessoas nos lotes de qualquer maneira, sem considerar as circunstâncias e sem avaliar o futuro, e assim, com essa forma tão pouco inteligente de criar novas colônias e propriedades, mesmo os povoados instalados em condições comparativamente favoráveis, como Ríkovskoie, acabam oferecendo um quadro de completa pauperização e chegam à situação de Viérkhni Armudan. No caso de Ríkovskoie, com a quantidade existente de terras próprias para a lavoura e com as condições locais de produtividade, supondo algum possível lucro, duzentos proprietários já seriam, como se diz, de sobra; entretanto, ali, somando com os coproprietários, eles ultrapassam os quinhentos e, todo ano, a administração despeja mais gente.

A prisão em Ríkovskoie é nova. Foi construída segundo o modelo comum de todas as prisões de Sacalina: casernas de madeira, com celas internas, e com a sujeira, a indigência e o desconforto próprios a essas acomodações destinadas à vida gregária. Contudo, de algum tempo para cá, graças a certas peculiaridades difíceis de não perceber, a prisão de Ríkovskoie passou a ser considerada a melhor prisão em toda Sacalina do Norte. A mim, também, pareceu a melhor. Como em todas as prisões da região, tive de recorrer, acima de tudo, ao material de arquivo do escritório para obter informações e contar com a ajuda de pessoas alfabetizadas e assim, em todo distrito de Tímovski, em especial em Ríkovskoie, não pude deixar de notar, logo de saída, o fato de que os escreventes locais são bem preparados e disciplinados, como se tivessem cursado uma escola especial; os inventários por domicílio e as listas de habitantes em ordem alfabética são mantidos em ordem exemplar. Em seguida, quando eu estava na prisão, os cozinheiros, os padeiros etc. produziram em mim a mesma impressão de ordem e disciplina; mesmo os carcereiros antigos, ali, não pareceram tão fartos, tão arrogantemente estúpidos e rudes como em Aleksándrovski ou em Duê.

Nas partes da prisão em que é possível manter a limpeza, ao que parece, a exigência de asseio é levada a extremos. Na cozinha, por exemplo, e na padaria — nas próprias instalações, nos móveis, nos utensílios de cozinha, no ar, na roupa dos serventes —, a limpeza é tamanha que seria possível satisfazer o mais rigoroso fiscal de higiene e é evidente que essa limpeza é observada aqui de forma constante, independente de quaisquer visitas. Quando estive na cozinha, estavam fervendo uma sopa de peixe fresco em caldeirões — um alimento pouco saudável, pois o peixe sazonal que é pescado no curso superior do rio deixa os presos com catarro intestinal agudo. No entanto, pondo de lado essa circunstância, todo o ambiente parece dizer que, aqui, o preso recebe, no conjunto, a quantidade completa de alimento prevista na lei. O fato de designarem deportados privilegiados para os serviços internos da prisão, na qualidade de supervisores e gerentes que respondem pela qualidade e quantidade da comida dos presos, tornou impossíveis, quero crer, fenômenos repugnantes como uma sopa de repolho fedorenta ou um pão com barro. Peguei algumas amostras no meio de uma enorme quantidade de porções diárias de pão, preparadas para entregar aos presos, pesei-as e todas, sem exceção, tinham mais de três libras.

As latrinas foram construídas, também, pelo sistema de fossas, mas sua manutenção difere das demais prisões. O rigor com a higiene é levado a tal ponto que talvez se torne até constrangedor para os presos, a temperatura dentro das instalações é cálida e os cheiros ruins estão de todo ausentes. Isso é resultado de um tipo especial de ventilação, descrito no famoso manual do professor Erisman, sob o nome, ao que parece, de propulsão inversa.[2]

O inspetor da prisão de Ríkov, sr. Lívin, é um homem talentoso, de grande experiência e iniciativa, e tudo o que há de bom na prisão se deve a ele, mais do que ninguém. Infelizmente, tem uma forte predileção pelo emprego de vergastadas, o que já deu ensejo, certa vez, a um atentado contra sua vida. Como uma fera, um preso se atirou contra o sr. Lívin, com uma faca em punho, e esse ataque teve consequências funestas para o agressor. O zelo constante do sr. Lívin com as pessoas e, ao mesmo tempo, a vergasta, a volúpia dos castigos corporais, a crueldade, se preferirem, formam uma combinação em tudo incoerente e inexplicável. Pelo visto, o capitão Wentzel do conto "Memórias do soldado Ivánov", de Gárchin,[3] não foi inventado.

2 Na prisão de Ríkovskoie, esse sistema de ventilação está construído assim: em cima das fossas, há estufas acesas, de portas hermeticamente fechadas, para que o ar necessário para a combustão provenha da cavidade das fossas, que são unidas às estufas por meio de tubos. Dessa forma, todos os gases liberados vão das fossas para as estufas e só saem para o ar livre através de chaminés de fumaça. As instalações em cima das fossas são aquecidas pela estufa, o ar desce dali para a fossa através de furos e só depois passa pela chaminé de fumaça; ao aproximar a chama de um fósforo de um furo, se vê que ela é sugada para baixo. [N.A.]   3 Vsévolod M. Gárchin (1855-1888), escritor russo. O título verdadeiro é "Das lembranças do soldado Ivánov".

Em Ríkovskoie, há uma escola, um telégrafo, um hospital e uma estação meteorológica, chamada M. N. Gálkin-Vraskoi, dirigida extraoficialmente por um deportado privilegiado, ex--primeiro-sargento, homem extraordinariamente trabalhador e afável, que também exerce a função de sacristão. Durante quatro anos, desde que existe a estação, não foram reunidos muitos dados, no entanto eles já deixam bem evidente a diferença entre os dois distritos setentrionais. Se no distrito de Aleksándrovski o clima é úmido, em Tímovski, é continental, embora as estações meteorológicas de ambos os distritos não distem mais de setenta verstas. A variação de temperatura e o número de dias com precipitação em Tímovski já não são tão significativos. O verão, aqui, é mais quente e o inverno, mais rigoroso; a temperatura média anual fica abaixo de zero, ou seja, mais baixa até do que nas ilhas Solovki.[4] O distrito de Tímovski se situa numa altitude superior à de Aleksándrovski, mas, graças ao fato de ser rodeado por montanhas e encontrar-se como que no fundo de uma bacia, o número médio anual de dias sem vento é pouco mais de sessenta e, de modo singular, os dias com vento frio são menos de vinte por ano. Observa-se também uma pequena diferença no número de dias com precipitação: em Tímovski, o número é maior — 116 com neve e 76 com chuva; já o total de precipitações em ambos os distritos mostra uma diferença mais significativa, de quase 300 mm. Apesar disso, a umidade maior se verifica em Aleksándrovski.

Em 24 de julho de 1889, houve uma geada matinal que queimou a flor das batatas em Dierbínskoie; no dia 18 de agosto, em todo o distrito, a friagem estragou as ramas da batata.

A sul de Ríkovskoie, no local da antiga aldeia dos guiliaques chamada Pálhvo, junto a um afluente do rio Tim de mesmo nome, fica o povoado de Pálievo, fundado em 1886. De Ríkovskoie até

---

4 Ou ilhas Soloviétski, situadas no Mar Branco, extremo norte da Rússia.

lá, há uma boa estrada rural que atravessa a planície e cruza bosques e campos que, de forma extraordinária, me fizeram lembrar a Rússia, talvez porque ali o tempo estivesse muito bom. São catorze verstas de distância. Em breve, de Ríkovskoie para Pálievo, será instalada uma linha postal telegráfica, já em projeto há muito tempo, que vai unir Sacalina do Norte a Sacalina do Sul. A linha já está em construção.

Em Pálievo, há 396 habitantes: 345 homens e 51 mulheres. Os proprietários são 183 e, entre eles, 137 meeiros, se bem que, nas condições locais, cinquenta donos de terra já seriam o bastante. É difícil encontrar em Sacalina outro povoado em que se reúnam tantas e tão variadas circunstâncias desfavoráveis para uma colônia agrícola como aqui. O solo é pedregoso; segundo contam os habitantes mais antigos, no local do atual povoado de Pálievo, os tunguses[5] pastoreavam suas renas. Os colonos chegam a contar que esse local, em tempos imemoriais, foi o fundo do mar e os guiliaques, pelo que dizem, encontraram aqui restos de navios naufragados. As terras cultiváveis abrangem apenas 108 deciatinas, considerando a terra arada, as hortas e os pastos, e seus proprietários são trezentos. Há só trinta mulheres adultas, uma para cada dez homens e, como que por ironia, para deixar bem marcado o sentido triste dessa desproporção, há pouco tempo a morte fez uma visita rápida a Pálievo e, em alguns dias, arrebatou três concubinas. Quase um terço dos proprietários nunca tinha trabalhado na agricultura antes da deportação, pois eles faziam parte das camadas urbanas. Infelizmente, a lista de circunstâncias desfavoráveis não termina aí. Além disso, provavelmente para confirmar o provérbio que diz: "O pobre Makar sempre esbarra num lugar machucado",[6] em nenhum outro local de Sacalina

5 Ou evenques, povo nômade da Sibéria russa e da Manchúria chinesa.
6 Corresponderia a: "O pão do pobre sempre cai com a manteiga para baixo".

há tantos ladrões quanto aqui, no povoado de Pálievo, sofrido e maltratado pelo destino. Todas as noites, roubam; na véspera de minha chegada, mandaram três pessoas para o bloco dos acorrentados por roubo de centeio. Além dos que roubam por necessidade, em Pálievo, não são poucos os chamados "velhacos", que prejudicam seus conterrâneos apenas por amor à arte. À noite, sem nenhuma necessidade, matam gado, arrancam da terra batatas que ainda não estão maduras, retiram esquadrias das janelas etc. Tudo isso acarreta perdas, exaure os recursos das coitadas e miseráveis propriedades e, não menos importante, mantém a população num estado de temor.

As circunstâncias materiais de vida só exprimem pobreza e mais nada. Os telhados das isbás são cobertos de casca de árvore e palha, simplesmente não existem quintais e construções anexas; há 49 casas ainda inacabadas e, pelo visto, foram abandonadas por seus donos. Dezessete proprietários foram embora para ganhar a vida em outro lugar.

Quando estive em Pálievo e andei pelas isbás, fui acompanhado com insistência por um guarda, um dos colonos, nativo de Pskov. Lembro que lhe perguntei se era quarta ou quinta-feira. Ele respondeu:

— Não consigo lembrar, Vossa Senhoria.

Na caserna, reside o oficial da intendência aposentado Karp Erofiéitch Mikriúkov, o mais antigo carcereiro de Sacalina. Chegou a Sacalina em 1860, na época em que os trabalhos forçados estavam em seu início e, entre todos os habitantes locais, só ele é capaz de contar toda a história de Sacalina. Falador, responde às perguntas com visível satisfação e com a morosidade dos velhos; a memória já começou a traí-lo, tanto assim que só recorda com nitidez o passado remoto. Vive em condições adequadas, como que num verdadeiro lar, tem até dois retratos, pintados a óleo; num, está ele mesmo; no outro, sua falecida esposa, com uma flor no peito. É nativo da província de Viátski, o rosto animado faz lembrar o do falecido escritor Fiet.[7] Esconde a idade verdadeira, diz que tem só 61 anos, mas, na verdade, tem mais de setenta. Casou em segundas núpcias com a filha de um colono, uma jovem com quem teve seis filhos, entre um e nove anos de idade. O menor ainda está mamando.

Minha conversa com Karp Erofiéitch se estendeu para muito além da meia-noite e todas as histórias que me contou diziam respeito apenas aos trabalhos forçados e seus heróis, como, por exemplo, o inspetor de prisão Selivánov, que, em ataques de fúria, arrebentava com o punho cerrado as fechaduras das portas e que acabou assassinado pelos presos por causa da crueldade com que os tratava.

Quando Mikriúkov se dirigiu a seus aposentos, onde dormiam a esposa e os filhos, saí para a rua. Era uma noite muito calma e estrelada. O vigia noturno fez soar seu sinal, um riacho rumorejava em algum lugar próximo. Fiquei muito tempo parado, de pé, olhando ora para o céu, ora para as isbás, e me pareceu que era um milagre eu estar a 10 mil verstas de casa, num lugar chamado Pálievo, naquele fim de mundo, onde as pessoas nem sabem em que dia da semana estão e onde, de fato, é desnecessário saber, pois ali não faz absolutamente nenhuma diferença se é quarta ou quinta-feira...

Mais ao sul, seguindo a projetada via postal e telegráfica, há o povoado de Válzi, fundado em 1889. São quarenta homens e nenhuma mulher. Uma semana antes de minha chegada, foram enviadas, de Ríkovskoie, três famílias ainda mais para o sul, para fundar o povoado de Longári, num dos afluentes do rio Poronai. Esses dois povoados, onde a vida mal começou, deixarei por conta do escritor que, no futuro, tiver a possibilidade de chegar lá por uma estrada boa, para vê-los de perto.

---

7 Afanássi Afanássievitch Fiet (1820-1892), poeta, memorialista e tradutor.

A fim de concluir meu panorama dos povoados do distrito de Tímovski, resta lembrar apenas dois: Malo-Tímovo e Andréie-Ivánovskoie. Ambos situam-se no rio Málaia Tim, que nasce perto da serra de Pilinga e deságua no rio Tim, perto de Dierbínskoie. O primeiro foi fundado em 1877 e é o mais antigo povoado do distrito de Tímovski. No passado, quando era preciso subir e descer a serra de Pilinga para chegar ao rio Tim, o caminho passava por esse povoado. Lá, hoje, há 190 habitantes: 111 homens e 79 mulheres. Os proprietários e coproprietários são 67. Em outros tempos, Malo-Tímovo era um povoado importante, o centro da região onde hoje se situa o distrito de Tímovski, mas agora ele foi relegado ao segundo plano e parece uma cidadezinha esquecida do mundo, onde tudo que havia de vivo morreu; como vestígio da antiga grandeza, só resta uma pequena prisão, na mesma casa onde mora o inspetor prisional. Hoje, a função de inspetor de Malo-Tímovo é exercida pelo sr. K., jovem de boa instrução e muito afável, nativo de São Petersburgo e que parece ter enorme saudade da Rússia. O imenso alojamento oficial, com seus cômodos altos e amplos, onde os passos reverberam solitários, e o tempo vagaroso, arrastado, em que não há nada para fazer, o oprimem a tal ponto que ele se sente num cativeiro. Como que de propósito, o jovem acorda cedo, às quatro ou cinco horas da manhã. Levanta, toma chá, vai à prisão... e depois, o que fazer? Depois, ele caminha pelo seu labirinto, olha para as paredes de madeira calafetadas, e caminha, depois toma chá de novo e se ocupa com a botânica, e depois caminha mais uma vez e não escuta nada, senão os próprios passos e o assovio do vento. Em Malo-Tímovo, há muitos residentes antigos. Entre eles, encontrei o tártaro Furajev, que, no passado, foi junto com Poliákov à baía de Níiski; hoje, ele recorda com prazer a expedição e também Poliákov. Entre os velhos, talvez também mereça atenção, por seu modo de vida, o colono Bogdánov, um cismático que pratica a usura. Por muito tempo, não deixou que eu entrasse em sua casa, mas, depois que permitiu, falou extensamente sobre o fato de que, agora, passavam muitas pessoas na rua e ele não parava de dizer que, se as deixasse entrar, roubariam o que ele tivesse de bom etc.

O povoado de Andréie-Ivánovskoie tem esse nome por causa de alguém chamado Andréie Ivánovitch. Foi fundado em 1885, num pântano. Tem 382 habitantes: 277 homens e 105 mulheres. Os proprietários e os coproprietários contam 231. Todavia, a exemplo de Pálievo, também aqui cinquenta proprietários já seriam perfeitamente suficientes. A composição da população não pode ser chamada de um sucesso. Como em Pálievo, se observa um excesso de pessoas da cidade e *raznotchíniets*,[8] que nunca trabalharam na lavoura, por isso, em Andréie-Ivánovskoie, há muitas pessoas que não seguem a religião ortodoxa; constituem um quarto da população: 47 católicos, o mesmo número de maometanos e doze luteranos. Entre os cristãos ortodoxos, não são poucos os estrangeiros, por exemplo, georgianos.[9] Tal diversidade confere à população o caráter de um bando reunido ao acaso e dificulta sua integração numa comunidade rural.

---

8 Pessoas que não provinham da nobreza e tinham bom nível de instrução.
9 Entre outros, vivem aqui antigos membros da nobreza de Kutais [região da Geórgia], os irmãos Tchikovani, Aleksei e Tieimuras. Havia um terceiro irmão, mas morreu de tuberculose. Em sua isbá, não há nenhum móvel, apenas um colchão estendido sobre o piso. Um deles está doente. [N.A.]

XI

Um distrito em projeto — A idade da pedra —
Houve colonização livre? — Os guiliaques — Seu
contingente, sua aparência, compleição, alimentação,
vestimenta, habitação e seus hábitos de higiene — Seu
caráter — Tentativas de russificação — Os órotchi

Como o leitor pôde ver pela exposição acima, ambos os distritos setentrionais ocupam uma extensão igual à de uma pequena província russa. Calcular, hoje, a área ocupada por eles, em verstas quadradas, é quase impossível, porque a expansão de ambos os distritos, para o sul e para o norte, não está condicionada por nenhuma fronteira. Entre os centros administrativos de ambos os distritos, o posto de Aleksándrovski e o de Ríkovskoie, tomando o caminho mais curto que passa pela serra de Pilinga, a distância é de sessenta verstas e, passando pelo vale do Arkai, 74. Nas condições locais, não é uma distância curta. Mesmo Pálievo — para não falar de Tángui e Vángui — já é considerado um povoado distante, porém a fundação de novos povoados um pouco mais ao sul de Pálievo, seguindo os afluentes do rio Poronai, já levantou até a questão de se criar um novo distrito. Como unidade administrativa, um distrito corresponde a uma província; pelos critérios siberianos, só se pode chamar com esse nome uma extensão bastante considerável, que se demora mais de um mês para percorrer. Por exemplo, o distrito de Anádir, e, para um funcionário siberiano que trabalha sozinho e cuida de uma extensão de duzentas ou trezentas verstas, a fragmentação de Sacalina em distritos miúdos pode parecer um luxo. Mas a população de Sacalina vive em condições peculiares e, aqui, o mecanismo da administração é imensamente mais complexo do que no distrito de Anádir. A fragmentação da colônia de deportados em pequenas regiões administrativas decorre da experiência prática, que, além de muitas outras coisas de que ainda é preciso falar, demonstrou, em primeiro lugar, que quanto mais curtas as distâncias numa colônia de deportados, tanto mais fácil e mais cômoda será a administração dessa colônia e, em segundo lugar, a fragmentação em distritos acarretou o aumento do número de funcionários e o afluxo de pessoas novas, e isso, sem dúvida, produziu na colônia um efeito benéfico. O aumento do contingente de pessoas de bom nível de instrução, no aspecto quantitativo, gerou um significativo incremento qualitativo.

Quando cheguei a Sacalina, discutia-se o projeto de um novo distrito; falavam do assunto como se fosse a terra de Canaã, porque, segundo os planos, junto ao rio Poronai, através de todo o distrito, corria uma estrada para o sul; supunha-se que os forçados que hoje vivem em Duê e na prisão de Voievod seriam transferidos para o novo distrito e que, depois da transferência, restaria apenas a lembrança daqueles locais horríveis, e também que as minas de carvão seriam tomadas de volta da empresa Sacalina, que há muito rompeu os termos do contrato, e que a exploração do carvão seria feita não pelos forçados, mas pelos colonos, segundo princípios corporativos.[1]

1 Entre as ordens do general Kononóvitch, há uma relativa à supressão, há muito tempo desejada, das prisões de Duê e de Voievod: "Depois de examinar a prisão de Voievod, me convenci pessoalmente que nem as condições geográficas em que se encontra nem a importância dos presos nela mantidos, em grande parte com penas longas ou encarcerados por novos delitos, podem justificar o regime de vigilância, ou, melhor dizendo, a ausência de qualquer vigilância concreta, em que se encontra essa prisão desde sua fundação. A situação atual é a seguinte: a prisão foi construída num vale estreito, a uma versta e meia, mais ou menos, ao norte do posto de Duê, a comunicação com o posto só se faz pela beira do mar e se interrompe duas vezes ao dia, devido às marés; a comunicação com as montanhas no verão é difícil e,

Antes de terminar a exposição sobre Sacalina do Norte, acho que não é supérfluo falar um pouco sobre as pessoas que ali já habitavam em outros tempos e que agora vivem de forma independente da colônia de deportados. No vale do Duika, Poliákov encontrou uma lasca de lâmina de faca feita de obsidiana, uma ponta de flecha feita de pedra, pedras de amolar, machados de pedra etc.; tais descobertas lhe permitiram concluir que, no vale do Duika, em tempos antigos, viviam pessoas que não conheciam os metais; era uma população da idade da pedra. Cacos de cerâmica, ossos de urso e de cachorro e pesos para rede de pesca, encontrados no local de uma antiga moradia desse povo, provam que eles conheciam a cerâmica, caçavam ursos e pescavam com redes e que, na caça, tinham a ajuda de cães. Objetos fabricados de sílex, que não existe em Sacalina, eram obtidos por eles, obviamente, de populações vizinhas, do continente ou de ilhas próximas; é muito provável que, durante seus deslocamentos, os cães desempenhassem o mesmo papel que hoje, ou seja, animais de tração. Também no vale do rio Tim, Poliákov descobriu restos de armas primitivas e ferramentas rudimentares. Sua conclusão foi de que, em Sacalina do Norte, "a existência é possível para tribos que se encontrem até num nível relativamente baixo de

no inverno, é impossível; a habitação do inspetor da prisão fica em Duê e a de seu ajudante também; o agrupamento militar que cuida da guarda e da escolta do contingente de presos necessário para diversos trabalhos, segundo o contrato com a empresa Sacalina, também está alojado no posto e, assim, na prisão, não há ninguém senão uns poucos carcereiros e alguns guardas, que são trocados todo dia e que também se encontram fora do alcance da observação mais detida dos chefes militares. Sem entrar na análise das circunstâncias que levaram à construção da prisão num local tão inconveniente e a deixá-la fora do alcance de qualquer vigilância direta, antes mesmo de pedir autorização para abolir a prisão de Duê, bem como a de Voievod, e transferir os presos para outro lugar, eu devo, ao menos em parte, corrigir as deficiências existentes" etc. (ordem nº 348, ano de 1888). [N.A.]

desenvolvimento intelectual; obviamente, pessoas viveram aqui e, durante séculos, criaram meios de se proteger do frio, da sede e da fome; portanto, é perfeitamente provável que os antigos habitantes viviam aqui em pequenas comunidades e não constituíam um povo inteiramente sedentário".

Quando enviou Bochniak para Sacalina, Nevelskói, entre outras coisas, encarregou-o também de verificar os boatos relativos às pessoas abandonadas na ilha pelo tenente Khvostóv e que, segundo os guiliaques, viviam no rio Tim.[2] Bochniak teve a sorte de encontrar vestígios dessas pessoas. Numa das aldeias junto ao rio Tim, os guiliaques trocaram com ele quatro folhas arrancadas de um livro de preces por três *archins* de um tecido de algodão chinês e lhe explicaram que o livro pertencera a russos que tinham vivido lá. Numa das folhas, que vinha a ser a folha de rosto, numa letra quase ilegível, estava escrito: "Nós, Ivan, Danila, Piotr, Serguei e Vassíli, desembarcados por

---

2 Ver Davídov, *Dupla viagem à América pelos oficiais da marinha Khvostóv e Davídov, escrita por este último. Com prefácio de Chíchkov, 1810.* Em seu prefácio, o almirante Chíchkov diz que "Khvostóv unia no espírito dois opostos: a resignação de um cordeiro e a impetuosidade de um leão". Já Davídov, nas palavras dele, "era mais arrebatado e fogoso do que Khvostóv, porém perdia para ele em firmeza e coragem". A resignação de um cordeiro, no entanto, não impediu que Khvostóv, em 1806, destruísse armazéns japoneses e fizesse prisioneiros quatro japoneses em Sacalina do Sul, nas margens de Aniva. Além disso, em 1807, ele e seu amigo Davídov destruíram feitorias japonesas nas ilhas Kurilas e fizeram mais uma pilhagem em Sacalina do Sul. Esses oficiais destemidos lutavam contra o Japão sem o conhecimento do governo russo, na simples esperança da impunidade. Os dois terminaram suas vidas de maneira bastante incomum: se afogaram no rio Nievá, que, na pressa, tentavam atravessar por uma ponte ainda em construção. Suas façanhas, que na época deram muito que falar, atiçaram na sociedade certo interesse por Sacalina, as pessoas conversavam sobre a ilha e, quem sabe, pode ser que então tenha ficado decidido o destino dessa ilha triste, que intimida a imaginação. No prefácio, Chíchkov exprime a opinião, sem nenhum fundamento, de que, no século passado, os russos quiseram se apoderar da ilha para fundar ali uma colônia. [N.A.]

Khvostóv, no dia 17 de agosto de 1805, no povoado de Tomári--Aniva, em Aniva, nos mudamos para o rio Tim em 1810, ocasião em que os japoneses chegaram a Tomári". Depois de examinar o local onde os russos tinham vivido, Bochniak chegou à conclusão de que haviam se instalado em três isbás e cultivaram hortas. Os nativos lhe disseram que o último dos russos, Vassíli, tinha morrido pouco tempo antes, que os russos eram pessoas boas, que pescavam e caçavam junto com eles, vestiam-se como eles, mas tinham o cabelo curto. Em outro local, os nativos contaram o seguinte detalhe: dois russos tinham filhos de mulheres nativas. Hoje em dia, os russos deixados por Khvostóv em Sacalina do Norte já foram esquecidos e nada se sabe a respeito de seus filhos.

Em suas memórias, Bochniak escreve, entre outras coisas, que, enquanto investigava de modo incessante se não havia russos estabelecidos em algum lugar da ilha, descobriu o seguinte, por intermédio dos nativos da aldeia de Tángui: 35 ou quarenta anos antes, na costa oriental, um navio naufragou, a tripulação se salvou, construiu uma casa e, depois de um tempo, um navio; nesse navio, através do estreito de La Pérouse, os desconhecidos passaram ao estreito da Tartária e lá sofreram novo naufrágio, perto da aldeia de Mgátchi, mas dessa vez só se salvou um homem, chamado Kamtz. Pouco tempo depois, dois russos chegaram do Amur, Vassíli e Nikita. Uniram-se a Kamtz e, em Mgátchi, construíram uma casa: dedicavam-se à caça de animais de pele para negociar e levavam suas mercadorias para vender aos manchurianos e japoneses. Um dos guiliaques mostrou a Bochniak um espelho que Kamtz teria dado de presente para o pai dele; o guiliaque não quis lhe vender o espelho por preço nenhum, dizendo que ia guardá-lo como uma preciosa lembrança de um amigo de seu pai. Vassíli e Nikita tinham muito medo do tsar russo, o que mostrava que pertenciam à classe dos fugitivos. Os três terminaram suas vidas em Sacalina.

Em 1808, em Sacalina, o japonês Mamia-Rinzo[3] ouviu falar que, no lado ocidental da ilha, muitas vezes apareciam navios russos e que os russos, por causa de seus saques e pilhagens, acabaram obrigando os nativos a expulsar uma parte deles e exterminar a outra. Mamia-Rinzo dá o nome desses russos: Kamútsi, Simiona, Momu e Vassire. "Os três últimos", diz Schrenk, "são fáceis de identificar como nomes russos: Semion, Fomá e Vassíli." Mas Kamútsi, na opinião dele, se parece muito com o nome Kamtz.

Essa história muito breve dos oito Robinson Crusoé de Sacalina esgota todos os dados relativos à colonização livre de Sacalina do Norte. Se o destino extraordinário dos cinco marinheiros abandonados por Khvostóv, de Kamtz e dos dois fugitivos tem alguma semelhança com uma tentativa de colonização livre, é preciso admitir que tal tentativa foi irrelevante e, em todo caso, malsucedida. No máximo, ela é instrutiva por deixar claro que esses oito homens que viveram em Sacalina por muito tempo, até o fim de seus dias, não se ocuparam com a lavoura, mas sim com a pesca e a caça.

Agora, para completar, resta ainda mencionar a população nativa do local: os guiliaques. Eles habitam Sacalina do Norte, na costa ocidental e oriental e na margem dos rios, em especial no rio Tim;[4] as aldeias são antigas e os mesmos nomes men-

---

3 Sua obra se intitula *To-tats Ki Ko*. Não li o livro, é claro, e aqui me sirvo das citações de L. I. Schrenk, autor do livro *Os indígenas da região do Amur*. [N.A.]

4 Os guiliaques vivem em pequenas tribos em ambas as margens do rio Amur, em seu curso inferior, a partir, aproximadamente, de Sofiisk e depois ao longo do rio Líman, na margem do Mar de Okhotsk adjacente a ele e na parte setentrional de Sacalina; ao longo de todo o tempo em que existem testemunhos históricos sobre esse povo, ou seja, há duzentos anos, não ocorreu, que se saiba, nenhuma alteração em suas fronteiras. Supõe-se que, no passado, a terra nativa dos guiliaques era apenas Sacalina e que só depois eles mudaram de lá para a parte mais próxima do continente, empurrados do sul pelos ainos, que vinham do Japão, empurrados, por sua vez, pelos japoneses. [N.A.]

cionados por autores antigos se conservaram até hoje, mas o modo de vida, entretanto, não pode ser considerado como propriamente sedentário, pois os guiliaques não sentem apego a seu local de nascimento e, no geral, a nenhum lugar específico, muitas vezes eles abandonam suas iurtas e partem para fazer trocas comerciais, ficam vagando por Sacalina do Norte, junto com a família e seus cães. Porém, em suas deambulações, mesmo quando é necessário fazer viagens mais longas para o continente, eles continuam fiéis à ilha, e o guiliaque de Sacalina se distingue do guiliaque do continente pela língua e pelos costumes, talvez tanto quanto um ucraniano difere de um moscovita. Em vista disso, parece-me que não seria muito difícil recensear os guiliaques de Sacalina e não os confundir com os que vêm da costa da Tartária para Sacalina a fim de negociar suas mercadorias. Não faria mal nenhum recensear sua população, nem que fosse uma vez a cada cinco ou dez anos, do contrário a importante questão da influência da colônia de deportados em seu contingente populacional continuará em aberto por muito tempo e será respondida de forma arbitrária. Segundo testemunhos recolhidos por Bochniak, todos os guiliaques em Sacalina, em 1856, contavam 3270. Aproximadamente quinze anos mais tarde, Mitsul já escrevia que o número de todos os guiliaques em Sacalina podia chegar a 1500, mas segundo novos dados, relativos ao ano de 1889 e tomados por mim na publicação oficial *Registros do número dos indígenas*, em ambos os distritos dos guiliaques, há ao todo somente 320 pessoas. Ou seja, se acreditarmos nesses números, dentro de cinco a dez anos, não restará nenhum guiliaque em Sacalina. Não posso julgar a veracidade dos números de Bochniak e de Mitsul, mas o número oficial de 320, felizmente, e por várias razões, pode não ter nenhum significado. Os registros sobre os indígenas são elaborados por burocratas, que não têm preparação científica nem prática e não são munidos de qualquer instrução; se os dados foram recolhidos por eles no próprio local, ou seja, nas aldeias guiliaques, isso foi feito, é claro, de modo autoritário, rude, de má vontade, ao passo que a delicadeza e a etiqueta dos guiliaques, que não admitem nenhum tratamento arrogante e prepotente, bem como sua aversão a todo tipo de inventário e de registro exigem uma arte especial no trato com eles. Além disso, os dados são reunidos pela administração apenas por alto, sem nenhum propósito definido, e o funcionário não segue absolutamente nenhum mapa etnográfico, mas age de forma arbitrária. Nos registros do distrito de Aleksándrovski, só entraram os guiliaques que vivem ao sul do povoado de Vángui e, no âmbito do distrito de Tímovski, só foram recenseados os que se encontravam nas proximidades do povoado de Ríkovskoie, onde eles não residem, apenas vão de passagem.

Não há dúvida de que o número dos guiliaques de Sacalina está diminuindo constantemente, mas só é possível estimar isso a olho. Todavia, qual a grandeza dessa redução? Por que ela acontece? Será porque os guiliaques estão se extinguindo ou porque se mudam para o continente ou para as ilhas ao norte? Na ausência de dados numéricos confiáveis, nossas explicações sobre a influência nociva da incursão russa são baseadas apenas em analogias, e é bastante possível que tal influência, até agora, tenha sido insignificante, quase igual a zero, pois os guiliaques de Sacalina vivem de preferência à beira do rio Tim e na costa oriental, onde os russos ainda não chegaram.[5]

---

5 Em Sacalina, existe um cargo oficial: tradutor de língua guiliaque e de língua aino. Pois esse tradutor não sabe nenhuma palavra de guiliaque e de aino, ao passo que os guiliaques e os ainos, em sua maioria, entendem o russo, logo essa função inútil pode fazer um belo *pendant* [par] com o inspetor da inexistente Estação de Vediérnikovo, mencionada anteriormente. Se, em lugar do tradutor, se contratasse um corpo de funcionários com formação científica em etnografia e estatística, seria muito melhor. [N.A.]

Os guiliaques não pertencem a tribos mongóis nem tungúsicas, mas a alguma tribo desconhecida, que talvez, no passado, fosse poderosa e dominasse toda a Ásia, mas agora passa seus últimos séculos num pequeno pedaço de terra, na forma de um povo pouco numeroso, mas ainda belo e cheio de vigor. Graças a sua extraordinária sociabilidade e mobilidade, os guiliaques conseguiram, faz muito tempo, ligar-se por casamento com todos os povos vizinhos e, por isso, hoje em dia, é quase impossível encontrar um guiliaque *pur sang*, sem mistura com elementos mongóis, tunguses ou ainos. O guiliaque tem rosto redondo, achatado, com aspecto de lua, cor amarela, zigomas salientes, sujo, olhos oblíquos e barba rala, quase imperceptível; cabelos lisos, negros, duros, reunidos na nuca numa trancinha. A fisionomia não exprime selvageria; é sempre pensativa, humilde, ingênua e atenta; sorri de modo largo e feliz ou com ar reflexivo e pesaroso, como uma viúva. Quando fica de perfil, com sua barba rala e a trancinha, com sua expressão mansa de mulher, poderia servir de modelo para um retrato de Kutiéikin[6] e, em parte, se compreende então por que alguns viajantes relacionaram os guiliaques com tribos caucasianas.

Aos que desejam saber mais detalhes sobre os guiliaques, recomendo os especialistas em etnografia, por exemplo, L. I. Schrenk.[7] Quanto a mim, limito-me às particularidades características no que diz respeito às condições naturais locais e que, de modo direto ou indireto, podem fornecer diretrizes práticas e úteis para os colonos novatos.

O guiliaque tem compleição forte e atarracada; estatura mediana ou até baixa. Se fosse mais alto, isso seria um estorvo na taiga. Tem ossos grossos e se distinguem pelo forte

---

6 Personagem da peça cômica *O menor*, do escritor russo Dienis Fonvízin (1744-1792), escrita em 1782. **7** Sua excelente obra *Indígenas da região do Amur* contém mapas etnográficos e duas chapas com desenhos do sr. Dmítriev-Orenbúrgski; numa das chapas, estão retratados os guiliaques. [N.A.]

desenvolvimento de todas pontas, saliências e protuberâncias nas quais se prendem os músculos, e isso obriga a supor músculos fortes, resistentes, em sua constante e ferrenha luta com a natureza. Tem corpo delgado, fibroso, sem revestimento adiposo; não se veem guiliaques obesos ou gorduchos. É evidente que toda gordura é consumida para fornecer o calor que o corpo de um habitante de Sacalina precisa produzir dentro de si, para compensar as perdas causadas pela baixa temperatura e pela excessiva umidade do ar. Está claro por que o guiliaque consome tanta gordura em sua alimentação. Come gordura de foca, salmão, esturjão, baleia e carne sangrenta, tudo isso junto com grande quantidade de queijo, de aspecto seco e não raro congelado, e uma vez que sua comida é bruta, o guiliaque tem uma musculatura extraordinariamente desenvolvida nos pontos de fixação dos músculos mastigatórios e todos os dentes bastante desgastados. A alimentação é exclusivamente animal e só raramente, quando ocorre de almoçar em casa ou num festejo, acrescentam à carne e ao peixe algum alho da Manchúria ou frutinhas silvestres. Segundo o testemunho de Nevelskói, os guiliaques consideram a agricultura um grande pecado: quem começa a escavar a terra ou planta alguma coisa morrerá inapelavelmente. Mas o pão, que eles conheceram com os russos, é comido com prazer, como um petisco, e hoje não é raro encontrar, em Aleksándrovski ou em Ríkovskoie, um guiliaque levando uma broa embaixo do braço.

A roupa do guiliaque é adequada ao clima frio, úmido e dado a mudanças bruscas. No verão, veste uma camisa de algodão rústico chinês, calças do mesmo tecido e, nos ombros, por via das dúvidas, leva um casaco curto ou uma jaqueta de pele de foca ou de cachorro; calça botas de pele. No inverno, usa calças de pele. Até a roupa mais quente é cortada e costurada de modo a não tolher seus movimentos ágeis e velozes quando caça ou se desloca num trenó puxado por cães. Às vezes, quando quer exibir sua elegância, veste uma túnica dos prisioneiros. Krusenstern, há 85 anos, viu um guiliaque num suntuoso traje de seda, "adornado com panos de muitas cores"; hoje, em Sacalina, nem com uma lanterna se pode achar um dândi como esse.

No que diz respeito às iurtas dos guiliaques, também aqui, em primeiro lugar, contam as exigências do clima frio e úmido. Existem iurtas de verão e de inverno. As primeiras são construídas sobre estacas, as outras são como cabanas escavadas na terra, com paredes de troncos finos de madeira e o formato triangular de uma pirâmide cortada; do lado de fora, os troncos finos ficam cobertos pela terra. Bochniak dormiu numa iurta que consistia em uma cavidade de um *archin* e meio de profundidade, escavada na terra e coberta por galhos finos, em forma de telhado, e tudo isso também meio coberto de terra. As iurtas são feitas de material barato, que sempre se pode ter à mão e, quando necessário, podem ser abandonadas sem pena; dentro delas, é quente e seco e, de todo modo, deixam muito para trás as frias e úmidas cabanas de casca de árvore, onde moram os nossos forçados quando estão trabalhando nas estradas ou nos campos. As iurtas de verão seriam altamente recomendáveis para os horticultores, mineiros de carvão, pescadores e em geral para todos forçados e colonos que trabalham fora da prisão, e não em sua casa.

Os guiliaques nunca se lavam, por isso até os etnógrafos têm dificuldade para definir qual a verdadeira cor da pele; não lavam a roupa de baixo, e os trajes de pele e os calçados têm tal aspecto que parecem ter sido retirados pouco antes de um cachorro morto e esfolado. Os guiliaques exalam um cheiro opressivo e azedo e se reconhece a proximidade de suas moradias pelo cheiro repugnante, às vezes quase insuportável, de peixe seco e de restos apodrecidos de peixe. Perto de cada iurta, costuma haver uma estufa, cheia até em cima de peixes abertos ao meio, que vistos de longe, em especial quando iluminados pelo sol, se assemelham a fios de corais. Em volta dessas estufas, Krusenstern viu uma enorme quantidade de pequenas minhocas de uma polegada de espessura, que cobriam a terra. A iurta de inverno fica cheia de uma fumaça cáustica, oriunda do fogareiro e também do fato de os guiliaques, as esposas e os filhos fumarem tabaco. Sobre as doenças e a mortalidade dos guiliaques, nada se sabe, mas é preciso pensar que essas condições higiênicas insalubres devem ter algum efeito nocivo em sua saúde. Talvez eles devam a isso sua baixa estatura, seu rosto balofo, certa moleza e preguiça dos movimentos; talvez, em parte, se possa atribuir também a isso a circunstância de que os guiliaques sempre demonstraram pouca resistência às epidemias. É conhecida, por exemplo, a devastação que a varíola provocou em Sacalina. Na extremidade norte de Sacalina, entre os cabos Elizavieta e Maria, Krusenstern encontrou uma aldeia formada por 27 casas; P. P. Glen, membro de uma célebre expedição à Sibéria, que esteve em Sacalina em 1860, já encontrou apenas vestígios da aldeia, e em outros locais da ilha, nas suas palavras, encontrou somente resquícios de uma população antes muito numerosa. Os guiliaques lhe contaram que durante os dez anos anteriores, ou seja, depois de 1850, a população de Sacalina havia diminuído consideravelmente por conta da varíola. E as terríveis epidemias de varíola que, em anos anteriores, devastaram a Kamtchatka e as ilhas Kurilas dificilmente terão poupado Sacalina. É sabido que o terrível não é a varíola em si, mas a fraca resistência à doença e, se a febre tifoide ou a difteria forem levadas para a colônia e penetrarem nas iurtas dos guiliaques, produzirão o mesmo efeito da varíola. Em Sacalina, não tive notícia de epidemias; pode-se dizer que, nos últimos vinte anos, não houve nenhuma na ilha, exceto, de fato, a epidemia de conjuntivite que se observa no presente.

O general Kononóvitch decidiu levar os indígenas doentes para a enfermaria distrital e mantê-los ali à custa do governo (ordem nº 335, de 1890). Não temos observações diretas do estado de saúde dos guiliaques, mas é possível formar alguma ideia pela presença de fatores de morbidade, como a falta de limpeza, o consumo imoderado de bebida alcoólica, o contato de longa data com chineses e japoneses,[8] a proximidade constante dos cães, os ferimentos etc. etc. Não há dúvida de que os guiliaques adoecem com frequência, precisam de cuidados médicos e, se as circunstâncias lhes permitirem tirar proveito dessa autorização para tratar-se, os médicos locais terão a possibilidade de observá-los de perto. A medicina não tem o poder de conter sua fatal extinção, mas talvez os médicos consigam estudar as condições em que nossa intromissão na vida desse povo poderia lhe trazer menos malefícios.

Sobre o caráter dos guiliaques, os autores opinam de formas diversas, mas todos coincidem em dizer que esse povo não é belicoso, não gosta de briga e discussão e vive em paz com os vizinhos. Quando chegam pessoas novas, eles se portam sempre com desconfiança, temerosos por seu futuro, mas as recebem de modo amável, sem o menor protesto, no máximo mentem, descrevem Sacalina em cores sombrias, achando que assim vão espantar os estrangeiros da ilha. No caso dos companheiros de Krusenstern, os guiliaques os receberam de braços abertos e, quando L. I. Schrenk adoeceu, a notícia rapidamente se espalhou e provocou um sincero pesar entre os guiliaques. Só mentem quando negociam ou conversam com alguém de quem

---

8 Os indígenas do Amur e de Kamtchatka pegaram sífilis dos chineses e japoneses, mas os russos nada tiveram a ver com isso. Um comerciante chinês, grande apreciador do ópio, me disse que uma avó, ou seja, uma mulher, mora com ele em Tchifu e outra avó é uma nativa guiliaque, que mora perto de Nikoláievsk. Numa situação como essa, não é difícil espalhar a contaminação por todo o vale do Amur e por toda Sacalina. [N.A.]

desconfiam e que, em sua opinião, oferece perigo, mas, antes de contar alguma mentira, eles se entreolham da maneira mais infantil. No dia a dia, fora da esfera do comércio, toda mentira e ostentação lhes causam desagrado. Lembro como me convenci disso em Ríkovskoie, quando dois guiliaques acharam que eu estava mentindo para eles. O caso se deu ao anoitecer. Dois guiliaques — um de barba, o outro de rosto carnudo de mulher — estavam deitados no capim, na frente da casa de um colono. Passei diante deles. Chamaram-me e pediram que eu entrasse na isbá e trouxesse de lá suas roupas, que tinham deixado com o colono de manhã; eles mesmos não se atreviam a fazer isso. Respondi que eu também não tinha o direito de entrar numa isbá alheia, na ausência do dono. Ficaram calados por um tempo.

— Você política (ou seja, você é preso político)? — perguntou o guiliaque com cara de mulher.

— Não.

— Então é escreve-escreve (ou seja, escrevente)? — perguntou, ao ver um papel na minha mão.

— Sim, escrevo.

— E quanto ganha de salário?

Eu ganhava cerca de trezentos rublos por mês. E foi o número que eu disse. É impossível descrever a impressão desagradável e até dolorosa que minha resposta provocou. De repente, os dois guiliaques apertaram a barriga com as mãos e, curvados para baixo, começaram a se balançar, como se tivessem fortes dores no estômago. Seus rostos exprimiam desesperança.

— Ah, como é que você pode falar isso? — escutei. — Para que fala uma coisa tão ruim? Ah, é tão feio! Não precisa!

— Mas o que foi que eu falei de ruim? — perguntei.

— Butakov, o comandante do distrito, é um grande homem e ganha duzentos, e você que não é chefe de nada, só um escreve-escreve à toa, diz que ganha trezentos! Falou uma coisa feia! Não precisa!

Tentei explicar que o comandante do distrito, embora seja um grande homem, tem um lugar fixo e por isso ganha só duzentos e que eu, embora apenas um escreve-escreve à toa, tinha vindo de muito longe, percorrera mais de 10 mil verstas, tinha despesas maiores do que Butakov e por isso precisava de mais dinheiro. Isso acalmou os guiliaques. Eles se entreolharam, conversaram um pouco entre si em língua guiliaque e pararam de se atormentar. Pelos rostos, via-se que acreditaram em mim.

— Verdade, verdade... — disse o guiliaque de barba, animado.

— Está certo. Pode ir.

— Verdade. — O outro me cutucou. — Vai.

Se um guiliaque recebe uma missão, ele a executa com esmero, e não houve nenhum caso em que um guiliaque tenha abandonado uma encomenda postal no meio do caminho ou tomado coisas alheias. Poliákov, que teve de negociar com barqueiros guiliaques, escreveu que eles se mostravam muito cumpridores das obrigações assumidas e se esmeravam na entrega de cargas oficiais. São ágeis, espertos, alegres, desembaraçados e não sentem nenhum constrangimento na companhia de poderosos e de ricos. Não reconhecem nenhuma autoridade acima de si mesmos e parece que ignoram os conceitos de "superior" e "inferior". Na *História da Sibéria* de I. Fisher, conta-se que o famoso Poiárkov chegou à terra dos guiliaques, que na época "não estavam sob a autoridade de ninguém". Eles têm a palavra "djantchin" para denotar primazia, mas dessa forma eles chamam igualmente os generais e os comerciantes ricos, que têm muito tecido de algodão e tabaco. Olhando para um retrato do tsar, no alojamento de Nevelskói, os guiliaques disseram que devia ser um homem de grande força física e que dava muito tabaco e tecido de algodão. O comandante da ilha goza de um poder imenso e até terrível em Sacalina, entretanto, quando fui com ele de Viérkhni Armudan para Árkovo, encontramos um guiliaque que não se constrangeu de gritar para nós, em tom imperativo: "Parem aí!". E depois nos perguntou se não tínhamos visto, na estrada, seu cachorro branco. Como já foi dito e escrito, os guiliaques também não respeitam a autoridade dos mais velhos, no âmbito familiar. O pai não pensa que é superior ao filho, que por sua vez não obedece ao pai e vive como quer; a mãe velha, na iurta, não tem uma autoridade maior do que uma menina menor de idade. Bochniak escreve que, mais de uma vez, viu um filho bater na mãe e expulsá-la de casa, sem que ninguém se atrevesse a dizer nenhuma palavra. Os membros masculinos da família são iguais entre si; se você oferece vodca para os guiliaques, deve oferecer também até para os menores entre eles. Já os membros femininos são igualmente privados de direitos, seja a avó, a mãe ou uma menina lactente; são tratadas como animais domésticos, como coisas que se pode jogar fora, vender, chutar, como um cachorro. Os cachorros, porém, os guiliaques tratam com carinho, mas as mulheres, nunca. O casamento é considerado um negócio vazio, menos importante do que uma bebedeira, por exemplo, não é marcado por nenhuma cerimônia religiosa ou supersticiosa. O guiliaque troca uma moça por uma lança, um cachorro ou um bote, carrega-a para sua iurta, deita com ela em cima de uma pele de urso, e pronto. A poligamia é permitida, mas não alcançou larga difusão, embora as mulheres, pelo visto, sejam mais numerosas do que os homens. O desprezo pela mulher, como uma criatura inferior ou uma coisa, chegou a tal nível entre os guiliaques que, na esfera da questão feminina, eles não julgam repreensível nem mesmo a escravidão, no sentido direto e bruto da palavra. Segundo o testemunho de Schrenk, os guiliaques muitas vezes tomam para si, como escravas, até mulheres ainos; é evidente que a mulher, para eles, é igual a uma mercadoria, como o tabaco ou o tecido. O escritor sueco Strindberg, famoso misógino, que deseja que a mulher seja apenas uma escrava e sirva aos caprichos do homem, é, em essência, um correligionário dos guiliaques; se acontecesse de Strindberg ir a Sacalina do Norte, ele e os guiliaques se cumprimentariam com demorados abraços. O general Kononóvitch me disse que quer russificar os guiliaques de Sacalina. Não sei qual a necessidade disso. Entretanto, a russificação teve início ainda bem antes da chegada do general. Começou quando alguns funcionários, que ganhavam um salário muito baixo, apareceram com caros casacos de pele de raposa e de zibelina, enquanto nas iurtas dos guiliaques surgiram copos e garrafas de vodca;[9] depois, os guiliaques foram convidados a participar da captura de fugitivos e, em troca de cada fugitivo capturado ou morto, se estabeleceu uma recompensa em dinheiro. O general Kononóvitch ordenou contratar guiliaques como guardas penitenciários; numa de suas ordens, está dito que isso foi feito em função da extrema carência de pessoal que conheça bem a localidade e, também, para facilitar a relação entre a autoridade local e os indígenas; já em conversa comigo, contou que essa inovação tem também o propósito de promover a russificação. De início, foram confirmados no posto de guardas penitenciários os guiliaques Vaska, Ibalka, Orkun e Pávlinka (ordem nº 308, 1889), depois demitiram Ibalka e Orkun "por ausência continuada no momento da distribuição das ordens" e nomearam Sofronka (ordem nº 426, 1889). Eu vi esses guardas; usam um crachá e um revólver.

9 O chefe do posto de Duê, major Nikoláiev, disse para um jornalista em 1886: "No verão, não tenho contato com eles e, no inverno, muitas vezes compro peles com eles, e compro a preço bem vantajoso; muitas vezes, em troca de uma garrafa de vodca ou de uma broa de pão, é possível obter um par de excelentes peles de zibelina". O jornalista se admirou com a grande quantidade de peles que viu na casa do major (Lukachévitch, "Meus conhecidos em Duê, em Sacalina". *Mensageiro de Kronstadt*, 1868, v. 47 e 49). Voltaremos a falar desse lendário major. [N.A.]

Entre eles, o mais popular e o que mais aparece é o guiliaque Vaska, homem ágil, astuto e beberrão. Certa vez, ao chegar ao empório do fundo de colonização, deparei ali com um bando de homens da intelligentsia; junto à porta, de pé, estava Vaska; um deles apontou para as estantes cheias de garrafas e disse que, se alguém bebesse tudo aquilo, poderia acabar bêbado, e Vaska deu uma risadinha servil e irradiou uma alegria de pura bajulação. Pouco antes de minha chegada, um guarda guiliaque, por dever de ofício, havia matado um forçado, e os sábios locais estavam resolvendo a questão de como ele havia atirado: pela frente ou pelas costas, ou seja, se o guiliaque deveria ser entregue à justiça ou não.

Nem é preciso demonstrar que a proximidade da prisão não vai russificar, mas apenas corromper os guiliaques. Eles ainda estão longe de entender nossas necessidades, e quase não existe possibilidade de persuadi-los de que os forçados são capturados, privados da liberdade, feridos e às vezes mortos não por capricho e sim no interesse da justiça; nisso, eles enxergam apenas um crime, uma manifestação de crueldade e provavelmente se consideram assassinos remunerados.[10] Se for mesmo indispensável russificar e se for impossível passar sem isso, creio que, na escolha dos meios, é preciso levar em conta, antes de tudo, as necessidades deles e não as nossas. A ordem mencionada acima sobre a permissão de levar os indígenas para a enfermaria local, a distribuição de rações de farinha e de grãos, como houve em 1886, quando os guiliaques sofreram uma onda de fome, por razões que ignoro, a ordem

---

10 Eles não têm tribunais e ignoram o que significa justiça. Para medir a que ponto os guiliaques não nos compreendem, basta observar que, até agora, não entenderam claramente a relevância das estradas. Mesmo onde as estradas já chegaram, eles continuam a viajar pela taiga. Muitas vezes, podem ser vistos com suas famílias e cachorros em fila indiana, atravessando um pântano, bem do lado de uma estrada. [N.A.]

que os proíbe de usar as propriedades para saldar dívidas e o perdão dessas mesmas dívidas (ordem nº 204, 1890) — são medidas desse tipo, em vez de lhes dar um distintivo e um revólver, que poderão, talvez, alcançar tal objetivo.

Além dos guiliaques, em Sacalina do Norte, habita ainda um pequeno contingente do povo óroki, ou órotchi, uma tribo tungúsica. Mas como, na colônia, não se sabe quase nada sobre eles, e nas fronteiras de seu território ainda não existem povoados russos, limito-me apenas a fazer menção à sua existência.

XII

Minha partida para o sul — Uma dama jovial — A costa
ocidental — As correntes — Maúka — Krílon — Aniva
— O posto de Korsákov — Novos conhecidos —
O nordeste — O clima de Sacalina do Sul — A prisão
de Korsákov — As carroças do corpo de bombeiros

No dia 10 de setembro, eu estava novamente a bordo do *Baikal*, já
conhecido do leitor, e dessa vez para navegar até Sacalina do Sul.
Parti com grande satisfação, pois o norte já me causava enfado e
eu desejava novas impressões. O *Baikal* levantou âncora às dez
horas da noite. Estava muito escuro. Eu estava sozinho na popa e,
olhando para trás, me despedia daquele mundinho sombrio, protegido do mar pelos Três Irmãos, que mal se delineavam no ar e
que, no escuro, pareciam três monges negros;[1] apesar do barulho da embarcação a vapor, eu ouvia as ondas baterem nos recifes.
Mas o cabo Jonquière e os Três Irmãos ficaram para trás, ao longe,
e desapareceram nas trevas — para sempre, no que me toca; o barulho das ondas, no qual se fazia ouvir uma angústia impotente e
pérfida, pouco a pouco silenciou... Navegamos oito verstas e, na
costa, luzes começaram a brilhar: era a terrível prisão de Voievod
e, pouco depois, surgiram as luzes de Duê. Entretanto, tudo isso
logo desapareceu e só restaram as trevas e uma sensação apavorante, como após um sonho ruim e agourento.

Depois, desci e lá encontrei uma companhia alegre. Além
do comandante e seus imediatos, alguns passageiros estavam na cabine da tripulação: um jovem japonês, uma dama,

---

1 Na Igreja ortodoxa, o monge negro é o sacerdote que se dedica à oração e
vive retirado em conventos, distante da vida paroquial.

um funcionário da intendência e o hieromonge Irákli, missionário de Sacalina, que estava indo comigo para o sul a fim de seguirmos viagem juntos, de lá para a Rússia. Nossa companheira, a esposa de um oficial da Marinha, tinha fugido de Vladivostok assustada com o cólera, e agora, já um pouco mais tranquila, fazia o caminho de volta. Tinha um caráter invejável. Bastava o motivo mais irrelevante para ela desatar a risada mais sincera e jovial, e ria até rebentar, até chorar; começou a contar alguma coisa, com sua dicção diferente, que velarizava o *r* e o *l*, e de repente gargalhou, a alegria jorrava em esguichos e, quando olhei para a dama, comecei a rir também e, depois de mim, Irákli e o japonês riram. "Puxa!", disse o comandante, rendendo-se afinal, também contagiado pelo riso. Com certeza, no estreito da Tartária, lugar em geral soturno, nunca antes foram ouvidas tantas gargalhadas. Na manhã do dia seguinte, no convés, o hieromonge, a dama, o japonês e eu nos reunimos para conversar. De novo, as risadas, e pouco faltou para que as baleias, pondo o focinho para fora da água e olhando para nós, começassem a gargalhar.

E, como que de propósito, o tempo estava ameno, tranquilo, alegre. Perto, à esquerda, estava a Sacalina verdejante, justamente aquela parte despovoada, virgem, que os trabalhos forçados ainda não haviam tocado; à direita, no ar claro e totalmente cristalino, só a muito custo se distinguia a costa da Tartária. Ali, o estreito parece um mar e a água não é tão turva como em Duê; pode-se respirar com mais desenvoltura e facilidade. Quanto à posição geográfica, o terço inferior de Sacalina corresponde à França e, não fossem as correntes frias, teríamos uma região encantadora e, em vez dos Chkandiba e dos Bezbójni, é claro, nós é que moraríamos lá, agora. As correntes frias provenientes das ilhas setentrionais, onde mesmo no fim do verão há blocos de gelo flutuantes, banham Sacalina de ambos os lados e, com isso, cabe à costa oriental, mais exposta às correntes e aos ventos frios, a maior porção de dissabores; sua natureza é implacável e a flora tem um caráter verdadeiramente polar. Já a costa ocidental é muito mais afortunada; ali, a influência das correntes frias é atenuada pela corrente amena do Japão, conhecida pelo nome de Kuro Shivo; não resta dúvida de que, quanto mais para o sul, mais alta a temperatura e, na parte sul da costa ocidental, se observa uma flora comparativamente rica, embora, infelizmente, distante da que existe no Japão ou na França.[2]

O interessante é que, ao longo dos 35 anos em que os colonizadores de Sacalina vêm plantando trigo na tundra e abrindo boas estradas para locais onde só moluscos inferiores podem se desenvolver, a parte mais quente da ilha, justamente a parte sul da costa ocidental, permanece completamente negligenciada. Do navio, com binóculo e mesmo a olho nu, se via uma floresta com boa madeira para construção e encostas cobertas de capim verde-claro e, é bem possível, suculento, porém não há nenhuma habitação, nem sombra de vivalma. Entretanto — isso se deu no segundo dia de nossa navegação —, o comandante chamou minha atenção para um pequeno grupo de isbás e galpões e disse: "Aquilo é Maúka". Lá, em Maúka,

---

2 Alguém apresentou o projeto de construir uma represa no ponto do estreito em que as margens estão mais próximas, o que poderia barrar o curso da corrente fria. Esse projeto tem certa base histórico-natural: sabe-se que, quando existia o istmo, o clima de Sacalina se destacava por sua amenidade. Porém a concretização de tal projeto hoje em dia não trará quase nenhum proveito. A flora da parte sul da costa ocidental se enriqueceria, talvez, com uma dezena de espécies novas, mas o clima de toda a parte inferior da ilha não melhoraria quase nada. Afinal, toda a parte sul está perto do mar de Okhotsk, onde os blocos de gelo e até as banquisas flutuam no meio do verão e o atual distrito de Korsákov, em sua parte principal, está separado desse mar apenas por uma serra baixa, atrás da qual uma baixada se estende até o mar, coberta de lagos e batida por ventos frios. [N.A.]

há muito tempo se trabalha na colheita do repolho do mar,[3] que os chineses compram de muito bom grado e, como o negócio é conduzido com seriedade e já produziu bons lucros para muitos russos e estrangeiros, aquele lugar é muito popular em Sacalina. Fica a quatrocentas verstas ao sul de Duê, a 47 graus de latitude, e se destaca pelo clima comparativamente bom. Em outros tempos, o negócio estava em mãos dos japoneses; no tempo de Mitsul, havia em Maúka mais de trinta edificações japonesas, nas quais moravam, em caráter fixo, quarenta pessoas de ambos os sexos e, na primavera, vinham do Japão cerca de trezentas pessoas, que trabalhavam junto com os ainos, que na época constituíam a principal força de trabalho no local. Agora, no entanto, o negócio com o repolho do mar é dominado pelo comerciante russo Semiónov, cujo filho mora em Maúka; o negócio é gerenciado pelo escocês Demby, homem já nada jovem e, pelo visto, experiente. Ele tem uma casa em Nagasáki, no Japão e, quando o conheci, contei que provavelmente eu iria ao Japão no outono, ao que ele me propôs gentilmente hospedar-me em sua casa. Para Semiónov, trabalham mánzi,[4] coreanos e russos. Nossos colonos só começaram a chegar lá, para ganhar a vida, em 1886 e, certamente, por iniciativa própria, pois os guardas das prisões sempre estão mais interessados no repolho em conserva do que no repolho do mar. As primeiras tentativas não foram nada exitosas; os russos conheciam pouco o aspecto puramente técnico do negócio; agora, estão habituados e, embora Demby não se mostre tão satisfeito com eles quanto com os chineses, mesmo assim já se pode prever, com seriedade, que com o tempo centenas de colonos encontrarão ali um meio de ganhar a vida. Maúka pertence ao distrito de Korsákov. Hoje, 38 pessoas moram na colônia: 33 homens e cinco mulheres. Os 33 possuem

---

3 Trata-se da alga laminária.   4 Povo chinês da região do rio Ussúri.

uma propriedade. Três deles já receberam o estatuto de camponeses. Todas as mulheres são forçadas e vivem na condição de concubinas. Não há crianças, não há igreja e o tédio deve ser terrível, sobretudo no inverno, quando os empregados vão embora e abandonam o negócio. A autoridade civil local consiste em um único inspetor, e a militar, em um cabo e três soldados rasos.[5]

A comparação do formato de Sacalina com um esturjão condiz especialmente com o desenho de sua parte sul, que de fato parece a cauda de um peixe. A nadadeira esquerda da cauda se chama cabo Krílon, a direita, cabo de Aniva, e a baía em semicírculo entre ambos se chama baía de Aniva. O cabo Krílon, perto do qual o navio fez uma curva fechada para noroeste, quando iluminado pelo sol, se apresenta como um local bastante atraente

5 Em Maúka, Semiónov tem uma loja que, no verão, não vende mal; o preço dos comestíveis é alto e por isso os colonos deixam lá metade de seu salário. No relatório do comandante do veleiro *Vsádnik*, referente ao ano de 1870, diz-se que o veleiro tinha em vista, ao se aproximar do vilarejo de Maúka, desembarcar ali dez soldados a fim de plantarem hortas, pois, na sequência do verão, pretendia-se fundar ali um novo posto. Observo a propósito que era a época em que, na costa ocidental, ocorreram pequenas desavenças entre russos e japoneses. Também encontrei o seguinte comunicado no *Mensageiro de Kronstadt*, 1880, n° 112: "Ilha de Sacalina. Algumas informações interessantes relativas a Maúka-Kouv (Maucha Cove)". Diz-se aí que Maúka é a sede de uma empresa que recebeu do governo russo a autorização para colher algas marinhas por dez anos e que sua população consiste de três cabos, sete soldados russos e setecentos empregados coreanos, ainos e chineses. Que o negócio do repolho do mar é lucrativo e está se expandindo, percebe-se pelo fato de que Semiónov e Demby já têm imitadores. Certo Bíritch, um colono, que foi professor e empregado de Semiónov, tomou dinheiro emprestado e construiu tudo o que é necessário para o negócio, perto de Kussunai, e passou a chamar colonos para trabalhar. Hoje, trabalham com ele cerca de trinta pessoas. O negócio não é oficial, nem há um guarda no local. O posto de Kussunai, abandonado há muito tempo, fica a umas cem verstas ao norte de Maúka, na desembocadura do rio Kussunai, que em outra época era tido como a fronteira entre as possessões russa e japonesa em Sacalina. [N.A.]

e lá se ergue um farol solitário, semelhante a uma casa de campo senhorial. É um promontório grande, inclinado na beira do mar, plano e verdejante como um belo prado alagado. O campo em volta, até bem longe, é coberto de capim aveludado e, para formar uma paisagem sentimental, falta apenas um rebanho a vagar, no frescor, à beira do bosque. Mas dizem que o capim, ali, não tem serventia e que o cultivo da terra é quase impossível, pois, durante a maior parte do verão, Krílon fica envolto por nevoeiros marinhos salgados, que têm um efeito nocivo sobre a vegetação.[6]

Contornamos Krílon e entramos na baía de Aniva no dia 12 de setembro, antes do meio-dia; vê-se toda a costa, de um cabo ao outro, embora a baía tenha cerca de oitenta ou noventa verstas de diâmetro.[7] Quase no meio da costa em semicírculo, se

6 Um pouco ao norte de Krílon, vi rochas em que, há alguns anos, o navio a vapor *Kostromá*, enganado por aqueles nevoeiros, se chocou, antes de naufragar. A. B. Scherbak, um médico que acompanhava os forçados no *Kostromá*, na hora da colisão, soltou foguetes sinalizadores. Depois, ele me contou que, durante o acidente, passou por três longas fases emocionais: a primeira, a mais longa e torturante, foi a certeza da morte inevitável; o pânico tomou conta dos forçados e eles berravam; foi preciso levar crianças e mulheres para uma chalupa sob o comando de um oficial e, logo depois de tomar a direção onde se supunha ficar a costa, rapidamente a embarcação desapareceu no nevoeiro; a segunda fase foi de alguma esperança de salvação: do farol de Krílon, veio o som de um tiro de canhão, avisando que as mulheres e as crianças tinham chegado à costa a salvo; a terceira foi a completa certeza da salvação, quando, no ar enevoado, de repente irrompeu o som de uma corneta de pistons, tocada pelo oficial, que regressava.

Em outubro de 1885, forçados fugitivos atacaram o farol de Krílon, saquearam toda a propriedade e mataram um marinheiro, jogando-o do penhasco para o abismo. [N.A.]

7 A costa de Aniva foi explorada e descrita, em primeiro lugar, pelo oficial russo N. V. Rudanóvski, um dos companheiros de G. I. Nevelskói. Para mais detalhes, ver o diário de N. V. Busse, que também participou da expedição ao rio Amur: *A ilha de Sacalina e a expedição de 1853-1854*, bem como o artigo de G. I. Nevelskói e Rudanóvski, "A propósito das memórias de N. V. Busse", em *Mensageiro da Europa*, 1872, livro VIII, e as anotações do próprio Nevelskói.

forma um pequeno recôncavo, chamado de angra ou enseada Lossossiéi,[8] e lá, nessa enseada, se encontra o posto de Korsákov, centro administrativo do distrito do sul. Um acaso feliz aguardava nossa companheira de viagem, a dama jovial: o navio a vapor *Vladivostok*, recém-chegado de Kamchatka, da Frota Voluntária, estava no ancoradouro de Korsákov, e a bordo estava seu marido, um oficial. E, por conta disso, quantos gritos, quantos risos incontidos e quanta comoção!

O posto, visto do mar, tem o aspecto encantador de um vilarejo, não do tipo siberiano, mas de um tipo especial, que não sei como denominar; foi fundado há quase quarenta anos, quando, no litoral sul, havia casas e galpões japoneses espalhados, aqui e ali, e é bem possível que essa vizinhança com edificações japonesas tenha influenciado, em certa medida, seu aspecto exterior e conferido ao local traços específicos. O ano de 1869 é tido como a data da fundação de Korsákov, mas isso só é válido no que diz respeito à instalação da colônia de deportados; na realidade, o primeiro posto russo no litoral da enseada de Lossossiéi foi fundado em 1853-1854. Está situado numa grota que agora leva o nome japonês de Hahka Tomari e, do mar, só se vê sua rua principal, que, de longe, parece calçada, com duas

---

O major N. V. Busse, cavalheiro nervoso e rabugento, escreve que "a maneira como Nevelskói trata os subalternos e elabora seus escritos não é bastante séria" e, sobre Rudanóvski, escreve que ele, "como subordinado, é difícil e, como camarada, é insolente", e que Rudanóvski "fazia comentários estúpidos"; e sobre Bochniak, escreve que é "sonhador e infantil". Quando Nevelskói fumava lentamente seu cachimbo, isso deixava Busse irritado. Ao passar o inverno com Rudanóvski em Aniva, sendo superior a ele na hierarquia, o major o importunava, exigindo uma atitude servil e o cumprimento de todas as regras relativas à subordinação hierárquica, isso num lugar despovoado, onde os dois estavam quase completamente sozinhos, e ainda por cima numa ocasião em que o jovem se encontrava totalmente imerso num sério trabalho científico. [N.A.]   **8** Em russo, dos salmões.

fileiras de casas em um declive abrupto na direção da orla; mas é apenas um efeito da perspectiva, na realidade a ladeira não é tão íngreme. Construções novas de madeira brilham e reluzem ao sol, a igreja se destaca pela brancura e pela arquitetura antiga, simples e, por isso, bela. Em cima de todas as casas, há mastros altos, com certeza para bandeiras, e isso confere à cidadezinha um aspecto desagradável, como se tivesse pelos eriçados. Também ali, como nas enseadas setentrionais, o navio se detém a uma ou quase duas verstas da margem e o cais serve apenas para barcaças e lanchas a vapor. Ao encontro de nosso navio, primeiro veio uma lancha com funcionários e logo se ouviram vozes alegres: "*Boy*, cerveja! *Boy*, um cálice de conhaque!". Em seguida, se aproximou uma baleeira; os forçados remavam, em trajes de marinheiros, e no leme vinha o comandante do distrito, I. I. Biéli, que, quando a baleeira chegou perto da escada do portaló, ordenou, à maneira militar: "Levantar remos!".

Alguns minutos depois, eu e o sr. B. já éramos íntimos; mais tarde, desembarcamos juntos e fui almoçar em sua casa. Em nossa conversa, vim a saber, entre outras coisas, que ele tinha acabado de chegar no navio *Vladivostok*, vindo de um lugar chamado Taraika, na costa do Mar de Okhotsk, onde os forçados estão construindo uma estrada.

Sua casa é pequena, mas bonita, senhorial. Ele ama o conforto e a boa mesa e isso se reflete, de maneira notável, em todo seu distrito; ao percorrê-lo, mais tarde, encontrei nos alojamentos dos guardas e nas estações de controle não apenas facas, garfos e cálices, como também guardanapos e sentinelas que sabem cozinhar sopas gostosas e, o mais importante, os percevejos e as baratas não são tão horrivelmente numerosos quanto no norte. Segundo o relato do sr. B., em Taraika, nas obras da estrada, ele ficou alojado numa tenda grande, com conforto, tinha um cozinheiro e, nos momento de lazer, lia romances franceses.[9] De nascimento, era pequeno-russo,[10] por formação, era ex-estudante de direito. É jovem, tem menos de quarenta anos, que aliás é a idade média dos funcionários em Sacalina. Os tempos mudaram; agora, nos trabalhos forçados russos, o funcionário jovem é mais típico do que o velho e, digamos, se um pintor representasse o castigo de um fugitivo com chicotadas, em lugar do antigo capitão beberrão, velho e de nariz vermelho e azulado, teria de pintar um jovem de bom nível de instrução e de uniforme novinho em folha.

Ficamos conversando; entretanto, caiu a noite, acenderam as luzes. Eu me despedi do hospitaleiro sr. B. e me dirigi à casa do secretário da administração policial, onde tinham preparado um quarto para mim. Estava escuro e silencioso, do mar vinha um rumor surdo e o céu estrelado fazia cara feia, como se visse que algo ruim se preparava na natureza. Quando percorri toda a rua principal, quase até o mar, os navios ainda estavam na enseada e, quando virei à direita, ouvi uma voz e uma risada bem altas, janelas muito iluminadas surgiram no escuro e era como se eu, numa noite de outono, numa cidadezinha do interior, me dirigisse para um clube. Era ali a casa do secretário. Por uma escadinha rangente e surrada, subi à varanda e entrei. Na sala, como deuses nas nuvens, em meio à névoa de fumaça de tabaco, como se vê em tabernas e em porões úmidos,

9 Quase já está esquecido o tempo em que os oficiais e funcionários que serviam em Sacalina do Sul passavam verdadeiras necessidades. Em 1876, pagavam quase quatro rublos por um *pud* de farinha, três rublos por uma garrafa de vodca e "quase nunca se via nem sombra de carne fresca" (*Mundo russo*, 1877, nº 7), e quanto às pessoas mais humildes, nem é preciso falar. Viviam em verdadeira indigência. O jornalista do periódico *Vladivostok*, há apenas cinco anos, informava que "ninguém tinha nem meio copo de vodca e o tabaco da Manchúria (ou seja, equivalente ao nosso tabaco mais grosseiro) era vendido a dois rublos e cinquenta copeques a libra; os colonos e alguns guardas fumavam chá preto vendido a granel e em blocos" (1886, nº 22). [N.A.]
10 Ucraniano.

moviam-se militares e civis. Um deles, o sr. Von F., inspetor agrícola, eu já conhecia — nos encontráramos antes, em Aleksándrovski —, porém, quanto aos demais, era a primeira vez que eu os via e, no entanto, todos se referiam à minha chegada com tamanha satisfação que era como se já me conhecessem havia muito tempo. Levaram-me para a mesa e eu também tive de beber vodca, ou melhor, álcool diluído em água, meio a meio, e um conhaque muito vagabundo, além de comer carne dura, que foi assada e depois servida à mesa pelo forçado Khomienko, um ucraniano de bigodes pretos. Nessa noitada, de forasteiros, além de mim, havia apenas E. V. Stelling, o diretor do observatório meteorológico e magnético de Irkutsk, que chegara a bordo do *Vladivostok*, vindo de Kamchatka e de Okhotsk, onde fora tratar da instalação de estações meteorológicas. Ali, também conheci o major Ch., inspetor da prisão de forçados de Korsákov, que antes servira sob as ordens do general Gresser, na polícia de Petersburgo; é um homem alto e gorducho, com aquela postura sólida e imponente que, até então, eu só havia observado em comissários de polícia de quarteirão e de distrito. Ao me contar sua breve relação com diversos escritores famosos de Petersburgo, o major os chamava simplesmente de Micha, Vánia e, ao me convidar para tomar o café da manhã e almoçar em sua casa, acidentalmente, por duas vezes, tratou-me por "você".[11]

---

11 O major Ch., é preciso lhe fazer justiça, se referiu com absoluto respeito à minha profissão literária e, todo o tempo em que estive em Korsákov, fez o possível para que eu não me entediasse. Mais cedo, algumas semanas antes de minha chegada ao sul, ele havia se portado da mesma forma com o inglês Howard, aventureiro e escritor, que havia sofrido uma colisão e um naufrágio a bordo de um barco a vela japonês em Aniva, e que depois escreveu os maiores absurdos sobre os ainos em seu livro *The Life with Trans-Siberian Savages*. [N.A.]

Quando os convidados foram embora, já depois de uma hora, e fui me deitar, soavam um assovio e um urro. Era o nordeste que soprava. Ou seja, não foi à toa que o céu tinha feito cara feia desde o entardecer. Khomienko, ao chegar, vindo da rua, disse que os navios tinham ido embora, enquanto no mar se armava uma tempestade violenta. "Puxa, na certa vão ter de voltar!", disse ele e começou a rir. "Onde é que vão se segurar?" No quarto, estava frio e úmido; na certa, não fazia mais de seis ou sete graus. O pobre F., o secretário da administração policial, não conseguia pegar no sono por causa da coriza e da tosse. O capitão K., que morava com ele nos mesmos aposentos, também não estava dormindo; deu umas batidas na parede de seu quarto e me disse:

— Eu recebo o *Semana*. O senhor não gostaria de ler?

De manhã, estava frio na cama, no quarto e lá fora. Quando saí de casa, caía uma chuva fria, o vento forte inclinava as árvores, o mar rugia e, sob as rajadas especialmente violentas do vento, os pingos de chuva batiam no rosto e ressoavam nos telhados como chumbinhos de caça. Os navios *Vladivostok* e *Baikal*, de fato, não aguentaram a tempestade e tinham retornado, agora estavam na enseada, encobertos pela neblina. Passeei pelas ruas, pela margem, perto do cais; a grama estava molhada, gotejava dos galhos das árvores.

No cais, perto da guarita, havia um esqueleto de uma baleia jovem, que em outros tempos tinha sido feliz, esperta, enquanto passeava na vastidão dos mares setentrionais, mas agora os ossos brancos do gigante jaziam sobre a lama e a chuva os desbastava... A rua principal é calçada e bem conservada, tem passeios, luzes e árvores, e todo dia é varrida por um velho, que traz o estigma dos forçados. Ali, ficam apenas as repartições públicas e as residências dos funcionários, nenhuma casa onde morem deportados. As casas, em sua maioria, são novas e agradáveis de olhar, não têm o ar oficial e pesado que se vê em

Duê, por exemplo. No posto de Korsákov, em geral, levando em conta suas quatro ruas, há mais construções velhas do que novas e não são raras as casas construídas há vinte ou trinta anos. Os prédios antigos e os funcionários veteranos em Korsákov são relativamente mais numerosos do que no norte, e isso pode significar que o sul propicia uma vida mais tranquila e sedentária do que os dois distritos do norte. Ali, pelo que notei, o caráter patriarcal é maior, as pessoas são mais conservadoras e os costumes, mesmo os ruins, persistem com mais tenacidade. Desse modo, em comparação com o norte, ali recorrem com mais frequência aos castigos corporais, acontece de cinquenta pessoas serem chicoteadas numa única sessão, e só no sul sobrevive um costume feio, introduzido em outra época, por algum coronel já esquecido há muito tempo, a saber, quando você, um homem livre, encontra na rua ou à beira-mar um grupo de prisioneiros, já a cinquenta passos, ouve o grito do guarda: "Sen-tido! Tirar o chapéu!". E pessoas tristonhas, de cabeça descoberta, passam por você e espiam com o canto dos olhos, como se, caso não tivessem tirado o chapéu a cinquenta, trinta ou vinte passos, você os espancaria a pauladas, como os srs. Z. ou N.

Lamentei não se encontrar mais entre os vivos o antigo oficial de polícia de Sacalina, o subcapitão Chichmariov, que, por conta da idade avançada, poderia disputar a condição de morador mais antigo até com Mikriúkov de Pálevo. Ele morreu alguns meses antes de minha chegada e vi apenas a mansão onde viveu. Ele se estabeleceu em Sacalina ainda em tempos pré-históricos, antes dos trabalhos forçados, e isso parece um tempo tão antigo que até compuseram uma lenda sobre "as origens de Sacalina", na qual o nome daquele oficial está estreitamente ligado a cataclismos geológicos: certa época, em tempos remotos, Sacalina não existia, mas de repente, devido a atividades vulcânicas, uma rocha submarina ergueu-se acima do nível do mar e, sobre ela, estavam duas criaturas: um leão-marinho e o subcapitão Chichmariov. Dizem que ele andava vestido numa sobrecasaca de tricô, com dragonas, e que, nos documentos oficiais, chamava os indígenas de "selvagens habitantes das florestas". Participou de algumas expedições e, numa delas, navegou pelo rio Tim com Poliákov e, pelo relatório da expedição, se percebe que os dois brigaram.

Os habitantes do posto de Korsákov são 163: 93 homens e setenta mulheres, que, no entanto, somados aos soldados, aos livres, a suas esposas, filhos e aos prisioneiros que dormem na prisão, alcançam um número superior a mil.

São 56 propriedades, mas não se trata de propriedades rurais e sim urbanas, burguesas; do ponto de vista agrícola, são absolutamente insignificantes. A terra lavrada não abrange mais de três deciatinas e os pastos, que são usados até pela prisão, ocupam dezoito deciatinas. Só vendo como as propriedades são coladas umas nas outras e como se agarram de maneira pitoresca nas encostas e no fundo da ravina, que forma um desfiladeiro, para compreender que quem escolheu esse local para o posto não tinha em mente, nem de longe, que ali, além de soldados, iriam viver também proprietários rurais. Quando eu perguntava em que trabalhavam e como viviam, os proprietários respondiam: uns servicinhos aqui, um comerciozinho ali... No que se refere a receitas secundárias, como o leitor verá adiante, o sacalinense do sul está longe da situação desesperadora do morador do norte; quando quer, ele consegue uma renda extra, pelo menos nos meses de verão e primavera, mas o habitante de Korsákov pouco se importa com isso, pois é muito raro deixarem sua terra em busca de trabalho e, como autênticos citadinos, vivem de recursos indeterminados — no sentido de que são receitas casuais e inconstantes. Um vive do dinheiro que trouxe da Rússia, e é o caso da maioria, outro ganha a vida como escrevente, outro é sacristão, outro possui uma vendinha, embora pela lei não tenha esse direito, outro troca vodca japonesa por quinquilharias dos presos que depois revende etc. etc. As mulheres, mesmo as de condição livre, ganham a vida na prostituição; não constitui exceção nem mesmo uma mulher de situação privilegiada, que dizem ter concluído o curso do instituto. Há menos fome e menos frio do que no norte; os forçados, cujas esposas se vendem, fumam tabaco turco a cinquenta copeques por quarto de libra e, por isso, a prostituição ali parece mais perniciosa do que no norte — mas, no fim, não será tudo igual?

Há 41 casais, 21 formados de modo ilegítimo. As mulheres de condição livre são apenas dez, ou seja, dezesseis vezes menos do que em Ríkovskoie, e até quatro vezes menos do que num fim de mundo como Duê.

Entre os deportados em Korsákov, deparamos com personalidades interessantes. Vou mencionar Píschikov, condenado à pena perpétua nos trabalhos forçados, cujo crime forneceu o tema para o ensaio "Sozinho", de G. I. Uspiénski.[12] Esse Píschikov chicoteou com uma *nagáika*[13] a própria esposa, mulher de alto nível de instrução, grávida de nove meses, e a tortura durou seis horas; fez isso por ciúmes da vida da esposa anterior ao casamento: durante a última guerra, ela se enamorou de um turco. E o próprio Píschikov mandou cartas para o turco, o persuadiu a vir para um encontro com ela e, de todas as formas, ajudou ambas as partes. Depois, quando o turco partiu, a moça se apaixonou por Píschikov, devido à sua bondade; Píschikov casou-se com ela e teve quatro filhos, até que, um dia,

---

12 Gleb I. Uspiénski (1843-1902), escritor russo, próximo ao movimento político dos *naródniki* (populistas). 13 Chicote oriundo da Ásia Central, formado por três tiras de couro grosso, usado pelos cossacos para dirigir os cavalos.

de repente, um sentimento opressivo de ciúmes começou a dilacerar seu coração...

É um homem alto, magricelo, de boa aparência, barba grande. Trabalha de escrevente na repartição policial e, por isso, anda em roupas de uma pessoa livre. É diligente e muito educado e, a julgar pela fisionomia, fugiu de tudo e se trancou dentro de si mesmo. Estive em seus aposentos, mas não o encontrei ali. Ele ocupa um pequeno quarto numa isbá; tem a cama impecavelmente limpa, coberta por uma colcha vermelha de lã e, na parede, perto da cama, há o retrato emoldurado de uma dama, provavelmente a esposa.

Também é interessante a família Jakomin: o pai, que foi comandante de um navio no Mar Negro, a esposa e o filho. Em 1878, os três foram submetidos a um tribunal militar em Nikoláiev, sob a acusação de homicídio, e condenados injustamente, como eles mesmos garantem. A velha e o filho já terminaram sua pena, mas o velho Karp Nikoláievitch, de 66 anos, continua nos trabalhos forçados. Tem uma vendinha e sua residência é muito decente, melhor até do que a do rico Potiómkin, em Novo-Mikháilovka. Os velhos Jakomin foram para Sacalina por terra, através da Sibéria, já o filho foi por mar e chegou três anos antes. É uma diferença enorme. Pelo que o velho conta, foi apavorante. Que horrores ele testemunhou e suportou enquanto era julgado e empurrado de uma prisão para outra, e depois arrastado pela Sibéria durante três anos; no caminho, a filha, uma menina, que por vontade própria foi com a mãe e o pai para os trabalhos forçados, morreu de exaustão, e o navio que levou a ele e a esposa para Korsákov sofreu uma avaria perto de Maúka. O velho conta tudo isso e a velha chora. "Mas o que se vai fazer?", diz ele, encolhendo os ombros. "É a vontade de Deus."

No aspecto cultural, o posto de Korsákov se encontra notavelmente defasado em relação a seus confrades do norte. Até agora, não tem telégrafo nem estação meteorológica.[14] Por enquanto, só podemos avaliar o clima de Sacalina do Sul por observações fragmentárias e casuais de vários autores, que ali trabalharam ou que, como eu, visitaram o local por um breve tempo. Segundo esses dados, no posto de Korsákov, a temperatura média no verão, no outono e na primavera é mais quente do que em Duê, em quase dois graus, e o inverno é quase cinco graus mais ameno. Enquanto isso, na mesma baía de Aniva, apenas um pouco mais a leste do posto de Korsákov, em Muraviov, a temperatura já é sensivelmente mais baixa e se aproxima antes da de Duê do que da de Korsákov. A 88 verstas ao norte do posto de Korsákov, em Naibutchi, o comandante do navio *Vsádnik*, na manhã de 11 de maio de 1870, registrou dois graus abaixo de zero; estava nevando. Como o leitor pode ver, o sul de Sacalina pouco se parece com o sul: o inverno, ali, é tão rigoroso como na província de Olonets e o verão é como em Arcángel. Krusenstern viu neve em meados de maio, na costa ocidental de Aniva. Ao norte do distrito de Korsákov, especialmente em Kussunai, onde colhem repolhos do mar, observa-se o índice de 149 dias anuais de tempo ruim, ao passo que no sul, no posto de Muraviov, são 130 dias. Porém, apesar

14 E. V. Stelling, em minha presença, tomou providências para a construção da estação e, nisso, teve a ajuda vigorosa do médico militar Z., antigo residente em Korsákov e muito boa pessoa. Porém me parece que a estação não deveria ser construída no posto de Korsákov, exposto aos ventos orientais, mas sim em algum ponto mais central do distrito, por exemplo, no povoado de Vladímirovka. No entanto, cada lugar em Sacalina do Sul tem seu clima próprio, e o mais correto seria instalar pontos de observação meteorológica em vários locais ao mesmo tempo: na baía de Busse, em Korsákov, em Krílon, em Maúka, em Vladímirovka, em Naibutchi e em Taraika. Naturalmente, isso não é fácil, mas também não chega a ser tão difícil. A meu ver, para tanto, pode-se usar os serviços de deportados mais instruídos, que, como a experiência me mostrou, aprendem depressa a fazer as observações meteorológicas por conta própria, e basta apenas uma pessoa que assuma a função de dirigi-los. [N.A.]

de tudo, o clima no distrito do sul é mais ameno do que nos dois distritos do norte e, por isso, viver ali deve ser mais fácil. No sul, o degelo ocorre no meio do inverno, o que nunca se observou perto de Duê e de Ríkovskoie; os rios descongelam antes e o sol espia mais vezes por trás das nuvens.

A prisão de Korsákov ocupa o ponto mais elevado do posto e, provavelmente, o mais saudável. No lugar onde a rua principal adentra o muro da prisão, há portões de aspecto muito modesto e só se percebe que não se trata de portões comuns, mas sim de uma prisão, por causa do letreiro no alto e também pelo fato de que, todo fim de tarde, ali se junta uma multidão de forçados, que entram um por um, através de uma portinha, onde são revistados. O pátio da prisão está situado num terreno em declive e, apesar do muro e das edificações em redor, já do meio do pátio se vê o mar azul e o horizonte distante e, por isso, parece que ali é muito arejado. Quando se examina a prisão, em primeiro lugar, se percebe o esforço da administração local para isolar rigorosamente os colonos dos forçados. Em Aleksándrovski, as oficinas da prisão e os alojamentos de algumas centenas de forçados estão dispersos por todo o posto, mas aqui todas as oficinas e até o galpão do corpo de bombeiros ficam dentro da prisão e, com muito raras exceções, ninguém tem permissão de morar fora da prisão, nem mesmo os forçados já tidos como reabilitados. Aqui, o posto é uma coisa e a prisão é outra, e é possível viver muito tempo no posto sem notar que, no fim da rua, existe uma prisão.

As casernas são antigas, nas celas o ar é pesado, as latrinas são muito piores do que nas prisões do norte, a padaria é escura, os cárceres de confinamento individual são escuros, sem ventilação, frios; eu mesmo vi, várias vezes, como os confinados tremiam de frio e de umidade. Só uma coisa é melhor do que no norte: a ala dos acorrentados e também o fato de que estes são em número comparativamente menor. Entre os que vivem nas casernas, os ex-marinheiros são os mais limpos; também são os que vestem roupas mais limpas.[15]

15 I. I. Biéli conseguiu organizar com eles uma equipe competente para o trabalho no mar. O forçado Golítsin é tido como o mais importante entre eles, homem de baixa estatura e costeletas grandes. Gosta de filosofar. Quando está no leme, comanda: "Baixar mastros!" ou "Levantar remos!". E não faz isso sem certa severidade autoritária. Apesar de seu aspecto venerável e superior, vi Golítsin ser chicoteado duas ou três vezes por embriaguez e também, parece, por linguagem obscena. Depois dele, o marinheiro mais capaz é o forçado Medviédiev, homem inteligente e destemido. Certa vez, o cônsul do Japão, o sr. Kuze, voltou de Taraika e no leme estava Medviédiev; na baleeira, além deles, estava um guarda penitenciário. Ao anoitecer, esfriou e ficou escuro... Quando se aproximaram de Naibutchi, já não dava mais para ver a entrada do rio Naiba, era perigoso seguir em linha reta para a margem e, apesar da forte tempestade, Medviédiev resolveu pernoitar no mar. O guarda lhe deu um tapa na orelha, o sr. Kuze ordenou que seguissem para a margem, mas Medviédiev não obedeceu e, obstinado, voltou na direção do mar, cada vez mais para longe da costa. A tempestade durou a noite toda. Ondas sacudiam o barco e a todo instante parecia que iam inundar ou virar a baleeira. Depois, o cônsul me contou que foi a noite mais aterradora de sua vida. Quando, ao nascer do dia, Medviédiev seguiu para a desembocadura do rio, a água continuava a entrar na baleeira. Desde então, o sr. Biéli, quando manda alguém embarcar com Medviédiev, toda vez diz:

— O que quer que ele faça, por favor, não diga nada e não proteste.

Na prisão, também chamam a atenção dois irmãos, que foram príncipes persas e que, até hoje, nas cartas que chegam da Pérsia, são tratados de Vossas Altezas. Foram condenados por homicídio, que cometeram no Cáucaso. Andam vestidos à maneira persa, de chapéus altos de pele de cordeiro, com a testa exposta. Ainda estão em período probatório e, portanto, não têm direito de ter dinheiro e um deles se lamenta por não ter como comprar tabaco, porque acha que, se fumasse, melhoraria da tosse. Ele cola envelopes na secretaria, de modo bastante desajeitado; depois de ver seu trabalho, falei: "Muito bem". E, ao que parece, tal elogio deu ao príncipe motivo de grande satisfação.

Um escrevente da prisão é o forçado Heiman, moreno, gordo e bonito que, no passado, foi chefe de um posto de polícia em Moscou, condenado por deflorar uma menor. Na prisão, andou atrás de mim o tempo todo e, quando eu olhava para ele, sempre tirava o chapéu para mim, respeitosamente.

O carrasco local tem o sobrenome de família de Mináiev; filho de comerciantes, é um homem ainda jovem. No dia em que o vi, segundo suas palavras, castigou oito pessoas com vergastadas. [N.A.]

Quando estive na prisão, só 450 pessoas pernoitavam lá, todos os demais estavam fora, a trabalho, sobretudo em obras de estrada. Ao todo, no distrito, há 1205 forçados.

O inspetor local da prisão adora, acima de tudo, mostrar aos visitantes as carroças do corpo de bombeiros. De fato, é algo extraordinário e, nesse aspecto, Korsákov superou até muitas cidades grandes. Os barris, as bombas de água, os machados nos estojos — tudo isso brilha como brinquedos, tudo parece preparado para uma exposição. Tocaram o alarme e, imediatamente, de todas as oficinas acudiram forçados sem chapéu, sem agasalho — numa palavra, do jeito como estavam — e num minuto se penduraram nos carros e, com grande barulho, saíram sacolejando pela rua principal, na direção do mar. O espetáculo produz grande efeito, e o major Ch., criador daquele corpo de bombeiros exemplar, se mostrou muito contente e não parava de me perguntar se eu tinha gostado. Só é de lamentar que, junto com os jovens, também tenham corrido e se agarrado aos carros alguns velhos, que, pelo menos em razão de sua saúde fraca, seria melhor poupar.

XIII

Poro-na-Tomari — O posto de Muraviov — O primeiro,
o segundo e o terceiro desfiladeiro — Soloviovka —
Liutoga — Góli Mis — Mitsulka — Lístvennitchnoie
— Khomutovka — Bolchaia Ielan — Vladímirovka —
Fazenda ou firma — Ligóvoie — As iurtas do pope —
Beriózniki — Kriésti — Máloie e Bolchoie Takoê —
Gálkino-Vraskoie — Dúbki — Naibutchi — O mar

Vou começar este panorama das povoações do distrito de Korsákov pelos povoados situados à beira da baía de Aniva. O primeiro,
a quatro verstas a leste e a sul do posto, se chama, em japonês,
Poro-na-Tomari. Foi fundado em 1882, no lugar onde antes havia uma aldeia dos ainos. Tem 72 habitantes: 53 homens e dezenove mulheres. São 47 propriedades e, entre elas, 38 são de homens solteiros. Por maior que pareça ser a vastidão em redor do
povoado, a cada proprietário cabe apenas um quarto de deciatina
de terra cultivável e menos de meia deciatina de pastagem; o que
significa que não há onde obter mais terras ou que isso é muito
difícil. Apesar de tudo, se Poro-na-Tomari ficasse no norte, há
muito tempo já teria duzentos proprietários, dos quais 150 seriam
coproprietários; nesse aspecto, a jovem administração é mais co-
medida e prefere fundar novos povoados a aumentar os antigos.

Registrei ali nove idosos na faixa entre 65 e 85 anos. Um
deles, Ian Ritsebórski, tem 75 anos, fisionomia de soldado dos
tempos de Ótchakov,[1] é tão velho que, provavelmente, nem

---

[1] Referência a uma passagem famosa da peça cômica *Da desgraça de ser inteligente*, do dramaturgo russo A. S. Griboiédov (1795-1829), em que um personagem se refere ao sítio da cidade de Ótchakov, na margem do Mar Negro, em
1788, parte de uma guerra entre a Rússia e a Turquia (de 1787 a 1792).

lembra mais se é culpado ou inocente, e foi um tanto estranho ouvir a informação de que todos eles são facínoras, condenados à pena perpétua de trabalhos forçados, a quem o Barão A. N. Korf, em consideração à idade avançada, concedeu o estatuto de colonos.

Kostin, um desses colonos, se abriga em uma cabana escavada na terra: não sai de casa nem deixa ninguém entrar e vive rezando. O colono Gorbúnov é chamado por todos de "escravo de Deus", porque, quando livre, era peregrino; é pintor de paredes, mas trabalha como pastor no Terceiro Desfiladeiro, talvez por amor à solidão e à meditação.

A cerca de quarenta verstas a leste, no entanto, está o posto de Muraviov, que só existe no mapa. Foi fundado relativamente há muito tempo, em 1853, na margem da enseada de Lossossiéi; porém, já em 1854, surgiram rumores sobre a guerra, o posto foi fechado e reconstruído apenas doze anos depois, na margem da baía de Busse, ou porto de Doze Pés — assim é chamado um lago raso que se liga ao mar por meio de um canal, onde só podem entrar embarcações de pequeno calado. No tempo de Mitsul, ali viviam cerca de trezentos soldados, que padeceram muito com o escorbuto. O objetivo da fundação do posto era estabilizar a influência russa em Sacalina do Sul; já depois do tratado de 1875, ele foi suprimido por não ter mais utilidade, e as isbás abandonadas, segundo contam, foram mais tarde incendiadas por fugitivos.[2]

---

2 No passado, ali ficavam as minas de Muraviov, onde a extração do carvão era feita por soldados condenados por transgressões militares, ou seja, havia ali uma pequena colônia de trabalhos forçados; a autoridade local determinava que trabalhos deviam fazer, como castigo "por crimes, aliás, insignificantes" (Mitsul). Entretanto é impossível dizer quem era beneficiado com os lucros da venda do carvão extraído pelos soldados, pois tudo queimou junto com as edificações.

Antes de 1870, as autoridades militares fundaram também os postos de Tchibissánski, Otchekhpókski, Manuiski, Malkóvski e muitos outros. Todos eles foram abandonados e esquecidos. [N.A.]

Para chegar às colônias a oeste do posto de Korsákov, toma-se uma estrada bonita, bem junto ao mar; à direita, há elevações argilosas e escarpas cobertas de vegetação espessa, e à esquerda, o mar rumorejante. Na areia, onde as ondas se desmancham em espuma e recuam, como que cansadas, o repolho do mar, expulso pelo oceano, se espalha por toda a praia como uma franja marrom. Exala um cheiro forte e adocicado de alga apodrecida, mas que não é desagradável e, no mar do sul, esse odor é tão típico quanto o voo dos patos marinhos selvagens, que nos distraem o tempo todo quando caminhamos pela orla. Embarcações a vapor e à vela são visitantes raros; não se vê nada nem ninguém, nem perto nem no horizonte e, por isso, o mar se mostra deserto. De vez em quando, no máximo, aparece uma jangada de palha, que se move a muito custo, às vezes com a ajuda de uma vela escura e feia, ou então se vê um forçado de joelhos dentro da água puxando um tronco preso por uma corda — e o quadro todo é só isso.

De repente, a costa é interrompida por um vale profundo. Ali corre o rio Untanai, ou Unta, e perto dele, em outros tempos, havia a fazenda estatal Untóvskaia, que os forçados chamavam de Sarrafo — já se entende por quê. Hoje em dia, ali estão as hortas da prisão e só há três isbás de colonos. Esse é o Primeiro Desfiladeiro.

Depois, vem o Segundo Desfiladeiro, onde há seis casas. Ali, na casa de um velho próspero, deportado camponês, mora uma velha na condição de concubina, a prostituta Uliana. Há muito tempo, ela matou e enterrou seu bebê; no julgamento disse que não matou a criança, mas o enterrou vivo — achou que assim seria inocentada; o juiz a condenou a vinte anos. Ao me contar tudo isso, Uliana chorava amargamente, depois enxugou os olhos e perguntou: "O senhor não quer comprar repolho em conserva?".

No Terceiro Desfiladeiro, há dezessete casas.

Nesses três povoados, há 46 habitantes ao todo, dos quais dezessete são mulheres. Há 26 proprietários. Ali, todos são bem estabelecidos, prósperos, possuem muito gado e alguns até ganham a vida com a criação. O principal motivo de tal riqueza, é preciso reconhecer, reside provavelmente no clima e nas condições do solo, mas creio também que, se chamassem funcionários de Aleksándrovski ou de Duê e pedissem que tomassem conta do local, em um ano, nos três desfiladeiros, haveria não 26 proprietários, mas sim trezentos, sem contar os coproprietários, e todos eles se revelariam "displicentes e caprichosos" e acabariam sem ter o que comer. O exemplo desses três pequenos povoados é bastante, me parece, para estabelecer, afinal, a regra de que, no presente, enquanto a colônia é jovem e não se consolidou, quanto menos proprietários, melhor, e quanto mais compridas as ruas, maior a pobreza.

A quatro verstas do posto se encontra Soloviovka, fundado em 1882. De todos os povoados de Sacalina, ele ocupa a posição mais favorável: fica perto do mar e, além disso, a desembocadura do rio Sussuia, de pesca abundante, não está longe. Os habitantes do povoado criam vacas e vendem leite. Também cultivam cereais. São 74 pessoas: 37 homens e 37 mulheres. Os proprietários são 26. Todos têm terra cultivável e pastos, em média, de uma deciatina por pessoa. A terra só é boa perto do mar, nas encostas em declive, mas dali em diante a terra é ruim, cheia de pinheiros e abetos.

Há mais um povoado à margem da baía de Aniva, mais afastado, a cerca de 25 verstas ou, quando se viaja por mar, a catorze milhas do posto. Chama-se Liutoga, encontra-se a cinco verstas da desembocadura do rio de mesmo nome e foi fundado em 1886. A comunicação com o posto é extremamente difícil: tem de ser feita a pé, pela orla, ou de lancha, mas os colonos usam jangadas de palha. São 53 habitantes: 37 homens e dezesseis mulheres. Os proprietários são 33.

Quanto à estrada à beira-mar, depois de Soloviovka, perto da desembocadura do Sussuia, ela faz uma curva fechada à direita e toma a direção norte. No mapa, o Sussuia, em suas cabeceiras, se aproxima do rio Naiba, que deságua no Mar de Okhotsk e, ao longo desses dois rios, quase em linha reta, de Aniva até a costa oriental, estende-se uma fila comprida de povoados, que, unidos por uma estrada contínua, alcançam 88 verstas de comprimento. Essa série de povoados constitui o núcleo principal do distrito do sul, definem a sua fisionomia, e a estrada representa o início da grande via postal com que pretendem unir Sacalina do Norte e Sacalina do Sul.

Eu me cansei ou tive preguiça, pois no sul não trabalhei com tanto afinco como no norte. Muitas vezes, me levavam para passear e fazer piqueniques por dias inteiros, não tive vontade de andar pelos povoados e, quando gentilmente me ofereciam ajuda, eu não recusava. A primeira viagem de ida e volta ao Mar de Okhotsk, eu a fiz em companhia do sr. Biéli, que desejava me mostrar seu distrito, e depois, quando eu fazia o recenseamento, o inspetor das colônias N. N. Iártsev sempre me acompanhava.[3]

Os povoados do distrito do sul têm suas peculiaridades, que não podem passar despercebidas por alguém que acabou

---

3 Em setembro e no começo de outubro, exceto nos dias que soprava o vento noroeste, o tempo ficou excelente, um tempo de verão. O sr. B., que me acompanhava, queixou-se de ter muita saudade da Pequena Rússia e que, agora, o que mais tinha vontade de fazer era apenas ver uma cereja pendurada no galho de uma cerejeira. Quando pernoitávamos nas residências dos guardas, ele acordava muito cedo; acordei ao nascer do dia e lá estava ele, de pé junto à janela, e recitava em voz baixa: "Uma luz branca brilhou sobre a capital, a jovem esposa dorme profundamente...". [Trecho do poema "Macha", de Nekrássov.] O sr. Iártsev também vivia recitando poemas de cor. Às vezes, quando a viagem ficava maçante, eu pedia para ele recitar alguma coisa e ele recitava com sentimento um ou até dois poemas compridos. [N.A.]

de chegar do norte. Em primeiro lugar, chama a atenção o fato de haver menos pobreza. Isbás inacabadas, abandonadas ou com janelas fechadas por tábuas pregadas, eu não vi nenhuma, e os telhados de ripas de madeira são tão comuns e corriqueiros na paisagem quanto, no norte, são os telhados de casca e de palha. As estradas e as pontes são piores do que no norte, especialmente entre Máloie Takoê e Siantsi, onde, nas enchentes e depois de chuvas fortes, o lamaçal é intransitável. Os próprios moradores parecem mais jovens, mais saudáveis e bem-dispostos do que seus camaradas do norte e isso, bem como a prosperidade comparativa do distrito, talvez se explique pela circunstância de que o principal contingente de deportados que moram no sul é formado por condenados a penas breves, ou seja, pessoas predominantemente jovens e menos exauridas pelos trabalhos forçados. Encontramos pessoas de apenas vinte ou 25 anos, que até já terminaram de cumprir sua pena de trabalhos forçados e continuam em seus lotes de terra, e não são poucos os deportados camponeses com idade entre trinta e quarenta anos.[4] Em favor dos jovens dos povoados, também conta a circunstância de que os camponeses locais não têm pressa de ir embora para

4 Por causa disso, por exemplo, os colonos no posto de Korsákov com idade entre vinte e 45 anos abrangem 70% de todos os habitantes. Anteriormente, na hora de distribuir os presos recém-chegados, era mais um costume do que uma regra enviar para o distrito do sul, onde o clima é mais quente, aqueles que tinham penas mais curtas, por serem criminosos mais leves e menos contumazes. Porém a seleção com base em penas longas ou curtas nem sempre foi observada com cuidado. Assim, o ex-comandante da ilha, o general Hintze, ao verificar no navio a lista das penas dos condenados, separou os de penas mais curtas e mandou-os para o sul; depois, no entanto, se viu que entre aqueles felizardos estavam vinte vagabundos e "esquecidos", ou seja, os mais contumazes e irrecuperáveis. Hoje em dia, o costume mencionado acima parece ter sido abandonado, pois despacham para o sul condenados a penas longas e até a penas perpétuas, ao passo que encontrei condenados a penas curtas na terrível prisão de Voievod e na mina de carvão. [N.A.]

o continente: assim, entre os 26 proprietários recém-registrados em Soloviovka, dezesseis têm o estatuto de camponeses. Há muito poucas mulheres; há povoados onde não existe nenhuma mulher. Em comparação com os homens, elas parecem doentes e velhas, em sua maioria; é preciso dar razão aos funcionários locais e aos colonos que reclamam de que, do norte, só lhes mandam as "encalhadas", enquanto as jovens e saudáveis ficam para eles. O dr. Z. me disse que, no exercício da função de médico da prisão, um dia cismou de examinar um grupo de mulheres recém-desembarcadas e aconteceu que todas tinham doenças femininas.

No sul, a palavra "coproprietário", ou "meeiro", não faz parte do uso corrente, pois ali cada terreno compete apenas a um proprietário, no entanto, como no norte, há também proprietários registrados em um povoado e que, apesar disso, nem sequer têm uma casa. Assim como no posto, nos povoados não há nenhum judeu. Nas paredes das isbás, encontram-se quadros japoneses; também me aconteceu de ver uma moeda de prata japonesa.

O primeiro povoado no rio Sussuia é Góli Mis; só começou a existir no ano passado e as isbás ainda não estão terminadas. Ali, há 24 homens e nenhuma mulher. O povoado fica num local que, antes, era chamado de Cabo Nu.[5] O rio não passa perto das casas — é preciso descer até ele; não há poço.

O segundo povoado é Mitsulka, cujo nome é uma homenagem a M. S. Mitsul.[6] Quando ainda não havia estradas, no local

---

5 Em russo, *góli mis*. **6** Da expedição de 1870, enviada de Petersburgo sob o comando de Vlássov, participou também o agrônomo Mikhail Semiónovitch Mitsul, homem de raro temperamento moral, ativo, otimista e idealista, entusiasmado e também dotado da capacidade de transmitir seu entusiasmo aos demais. Na época, tinha cerca de 35 anos. As missões de que era encarregado, ele as cumpria de modo extraordinariamente consciencioso. Ao investigar o solo, a flora e a fauna de Sacalina, percorreu a pé os atuais distritos de Aleksándrovski e Tímovski, a costa oeste, toda a parte sul da ilha; na época, não havia estradas na ilha, apenas algumas trilhas, aqui e ali, que se perdiam

da atual Mitsulka, ficava uma estação, onde mantinham cavalos para os funcionários que viajavam a trabalho; os cavalariços e os ajudantes receberam autorização para construir edificações antes do fim de seu tempo de pena, e assim eles se fixaram em volta da estação e estabeleceram ali suas propriedades. Há apenas dez casas e 25 habitantes: dezesseis homens e nove mulheres. Depois de 1886, o comandante do distrito não permitiu que mais ninguém se estabelecesse em Mitsulka, e fez bem, pois a terra é ruim e os pastos não dão para dez propriedades. Agora, no povoado, há dezessete vacas e treze cavalos, além de animais menores, e o inventário oficial registra 64 galinhas, mas o número de tudo isso não seria o dobro se dobrassem o número de casas.

Ao falar sobre as peculiaridades dos povoados do distrito do sul, me esqueci de mencionar uma coisa: ali, muitas vezes, ocorrem envenenamentos por acônito (*Aconitum napellus*). Em Mitsulka, o porco do colono Takóvi morreu envenenado pelo acônito; de gula, o dono comeu o fígado do animal e por pouco não morreu. Quando estive em sua isbá, só se aguentava em pé

no meio da taiga e do pântano, e todo deslocamento, a cavalo ou a pé, era uma verdadeira tortura. A ideia de uma colônia agrícola impressionou e entusiasmou Mitsul. Entregou-se a ela de corpo e alma, apaixonou-se por Sacalina e, a exemplo da mãe que nunca vê defeitos nos filhos, assim era ele com a ilha, que se tornou sua segunda pátria, e não via seu solo gelado e os nevoeiros. Achava que a ilha era um recanto florescente da terra e, para tanto, não o impediam nem os dados meteorológicos — que aliás quase não existiam, na época —, nem a experiência amarga dos anos anteriores, à qual ele se referia, ao que parece, de modo incrédulo. Havia também as uvas silvestres, os bambus, a gigantesca altura do capim, os japoneses... A história antiga da ilha vai encontrar Mitsul já no cargo de governante e Conselheiro de Estado, ainda e sempre empolgado e infatigável trabalhador. Morreu em Sacalina, de uma grave perturbação nervosa, com 41 anos. Vi seu túmulo. Deixou o livro *Ensaio sobre a ilha de Sacalina, do ponto de vista da agricultura*, de 1873. É uma longa ode em homenagem à fertilidade de Sacalina. [N.A.]

a muito custo e falava com voz fraca, porém contou entre risos a história do fígado e, pelo rosto ainda muito intumescido e azul-arroxeado, se podia avaliar como aquele fígado tinha lhe custado caro. Pouco antes dele, o velho Konkov foi envenenado pelo acônito e morreu e, agora, sua casa está vazia. Essa casa é uma das atrações de Mitsulka. Há alguns anos, o falecido inspetor da prisão L. confundiu uma planta trepadeira qualquer com uma parreira e comunicou ao general Hintze que, em Sacalina do Sul, havia parreiras e que seria possível cultivar uvas. O general Hintze rapidamente deu ordens para procurar, entre os presos, alguém que já tivesse trabalhado em vinhedos. Logo se encontrou alguém. Era o colono Raiévski, segundo a tradição, homem muito alto. Ele disse que era um especialista, acreditaram nele e, no primeiro vapor disponível, o despacharam do posto de Aleksándrovski para Korsákov, com um documento. Lá, perguntaram: "Por que você veio para cá?". Ele respondeu: "Cultivar uvas". Olharam bem para ele, leram o documento e se limitaram a encolher os ombros. O vinhadeiro deu uma volta pela região, com o gorro meio inclinado sobre a cabeça; como tinha sido incumbido de uma missão pelo comandante da ilha, não julgou necessário apresentar-se ao inspetor da colônia. Houve um mal-entendido. Em Mitsulka, sua elevada estatura e o ar imponente com que se portava pareceram suspeitos, ele foi tomado como um vagabundo, preso e despachado para o posto. Lá, foi mantido muito tempo na prisão, realizaram inquéritos e depois o soltaram. No final das contas, Raiévski se estabeleceu em Mitsulka e ali morreu, mas Sacalina continuou sem vinhedos. A casa de Raiévski foi tomada pelo governo em razão de dívidas e vendida para Konkov por quinze rublos. O velho Konkov, quando entregou o dinheiro do pagamento da casa, piscou o olho com ar astuto e disse para o chefe do distrito: "Pronto, agora espere um pouquinho até eu morrer, para o senhor confiscar essa casa de novo". E, de fato, pouco tempo depois, foi envenenado pelo acônito e agora, mais uma vez, o governo tomou posse da casa.[7]

Em Mitsulka, mora a Margarida de Sacalina, Tânia, a filha do colono Nikoláiev, nativa da província de Pskov, de dezesseis anos. É loura, magra, de traços finos, suaves, meigos. Já tem casamento combinado com um guarda penitenciário. Quando caminhamos por Mitsulka, ela está sempre sentada, junto à janela, pensando. Mas no que pode pensar uma jovem bonita que veio parar em Sacalina e o que estará sonhando, na certa, só Deus pode saber.

A cinco verstas de Mitsulka, se encontra o novo povoado de Lístvennitchnoie e, aqui, a estrada atravessa um bosque de lariços. O local também é chamado de Khristofórovka, porque no passado o guiliaque Khristofor colocava armadilhas no rio para pegar zibelinas. A escolha desse lugar para um povoado não pode ser chamada de feliz, porque o solo é ruim, impróprio para a agricultura.[8]

---

7 Um forçado, com ar de súplica, me deu um presente com a seguinte inscrição: "Confidencial. Algo deste nosso fim de mundo. Para o generoso e benevolente senhor literato Tch., que nos deu o imenso prazer de sua visita à indigna ilha de Sacalina. Posto de Korsákov". Dentro, encontrei um poema sob o título "O lutador":

Cresce orgulhosa à beira do rio,
Em local pantanoso, num grotão,
Aquela folhinha azul, tão bonita,
O acônito, como é chamado na medicina,
Essa é a raiz do lutador,
Plantada pela mão do Criador,
Muitas vezes seduz o povo,
E o leva para a cova,
Deporta para o seio de Abraão. [N.A.]

8 Quem escolher os locais de povoados novos deve ter em mente que os lariços servem de sinal de solo ruim, pantanoso. Pois o subsolo argiloso não deixa a água se infiltrar, forma-se a turfa, surgem as ericáceas, o oxicoco, o musgo, e até o lariço se degrada, se retorce, se cobre de liquens. Por isso, aqui, o lariço é feio, atarracado e definha, sem alcançar a velhice. [N.A.]

Um pouco mais adiante, no riacho Khristofórovka, tempos atrás, alguns forçados se dedicavam a diversos trabalhos com madeira; obtiveram autorização para construir casas durante seu tempo de pena. Mas o local onde se estabeleceram foi declarado inconveniente e, em 1886, suas quatro isbás foram transferidas para outro lugar, ao norte de Lístvennitchnoie, a cerca de quatro verstas, que serviu de base para o povoado de Khomútovka. Seu nome deriva de um colono livre, o camponês Khomútov, que ali se ocupava da caça, em outros tempos. São 38 habitantes: 25 homens e treze mulheres. São 25 proprietários. Esse é um dos povoados mais desinteressantes, embora, na verdade, possa se gabar de uma curiosidade: ali mora o colono Bronóvski, um ladrão terrível e incansável, famoso em todo o sul.

Mais longe, a cerca de três verstas, encontra-se o povoado de Bolchaia Ielan, fundado há dois anos. Aqui, chamam-se *ieláni* os vales ribeirinhos onde crescem o olmo, o carvalho, o espinheiro, o sabugueiro, o freixo, a bétula. Em geral, eles crescem em locais abrigados dos ventos frios e, enquanto nas montanhas vizinhas e nos brejos a vegetação impressiona por sua escassez e pouco se distingue da vegetação polar, aqui nos *ieláni* encontramos bosques luxuriantes e um capim até duas vezes mais alto do que uma pessoa; nos dias de verão em que o céu não está encoberto, a terra, como dizem, cozinha no vapor, o ar úmido dá uma sensação de abafamento, como numa sauna, e o solo aquecido resseca os cereais e os transforma em palha e, por isso, em um mês, o centeio, por exemplo, alcança quase uma *sájen* de altura. Esses *ieláni* lembram a *lievada* da Ucrânia, onde a pastagem alterna com os jardins e os bosques, um tipo de local bem mais adequado para um povoado.[9]

9 Ali, crescem sobreiros e parreiras, mas degeneraram e têm tão pouca semelhança com seus ancestrais quanto a cana de bambu de Sacalina com o bambu do Ceilão. [N.A.]

Os habitantes de Bolchaia Ielan são quarenta: 32 homens e oito mulheres. Os proprietários são trinta. Quando os colonos desmataram o terreno de seus sítios, receberam ordem para poupar as árvores antigas, onde fosse possível. Graças a isso, o povoado não parece novo, pois na rua e nos pátios há olmos antigos, de folhas largas, que parecem plantados pelos avós dos habitantes.

Entre os colonos locais, chamam a atenção os irmãos Bábitchi, da província de Kíev; de início, moravam numa isbá, depois começaram a brigar e pediram ao diretor que os separasse. Um deles, queixando-se do irmão, se exprimiu assim: "Tenho medo dele como de uma víbora".

Mais cinco verstas adiante, fica o povoado de Vladímirovka, fundado em 1881 e assim chamado em homenagem a um major de nome Vladímir, que foi diretor dos trabalhos forçados. Os colonos também chamam o local de Tchórnaia Riétchka (Riacho Preto). Tem 91 habitantes: 55 homens e 36 mulheres. São 46 proprietários. Dezenove deles vivem solteiros e eles mesmos ordenham as vacas. Das 27 famílias, só seis são de casais legítimos. Como colônia agrícola, esse povoado sozinho vale os dois distritos do norte somados, no entanto, de todas as mulheres que vieram para Sacalina acompanhando os maridos, as livres e não corrompidas pela prisão, ou seja, as mais valiosas para a colônia, só uma se estabeleceu aqui e há pouco tempo ela foi encarcerada, sob suspeita de ter assassinado o marido. As infelizes de condição livre que os funcionários do norte deixam mofando em Duê, "nas casernas para familiares", seriam muito bem-vindas aqui, não há dúvida; em Vladímirovka, só de rebanho bovino, há cem cabeças, quarenta cavalos, boas pastagens, mas não há proprietárias e, portanto, não há autênticas propriedades rurais.[10]

10 Numa de suas ordens, o general Kononóvitch declara "que, em parte por causa de sua posição isolada e da comunicação difícil, em parte por causa de diversas considerações e avaliações particulares, que, aos olhos de meus antecessores, corroeram o empreendimento e o degradaram em toda parte que

Em Vladímirovka, na casa pública, onde mora o inspetor da colônia, sr. Iá., e a esposa parteira, há um empreendimento agrícola que os colonos e os soldados chamam de "firma".[11] O sr. Iá. se interessa por ciências naturais e, em especial, por botânica, só denomina as plantas pelos nomes em latim e, quando, por exemplo, servem feijão no almoço, ele diz: "Isto é o *faseolus*". A seu cãozinho preto, deu o apelido de Favus. De todos os funcionários de Sacalina, ele é o mais versado em agronomia e se refere à atividade agrícola de modo escrupuloso e apaixonado, no entanto, em sua fazenda modelo, muitas vezes, a colheita é pior do que na terra dos colonos e isso desperta a perplexidade geral e até a zombaria. Para mim, essa diferença casual nas colheitas diz respeito tanto ao sr. Iá. quanto a qualquer outro funcionário. Uma fazenda na qual não existe estação meteorológica nem gado, nem sequer para produzir esterco, uma fazenda que não conta com as edificações normais nem com uma pessoa entendida do assunto que, da manhã até o fim da tarde, se ocupe apenas da propriedade — isso não é uma fazenda, na verdade é só uma "firma", ou seja, um divertimento fútil sob a chancela oficial de uma propriedade agrícola modelo. Não se pode sequer chamá-la de um experimento agrícola, pois tem só cinco deciatinas de terra e, no que diz respeito à qualidade do solo, como está dito num documento oficial, a terra escolhida é deliberadamente inferior à média, "com o objetivo de oferecer à população um exemplo de que, com certo zelo e melhores procedimentos, é possível alcançar um resultado satisfatório".

Aqui, em Vladímirovka, se passou uma história de amor. Um tal de Vúkol Popov, camponês, surpreendeu a mulher com

---

seu hálito pestilento alcançou, o distrito de Korsákov foi constantemente relegado e prejudicado, e nenhuma de suas necessidades mais prementes foi analisada, atendida ou teve sua solução encaminhada" (ordem nº 318, 1889). [N.A.]

11 Eles confundem as palavras "fierma" (em russo, fazenda) e "firma" (firma).

o pai, e espancou e matou o velho. Foi condenado aos trabalhos forçados, enviado para o distrito de Korsákov e, lá, encaminhado para a fazenda do sr. Iá., como cocheiro. Era um homem de estatura hercúlea, ainda jovem e bonito, de caráter dócil e concentrado — sempre calado, pensava em não se sabe o quê —; desde o início, os donos da fazenda passaram a confiar nele e, quando saíam de casa, sabiam que Vúkol não ia pegar o dinheiro da cômoda nem tomar a bebida da adega. Não era possível casar Vúkol em Sacalina, pois sua esposa tinha ficado na terra natal e não lhe concedia o divórcio. Em linhas gerais, esse é o herói da história. A heroína é a forçada Elena Tiertíchnaia, concubina do colono Kocheliov, mulher brigona, tola e feia. Começou a brigar com seu concubino, ele se queixou e o chefe do distrito, como castigo, determinou que ela fosse trabalhar na fazenda. Lá, encontrou o seu Vúkol e se apaixonou. E ele também. O concubino Kocheliov certamente percebeu, porque começou a pedir com insistência o regresso de Elena para sua casa.

— Pois sim, era o que faltava, eu te conheço muito bem! — dizia ela. — Case comigo que eu vou.

Kocheliov entregou um ofício pedindo autorização para casar com a donzela Tiertíchnaia e o diretor autorizou o casamento. Entretanto, Vúkol fez uma declaração de amor para Elena, implorou que fosse morar com ele; ela também fez juras sinceras de amor e, sobre isso, lhe disse:

— Vir uma vez ou outra, eu posso, mas morar o tempo todo, não; você é casado, só que eu sou mulher, tenho de cuidar de mim, arranjar um homem bom.

Quando Vúkol soube que ela estava com o casamento já combinado, entrou em desespero e se envenenou com acônito. Elena foi interrogada e confessou: "Passei quatro noites com ele". Contam que, mais ou menos duas semanas antes de morrer, ele olhou para Elena, que estava lavando o chão, e disse:

— Eh, mulher, mulher! Vim parar nos trabalhos forçados por causa de uma mulher e, aqui, vou acabar morrendo por causa de uma mulher!

Em Vladímirovka, conheci o forçado Vassíli Smírnov, condenado por falsificação de dinheiro. Cumpriu toda sua pena como forçado e como colono e agora se ocupa com a caça de zibelinas, o que, pelo visto, lhe dá grande satisfação. Contou-me que, noutros tempos, as notas falsas lhe rendiam trezentos rublos por dia, mas, quando foi preso, já tinha largado aquele ofício e exercia um trabalho honesto. Fala sobre dinheiro falso no tom de um especialista; em sua opinião, até uma mulher é capaz de falsificar notas correntes. Fala sobre o passado com tranquilidade, não sem alguma ironia, e se orgulha muito de que, no julgamento, foi defendido pelo sr. Pliévako.

Logo depois de Vladímirovka, começa um imenso prado com centenas de deciatinas; tem o aspecto de um semicírculo, com quatro verstas de diâmetro. À beira da estrada, no seu final, fica o povoado de Lugovoie, ou Lújki, fundado em 1888. Ali, há 69 homens e só cinco mulheres.

Mais adiante, após um breve intervalo de quatro verstas, entramos em Popóvskie Iúrti (Iurtas do Pope), povoado fundado em 1884. Queriam que se chamasse Novo-Aleksándrovka, mas o nome não pegou. O padre Simeon de Kazan, ou simplesmente pope Semion, viajou para Naibutchi num trenó puxado por cachorros a fim de "jejuar os soldados"; no caminho de volta, foi surpreendido por uma nevasca tremenda e ele adoeceu gravemente (outros dizem que estava voltando de Aleksándrovski). Por sorte, apareceram umas iurtas de pescadores ainos, ele se abrigou numa delas e mandou seu condutor de trenó ir para Vladímirovka, onde moravam colonos livres; vieram buscá-lo e o deixaram vivo, no posto de Korsákov. Depois disso, as iurtas dos ainos passaram a ser chamadas de "iurtas do pope"; esse nome acabou passando para a própria localidade.

Os colonos mesmos também chamam seu povoado de Varsóvia, pois nele há muitos católicos. São III habitantes: 95 homens e dezesseis mulheres. Dos 42 proprietários, só dez têm família.

Popóvskie Iúrti fica exatamente no meio do caminho entre o posto de Korsákov e Naibutchi. Ali termina a bacia do rio Sussuia e, depois de uma passagem suave, quase imperceptível, através da serra que constitui o divisor de águas da ilha, descemos no vale banhado pelo rio Naiba. O primeiro povoado dessa bacia se encontra a oito verstas de Iúrti e se chama Beriózniki, porque, em outros tempos, havia muitas bétulas (*beriózi*) ali perto. Entre todos os povoados do sul, esse é o maior. Tem 159 habitantes: 142 homens e dezessete mulheres. São 140 proprietários. Já tem quatro ruas e uma praça onde, é o que se espera há muito tempo, serão construídas uma igreja, uma estação telegráfica e a casa do inspetor das colônias. Esperam também que, se a colonização tiver êxito, Beriózniki se torne um município. Mas é um povoado de aspecto muito maçante, as pessoas também são maçantes, não pensam nem um pouco no município, só pensam em maneiras de terminar de cumprir sua pena o mais depressa possível e ir embora para o continente. Um colono, quando lhe perguntei se era casado, me respondeu com ar de tédio: "Fui casado e matei a esposa". Outro, que sofria de hemoptise, ao saber que sou médico, não parava de me procurar para perguntar se ele ainda tinha tuberculose, e me fitava nos olhos, com ar indagador. Era aterrorizado pela ideia de não estar mais vivo, quando afinal obtivesse o estatuto de camponês, e de acabar morrendo em Sacalina.

Cinco verstas à frente, fica o povoado de Kriésti (Cruzes), fundado em 1885. Ali, tempos atrás, foram mortos dois vagabundos e, no local de suas sepulturas, estavam fincadas cruzes, que já não existem mais; ou então, um bosque de coníferas, que foi derrubado já faz muito tempo, era atravessado, ali, por uma *ielan* em forma de cruz. São duas explicações poéticas; obviamente, o nome Kriésti foi dado pelos próprios habitantes.

Kriésti está situado no rio Takoê, exatamente na desembocadura de um afluente; o solo é de argila, com uma boa camada de lodo, há colheitas quase todo ano, muita pastagem e as pessoas, por sorte, se revelaram bons proprietários rurais; porém, nos primeiros anos, o povoado pouco se diferenciava de Viérkhni Armudan e quase se extinguiu. A questão foi que, em suas terras, se estabeleceram trinta pessoas de uma só vez; era justamente uma época em que não estavam enviando nenhuma ferramenta de Aleksándrovski, e os colonos partiram para lá de mãos nuas, no rigor da expressão. Por piedade, lhes mandaram da prisão uns machados velhos para poderem derrubar a mata. Após três anos seguidos, eles continuavam sem nenhum gado, pela mesma razão por que não mandaram ferramentas de Aleksándrovski.

Tem noventa habitantes: 63 homens e 27 mulheres. Os proprietários são 52.

Há uma venda na qual um sargento da reserva faz seu comércio; ele já foi carcereiro no distrito de Tímovski; vende produtos de mercearia. Tem braceletes de bronze e sardinhas. Quando cheguei à venda, o sargento me tomou, certamente, por um funcionário muito importante, porque de repente, sem nenhuma necessidade, me comunicou que, tempos antes, ele se envolvera em alguma coisa, mas fora absolvido e se apressou em me mostrar diversos atestados de bom comportamento e mostrou também, entre outras coisas, uma carta de certo sr. Schneider, ao fim da qual, lembro, havia esta frase: "E quando estiver um pouco mais quente, asse as descongeladas". Depois, no intuito de me mostrar que já não devia nada a ninguém, o sargento passou a revirar uns papéis e buscar não sei que bilhetes, mas não encontrou e eu saí da venda, levando a convicção de sua completa inocência e uma libra de balinhas comuns de mujique, pelas quais, no entanto, ele me esfolou meio rublo.

O povoado seguinte, depois de Kriésti, fica na beira de um rio que tem o nome japonês de Takoê e deságua no Naiba. O vale desse rio se chama Takóiski e é famoso porque nele, em outros tempos, moravam colonos livres. O povoado de Bolchoie Takoê existe oficialmente desde 1884, mas foi fundado muito antes. Queriam chamá-lo de Vlássovski, em homenagem ao sr. Vlássov, mas o nome não pegou. São 71 habitantes: 56 homens e quinze mulheres. Tem 47 proprietários. Ali mora um sargento do corpo médico da academia militar, que os colonos chamam de sargento de primeira classe. Uma semana antes de minha chegada, sua esposa, uma jovem, se envenenou com acônito.

Perto do povoado, especialmente na estrada para Kriésti, encontram-se pinheiros excelentes para construções. Em geral, a vegetação é abundante e, além do mais, viçosa, clara, parece que foi lavada. A flora do vale Takóiski é incomparavelmente mais rica do que a do norte, porém a paisagem do norte é mais viva e me lembra mais a Rússia. Na verdade, lá, a natureza é triste e agreste, mas à maneira russa, ao passo que aqui ela sorri e se entristece, pode-se dizer, à maneira dos ainos e desperta, na alma russa, um estado de ânimo indefinido.[12]

No vale Takóiski, a quatro verstas e meia de Bolchoie Takoê, se encontra Máloie Takoê, junto a um riacho que deságua no rio Takoê.[13] O povoado foi fundado em 1885. Tem 52 habitan-

12 A uma versta de Bolchoie Takoê, junto ao rio, há um moinho construído por ordem do general Kononóvitch pelo alemão Lachs, um forçado; ele mesmo construiu o moinho que fica no rio Tim, perto de Dierbínskoie. No moinho de Takoê, cobram uma libra de farinha e um copeque para moer um *pud* (16,3 quilos). Os colonos estão satisfeitos, porque antes pagavam quinze copeques por *pud* ou moíam em casa, com moendas manuais de fabricação própria, feitas de olmo. Para o moinho, foi escavado um canal e construída uma barragem. [N.A.]
13 Eu não nomeio os pequenos afluentes em que ficam os povoados das bacias dos rios Sussuia e Naiba porque todos têm nomes ainos ou japoneses difíceis de assimilar, como Ekureki ou Fufkassamanai. [N.A.]

tes: 37 homens e quinze mulheres. São 35 proprietários. Deles, só nove vivem em família e nenhum teve casamento oficial.

Mais adiante, a oito verstas, no local que os ainos e os japoneses chamavam de Siantcha e onde, em outros tempos, havia um armazém de pesca japonês, fica o povoado de Gálkino-Vraskoie, ou Siantsi, fundado em 1884. O local é bonito, na confluência dos rios Takoê e Naiba, mas muito inconveniente. Na primavera e no outono, e até no verão, com tempo chuvoso, o Naiba, caprichoso, como todo rio de montanha, transborda e inunda Siantcha; a corrente forte bloqueia o fluxo do rio Takoê e este também transborda; o mesmo se passa com os riachos pequenos que deságuam no Takoê. Gálkino-Vraskoie, nessas ocasiões, toma o aspecto de uma Veneza, e as pessoas circulam a bordo das canoas dos ainos; dentro das isbás construídas em depressões do terreno, o chão fica inundado pela água. Quem escolheu o lugar para o povoado foi certo sr. Ivánov, que entendia tão pouco do assunto quanto entendia as línguas dos ainos e dos guiliaques, das quais se considerava tradutor oficial; entretanto, naquela época, ele era ajudante do inspetor da prisão e exercia a função do atual inspetor de colônia. Os ainos e os colonos avisaram que o local era alagadiço, mas ele não deu ouvidos. Quem reclamava era chicoteado. Numa enchente, morreu um boi; em outra, um cavalo.

No ponto em que o Takoê desemboca no Naiba se forma uma península, a que se chega por uma ponte. O local é muito bonito, um verdadeiro oásis. A casa do guarda é clara e muito limpa; tem até lareira. Da varanda, vê-se o rio e, no pátio, há um jardim. O vigia ali é o velho Saviéliev, um forçado que, quando os funcionários pernoitam no local, cumpre as funções de lacaio e de cozinheiro. Um dia em que estava servindo o almoço para mim e um funcionário, ele serviu algo de forma indevida, e o funcionário gritou para ele, com severidade: "Seu burro!". Olhei, então, para aquele velho submisso e, lembro, pensei que, até hoje, tudo o que os membros da intelligentsia russa conseguiram fazer dos trabalhos forçados foi reduzi-los à modalidade de servidão mais rasteira.

Os habitantes em Gálkino-Vraskoie são 74: cinquenta homens e 24 mulheres. São 45 proprietários; deles, 29 têm estatuto de camponeses.

O último povoado desse caminho é Dúbki, fundado em 1886, no local onde havia um bosque de carvalhos (*dúbi*). Na extensão de oito verstas entre Siantsi e Dúbki, encontram-se matas queimadas e, entre elas, campinas nas quais, dizem, cresce o chá kapórski.[14] No caminho, nos mostram, entre outras coisas, o riacho onde o colono Maloviétchkin pescava; agora, o riacho leva o nome dele. Em Dúbki, há 44 habitantes: 31 homens e treze mulheres. Os proprietários são trinta. A localização, na teoria, é considerada boa, pois onde crescem os carvalhos o solo deve ser bom para o trigo. Grande parte da área agora ocupada por terra arada e por pastos, até pouco tempo, era um pântano, mas os colonos, por conselho do sr. Iá., escavaram um canal até o rio Naiba, com uma *sájen* de profundidade, e agora a terra ficou boa.

Talvez porque o pequeno povoado se situe no fim da linha, como que isolado, ali desenvolveram-se muito o jogo de cartas e o ocultamento de foragidos. Em junho, o colono local Lifánov perdeu tudo no jogo e se envenenou com acônito.

De Dúbki até a desembocadura do Naiba, são apenas quatro verstas, uma área que já é impossível povoar, pois a desembocadura do rio é toda pantanosa, a beira do mar é tomada pela areia, onde a vegetação é arenosa e marítima: espinheiros com bagas muito volumosas, cardos etc. A estrada prossegue até o mar, no entanto também se pode viajar pelo rio, numa canoa dos ainos.

---

14 *Epilobium angustifolium.*

Na desembocadura do rio, em outros tempos, ficava o posto de Naibutchi. Foi fundado em 1886. Mitsul encontrou ali dezoito edificações, tanto residenciais como não residenciais, uma capela e uma loja de mantimentos. Um jornalista que esteve em Naibutchi em 1871 escreve que, lá, havia vinte soldados sob o comando de um cadete; numa das isbás, a esposa de um soldado, alta e bonita, lhe ofereceu ovos frescos e pão preto, elogiou a vida local e só reclamou de que o açúcar era muito caro.[15] Hoje, não há nem traços daquelas isbás, e a bela e alta esposa do soldado, quando olhamos para o vazio ao redor, mais parece uma espécie de mito. Ali, estão construindo casas novas para o inspetor e para a estação. E mais nada. O mar parece frio e turvo, ele ronca e ondas altas e grisalhas batem na areia, como se quisessem dizer, em desespero: "Deus, para que nos criaste?". Já é o Oceano Pacífico, ou oceano Grande. Nessa praia de Naibutchi, se ouvem as batidas dos machados dos forçados, que trabalham em construções, e na outra margem, bem longe, imaginária, fica a América. À esquerda, na neblina, se veem os cabos de Sacalina; à direita, também há cabos... mas em volta não há vivalma, nem aves, nem moscas, e parece incompreensível para quem rugem as ondas, quem as escuta à noite aqui, do que elas precisam e, por fim, para quem elas vão rugir depois que eu for embora. Nessa costa, o que nos domina não são pensamentos, mas devaneios; é assustador e, ao mesmo tempo, temos vontade de ficar ali para sempre, olhando para o movimento monótono das ondas e ouvindo seu rugido terrível.

---

15 Primeiro-sargento V. Wittheft, "Duas palavras sobre a ilha de Sacalina". *Mensageiro de Kronstadt*, 1872, nos 7, 17 e 34. [N.A.]

XIV

Taraika — Colonos livres — Seus fracassos —
Os ainos, os limites de sua expansão, seu contingente,
aspecto, alimentação, roupa, habitação e costumes —
Os japoneses — Kussun-Kotan — O consulado do Japão

Na localidade chamada Taraika, num dos afluentes mais meridionais do rio Poronai, que deságua na baía da Paciência, fica o povoado de Siska. Toda Taraika está incorporada ao distrito do sul, o que é um grande exagero, é claro, pois de lá até Korsákov são quatrocentas verstas e o clima, ali, é detestável, pior do que em Duê. Aquele distrito projetado de que falei no capítulo XI irá se chamar Taraikínski e nele serão incluídos todos os povoados do rio Poronai, entre os quais está Siska; mas por enquanto os sulistas são assentados ali. O cadastro oficial registra apenas sete habitantes: seis homens e uma mulher. Eu não estive em Siska, mas aqui está um extrato do diário de outra pessoa: "É um povoado e uma localidade dos mais desoladores; acima de tudo, pela ausência de água boa e de lenha; os habitantes se valem de poços, nos quais, em tempo de chuva, a água fica vermelha, cor de tundra. A costa onde está o povoado é arenosa e, em redor, só existe tundra... No geral, a localidade inteira produz uma impressão opressiva e desalentadora".[1]

---

[1] O povoado fica numa encruzilhada; quem viaja no inverno de Aleksándrovski para Korsákov, ou ao contrário, tem forçosamente de parar ali. Em 1869, perto do povoado atual, que na época era japonês, construíram uma estação. Ali moravam soldados com suas esposas e, depois, também deportados. Durante o inverno, a primavera e no fim do verão, a vida comercial das feiras fervilhava alegre. No inverno, iam para lá os tunguses, os iacutos e os guiliaques do Amur, que iam fazer trocas comerciais com os estrangeiros

Agora, para concluir a explanação sobre Sacalina do Sul, falta dizer algumas palavras sobre as pessoas que viveram ali desde muito tempo e que hoje levam uma vida independente da colônia penal. Começo com as tentativas de colonização livre. Em 1868, uma das secretarias da Sibéria Oriental decidiu assentar 25 famílias no sul de Sacalina; para tanto, tinham em mente camponeses de condição livre, migrantes que já haviam se estabelecido no Amur, mas isso foi feito com tamanho insucesso que um autor classifica a organização de suas colônias como deplorável e chama os próprios colonos de desafortunados. Eram ucranianos, nativos da província de Tchernigov, que antes de chegarem ao Amur já haviam se estabelecido na província de Tobolsk, também sem sucesso. A administração, quando os chamou para migrar para Sacalina, fez as promessas mais sedutoras. Prometeram suprir gratuitamente suas necessidades de farinha e de grãos, fornecer para cada família implementos agrícolas, gado, dinheiro e sementes a crédito, com prazo de cinco anos, e isentá-los do recrutamento militar e dos impostos durante vinte anos. Dez famílias de Amur manifestaram o desejo de migrar, bem como onze famílias do distrito de Balagan, na província de Irkutsk, num total de 101 pessoas. Em 1869, em agosto, elas foram embarcadas no cargueiro *Manchu* rumo ao posto de Muraviov, para de lá fazerem a travessia do cabo de Aniva, pelo Mar de Okhotsk, rumo ao posto de Naibutchi; de lá até o vale Takóiski, onde pretendiam dar início a uma colônia livre, a distância era de apenas trinta verstas. Mas veio o outono, não havia nenhuma embarcação disponível e o mesmo cargueiro *Manchu* deixou-os, com seus trastes, no posto de Korsákov, de onde imaginavam chegar ao

do sul, e na primavera e no fim do verão, os japoneses chegavam em barcos de junco para atividades pesqueiras. O nome da estação — posto Tikhmieniévski — se conservou até hoje. [N.A.]

vale Takóiski por terra. Na época, porém, não havia estrada nenhuma. O cabo Diákonov, segundo as palavras de Mitsul, "marchou" com quinze soldados rasos para abrir uma trilha estreita. Mas, provavelmente, seu avanço foi muito lento, porque dezesseis famílias não esperaram que o caminho ficasse pronto e partiram direto pela taiga, para o vale Takóiski, em bois de carga e em telegas; no caminho, nevou forte e eles tiveram de abandonar uma parte das telegas e pôr patins de trenó na outra parte. Chegaram ao vale no dia 20 de novembro e, rapidamente, trataram de construir barracas e cabanas escavadas na terra para se abrigar do frio. Uma semana antes do Natal, as seis famílias restantes chegaram, mas não havia onde pudessem se instalar, era tarde demais para construir e, portanto, foram buscar abrigo em Naibutchi; de lá, foram para o posto de Kussunai e passaram o inverno nas casernas dos soldados; somente na primavera voltaram para o vale Takóiski.

"Mas então começou a se revelar toda a negligência e inépcia dos funcionários", escreve um dos autores. Prometeram vários implementos agrícolas por mil rublos, além de quatro cabeças de gado para cada família, no entanto, quando embarcaram os colonos no *Manchu*, em Nikoláievsk, não havia nem pedras de moer nem bois de carga, não havia lugar para os cavalos no navio e constatou-se que os arados não tinham lâmina. No inverno, as lâminas eram fixadas em trenós puxados por cães, mas só havia nove e, quando, em consequência, os migrantes pediram à direção que lhes desse lâminas de arado, seu pedido "não recebeu a devida atenção". Mandaram uns bois para Kussunai no outono de 1869, mas eram animais exauridos, mais mortos do que vivos, e em Kussunai, de qualquer modo, não havia feno e, dos 41, morreram 25 no inverno. Os cavalos deviam passar o inverno em Nikoláievsk, mas a forragem custava caro, foram vendidos em leilão e, com o dinheiro, compraram novos na Transbaikália, porém esses cavalos se revelaram piores do que os anteriores e os camponeses rejeitaram alguns. As sementes não estavam bem separadas segundo o tempo de germinação, havia centeio de primavera misturado nos sacos do centeio de outono, e assim os agricultores logo perderam toda confiança nas sementes e, embora pegassem as sementes no armazém oficial, as usavam para alimentar o gado ou a si mesmos. Como não havia pedras de moer, não moíam os grãos, apenas escaldavam e comiam em forma de kacha.[2]

Após uma série de colheitas ruins, em 1875, houve uma enchente que acabou, de uma vez por todas, com a vontade que os colonos tinham de trabalhar na agricultura em Sacalina. Começaram a migrar de novo. Na costa de Aniva, quase no meio do caminho entre o posto de Korsákov e o posto de Muraviov, no local chamado Tchibissáni, formaram um vilarejo de vinte casas. Depois, pediram autorização para migrar para o território de Ussúri do Sul; aguardaram a autorização como uma graça especial, com ansiedade, durante dez anos; enquanto isso, viveram da caça da zibelina e da pesca. Apenas em 1886 partiram para o território de Ussúri. "Deixam suas casas", escreve um jornalista, "e viajam de bolsos completamente vazios; levam algumas tralhas e um único cavalo" (*Vladivostok*, 1886, nº 22). Hoje em dia, entre os povoados de Bolchoie e Máloie Takoê, um pouco à margem da estrada, há ruínas incendiadas; em outros tempos, ali ficava o povoado livre de Voskressiénskoie; as isbás, abandonadas pelos proprietários, foram queimadas por vagabundos. Já em Tchibissáni, dizem, até hoje as isbás estão conservadas e íntegras, há uma capela e até uma casa onde funciona uma escola. Não estive lá.

Dos colonos livres, em Sacalina, só restaram três: Khomútov, que já mencionamos, e duas mulheres que nasceram em Tchibissáni. Sobre Khomútov, dizem que "vive andando por aí"

2 Mingau de cereais.

e parece que mora no posto de Muraviov. Raramente é visto. Caça zibelinas e pesca esturjões na baía de Busse. Quanto às mulheres, uma delas, Sófia, casou-se com um deportado camponês chamado Baranóvski e mora em Mitsulka; a outra, Aníssia, casou com o colono Leónov e mora no Terceiro Desfiladeiro. Khomútov morrerá logo, Sófia e Aníssia partirão para o continente com os maridos e, dessa forma, dos colonos livres só ficará a lembrança.

Portanto, a colonização livre em Sacalina do Sul deve ser considerada um fracasso. Se a culpa é das condições naturais, inóspitas e rigorosas ao extremo que os camponeses encontraram em seus primeiros abrigos precários, ou se a ineficiência e o descuido dos funcionários estragaram o empreendimento, é difícil decidir, pois a experiência foi breve e, de resto, é preciso dizer que o experimento foi feito com pessoas que parecem pouco afeitas à vida sedentária e que, em suas demoradas deambulações pela Sibéria, adquiriram o gosto pela vida errante. É difícil dizer no que dará o experimento, se for repetido.[3] O expe-

---

3 Esse experimento só diz respeito a Sacalina, entretanto, D. G. Talberg, em seu ensaio "A deportação em Sacalina" (*Mensageiro da Europa*, 1879, livro V), atribui a ele um significado geral e, ao falar sobre nossa inaptidão para a colonização, em geral, chega à seguinte conclusão: "Já não está na hora de desistirmos de qualquer colonização no oriente?". Em seu comentário ao artigo do professor Talberg, a redação da revista *Mensageiro da Europa* diz que "dificilmente encontraremos um exemplo de aptidão para a colonização como o que o povo russo apresentou em seu passado, quando se apoderou de todo o oriente europeu e da Sibéria", e sobre isso a respeitável redação da revista refere-se ao trabalho do falecido professor Echévski, que apresentou um "magnífico quadro da colonização russa".
Em 1869, algum industrial mandou da ilha Kadiak para Sacalina do Sul vinte aleútes de ambos os sexos para caçarem animais selvagens. Instalaram-se perto do posto de Muraviov e receberam provisões. Contudo, não fizeram nada, senão comer e beber e, após um ano, o industrial levou-os para uma das ilhas Kurilas. Mais ou menos na mesma ocasião, foram assentados no posto de Korsákov dois chineses, exilados políticos. Como exprimiram o desejo de trabalhar na agricultura, o governador-geral da Sibéria Oriental

rimento por enquanto malsucedido da colônia de deportados pode ser instrutivo em dois aspectos: em primeiro lugar, os colonos livres não se ocuparam por muito tempo com a agricultura e, nos últimos dez anos, antes de se mudarem para o continente, só se ocuparam com a pesca e a caça; hoje em dia, também, Khomútov, apesar de sua idade avançada, julga mais adequado e vantajoso para si pescar esturjões e caçar zibelinas do que semear o trigo e plantar repolho; em segundo lugar, manter um homem livre no sul de Sacalina, quando todo dia lhe dizem que a apenas dois dias de viagem de Korsákov fica o rico e quente território de Ussúri do Sul — manter ali um homem livre, se ele, além do mais, for saudável e cheio de vida, é impossível.

Os povos nativos de Sacalina do Sul, os indígenas locais, quando lhes perguntam quem eles são, não dizem que são uma tribo nem uma nação, respondem apenas: aino. Isso quer dizer "homem". No mapa etnográfico de Schrenk, a área ocupada pelos ainos, ou ainus, está destacada em cor amarela, e essa cor recobre por completo a ilha japonesa de Matsmai e a parte sul de Sacalina, até a baía da Paciência. Eles também habitam as ilhas Kurilas e por isso os russos os chamam de kurilianos. O número de ainos que habitam Sacalina não está determinado com precisão, mas não há dúvida de que a tribo está desaparecendo, e com uma rapidez extraordinária. O médico Dobrotvórski, que prestou serviço em Sacalina do Sul há 25 anos,[4] diz

ordenou dar, para cada um deles, seis bois, um cavalo, uma vaca, sementes para plantar e comida para dois anos. Porém, não receberam nada disso, por suposta falta de provisões disponíveis, e assim acabaram mandando ambos para o continente. Entre os colonizadores livres e também fracassados, talvez se possa incluir ainda o citadino Semiónov, de Nikoláievsk, homem pequeno, magricelo, de mais ou menos quarenta anos, que hoje em dia vagueia por todo o sul e tenta encontrar ouro. [N.A.] **4** Ele deixou dois trabalhos sérios: "A parte sul da ilha de Sacalina" (extraído de um relatório médico militar), em *Notícias da seção siberiana da sociedade geográfica imperial russa*, 1870, tomo I, n°s 2 e 3, e o *Dicionário aino-russo*. [N.A.]

que houve um tempo em que apenas nas proximidades da baía de Busse havia oito grandes povoados ainos e, num deles, o número de habitantes chegava a duzentas pessoas; perto de Naiba, ele viu vestígios de muitos povoados. Para aquela época, ele apresenta três estimativas, colhidas em várias fontes: 2885, 2418 e 2050, e considera que a última cifra é a mais fiel. Segundo o testemunho de um autor, contemporâneo seu, a partir do posto de Korsákov, havia povoados ainos em ambas as margens. Já eu não encontrei nenhum povoado perto do posto e vi algumas iurtas dos ainos apenas perto de Bolchoie Takoê e de Siantsi. No *Boletim sobre o número de indígenas residentes no distrito de Korsákov em 1889*, o contingente de ainos é estimado assim: 581 homens e 569 mulheres.

Dobrotvórski considera que a causa do desaparecimento dos ainos foram guerras devastadoras que teriam sido travadas em Sacalina em tempos remotos, o baixo índice de natalidade em consequência da infertilidade das mulheres e, sobretudo, as doenças. A sífilis e o escorbuto sempre estão presentes; provavelmente, padeceram com a varíola.[5]

Mas todos esses motivos, que habitualmente condicionam a extinção crônica dos indígenas, não explicam por que os ainos estão desaparecendo tão depressa, quase que diante de nossos olhos; pois nos últimos 25 ou trinta anos, não houve nenhuma guerra e nenhuma epidemia considerável, entretanto, nesse intervalo de tempo, a tribo se reduziu a menos do que a metade. Parece-me que seria mais correto supor que esse desaparecimento acelerado, que parece um derretimento, decorre

---

5 É difícil admitir que essa doença, que produziu uma devastação em Sacalina do Norte e nas ilhas Kurilas, tenha poupado Sacalina do Sul. A. Polónski escreve que os ainos abandonam a iurta na qual ocorreu um falecimento e, para substituí-la, constroem outra, em novo local. Esse costume, obviamente, surgiu no tempo em que os ainos, com medo das epidemias, abandonavam suas habitações contaminadas e se instalavam em locais novos. [N.A.]

não só de uma extinção, mas também da migração dos ainos para ilhas vizinhas.

Antes da ocupação de Sacalina do Sul pelos russos, os japoneses mantinham os ainos quase em estado de escravidão, e era mais fácil ainda escravizá-los, porque são dóceis, submissos e, o mais importante, estavam famintos e não podiam prescindir do arroz.[6]

Quando ocuparam Sacalina do Sul, os russos os libertaram e, até agora, defenderam sua liberdade, os protegeram de agressões e evitaram se intrometer em sua vida privada. Forçados fugitivos, em 1885, mataram algumas famílias de ainos; também contam que certo aino, dono de cães de puxar trenó, teria sido vergastado por se recusar a levar o correio, e houve um ataque à castidade de uma jovem aino, mas falam desse tipo de agressão e ofensa como casos isolados e muito raros. Infelizmente, junto com a liberdade, os russos não trouxeram arroz; com a partida dos japoneses, ninguém mais pescava, os salários cessaram e os ainos passaram a experimentar a fome. Alimentar-se só de peixe e de carne, como os guiliaques, os ainos já não conseguiam, precisavam de arroz e então, impelidos pela fome, apesar de sua aversão aos japoneses, começaram, como dizem, a mudar-se para Mitsmai. No texto de um jornalista (*Voz*, 1876, n° 16), li que uma delegação de ainos foi ao posto de Korsákov e pediu trabalho ou pelo menos sementes para plantar batatas e pediu também que lhes ensinassem como cultivar batatas; trabalho, parece que não deram, mas prometeram mandar sementes de batata, contudo a promessa não foi cumprida e os ainos, em sua carência, continuaram a migrar para Matsmai. No texto de outro jornalista, referente ao ano de 1885 (*Vladivostok*, n° 38),

---

6 Os ainos disseram para Rímski-Kórsakov: "*Sizam* dorme, enquanto o aino trabalha para ele: corta lenha, pesca; o aino não quer trabalhar, o *sizam* dá pancada". [N.A.]

diz-se também que os ainos fizeram apelos semelhantes, os quais, pelo visto, não foram atendidos, e que eles desejavam muito sair de Sacalina e ir para Matsmai.

Os ainos são morenos, como os ciganos; têm barbas grandes, em forma de leque, bigodes e cabelos pretos, espessos e duros; têm olhos escuros, expressivos, dóceis. Têm altura mediana e compleição forte, corpulenta, feições duras, brutas, mas, segundo a expressão do marinheiro Rímski-Kórsakov,[7] não têm o rosto achatado dos mongóis, nem os olhos estreitos dos chineses. Dizem que os ainos barbados se parecem muito com os mujiques russos. De fato, quando um aino veste sua túnica, semelhante ao nosso *tchuika*, e cinge a cintura com um cinto, ele se parece com um cocheiro mercador.[8]

O corpo dos ainos é coberto de pelos escuros que, no peito, às vezes crescem muito espessos, como tufos, mas estão bem longe de serem peludos; entretanto, a barba e o cabelo, por constituírem uma grande raridade entre os selvagens, impressionaram os viajantes, que, de regresso ao lar, descreveram os ainos como homens peludos. Nossos cossacos, que no século passado, nas ilhas Kurilas, obrigavam os ainos a pagar tributos em forma de peles de animais, também os chamavam de peludos.

Os ainos moram muito próximos de povos cuja pelagem facial se distingue pela escassez e, por isso, não admira que suas barbas compridas tenham deixado os etnógrafos em grandes apuros; até agora, a ciência ainda não encontrou um lugar adequado para os ainos no sistema racial. Os ainos diferem dos mongóis e das tribos caucasianas; um inglês achou até que eram descendentes de judeus, abandonados nas ilhas japonesas,

7 Trata-se do famoso compositor Rímski-Kórsakov (1844-1908), que pertenceu à Marinha russa.   8 No livro de Schrenk, sobre o qual já falei, há uma gravura que representa um aino. Ver também o livro de F. Helvald, *História natural das tribos e dos povos*, tomo II, no qual um aino está representado de corpo inteiro, de túnica. [N.A.]

em tempos remotos. Hoje em dia, há duas opiniões que parecem mais plausíveis: uma é de que os ainos pertencem a uma raça especial, que em outros tempos povoava todas as ilhas da Ásia Oriental; a outra, apresentada pelo nosso Schrenk, é de que se trata de um povo paleoasiático que, há muito tempo, foi expulso do continente pelas tribos mongóis e, por isso, teve de se abrigar nas ilhas periféricas, e também que o caminho desse povo da Ásia até as ilhas foi feito através da Coreia. Em todo caso, os ainos se deslocaram do sul para o norte, do calor para o frio, mudando sempre para condições piores. Não são belicosos, não suportam violência; não foi difícil subjugá-los, escravizá-los e expulsá-los. Os mongóis os expulsaram da Ásia; os japoneses os expulsaram de Nipon e de Matsmai; em Sacalina, os guiliaques não deixaram que os ainos subissem além de Taraika; nas ilhas Kurilas, eles encontraram os cossacos e, desse modo, acabaram num beco sem saída. Hoje em dia, os ainos costumam andar sem chapéu, descalços e com as calças arregaçadas acima dos joelhos; quando os encontramos no caminho, nos cumprimentam com uma reverência e, ao fazê-lo, olham com ar gentil, mas triste e aflito, como um pobre coitado, e parecem pedir desculpas por sua barba grande demais e por ainda não terem aprendido nenhum ofício.

Para obter detalhes sobre os ainos, ver os livros de Schrenk, Dobrotvórski e A. Polónski.[9]

O que foi dito sobre a alimentação e a roupa dos guiliaques vale também para os ainos, apenas com o acréscimo de que seu amor pelo arroz, gosto que herdaram dos bisavós que habitavam as ilhas do sul, torna a falta desse alimento uma privação grave para eles; não gostam do pão russo. Sua alimentação se distingue pela diversidade maior do que a dos guiliaques; além

---

9 O estudo de A. Polónski, "Kurilas", foi publicado em *Boletins da sociedade geográfica imperial russa*, 1871, tomo IV. [N.A.]

de peixe e carne, comem várias plantas, moluscos e aquilo que os mendigos italianos chamam de *frutti di mare*.[10] Comem aos pouquinhos, mas muitas vezes, quase de hora em hora; a gula, característica de todos os selvagens do norte, neles não se faz notar. Como as crianças de peito precisam passar direto do leite materno para o peixe e para a gordura de baleia, são desmamadas bem tardiamente. Rímski-Kórsakov viu uma mulher aino amamentar uma criança de três anos, que já caminhava sozinha perfeitamente e até levava uma faquinha presa no cinto, como um adulto.

No vestuário e na habitação, sente-se uma forte influência do sul — não de Sacalina, mas do sul verdadeiro. No verão, os ainos andam de camisas tecidas com fibras de capim ou de casca de árvore, mas antes, quando não eram tão pobres, usavam túnicas de seda. Não usam chapéu, andam descalços no verão e durante todo o outono, até cair a primeira neve. Dentro das iurtas, o ar é enfumaçado e fedorento, no entanto o ambiente é muito mais claro, mais arrumado e, por assim dizer, mais civilizado do que nas iurtas dos guiliaques. Perto das iurtas, em geral, há estufas para secar peixes, que propagam até bem longe um cheiro sufocante e pestilento; cães uivam e brigam; às vezes, é possível ver uma gaiola gradeada com um urso pequeno, sentado: vão matá-lo e comê-lo no inverno, na chamada "festa do urso". Certa vez, de manhã, vi uma adolescente aino que dava de comer a um urso, empurrando para ele, numa pá, peixe seco encharcado com água. As iurtas propriamente ditas são montadas com ripas e troncos finos; o telhado é feito de varas e coberto com capim seco. Dentro, junto às paredes, estendem-se camas de tábuas; acima delas, há prateleiras com diversos utensílios; ali, além de peles, bilhas com gordura, redes, apetrechos para comer etc., encontramos cestos, esteiras e até

10 Frutos do mar. [N.A.]

instrumentos musicais. Sobre o catre, em geral, está o dono da casa, que fuma um cachimbinho o tempo todo e, se lhe fizermos uma pergunta, responde de má vontade e com poucas palavras, embora educadamente. No meio da iurta, se encontra a lareira, onde a lenha fica queimando; a fumaça sai através de um buraco no telhado. Presa num gancho, acima do fogo, uma grande panela preta; dentro, ferve uma sopa de peixe cinzenta e espumosa, que, creio eu, um europeu não comeria por dinheiro nenhum. Em volta da panela, ficam sentados uns monstros. Na mesma proporção em que os homens ainos são robustos e formosos, suas esposas e mães nada têm de atraentes. Os autores dizem que a aparência das mulheres ainos é feia e até repulsiva. São de cor amarela e turva, como um pergaminho, têm olhos estreitos, feições brutas; os cabelos duros e lisos pendem desgrenhados sobre o rosto, como a palha de um celeiro velho; a roupa é desleixada, horrível, e no geral têm uma extraordinária magreza e a fisionomia envelhecida. As casadas pintam os lábios com algo azul e, por isso, o rosto perde completamente a feição e o aspecto humanos e, quando eu tinha ocasião de vê-las e de observar a seriedade, a quase secura, com que mexem a sopa na panela com uma colher e recolhem a espuma suja, me parecia que estava vendo verdadeiras bruxas. Mas as meninas e as mocinhas não produzem uma impressão tão repulsiva.[11]

11 N. V. Busse, que raramente se refere a alguma coisa de modo gentil, assim declara sobre as mulheres ainos: "À tardinha, veio falar comigo um aino embriagado, que eu já conhecia como um grande beberrão. Trouxe a esposa, até onde pude entender, com o objetivo de sacrificar a fidelidade conjugal dela em troca de bons presentes. A esposa, bastante bonita, parecia disposta a ajudar o marido, mas fingi que não estava compreendendo suas explicações... Ao sair de minha casa, o marido e a esposa, sem nenhuma cerimônia, na frente da minha janela e diante da sentinela, pagaram seu tributo à natureza. No geral, aquela mulher aino não demonstrou grande pudor feminino. Seus peitos não estavam cobertos com nada. As mulheres ainos usam roupas iguais às dos homens, ou seja, umas túnicas curtas e abertas, presas na cintura por

Os ainos nunca se lavam e se deitam para dormir sem tirar a roupa.

Quase todos que escreveram sobre os ainos se referiram a seus costumes do ângulo mais favorável. É opinião geral de que esse povo é dócil, humilde, amável, crédulo, sociável, educado, respeitador da propriedade, corajoso na caçada e, segundo a expressão do dr. Rollen, parceiro de La Pérouse, até inteligente. A abnegação, a sinceridade, a confiança na amizade e a generosidade constituem suas características habituais. São honestos e não cometem fraudes. Krusenstern voltou completamente entusiasmado com eles; ao enumerar suas belas virtudes interiores, conclui: "Tais qualidades, autenticamente raras, que eles desenvolveram não por meio de uma educação elevada, mas apenas pela natureza, despertaram em mim o sentimento de que devo considerar esse povo o melhor de todos que me foi dado conhecer".[12] E Rudanóvski escreve: "Não pode existir população mais pacífica e humilde do que a que encontramos na parte sul de Sacalina". Qualquer

um cinto baixo. Não têm blusa nem roupas de baixo, por isso o menor descuido nas roupas deixa à mostra todas as belezas ocultas". Mas até esse autor austero reconhece que, "entre as jovens, havia algumas bastante bonitas, de feições suaves e agradáveis e de olhos negros e ardentes". Seja como for, a mulher aino está muito defasada na evolução física; envelhece e murcha muito antes dos homens. Talvez isso deva ser atribuído ao fato de que, nos tempos remotos em que o povo deambulava sem pouso certo, a parte principal das privações, do trabalho pesado e das lágrimas tenha recaído sobre as mulheres. [N.A.] 12 Aqui estão as qualidades: "Durante uma visita que fizemos a uma habitação dos ainos na beira da baía de Rumiantsev, notei na família, formada por dez pessoas, a mais feliz harmonia ou, quase se pode dizer, uma perfeita igualdade entre seus membros. Depois de passar algumas horas numa casa, não se pode saber, de maneira nenhuma, quem é o chefe da família. Os mais velhos não manifestam nenhum sinal de supremacia sobre os jovens. Na distribuição dos presentes que trouxemos para eles, ninguém mostrou o menor sinal de insatisfação por seu presente ser menor do que o de outro. E todos se mostraram ansiosos para nos cobrir de gentilezas". [N.A.]

violência desperta neles repulsa e horror. A. Polónski relata o seguinte episódio lamentável, que ele recolheu nos arquivos. O caso ocorreu há muito tempo, no século XVIII. Tchôrni, um comandante de cossacos que escoltava os ainos kurilianos para o território russo, inventou de castigar alguns com vergastadas: "Só de ver os preparativos para o castigo, os ainos entraram num estado de horror e, quando duas mulheres tiveram as mãos amarradas nas costas para facilitar a aplicação do castigo, alguns ainos fugiram para um penhasco inacessível, e um aino e vinte mulheres e crianças fugiram numa canoa pelo mar... Açoitaram as mulheres que não conseguiram fugir e levaram seis homens numa canoa, porém, para evitar a fuga, amarraram suas mãos nas costas, mas de forma tão implacável que um deles morreu. Quando o trouxeram do mar para as pedras, tinha o corpo inchado e os braços pareciam escaldados, e Tchôrni, para a edificação de seus companheiros, disse: É assim que se faz entre russos".

Para encerrar, algumas palavras sobre os japoneses, que desempenham um papel tão destacado na história de Sacalina do Sul. Sabe-se que o terço meridional de Sacalina pertence claramente à Rússia desde 1875, mas antes era atribuído ao domínio japonês. No livro *Guia prático de navegação e astronomia náutica*, de E. Golítsin, de 1884, que os marinheiros usam até hoje, até Sacalina do Norte é atribuída ao Japão, com os cabos Maria e Elizavieta. Muitos, entre os quais Nevelskói, duvidavam que Sacalina do Sul pertencesse ao Japão, e os próprios japoneses, pelo visto, também tinham suas dúvidas, até que alguns russos de comportamento estranho os persuadiram de que Sacalina do Sul era, de fato, terra japonesa. Os primeiros japoneses apareceram no sul de Sacalina só no início deste século, mas não antes. Em 1853, N. V. Busse reproduziu sua conversa com velhos ainos que se lembravam do tempo de sua independência e disseram: "Sacalina é terra de ainos, não tem terra japonesa em Sacalina". Em 1806, ano das façanhas de Khvostóv, na margem de Aniva, só havia um povoado japonês, e as construções ali eram de tábuas novas, logo é evidente que os japoneses tinham se instalado ali havia muito pouco tempo. Krusenstern esteve em Aniva em abril, na temporada da migração do arenque e, em função da quantidade extraordinária de peixes, baleias e focas, a água parecia ferver, entretanto os japoneses não tinham redes comuns nem redes de arrasto, eles pegavam os peixes com baldes e, portanto, na época, não havia nem sinal das ricas instalações pesqueiras montadas posteriormente e em larga escala. É muito provável que aqueles primeiros japoneses fossem criminosos foragidos ou banidos de sua pátria, que viviam em terras estrangeiras.

No início deste século, os primeiros a dar atenção a Sacalina foram os nossos diplomatas. Possol Rezánov, delegado diplomático encarregado de assinar um acordo comercial com o Japão, deveria também "comprar a ilha de Sacalina, independente dos chineses e dos japoneses". Ele se comportou da maneira mais desastrada possível. "Em função da intolerância dos japoneses com a fé cristã", proibiu a tripulação de fazer o sinal da cruz e ordenou que fossem tomados de todos, sem exceção, cruzes, imagens de santos, livros de orações e "tudo que apenas representasse o cristianismo e tivesse a marca da cruz". Se acreditarmos em Krusenstern, os japoneses, na audiência, não ofereceram sequer uma cadeira a Rezánov, não permitiram que portasse a espada e, "em função da intolerância", ele teve até de ficar sem sapatos. E era o embaixador, um dignitário russo! Parece difícil demonstrar menos consideração. Depois de sofrer um completo fiasco, Rezánov quis vingar-se dos japoneses. Ordenou que o oficial da marinha Khvostóv desse um susto nos japoneses de Sacalina, e essa ordem não foi transmitida de forma usual, mas de modo mais ou menos indireto:

dentro de um envelope fechado, com a determinação imperiosa de só abrir e ler quando chegasse ao destino.[13]

Portanto, Rezánov e Khvostóv foram os primeiros a reconhecer que Sacalina do Sul pertencia aos japoneses. Mas os japoneses não ocuparam seus novos domínios, apenas enviaram o agrimensor Mamia-Rinzo para investigar que ilha era aquela. No geral, em toda essa história de Sacalina, os japoneses, gente hábil, ativa e esperta, comportaram-se com certa indecisão e apatia, o que se pode explicar apenas pelo fato de terem muito pouca convicção de seu direito, como também é o caso dos russos.

Ao que parece, depois de conhecerem a ilha, os japoneses tiveram a ideia de uma colônia, talvez até de uma colônia agrícola, mas as tentativas nesse sentido, se é que existiram, só podiam mesmo levar à decepção, pois os trabalhadores japoneses, segundo as palavras do engenheiro Lopátin, tinham dificuldade de suportar o inverno ou simplesmente não conseguiam suportá-lo. Para Sacalina, só vieram japoneses que negociavam com a pesca, raramente traziam as esposas, viviam na ilha em espécies de acampamentos militares e só uma pequena parte, algumas dezenas, ficava no inverno, o restante voltava para casa em jangadas de junco; não semeavam nada, não plantavam hortas nem criavam gado, e traziam consigo do Japão todo o necessário para a vida. A única coisa que os interessava em Sacalina do Sul era a pesca; isso lhes

---

13 Khvostóv destruiu casas e galpões japoneses na costa de Aniva e condecorou um aino idoso com uma medalha de prata da ordem de São Vladímir. Esse saque amedrontou bastante o governo japonês e obrigou-o a ficar de sobreaviso. Um pouco mais tarde, nas ilhas Kurilas, o capitão Golovin foi feito prisioneiro, bem como seus companheiros, como se faz em tempo de guerra. Depois, quando o governador de Matsmai libertou os prisioneiros, explicou em tom solene: "Todos vocês foram presos por causa do saque de Khvostóv, e agora chegaram explicações das autoridades de Okhotsk dizendo que o saque de Khvostóv não passou de um ato de banditismo. Isso está esclarecido e, portanto, autorizo seu regresso a seu povo". [N.A.]

proporcionava um grande lucro, pois o pescado era abundante e os ainos, sobre os quais recaía todo o trabalho pesado, prestavam seus serviços quase de graça. O rendimento desse negócio chegou, de início, a 50 mil e, depois, a 300 mil rublos por ano e, por isso, não admira que os patrões japoneses vestissem até sete roupões de seda ao mesmo tempo. Nos primeiros tempos, os japoneses tinham suas fábricas somente nas margens de Aniva e em Maúka, e seu ponto principal se encontrava no desfiladeiro Kussun-Kotan, onde hoje mora o cônsul japonês.[14] Mais tarde, eles abriram uma passagem na mata, de Aniva até o vale Takóiski; lá, perto da atual Gálkino-Vraskoie, ficavam suas lojas; até hoje, a passagem continua aberta, sem mato, e mantém seu nome japonês. Os japoneses chegaram até Taraika, onde pescavam peixes sazonais no rio Poronai e fundaram o povoado de Siska. Suas embarcações chegavam até a baía de Níiski; a embarcação tão primorosamente equipada que Poliákov encontrou em Tro, em 1881, era japonesa.

Sacalina interessava aos japoneses exclusivamente do ponto de vista econômico, assim como as ilhas Tiuliéni[15] para os americanos. Depois que os russos fundaram o posto de Muraviov, em 1853, os japoneses começaram a exercer uma ação política. O entendimento de que podiam perder bons lucros e uma força de trabalho gratuita então os obrigaram a observar os russos com atenção; eles se empenharam em aumentar sua influência na ilha para contrabalançar a influência russa. Porém, provavelmente, mais uma vez, em razão da falta de convicção de seu direito, a disputa com os russos foi hesitante até o ridículo, e os japoneses se portaram como crianças. Limitaram-se apenas a

---

14 Detalhes em Veniúkov, "Análise geral da gradual ampliação das fronteiras russas da Ásia e dos seus meios de defesa. Primeiro setor: ilha de Sacalina". *Coleção Militar*, 1872, nº 3. [N. A.] **15** Seal Island, no Mar de Bering. Não confundir com a atual ilha Tiuliéni, em Sacalina.

difundir entre os ainos calúnias contra os russos e alardearam que iam massacrar todos os russos e que bastaria que os russos fundassem um posto em qualquer lugar para que, imediatamente, eles estabelecessem um piquete japonês na mesma localidade, na outra margem do riacho e, a despeito de todo seu desejo de se mostrar terríveis, os japoneses continuaram pacíficos e gentis: mandavam esturjão para os soldados russos e, quando os russos pediam redes de pesca emprestadas, atendiam ao pedido com boa vontade.

Em 1867, assinou-se um acordo pelo qual Sacalina passava a pertencer a ambos os países, com direito de domínio comum; russos e japoneses reconheciam mutuamente o direito igual de governar a ilha — quer dizer, nem um nem outro consideravam que a ilha era sua.[16] Pelo tratado de 1875, Sacalina finalmente passou para o domínio do Império Russo e o Japão recebeu, em troca, todas as nossas ilhas Kurilas.[17]

---

16 Provavelmente, pelo desejo dos japoneses de que a escravidão dos ainos tivesse um fundamento legal, foi incluído no acordo, entre outras coisas, um item perigoso, segundo o qual os indígenas, caso ficassem endividados, teriam de saldar a dívida por meio de trabalho ou de algum outro serviço. Entretanto, em Sacalina, não havia nenhum aino que os japoneses não considerassem seu devedor. [N.A.]   **17** Nevelskói afirmava enfaticamente que Sacalina era uma possessão russa por direito, por causa de sua ocupação pelos tungusos no século XVII e porque a primeira descrição da ilha, em 1742, foi feita por russos, assim como a primeira ocupação da parte sul, ocorrida em 1806. Ele considerava que os órotchi eram os tungusos russos, com o que os etnógrafos não concordam; a primeira descrição de Sacalina não foi feita por russos, mas por holandeses e, quanto à ocupação em 1806, os fatos desmentem essa primazia. Não há dúvida de que o direito às primeiras explorações cabe aos japoneses e que os japoneses foram os primeiros a ocupar Sacalina do Sul. No entanto, me parece que nossa generosidade foi além dos limites; "por respeito", como dizem os mujiques, poderíamos ter cedido aos japoneses cinco ou seis ilhas Kurilas mais próximas do Japão, mas entregamos 22 ilhas, que, a crer nos japoneses, lhes rendem agora uma receita de milhões, todos os anos. [N.A.]

Ao lado do desfiladeiro em que se encontra o posto de Korsákov, há mais um desfiladeiro, que conserva o nome dos tempos em que ali havia o povoado japonês de Kussun-Kotan. Das construções japonesas, nenhuma sobreviveu; porém há uma venda em que uma família japonesa faz comércio de alimentos e miudezas — ali comprei peras duras japonesas —, mas essa venda surgiu posteriormente. No lugar mais destacado do desfiladeiro, há uma casa branca, na qual às vezes ondula uma bandeira — uma bola vermelha sobre um fundo branco. É o consulado japonês.

Certa manhã, em que soprava o vento noroeste e dentro do meu quarto fazia tanto frio que eu estava enrolado no cobertor, recebi a visita do cônsul japonês, o sr. Kuze, e seu secretário, o sr. Suguiama. Antes de mais nada, tratei de me desculpar por estar tão frio em minha casa.

— Ah, não — responderam minhas visitas —, está extraordinariamente quente em sua casa!

E, no rosto e no tom de voz, tentavam mostrar que minha casa não só estava bem aquecida como o calor era até excessivo e que minhas acomodações eram, em todos os aspectos, o paraíso terrestre. Ambos eram japoneses de raiz, com rosto de tipo mongol e estatura mediana. O cônsul tinha mais ou menos quarenta anos, sem barba, um bigode quase imperceptível, corpo robusto; o secretário era uns dez anos mais jovem, de óculos azuis, mas tinha todos os sinais da tísica — o preço do clima de Sacalina. Há mais um secretário, o sr. Suzuki; é de baixa estatura, tem bigodes grandes, com as pontas viradas para baixo, à moda chinesa, olhos estreitos, vesgos — do ponto de vista japonês, uma beleza irresistível. Certa vez, ao me falar sobre um ministro japonês, o sr. Kuze exprimiu-se desta forma: "Ele é bonito e másculo como o Suzuki". Fora de casa, eles andam à maneira europeia, falam russo muito bem; quando eu ia ao consulado, muitas vezes os surpreendia lendo livros russos ou franceses; têm uma estante cheia de livros. São pessoas de educação europeia, refinadamente polidos, delicados e cordiais. Para os funcionários locais, o consulado japonês é um recanto bonito, aquecido, onde é possível esquecer a prisão, os trabalhos forçados, as rixas dos funcionários e, portanto, descansar.

O cônsul serve de intermediário entre os japoneses que vêm para a ilha a trabalho e a administração local. Nos dias de festa, ele e seu secretário, em uniformes de gala, vão a pé do desfiladeiro de Kussun-Kotan até o posto, à casa do chefe do distrito, e o saúdam pelo dia festivo; o sr. Biéli retribui da mesma forma: todo ano, no dia 1º de dezembro, ele e seus colegas se dirigem a Kussun-Kotan e saúdam o cônsul pelo aniversário do Imperador do Japão. Na ocasião, bebem champanhe. Quando o cônsul sobe a bordo de uma embarcação militar, é saudado com sete salvas de tiros. Calhou de eu presenciar a entrega das condecorações da ordem de Santa Ana e de São Estanislau, de terceira classe, concedidas aos srs. Kuze e Suzuki. O sr. Biéli, o major Ch. e o secretário de polícia, sr. F., em uniformes de gala, se dirigiram a Kussun-Kotan para entregar as condecorações; e eu fui com eles. Os japoneses ficaram muito comovidos com as condecorações e com a solenidade em geral, algo pelo que os japoneses têm grande apreço; serviram champanhe. O sr. Suzuki não escondia seu entusiasmo e observava a condecoração de todos os ângulos, com os olhos radiantes, como uma criança diante de um brinquedo; em seu rosto "bonito e másculo", percebi um conflito; estava morrendo de vontade de sair logo e mostrar a condecoração para a jovem esposa (ele tinha acabado de casar), mas ao mesmo tempo a cortesia exigia que ficasse com as visitas.[18]

18 As relações entre os japoneses e a administração local são excelentes, como devem ser. Além dos convites recíprocos para tomar champanhe nas ocasiões festivas, ambas as partes encontram outros meios para a manutenção dessas relações. Reproduzo literalmente um dos documentos enviados

Tendo concluído a análise do povoamento de Sacalina, passarei agora para os pormenores, relevantes ou irrelevantes, que constituem, hoje em dia, a vida da colônia.

pelo cônsul: "Ao senhor diretor do posto de Korsákov. Em conformidade com a ordem nº 741, dada por mim em 16 de agosto deste ano, comunico a distribuição de quatro barricas de peixe seco e cinco sacos de sal que o senhor enviou para atender as necessidades das vítimas do naufrágio de um brigue e de uma jangada de junco. Além disso, em nome daqueles infelizes, tenho a honra de expressar aos senhores, cavalheiros misericordiosos, com toda sinceridade, o agradecimento pela compaixão e por sua doação amistosa, a uma nação vizinha, de coisas tão importantes para eles, que, estou plenamente convicto, guardarão isso consigo, para sempre, na memória. Cônsul do Império Japonês, Kuze". Aliás, essa carta pode dar uma ideia dos êxitos alcançados em pouco tempo pelos jovens secretários japoneses no estudo da língua russa. Os funcionários alemães que estudam russo e os estrangeiros que traduzem obras literárias russas escrevem incomparavelmente pior.

A cortesia japonesa não é melosa e por isso é simpática e, por mais que seja exacerbada, não faz mal nenhum, pois, como diz o ditado, "manteiga não estraga o mingau". Um funileiro japonês em Nagasáki, com quem nossos oficiais da marinha compravam diversas quinquilharias, por gentileza, sempre fazia elogios a tudo que era russo. Ao ver um berloque ou uma carteira de algum oficial, ele se mostrava deslumbrado: "Que coisa maravilhosa! Que coisa mais elegante!". Um dia, um oficial levou de Sacalina uma cigarreira de madeira, um trabalho bruto, tosco. Pensou: "Pronto, vou mostrar isso para o funileiro. Vamos ver só o que ele vai dizer". Mas, quando mostraram a cigarreira para o japonês, ele não se mostrou nem um pouco embaraçado. Balançou-a no ar e disse, com entusiasmo: "Que coisa mais resistente!". [N.A.]

XV

Os forçados proprietários — Passagem para a condição
de colono — A escolha de locais para novos povoados —
Cuidados domésticos — Os meeiros — Passagem para
a condição de camponês — Migração dos deportados
camponeses para o continente — A vida nos povoados —
A proximidade da prisão — Composição dos povoados por
local de nascimento e classe social — As autoridades rurais

Quando o castigo, além de seus objetivos diretos — retaliação, intimidação ou correção —, se propõe também outros,
por exemplo, os objetivos da colonização, é preciso forçosamente que se adapte, de modo constante, às necessidades da colônia e faça concessões. A prisão é um antagonista
da colônia, e os interesses de uma e de outra se situam em
posições opostas. A vida nas celas comuns escraviza e, com
o tempo, degenera o preso; os instintos do homem sedentário, pai de família, responsável por um lar, são sufocados
pelos hábitos da vida gregária; ele perde a saúde, envelhece,
se debilita moralmente e, mais tarde, quando deixa a prisão,
maiores motivos existem para temer que ele não se torne um
membro atuante e útil para a colônia, mas apenas um fardo
para ela. Por isso o processo da colonização exigia, antes de
tudo, a redução do tempo de reclusão prisional e dos trabalhos compulsórios e, quanto a isso, o nosso "Estatuto dos deportados" faz concessões importantes. Assim, para os forçados em estágio de regeneração, dez meses contam como um
ano e, se os forçados do segundo e terceiro escalão, ou seja,
os condenados a penas de quatro a doze anos, forem trabalhar nas minas, cada ano de trabalho nesse setor conta como

um ano e meio.[1] A lei permite que os forçados em estágio de regeneração morem fora da prisão, construam suas casas, se casem e tenham seu dinheiro. Mas a vida real, nessa direção, vai ainda além do *Estatuto*. Para facilitar a transição do forçado para uma condição mais independente, o governador--geral da Região de Amur, em 1888, autorizou libertar antes do fim da pena os forçados que eram bons trabalhadores e tinham bom comportamento; ao proclamar isso na ordem n.º 302, o governador-geral Kononóvitch promete liberar o condenado dos trabalhos dois ou até três anos antes do fim da pena total de trabalhos forçados. E, sem recorrer a nenhum artigo ou ordem legal, mas por mera necessidade, e por ser algo útil para a colônia, todas as mulheres deportadas sem exceção, muitos presos em período probatório e até os condenados a penas perpétuas, caso tenham família ou sejam bons artesãos, agrimensores, condutores de trenós de cães etc., vivem fora da prisão, em casas próprias e nos alojamentos dos livres. Muitos têm autorização para viver fora da prisão simplesmente "por humanidade" ou por argumentos como o de que não faz mal nenhum que determinada pessoa não more na prisão, mas sim numa isbá, e que, se o condenado à prisão perpétua Z. tem permissão de viver num alojamento mais espaçoso só porque ele veio com esposa e filhos, seria injusto não permitir o mesmo para N., que tem uma pena mais curta.

No dia 1.º de janeiro de 1890, em todos os três distritos de Sacalina, havia 5905 forçados de ambos os sexos. Entre eles, os condenados a oito anos eram 2124 (36%), de oito a doze anos,

---

[1] Em Sacalina, em todas as secretarias, há uma "Tabela de cálculo das penas". Ali se vê que um condenado, digamos, a dezessete anos e meio passa nos trabalhos forçados, na realidade, quinze anos e três meses e, se ele entrar na lista de um indulto do Imperador, só dez anos e quatro meses; um condenado a seis anos é libertado em cinco anos e dois meses e, no caso de entrar na lista do indulto, três anos e seis meses. [N.A.]

1567 (26,5%), de doze a quinze anos, 747 (12,7%), de quinze a vinte anos, 731 (12,3%), os condenados à pena perpétua, 386 (6,5%), e os reincidentes, condenados a penas de vinte a cinquenta anos, 175 (3%). Os de penas breves, menos de doze anos, constituem 62,5%, ou seja, um pouco mais da metade do total. Desconheço a média de idade dos forçados condenados recentemente, porém, a julgar pelo contingente atual de deportados, a média de idade não deve ser inferior a 35 anos; se a isso acrescentarmos que a duração média dos trabalhos forçados é de oito a dez anos e se atentarmos também para o fato de que o forçado envelhece muito antes do que uma pessoa em condições normais, fica evidente que, se cumprissem ao pé da letra a condenação judicial e o que está estabelecido no *Estatuto*, com o rigoroso encarceramento na prisão, os trabalhos sempre executados sob escolta militar etc., não só os condenados a penas longas como também metade dos condenados a penas curtas, quando fossem para as colônias, já teriam perdido as capacidades colonizadoras.

Durante minha estada, os forçados proprietários de ambos os sexos assentados em seus terrenos eram 424; os forçados de ambos os sexos que viviam na colônia na condição de esposas, concubinas, concubinos, empregados, inquilinos etc., registrados por mim, eram 908. Ao todo, viviam fora da prisão, em isbás próprias e nos alojamentos dos livres, 1332 pessoas, o que corresponde a 23% do número total de forçados.[2] Como

2 Não estou contando aqui os forçados que moram com os funcionários, na condição de criados. No geral, quero crer, os que moram fora da prisão constituem 25%, ou seja, de cada quatro forçados, a prisão cede um para a colônia. Esse percentual vai aumentar consideravelmente quando o artigo 305 do *Estatuto*, que autoriza os presos em estágio de regeneração a morarem fora da prisão, for estendido também para o distrito de Korsákov, onde, segundo o desejo do sr. Biéli, todos os forçados, sem exceção, moram na prisão. [N.A.]

proprietários, na colônia, os forçados quase não se diferenciam dos colonos proprietários. Os forçados que trabalham para os proprietários na condição de empregados fazem o mesmo que os nossos empregados rurais. O uso do prisioneiro como empregado por um proprietário mujique, que também é um deportado, constitui até agora o único aspecto bem-sucedido da organização russa dos trabalhos forçados e, sem dúvida, é mais simpático do que o regime do trabalho rural feito por diaristas que vigora na Austrália. Os forçados inquilinos apenas dormem em suas casas, mas precisam se apresentar no posto de comando e nos trabalhos com a mesma pontualidade de seus camaradas que moram na prisão. Os artesãos, os sapateiros e os marceneiros, por exemplo, muitas vezes cumprem a tarefa de forçado em sua própria casa.[3]

A circunstância de um quarto do total dos forçados morar fora da prisão não é causa de nenhuma desordem importante e eu até diria, de bom grado, que a dificuldade para organizar nossos trabalhos forçados reside justamente no fato de os outros três quartos morarem nas prisões. Só se pode falar da vantagem das isbás sobre as celas comuns como uma hipótese, é claro, pois por enquanto não existem observações minuciosas sobre esse ponto. Ninguém demonstrou, ainda, que entre os forçados que moram em isbás se observam menos casos de crimes e de fugas do que entre aqueles que moram nas prisões e que o trabalho daqueles é mais produtivo do que o destes, porém é muito provável que a estatística prisional que, cedo ou tarde, deverá tratar dessa questão chegue à conclusão definitiva da vantagem das isbás. Por ora, a única coisa incontestável é que a colônia teria a ganhar, se cada forçado, indiferente

---

3 Em Aleksándrovski, quase todos os proprietários têm inquilinos e isso confere ao local um aspecto urbano. Numa isbá, registrei dezessete pessoas. No entanto, essas residências superlotadas diferem muito pouco das celas coletivas da prisão. [N.A.]

de seu tempo de pena, assim que chegasse a Sacalina, começasse a construir uma isbá para si e sua família e desse início à sua atividade colonizadora o mais cedo possível, enquanto ainda é relativamente jovem e saudável; a justiça não perderia nada com isso, pois, ingressando na colônia desde o primeiro dia, o criminoso suportaria a parte mais árdua antes de passar à condição de colono, e não depois.

Quando o tempo de pena termina, o forçado é liberado do trabalho forçado e é promovido à condição de colono. Não há atraso nesse processo. O novo colono, se tiver dinheiro e proteção da diretoria, permanece em Aleksándrovski ou no povoado que lhe agradar, e compra ou constrói uma casa, se ainda não o fez, durante o tempo dos trabalhos forçados; para ele, nem o trabalho agrícola nem qualquer outro é obrigatório. Se ele pertence à massa turva que constitui a maioria, vai ficar no seu terreno e no povoado que a diretoria determinou e, se esse povoado estiver lotado e não houver mais terras adequadas para o cultivo, ele será assentado numa propriedade já existente, na condição de coproprietário ou meeiro, ou será enviado para povoar um lugar novo.[4] A escolha de lugares para povoados novos, algo que exige experiência e alguns conhecimentos especiais, recai sobre a administração local, ou seja, nos chefes dos distritos, nos inspetores das prisões e nos inspetores de colônias. Não existem leis ou instruções específicas sobre

---

4 Sacalina faz parte das regiões mais remotas da Sibéria. Na certa, em função unicamente de seu clima rigoroso, no início, assentavam ali apenas os colonos que haviam cumprido pena de trabalhos forçados em Sacalina mesmo e, dessa forma, haviam conseguido, se não acostumar-se, pelo menos conhecer a região. Mas agora, pelo visto, querem modificar esse procedimento. Durante minha estada, por ordem do barão A. N. Korf, foi enviado para Sacalina e assentado em Dierbínskoie certo Iuda Gambert, condenado à deportação para uma colônia na Sibéria; em Dúbki, mora o colono Simon Saulat, que cumpriu sua pena de trabalhos forçados não em Sacalina, mas na Sibéria. Há também ali deportados que trabalham na administração. [N.A.]

o assunto e toda a questão depende de uma ou outra circunstância casual, como a composição do quadro dos servidores: se eles já prestam serviço há muito tempo, se conhecem a população dos deportados, a localidade, como, por exemplo, o sr. Butakov, no norte, e os srs. Biéli e Iártsev, no sul, ou mesmo funcionários recém-empossados, na melhor hipótese, formados em letras, juristas e tenentes de infantaria e, na pior hipótese, pessoas sem nenhuma instrução, que nunca prestaram serviço em lugar nenhum, em sua maioria jovens citadinos que nada conhecem da vida. Já escrevi sobre o funcionário que não acreditou nos indígenas e nos colonos quando o preveniram de que, durante as chuvas fortes, o local por ele escolhido para um povoado seria inundado pela água. Eu mesmo vi um funcionário que percorreu quinze ou vinte verstas, com uma escolta, para inspecionar um lugar novo, e voltou para casa no mesmo dia, tendo conseguido observar minuciosamente determinado lugar e aprová-lo em apenas duas ou três horas; disse que o passeio tinha sido encantador.

Os funcionários mais velhos e experientes partem em busca de novos locais raramente e de má vontade, pois sempre acabam tolhidos por outras questões, e os mais jovens são inexperientes e indiferentes; a administração dá mostras de lentidão, a questão se arrasta e, em resultado, ocorre a superlotação de povoados já existentes. E no final, querendo ou não, acabam pedindo ajuda aos forçados e aos soldados carcereiros, que, segundo dizem, às vezes escolhem os locais com acerto. Em 1888, numa de suas ordens (nº 280), o general Kononóvitch, como nem no distrito de Tímovski nem no distrito de Aleksándrovski havia mais locais para novos assentamentos, embora o número de terrenos necessários aumentasse rapidamente, propôs "organizar sem demora grupos de forçados de confiança, sob a vigilância de funcionários alfabetizados, plenamente desembaraçados e experientes no assunto, e até grupos de funcionários, e enviá-los numa busca de lugares próprios para colônias". Esses grupos vagam por localidades completamente inexploradas, nunca pisadas por nenhum topógrafo; encontram os locais, mas não sabem qual sua altitude em relação ao nível do mar, como é o solo, como é a água etc.; a administração só pode avaliar sua conveniência para o povoamento e para a agricultura com base em suposições e, por isso, em geral, toma-se a decisão definitiva em favor deste ou daquele lugar totalmente ao acaso, no escuro, e não pedem a opinião nem do médico nem do topógrafo, que não existe em Sacalina, e o agrimensor vai ao local novo quando a área já está desmatada e com pessoas morando lá.[5]

5 Com o tempo, a escolha de lugares novos será confiada, em cada distrito, a uma comissão de membros da instituição prisional, um topógrafo, um agrônomo e um médico, e então, segundo os protocolos dessa comissão, será possível avaliar por que foi escolhida uma determinada localidade. Hoje em dia, se percebe certa razão no fato de as pessoas se estabelecerem, de preferência, em vales de rios e perto de estradas, existentes ou projetadas. Mas também nisso se percebe antes uma rotina do que algum sistema determinado. Se escolhem um vale por onde passa um rio, não é porque foi mais bem explorado do que outros e é mais apropriado para a agricultura, mas apenas porque se encontra perto do centro. A costa sudeste se diferencia pelo clima comparativamente ameno, porém fica mais distante de Duê e de Aleksándrovski do que o vale do Arkai ou do rio Armudan, e por isso essa região foi preferida para uma colônia. Quando se estabelecem na linha protetora de uma estrada, as pessoas têm em vista não as condições de habitação do novo povoado, mas os funcionários e os condutores de trenós de cães que, com o tempo, irão passar por aquela estrada. Sem essa perspectiva modesta — animar e proteger a estrada e dar abrigo aos viajantes —, seria difícil entender a necessidade, por exemplo, dos povoados projetados na beira da estrada junto ao rio Tim, das cabeceiras desse rio até a baía de Níiski. Pela proteção e animação da estrada, os habitantes provavelmente receberão dinheiro e alimentação do governo. Se esses povoados forem uma continuação da colonização agrícola atual e se a administração estiver contando com a produção de trigo e centeio, Sacalina terá mais alguns milhares de famintos e pobres sem rumo, que ninguém sabe o que vão comer. [N.A.]

O governador-geral, depois de uma visita aos povoados, me transmitiu suas impressões e se expressou desta forma: "Os trabalhos forçados não começam nos trabalhos forçados, mas na colônia". Se o peso do castigo é medido pela quantidade de trabalho e de privação física, os colonos, em Sacalina, muitas vezes suportam um castigo mais pesado do que os forçados. Num lugar novo, em geral pantanoso e tomado pela mata, o colono chega apenas com um machado de carpinteiro, uma serra e uma pá. Corta árvores, arranca raízes, escava canais para drenar a área e, durante todo o tempo desses trabalhos de preparação do terreno, vive a céu aberto, dorme sobre a terra úmida. Os encantos do clima de Sacalina, com sua neblina, chuvas quase diárias e temperaturas baixas, em nenhuma circunstância se mostra mais inóspito do que durante esses trabalhos, quando a pessoa, ao longo de semanas, não consegue nem por um minuto se afastar da sensação de frio agudo e de umidade penetrante. Essa é a verdadeira *febris sachaliniensis*,[6] com dor de cabeça e dores nos ossos, em todo o corpo, causadas não por alguma infecção, mas pelo clima. Primeiro, constroem o povoado e depois a estrada até lá, em vez do contrário, e por isso se desperdiça, de modo completamente improdutivo, uma enorme quantidade de força e de saúde, para carregar fardos desde o posto, pois de lá até o lugar novo não existe sequer uma trilha; carregado de ferramentas, provisões etc., o colono caminha pela taiga densa, ora com a água nos joelhos, ora escalando pilhas de troncos, ora se perdendo entre ásperos arbustos de rododendros. O artigo 307 do "Estatuto dos deportados" diz que a pessoa que se instalar fora dos muros da prisão receberá madeira para construção de casas; em Sacalina, esse artigo é interpretado no sentido de que o próprio colono deve

6 Latim: febre de Sacalina.

derrubar as árvores e preparar a madeira. Em tempos passados, os colonos recebiam a ajuda de forçados, e ainda lhes davam dinheiro para contratar carpinteiros e comprar material, mas esse sistema foi abandonado, com o argumento de que "o resultado", como me explicou um funcionário, "foi que eles ficavam preguiçosos; os forçados trabalham e os colonos ficam jogando cara ou coroa". Hoje em dia, os colonos unem suas forças, ajudam-se uns aos outros. O carpinteiro põe de pé o arcabouço, o construtor de fornos faz a estufa, o marceneiro prepara as pranchas. Quem não tem força e não sabe trabalhar, se tiver um dinheirinho, contrata seus camaradas. Pessoas fortes e resistentes se encarregam do trabalho mais pesado, os fracos ou aqueles que, na prisão, perderam o hábito do trabalho rural, se não ficam jogando cara ou coroa ou jogando cartas, e se não se escondem para fugir do frio, também se encarregam de fazer algum trabalho comparativamente mais leve. Muitos sucumbem ao cansaço, desanimam e abandonam suas casas inacabadas. Os mánzi e os caucasianos não sabem construir isbás russas e, em geral, vão embora no primeiro ano. Quase metade dos proprietários em Sacalina não tem casa e isso se deve explicar, me parece, antes de tudo, pelas dificuldades que o colono encontra nos primeiros momentos de seu assentamento. Segundo os dados que obtive no relatório do inspetor agrícola, os proprietários de terrenos sem casa, em 1889, no distrito de Tímovski, correspondiam a 50% do total; em Korsákov, 42%; no distrito de Aleksándrovski, onde a construção das propriedades apresenta menos dificuldades e os colonos muitas vezes compram uma casa, em vez de construí-la, são só 20%. Quando o arcabouço está pronto, o proprietário recebe em empréstimo os vidros e as ferragens. Sobre esse empréstimo, o comandante da ilha diz, numa de suas ordens: "Por grande infelicidade, esse empréstimo, como muitas outras coisas, se faz esperar por muito tempo, paralisando o desejo de ter uma casa... No outono do ano passado, na época da inspeção das colônias do distrito de Korsákov, me aconteceu de ver uma casa à espera dos vidros, dos pregos e das tampas de ferro para a estufa; hoje vi essa casa ainda esperando, na mesma situação" (ordem nº 318, 1889).[7]

[7] Aí está, a propósito, como seria útil para o colono aquele dinheiro que ele deveria receber ao longo de sua pena de trabalhos forçados, em recompensa pelo trabalho. Segundo a lei, o preso condenado à deportação nos trabalhos forçados deve ganhar a décima parte do que render qualquer trabalho. Se, digamos, o trabalho como diarista numa estrada é avaliado em cinquenta copeques, o forçado deve ganhar cinco copeques diários. Durante o tempo da manutenção do preso sob custódia, ele tem autorização para gastar não mais da metade do dinheiro da remuneração em necessidades pessoais e o restante será entregue a ele após sua libertação. O dinheiro da remuneração não pode ser tomado para pagar quaisquer penalidades civis nem custas judiciais e, em caso de morte do preso, será entregue a seus herdeiros. No *Dossiê sobre a organização de Sacalina*, do ano de 1878, o príncipe Chakhovskói, que supervisionou os trabalhos forçados de Duê nos anos 1870, expressa uma opinião que os administradores atuais deveriam ter em conta e adotar: "Remunerar os forçados pelo seu trabalho dá a eles algo de próprio e qualquer coisa própria irá ligá-los ao local; a remuneração permite que os presos, de mútuo acordo, melhorem sua alimentação, conservem a roupa e as acomodações com maior limpeza, e todo hábito de conforto faz com que, quando a pessoa se vê privada deles, seu sofrimento seja tanto maior quanto maiores tenham sido aqueles confortos; a completa ausência de confortos em circunstâncias sempre hostis desenvolve nos presos uma indiferença em relação à vida, e mais ainda em relação aos castigos, a tal ponto que, muitas vezes, quando o número de castigados chega a 80% do contingente, somos obrigados a perder as esperanças em face da vitória da vergasta sobre as insignificantes necessidades naturais de uma pessoa, que, a fim de satisfazê-las, se expõe às vergastadas; a remuneração dos forçados, formando entre eles certa independência, elimina o desperdício de roupa, ajuda no estabelecimento de um lar e reduz significativamente as despesas do governo em relação à seu assentamento na terra, quando o preso passa a ser colono".
As ferramentas são entregues a crédito com um prazo de cinco anos, com a condição de que o preso pague a quinta parte todos os anos. Em Korsákov, um machado de carpinteiro custa quatro rublos; uma serra comprida, treze rublos; uma pá, um rublo e oitenta copeques; uma plaina, 44 rublos;

Não é tido como necessário investigar um lugar novo, nem mesmo quando já está sendo povoado. Enviam para um lugar novo entre cinquenta e cem proprietários, depois acrescentam dezenas a cada ano, entretanto, ninguém sabe a quantidade de gente necessária para ocupar as terras aráveis disponíveis, e esse é o motivo por que, em geral, pouco depois do povoamento, começa a se manifestar a superlotação, o excesso de gente. Isso não se faz notar apenas no distrito de Korsákov, também os postos e colônias de ambos os povoados do norte estão lotados de gente. Mesmo uma pessoa indiscutivelmente atenciosa como A. M. Butakov, chefe do distrito de Tímovski, assenta pessoas nos terrenos de qualquer jeito, sem levar em conta o futuro, e em nenhum distrito existe tamanha multidão de coproprietários, ou de proprietários supranumerários, como se verifica justamente no seu distrito. Parece até que a própria administração não acredita na colônia agrícola e, pouco a pouco, se conforma à ideia de que a terra é necessária para o colono por pouco tempo, seis anos, ao todo, pois, após receber o direito de ser camponês, o colono seguramente irá embora da ilha, e de que em tais condições a questão dos terrenos para assentamentos pode ter um significado meramente formal.

Dos 3552 proprietários registrados por mim, 618, ou seja, 18%, são coproprietários, e se excluirmos o distrito de Korsákov, onde só assentam um proprietário por terreno, essa porcentagem aumentará consideravelmente. No distrito de Tímovski, quanto mais jovem for o povoado, mais alta será a porcentagem de meeiros; em Voskressiénskoie, por exemplo, há 97 proprietários e 77 meeiros; isso significa que encontrar

---

pregos, dez copeques a libra. Um machado de lenhador sai por três rublos e cinquenta copeques, a crédito, exceto no caso de o colono não levar um machado de carpinteiro. [N.A.]

lugares novos e destinar terrenos para colonos todos os anos está se tornando cada vez mais difícil.[8]

A organização de uma propriedade rural e sua gestão correta constituem uma obrigação rigorosa para o colono. A preguiça, a indolência e relutância para cuidar da propriedade serão punidas com seu regresso aos trabalhos comuns, ou seja, para os trabalhos forçados, por um ano, e com sua transferência da isbá para a prisão. O artigo 402 do *Estatuto* autoriza o governador-geral do Amur a "suprir, às expensas do governo, as necessidades dos colonos de Sacalina que, segundo as autoridades locais, não tenham meios próprios para tanto". Hoje em dia, a maioria dos colonos de Sacalina, durante os primeiros dois ou, raramente, três anos, após ter sido libertada dos trabalhos forçados, ganha do governo uma ajuda de custo para roupa e alimentação igual àquela paga para um preso comum. São considerações de ordem humanitária e prática que levam a administração a conceder tal ajuda aos colonos. De fato, é difícil admitir que o colono possa, ao mesmo tempo, construir uma isbá, preparar a terra para o arado e ganhar o pão de cada dia. No entanto, não é raro encontrar no texto das ordens a informação de que certo colono perdeu a ajuda de custo por indolência ou preguiça, ou porque "não cuidou da construção da casa" etc.[9]

---

8 O proprietário e o coproprietário moram na mesma isbá e dormem sobre a mesma estufa. A diferença de religião ou mesmo de sexo não representa empecilho para cuidar de um terreno comum. Lembro que em Rikóvskoie, na casa do colono Gólubev, morava o meeiro judeu Liubárski. Também lá, na casa do colono Ivan Khavriévitch, morava a coproprietária Mária Brodiaga. [N.A.]
9 Apesar dos subsídios e dos créditos constantes do governo, é grande a pobreza em que os habitantes rurais de Sacalina cumprem seu tempo de pena, como eu já tive ocasião de falar aqui. Eis um retrato pitoresco dessa vida quase indigente, segundo a pena de um personagem oficial: "Na aldeia de Liutog, entrei na choupana mais pobre, que pertencia ao colono Zerin, um alfaiate ruim, que já faz cinco anos está tentando se estabelecer. Em tudo, saltam aos olhos a pobreza e a carência geral: além da mesa precária e

Decorridos dez anos de permanência na condição de colono, o deportado passa ao estatuto de camponês. O novo título está associado a mais direitos. O deportado camponês pode ficar em Sacalina e se assentar onde quiser, em toda a Sibéria, menos nas regiões de Semiriétchie, Akmolínski e Semipalatínski; ele pode ingressar em comunidades camponesas, com a concordância dos camponeses, morar em cidades para trabalhar em ofícios industriais e criar um negócio; será julgado e submetido a castigos segundo as leis comuns, e não conforme o "Estatuto dos deportados"; pode receber e mandar correspondências também segundo as normas comuns, sem a censura prévia que vigora para os forçados e os colonos. Mas, em sua situação nova, ainda resta um importante elemento da deportação: ele não tem direito de voltar à terra natal.[10]

do toco de árvore que serve de cadeira, não há nenhum sinal de mobília; além da chaleira feita de uma lata de querosene, não há nenhum sinal de utensílios de cozinha ou domésticos; em lugar de cama, um monte de palha, onde se estende um casaco curto de pele e a segunda camisa; do seu ofício, também não há nada, senão algumas agulhas, algumas linhas cinzentas, alguns botões e um dedal de bronze, que serve ao mesmo tempo de cachimbo, pois o alfaiate abriu nele um furo e, conforme a necessidade, introduz ali um canudinho fino, feito de uma cana local: o tabaco parece dar apenas para encher metade do dedal" (ordem nº 318, 1889). [N.A.]

10 Até 1888, as pessoas que recebiam os direitos de um camponês eram proibidas de ir embora de Sacalina. Essa proibição, que retirava do sacalinense toda esperança de uma vida melhor, incutia nas pessoas o ódio por Sacalina e, como medida repressiva, só podia servir para aumentar o número de fugitivos, criminosos e suicidas; seu pragmatismo ilusório sacrificava a própria justiça, pois ao deportado de Sacalina era proibido aquilo que se permitia ao da Sibéria. Essa medida foi suscitada pela consideração de que, se os camponeses irão deixar a ilha, no final das contas, Sacalina será apenas um local para a deportação temporária e não uma colônia. Mas será que a condenação perpétua faria de Sacalina uma segunda Austrália? A vitalidade e a prosperidade da colônia não dependem de proibições ou de ordens, mas das condições pessoais, que garantem uma vida calma e segura, se não aos próprios deportados, pelo menos a seus filhos e netos. [N.A.]

A obtenção dos direitos de camponês após dez anos, segundo o *Estatuto*, não está subordinada a nenhuma condição especial. Além dos casos previstos nos comentários ao artigo 375, a condição única, aqui, são os dez anos de pena, independentemente de ter sido colono proprietário e lavrador ou diarista rural. O inspetor das prisões da região do Amur, sr. Kamórski, quando conversamos sobre isso, me garantiu que a administração não tem nenhum direito de manter o deportado na condição de colono por mais de dez anos ou impor quaisquer condições para a obtenção dos direitos de camponês, uma vez cumpridos esses dez anos de pena. Entretanto, em Sacalina, me ocorreu de encontrar velhos que viveram mais de dez anos como colonos, sem receberem o título de camponês. Na verdade, não tive tempo de confrontar suas alegações com os registros oficiais e, por isso, não posso julgar até que ponto têm razão. Os velhos podem se enganar nas contas ou simplesmente mentir, se bem que, em face da indolência e da obtusidade dos escrivães e da ineficiência dos funcionários, é possível esperar qualquer extravagância das secretarias de Sacalina. Para os colonos que "se comportaram de modo perfeitamente correto, cumpriram trabalhos úteis e adquiriram hábitos de vida sedentária", o prazo de dez anos pode ser reduzido para seis. O artigo 377, que concede essa prerrogativa, é aplicado em larga escala pelo chefe do distrito e pelo comandante da ilha; pelo menos quase todos os camponeses que conheci receberam esse título após seis anos. Porém, infelizmente, o "trabalho útil" e os "hábitos de vida sedentária" que, no *Estatuto*, condicionam a obtenção da prerrogativa, são entendidos de forma distinta em todos os três distritos. No distrito de Tímovski, por exemplo, não promovem o colono à condição de camponês enquanto tiver uma dívida com o governo e enquanto sua isbá não estiver coberta por ripas. Em Aleksándrovski, o colono não trabalha na agricultura, não precisa de ferramentas nem de sementes e, por isso, faz menos dívidas; para ele, é mais fácil receber os direitos de camponês. Impõe-se uma condição rigorosa: que o colono seja um bom proprietário; porém, entre os deportados, mais do que em qualquer outra categoria, há pessoas que, por natureza, são incapazes de cuidar de uma propriedade e se sentem à vontade quando são empregados de alguém. Quando eu lhes perguntava se não podiam tirar proveito daquela prerrogativa e passar para a categoria de camponês, os colonos que não têm propriedade porque trabalham, por exemplo, como cozinheiro para um funcionário ou como aprendiz para um sapateiro, me responderam afirmativamente, no distrito de Korsákov, mas negativamente, nos dois distritos do norte. Em tais condições, está claro, não pode haver discussão sobre quaisquer normas e, se um novo chefe de distrito exigir dos colonos que, como condição, cubram os telhados com chapas de ferro e que aprendam a cantar em coro, será difícil mostrar para eles que isso é uma arbitrariedade.

Quando estive em Siantsi, o inspetor da colônia ordenou que 25 colonos se reunissem perto da casa da guarda e lhes comunicou que, por decreto do comandante da ilha, eles tinham passado para a categoria de camponeses. O decreto foi assinado pelo general no dia 27 de abril, mas a comunicação aos colonos foi feita no dia 26 de setembro. A feliz novidade foi recebida em silêncio por todos os 25 colonos; nenhum fez o sinal da cruz ou agradeceu, todos ficaram parados, de cara séria, mudos, como se passasse pela sua cabeça a ideia de que tudo neste mundo, até o sofrimento, tem um fim. Quando eu e o sr. Iártsev conversamos com eles sobre quem iria permanecer em Sacalina e quem iria partir, nenhum dos 25 exprimiu o desejo de ficar. Todos disseram que o continente os atraía e que partiriam de bom grado imediatamente, só que não tinham meios para tanto e era preciso refletir melhor. E as conversas prosseguiram: não se tratava apenas de não terem o dinheiro para a viagem — afinal, o continente também gosta de dinheiro. Precisavam solicitar sua aceitação a uma comunidade camponesa, fazer agrados, comprar uma terrinha, construir uma casa e mais isso e mais aquilo... quando você soma tudo, são necessários 150 rublos. Mas onde arranjar esse dinheiro? Em Rikóvskoie, apesar de suas dimensões comparativamente superiores, encontrei apenas 39 camponeses, e todos eles não tinham a menor intenção de criar raízes em Sacalina; todos queriam partir para o continente. Um deles, de nome Bespálov, está construindo em seu terreno uma casa grande, de dois andares e com varanda, semelhante a uma datcha, e todos encaram a construção com perplexidade, não entendem para que serve aquilo; o fato de um homem rico, que tem filhos adultos, pretenda ficar para sempre em Rikóvskoie, quando poderia, muito bem, estabelecer-se em qualquer lugar na região do rio Zieia, dá a impressão de um capricho estranho, uma extravagância. Em Dúbki, quando perguntei a um camponês jogador de cartas se ele iria para o continente, me respondeu, olhando para o teto, com ar de insolência: "Vou fazer de tudo para ir embora".[11]

O que empurra os camponeses para fora de Sacalina é a consciência da falta de recursos, o tédio, o temor constante em relação aos filhos... Mas a causa principal é o desejo apaixonado de, antes de morrer, respirar em liberdade e levar uma vida verdadeira, e não uma vida de prisioneiro. As regiões do

---

[11] Só encontrei um que exprimiu o desejo de ficar em Sacalina para sempre: era um lavrador infeliz de Tchernigóvski, condenado por violentar a própria filha; ele não tem amor à terra natal porque deixou lá péssimas lembranças de si mesmo e não escreve cartas para os filhos, agora já adultos, para que não se lembrem dele; além disso, não vai para o continente porque já não permitem, em razão da idade. [N.A.]

Ussúri e do Amur, de que todos falam como se fosse a terra prometida, ficam muito perto: uma viagem de três ou quatro dias de barco a vapor, e lá está a liberdade, o calor, as colheitas... Aqueles que já migraram para o continente e se estabeleceram lá escrevem para os conhecidos em Sacalina que, no continente, lhes estendem a mão, e que uma garrafa de vodca custa cinquenta copeques. Certa vez, passeando pelo porto de Aleksándrovski, passei por um galpão de barcos e vi um velho de sessenta ou setenta anos e uma velha, com trouxas e sacos: obviamente, estavam prontos para viajar. Conversamos. Pouco antes, o velho tinha recebido o título de camponês e estava de partida para o continente, com a esposa, primeiro para Vladivostok e depois "para onde Deus mandar". Dinheiro, nas suas palavras, não tinha nenhum. O barco a vapor devia partir dali a um dia, mas eles já haviam arrastado tudo para o cais e agora, com suas tralhas, estavam abrigados num galpão de barcos à espera do vapor, como se temessem que alguém os mandasse voltar. Falavam do continente com amor, veneração e com a confiança de que lá estava a vida autêntica. No cemitério de Aleksándrovski, vi uma cruz preta com a imagem da Mãe de Deus e a seguinte inscrição: "Aqui repousam as cinzas da srta. Afima Kurnikova. Falecida em 1888, no dia 21 de maio. Com dezoito anos de idade. Esta cruz foi posta aqui em sua memória e para assinalar a partida de seus pais para o continente em 1889, no mês de junho".

Não permitem que o camponês parta para o continente se ele mostra um comportamento indigno de confiança e se tem dívidas com o governo. Se o camponês vive em concubinato com uma deportada e tem filhos com ela, só lhe dão uma passagem se ele puder garantir, com seus bens, a subsistência de sua concubina e dos filhos ilegítimos que teve com ela (ordem nº 92, 1889). No continente, o camponês se registra no distrito de sua preferência; o governador em cuja jurisdição se encontra aquele distrito avisa ao comandante da ilha e este, em uma ordem, sugere à administração policial que exclua das listas o camponês fulano e os membros de sua família — e assim, formalmente, há um "infeliz" a menos. O barão A. N. Korf me disse que, se o camponês se comporta mal no continente, será enviado para Sacalina para sempre, por ordem da administração.

Segundo os boatos, os sacalinenses vivem bem no continente. Eu li suas cartas, mas não tive ocasião de ver como vivem em sua nova terra. Aliás, vi um deles, mas não no campo, e sim na cidade. Certo dia, em Vladivostok, eu e o hieromonge Irákli, sacerdote e missionário de Sacalina, saímos juntos de uma loja e um homem de avental branco e de botas reluzentes e de cano alto, na certa um porteiro ou um artesão, ao ver o padre Irákli, alegrou-se muito e se aproximou para ser abençoado; revelou-se que o homem era um dos filhos espirituais do padre Irákli, um deportado camponês. O padre Irákli o reconheceu, lembrou seu nome e sobrenome de família. "E então, como vai a vida aqui?", perguntou. "Graças a Deus, vai bem!", respondeu com animação.

Enquanto não partem para o continente, os camponeses vivem nos postos ou nos povoados e cuidam das propriedades nas mesmas condições adversas que os colonos e os forçados. Continuam sempre dependendo das autoridades prisionais e, se moram no sul, tiram o chapéu a cinquenta passos de distância; são mais bem tratados e não são castigados com a vergasta, mas, apesar de tudo, não são camponeses no sentido verdadeiro, mas prisioneiros. Moram perto da prisão e veem a prisão todos os dias, e a coexistência lado a lado de uma prisão de forçados com a pacífica vida agrícola é algo inconcebível. Alguns autores viram em Rikóvskoie o *khorovod*,[12]

---

12 Dança tradicional em que se formam enormes rodas de pessoas de mãos dadas.

ouviram o som do acordeom e canções festivas; mas eu não vi nem ouvi nada semelhante e não posso imaginar mocinhas formando uma roda de mãos dadas em torno de uma prisão. Ainda que, por acaso, eu tivesse ouvido, além do barulho das correntes e do grito dos guardas, também uma canção festiva, eu entenderia isso como um mau sinal, pois pessoas bondosas e caridosas não vão querer cantar perto de uma prisão. O regime prisional oprime os camponeses, os colonos e suas esposas e filhos livres; a situação prisional, a exemplo da militar, com seus rigores excepcionais e a inevitável vigilância das autoridades, os mantém num constante estado de medo e tensão; a administração prisional retira deles, em favor da prisão, os pastos, os melhores lugares para pescar, os melhores bosques; os fugitivos, os usurários da prisão e os ladrões os humilham; o carrasco da prisão, quando passeia pela rua, os aterroriza; os guardas corrompem suas esposas e filhas e, acima de tudo, a prisão, a cada minuto, lhes faz lembrar o passado deles, quem eles são e onde estão.

Os habitantes rurais de Sacalina ainda não constituíram uma comunidade. Ainda não existem adultos nativos de Sacalina, para os quais a ilha seria a terra natal; os veteranos são muito poucos, a maioria é formada por novatos; a população muda todo ano; alguns chegam, outros vão embora; e em muitos povoados, como eu já disse, os habitantes não dão a impressão de uma comunidade agrícola, mas de um bando reunido ao acaso. Chamam-se de irmãos, porque sofreram juntos, mas têm pouco em comum e são estranhos uns aos outros. Não têm as mesmas crenças e falam línguas diversas. Os velhos desprezam essa diversidade e, rindo, perguntam que comunidade pode existir, se no mesmo povoado moram russos, ucranianos, tártaros, poloneses, judeus, estonianos, quirguizes, georgianos, ciganos...? Já tive ocasião de mencionar como a população não russa é disseminada de modo irregular pelos povoados.[13]

Há também outro tipo de diversidade que exerce um efeito funesto no crescimento de cada povoado: ingressam na colônia muitos velhos, debilitados, doentes física e psicologicamente, criminosos inaptos para o trabalho numa colônia, pessoas despreparadas para a vida prática, que na terra natal moravam na cidade, não trabalhavam na agricultura. Pelos dados que colhi nos registros oficiais, havia em toda a Sacalina, nas prisões e nas colônias, no dia 1º de janeiro de 1890, 91 pessoas nobres e 924 de classe urbana, ou seja, cidadãos honrados, comerciantes, a pequena burguesia e cidadãos estrangeiros, que juntos constituíam 10% de todos os deportados.[14]

13 À pergunta: "De que província é você?", me responderam 5791 pessoas: 260 de Tambov, 230 de Samara, 201 de Tchernigov, 201 de Kíev, 199 de Póltava, 198 de Vorónej, 168 de Dónskaia óblast, 153 de Sarátov, 151 de Kúrski, 148 de Pierm, 146 de Nijgórod, 142 de Pienza, 133 de Moscou, 133 de Tvier, 131 de Kherson, 125 de Ekatierinoslav, 122 de Nóvgorod, 117 de Khárkov, 115 de Orlov; para cada uma das demais províncias, havia menos de cem pessoas. As províncias do Cáucaso somavam 213 pessoas, ou 3,6%. Nas prisões, o percentual de caucasianos é maior do que na colônia, e isso significa que eles cumprem a pena de trabalhos forçados com grande dificuldade e muitos não conseguem chegar à condição de colonos; os motivos são as fugas frequentes e, com certeza, o alto índice de mortalidade. As províncias do reino da Polônia somadas têm 455 pessoas, ou 8%, a Finlândia e as províncias dos países bálticos têm 167, ou 2,8%. Esses números podem dar apenas uma visão aproximada da constituição da população por local de nascimento, porém dificilmente alguém tentará extrair disso a conclusão de que a província de Tambov é a mais criminosa e que os ucranianos, que, por falar nisso, são muito numerosos em Sacalina, têm mais tendência para o crime do que os russos. [N.A.]

14 Os nobres e os privilegiados em geral não sabem lavrar a terra nem cortar madeira para construir isbás; é preciso trabalhar, é preciso suportar o mesmo castigo que todos os demais, porém eles não têm forças. Por necessidade, procuram trabalhos mais leves e até, não raro, não fazem nada. Em compensação, vivem constantemente assustados, com medo de que o destino mude e que sejam mandados para as minas, recebam castigos corporais, sejam presos a correntes etc. Na maioria, essas pessoas, já esgotadas pela

Em cada povoado há um estaroste eleito pelos proprietários; necessariamente, é colono ou camponês, aprovado pelo inspetor do povoado. Em geral, os estarostes são pessoas sensatas, inteligentes e alfabetizadas; sua obrigação ainda não foi plenamente definida, mas tentam assemelhar-se aos estarostes russos; solucionam diversas questões menores, determinam a ordem na fila para usar as carroças, intervêm em favor de seu

vida, são humildes, tristes e, quando olhamos para elas, não conseguimos imaginá-las no papel de chefes de criminosos. Mas também topamos com alguns arrogantes e velhacos, totalmente degradados, possuídos por uma *moral insanity* [insanidade moral, em inglês no original], que produzem a impressão de serem os arrivistas da prisão; a maneira de falar, o sorriso, o jeito de andar, o servilismo de lacaio — tudo isso tem um tom feio e vulgar. De todo modo, a situação deles é terrível. Um forçado, ex-oficial, quando foi levado para o vagão dos presos, em Odessa, viu pela janela "uma poética e pitoresca pescaria feita com a ajuda de tochas de alcatrão e ramagens incendiadas... os campos da Pequena Rússia já estavam verdes. Nos bosques de carvalhos e de tílias, perto do leito da ferrovia, podem-se notar violetas e lírios; sente-se também o aroma das flores e, ao mesmo tempo, da liberdade perdida" (*Vladivostok*, 1886, nº 14). Um ex-nobre assassino me contou como os colegas o acompanharam na partida da Rússia: "Minha consciência despertou, eu só queria uma coisa: me rebaixar, me espezinhar, mas meus conhecidos não compreendiam e tentavam, o tempo todo, me consolar e me cobriam de atenções". Quando os presos privilegiados são conduzidos pela rua, a pé ou em carroças, não há nada mais desagradável do que a curiosidade dos livres, sobretudo dos conhecidos. Se, na multidão de presos, reconhecem um criminoso famoso e perguntam em voz alta a seu respeito, mencionando o sobrenome da família, isso lhe causa forte dor. Infelizmente, não raro, escarnecem dos criminosos privilegiados na rua, na prisão e até na imprensa. Num jornal diário, li a respeito de um ex-conselheiro de comércio [oitava classe do serviço civil russo] que, em algum local da Sibéria, numa parada da viagem do comboio de presos, foi convidado a tomar o café da manhã na casa de alguém e quando, depois do café da manhã, os donos da casa deram pela falta de uma colher, pronto: foi o conselheiro de comércio quem roubou! Sobre um ex-camareiro da corte, escreveram que ele não se entediava na deportação, pois dispunha de um mar de champanhe e de quantas ciganas quisesse. Isso é cruel. [N.A.]

povoado quando necessário etc., e o estaroste de Rikóvskoie tem até seu selo próprio. Alguns recebem salário.

Em cada povoado, mora também um guarda penitenciário, em geral um membro subalterno do comando local, pessoa de baixa instrução, que relata aos funcionários em trânsito que tudo está correndo bem, observa o comportamento dos colonos, cuida para que não se ausentem sem autorização e trabalhem na agricultura. É algo próximo de um chefe do povoado, muitas vezes é o único juiz e seus relatórios para a diretoria são documentos que têm peso importante na avaliação de quanto um colono progrediu no bom comportamento, no zelo com sua casa e nos hábitos de vida sedentária. Aqui está um exemplo de relatório de um guarda:

Lista dos habitantes do povoado de Viérkhni Armudan com mau comportamento:

	Sobrenome de família e nome	motivo para assinalar
1	Izduguin, Anáni	Ladrão
2	Kísseliev, Piotr Vassíliev	Também
3	Glíbin, Ivan	Também
1	Galínski, Semion	Desleixado com a casa e insubordinado
2	Kazánkin, Ivan	Também

XVI

Composição por sexo da população deportada — A questão
feminina — As forçadas e as povoações — Concubinos
e concubinas — As mulheres de condição livre

Na colônia de deportados, há 53 mulheres para cada cem homens.[1] Essa relação está correta apenas para a população que
mora em isbás. Há também os homens que pernoitam nas prisões e os soldados solteiros, para os quais todas as mulheres deportadas ou em contato com a deportação servem de "objeto indispensável para a satisfação das necessidades naturais", como
se exprimiu, no passado, um dos diretores locais. Porém se, para
determinar a composição da população da colônia por sexo e
pela situação familiar, for preciso também levar em conta essa
classe de pessoas, então cabe fazer algumas ressalvas. Enquanto
moram nas prisões e casernas, esses homens encaram a colônia
apenas do ponto de vista das necessidades; suas visitas à colônia
cumprem o papel de uma influência externa nociva, que reduz
o índice de natalidade e aumenta o índice de doenças, uma influência aleatória, que pode ser maior ou menor, dependendo da
distância entre o povoado e a prisão ou caserna; é o mesmo que
ocorre na vida de uma aldeia russa vizinha às obras de uma linha
férrea, em função da presença dos homens brutos que trabalham
para a ferrovia. Se tomarmos todos os homens em conjunto, incluindo a prisão e as casernas, as 53 mulheres se reduzem quase
à metade e chegaremos a uma proporção de 25 por cem.

Por menores que sejam os índices de 53 e 25, para uma jovem
colônia de deportação que se desenvolveu nas condições mais

---

1 Segundo o décimo recenseamento nas províncias russas (1857-1860), em
média, havia 104,8 mulheres para cem homens. [N.A.]

desfavoráveis, eles não podem ser considerados baixos demais. Na Sibéria, entre forçadas e colonas, as mulheres constituem menos de 10% e, se nos voltarmos para a prática de deportação fora da Rússia, encontraremos colonizadores, já convertidos em respeitáveis fazendeiros, a tal ponto degenerados nessa seara que recebiam, com entusiasmo, prostitutas trazidas da metrópole e pagavam aos intermediários cem libras de tabaco por mulher. A assim chamada questão feminina se apresenta de modo hediondo em Sacalina, porém menos do que nas colônias de deportados da Europa Ocidental, na primeira fase de seu desenvolvimento. Não são apenas as criminosas e as prostitutas que vêm para a ilha. Graças à direção geral da prisão e à Frota Voluntária, que conseguiram estabelecer com pleno êxito uma rápida e confortável via de comunicação entre a Rússia europeia e Sacalina, a tarefa das esposas e filhas que desejam acompanhar os maridos e os pais na deportação foi consideravelmente simplificada. Não faz muito tempo que, para cada trinta criminosos, havia uma esposa que, voluntariamente, acompanhava o marido, ao passo que hoje em dia a presença de mulheres de condição livre se tornou algo típico da colônia e já é difícil imaginar, por exemplo, Rikóvskoie ou Novo-Mikháilovka sem essas figuras trágicas, que "partiram para regenerar a vida dos maridos e perderam a própria vida". Talvez esse seja o único ponto em que nossa Sacalina não ocupe o último lugar na história da deportação.

Vou começar pelas mulheres forçadas. Em 1º de janeiro de 1890, em todos os três distritos, as criminosas somavam 11,5% de todos os forçados.[2] Do ponto de vista da colonização, essas

---

2 Esse número pode servir apenas para indicar a composição dos forçados por sexo, mas, para uma avaliação moral comparativa de ambos os sexos, ele não oferece material confiável. O número de mulheres enviadas aos trabalhos forçados é menor não porque elas sejam mais honestas do que os homens, mas sim porque, em função do próprio sistema de vida e, em parte, por causa das peculiaridades de sua organização, as mulheres estão menos

mulheres têm uma vantagem importante: entram na colônia com uma idade comparativamente baixa; em sua maioria, são mulheres de temperamento forte, condenadas por crimes passionais e de caráter conjugal: "vim para cá por causa do marido", "vim por causa da sogra"... Na maioria, são assassinas, vítimas do amor e do despotismo familiar. Mesmo aquelas que vieram por incêndio criminoso ou por falsificação de dinheiro recebem o castigo, no fundo, por amor, pois foram atraídas para o crime pelos amantes.

sujeitas do que os homens às influências externas e ao risco de graves ações criminosas. Elas não trabalham nas secretarias nem prestam serviço militar, não saem de casa para trabalhos temporários em locais distantes, não trabalham nas florestas, nas minas, no mar, e por isso não conhecem os delitos cometidos no exercício do trabalho nem as violações da disciplina militar nem as ações criminosas que exigem, diretamente, o emprego de força física masculina, por exemplo: o assalto aos correios, o banditismo na estrada etc.; os artigos da lei sobre crimes contra a castidade, estupro, depravação e perversidades antinaturais dizem respeito apenas aos homens. Entretanto as mulheres matam, torturam, causam graves mutilações e ocultam assassinatos com frequência maior do que os homens; entre estes, os assassinos somam 47% e, entre as criminosas, 57%. Quanto aos condenados por envenenamento, o número de mulheres é maior não só em termos relativos como também em absolutos. Em 1889, nos três distritos, as mulheres envenenadoras eram, em termos absolutos, três vezes mais numerosas do que os homens envenenadores e, em termos relativos, 23 vezes. Seja como for, na colônia, há menos mulheres do que homens e, apesar do ingresso de novas levas de mulheres de condição livre todos os anos, os homens têm um predomínio opressivo. Tal disparidade na distribuição de sexos é inevitável numa colônia de deportados, e igualar os sexos só é possível com a interrupção das deportações ou quando começarem a introduzir na ilha o elemento imigrante, que se una com os deportados, ou quando aparecer entre nós uma Mrs. Frey que faça uma enérgica propaganda do embarque para Sacalina de mocinhas honestas de famílias pobres, com a finalidade de desenvolver o sentimento de vida doméstica e familiar.

Sobre a deportação na Europa Ocidental e na Rússia, em especial sobre a questão feminina, ver o professor I. Iá. Foinitski, em seu famoso livro *Estudo sobre o castigo em relação à administração prisional*. [N.A.]

O fator amoroso exerce um papel fatal na dolorosa existência dessas mulheres, antes e depois do julgamento. Quando são levadas para cumprir a pena de deportação, começa a circular entre elas, no navio, o boato de que, em Sacalina, serão forçadas a casar. Isso as perturba. Houve um caso em que se dirigiram ao comandante do navio e pediram que apresentasse uma petição oficial para que não fossem casadas à força.

Há quinze ou vinte anos, as mulheres forçadas, assim que chegavam a Sacalina, iam para uma casa de tolerância. "No sul de Sacalina", escreveu Vlássov, em seu relatório, "as mulheres, por falta de uma acomodação especial, se instalam no prédio da padaria… O comandante da ilha, Depreradóvitch, decidiu converter a seção feminina da prisão numa casa de tolerância." Sobre o trabalho que iam fazer, não podia haver nenhuma discussão, pois "só infratoras ou mulheres que não fazem por merecer os favores masculinos" eram encaminhadas para o trabalho na cozinha, as demais iam atender as "necessidades", bebiam até cair e, no fim, segundo as palavras de Vlássov, as mulheres acabavam corrompidas a tal ponto que, numa espécie de estupefação, "vendiam os filhos por uma garrafa de álcool".

Hoje em dia, quando uma nova leva de mulheres chega a Aleksándrovski, antes de mais nada, elas são conduzidas solenemente do cais até a prisão. Curvadas sob o peso das trouxas e bolsas, as mulheres vão se arrastando pela estrada, apáticas, ainda não recuperadas do enjoo do navio, e atrás delas, como numa feira as pessoas seguem os comediantes, vai uma multidão de mulheres, mujiques, crianças e pessoas das repartições e secretarias. A cena é semelhante à da migração do arenque para o Aniva, quando, atrás dos peixes, vai uma verdadeira turba de baleias, focas e golfinhos, sequiosos de devorar as ovas dos arenques. Os mujiques colonos seguem a multidão com pensamentos simples e honestos: precisam de uma dona de casa. As mulheres procuram, entre as novatas, alguma conterrânea. Já os escrivães e os guardas precisam de "moças". Em geral, isso acontece à tardinha. As mulheres, à noite, são trancadas numa cela, preparada previamente, e depois, durante toda a noite, correm as conversas pela prisão e pelo posto a respeito daquele grupo de novatas, sobre os encantos da vida em família, sobre a impossibilidade de cuidar de uma casa sem uma mulher etc. Nos primeiros dias, quando o navio ainda não partiu para Korsákov, ocorre a distribuição das novatas por distritos. São os funcionários de Aleksándrovski que as selecionam, e por isso seu distrito fica com a parte do leão, em termos de quantidade e qualidade; uma parte um pouco menor e pior vai para o distrito mais próximo, Tímovski. No norte, se faz uma seleção rigorosa; como um filtro, ficam as mais jovens e bonitas e, desse modo, a sorte de ir morar no distrito do sul recai quase apenas nas velhas e nas que "não fazem por merecer os favores masculinos". Na distribuição, não pensam nem um pouco na colônia agrícola e, por isso, em Sacalina, como eu já disse, as mulheres são distribuídas pelos distritos de modo extremamente desigual, de modo que, quanto pior o distrito, menor a esperança de desenvolver a colonização e maior o número de mulheres: no pior deles, Aleksándrovski, para cem homens, há 69 mulheres; no distrito do norte, Tímovski, há 47 mulheres; e no melhor de todos, Korsákov, apenas 36.[3]

Entre as mulheres escolhidas para o posto de Aleksándrovski, uma parte foi designada para trabalhar para os funcionários. Depois das prisões, do vagão para presos e do porão do navio, os

---

3 O dr. A. V. Cherbak, em uma de suas crônicas, escreve: "O desembarque só terminou na manhã do dia seguinte. Restava ainda receber a bordo os forçados escolhidos para ir para o posto de Korsákov e receber diversas notas de quitação. Os primeiros, em número de cinquenta homens e vinte mulheres, chegaram sem demora. Nas listas oficiais, os homens não sabiam nenhum ofício e as mulheres eram muito velhas. Mandaram o que havia de pior". ("Com os forçados". *Novo tempo*, nº 5381). [N.A.]

aposentos limpos e claros dos funcionários, nos primeiros tempos, pareciam um castelo encantado para as mulheres, e o próprio patrão era como um mago, bom ou mau, que tinha sobre elas um poder ilimitado; entretanto, em pouco tempo, elas se habituam à nova situação; contudo, mesmo muito tempo depois, se percebe, na fala da mulher, os efeitos do porão do navio e da prisão: "não posso saber", "coma mais um pouquinho, Vossa Excelência", "sim, isso mesmo". Outra parte das mulheres vai para o harém dos escrivães e carcereiros, a terceira parte, a maior, vai para as isbás dos colonos, mas só recebem as mulheres aqueles que são mais ricos ou que têm alguma proteção. Um forçado também pode receber uma mulher, mesmo quando está no período probatório, se for endinheirado e tiver alguma influência no mundinho da prisão.

No posto de Korsákov, as mulheres recém-chegadas também são instaladas numa caserna especial. O chefe do distrito e o inspetor da colônia decidem, juntos, que colonos e camponeses são dignos de receber uma mulher. A primazia cabe a quem já estiver estabelecido, quem cuidar bem da propriedade e tiver bom comportamento. Em favor desses poucos escolhidos, é assinada uma ordem para que, em tal dia e hora, eles venham ao posto, à prisão, para receberem as mulheres. E, no dia marcado, por todo o longo caminho de Naibutchi até o posto, encontramos, aqui e ali, andando para o sul, os noivos ou prometidos, como são chamados, sem ironia. Eles se arrumam de modo especial, como noivos, de fato; um deles vestiu uma camisa vermelha brilhante, de algodão, outro pôs um chapéu incomum de fazendeiro dos trópicos, outro ainda pôs botas novas e lustrosas, de saltos grossos, compradas sabe-se lá onde e em quais condições. Quando todos chegam ao posto, deixam que eles entrem na caserna das mulheres e os deixam lá, junto com elas. Nos primeiros quinze ou trinta minutos, o constrangimento cobra seu inevitável tributo; os noivos passam junto aos leitos, em silêncio, e olham com ar severo para as mulheres, sentadas, de olhos baixos. Cada um faz sua escolha; sem caretas amargas, sem gracejos, mas com ar absolutamente sério, tratando "com humanidade" a feiura, a velhice e o aspecto geral de uma prisioneira; o colono examina bem e quer adivinhar, pelo rosto, qual delas dará uma boa dona de casa. Então, alguma delas, jovem ou madura, "aparece" para ele; senta-se ao lado da mulher e tem com ela uma conversa sincera. A mulher pergunta se ele tem um samovar, como é o telhado de sua isbá, se é coberto com ripas ou com palha. Ele responde que tem um samovar, um cavalo, uma vitela de um ano e que a isbá é coberta com ripas. Só depois do exame das condições econômicas, quando os dois sentem que a negociação está terminada, ela faz a pergunta:

— Mas o senhor não vai me maltratar?

A conversa chega ao fim. A mulher é designada para a casa de tal colono, em tal povoado, e se realiza o casamento civil. O colono parte com a concubina para sua casa e, como encerramento, a fim de não fazer feio diante dos outros, aluga uma carroça, não raro com o último dinheiro que possui. Em casa, antes de tudo, a concubina prepara o samovar e os vizinhos, ao ver a fumaça, falam com inveja que aquele colono já tem mulher.

Na ilha, não há trabalhos forçados para as mulheres. Na verdade, às vezes, as mulheres lavam o chão nas secretarias, trabalham nas hortas, costuram sacos, mas um trabalho constante e definido, no sentido de trabalhos pesados compulsórios, não existe e, provavelmente, nunca vai existir. A prisão abriu mão por completo das mulheres forçadas em favor da colônia. Ao levarem mulheres para a ilha, não pensam em castigo nem em regeneração, mas apenas em sua capacidade de ter filhos e de executar trabalhos agrícolas. São distribuídas para os colonos sob a aparência de empregadas, com base no artigo 345 do "Estatuto dos deportados", que permite que as deportadas solteiras "prestem serviços nos povoados mais próximos para os veteranos, enquanto não casar". Mas esse artigo só existe como uma cortina para a lei que proíbe a fornicação e o adultério, pois a forçada ou a assentada que mora com um colono não é, em primeiro lugar, uma trabalhadora rural, mas sua concubina, sua esposa ilegítima, com o estímulo e a concordância da administração; nos boletins oficiais e nas ordens, a vida da mulher sob o mesmo teto de um colono é registrada como "constituição conjunta de uma propriedade" ou "manutenção doméstica conjunta",[4] e ele e ela são chamados de "família livre". Pode-se dizer que, exceto um pequeno número de privilegiadas e aquelas que vieram para a ilha com seus maridos, todas as forçadas se tornam concubinas. Deve-se ter isso como regra. Contaram-me que, quando uma mulher, em Vladímirovka, não quis ser concubina e declarou que tinha vindo à ilha para cumprir pena nos trabalhos forçados e não para outra coisa qualquer, suas palavras parecem ter deixado todos perplexos.[5]

A prática local produziu uma visão especial da mulher forçada, que existe, provavelmente, em todas as colônias de deportados: que ela não é uma pessoa, uma dona de casa, mas uma criatura inferior até mesmo a um animal doméstico. Os colonos do povoado de Siska entregaram ao chefe do distrito o seguinte pedido: "Pedimos muito humildemente a Vossa Excelentíssima que mande gado para produção leiteira

---

4 Por exemplo, a ordem: "Conforme a petição do senhor chefe do distrito de Aleksándrovski, apresentada no dia 5 de janeiro, sob o nº 75, a forçada da prisão de Aleksándrovski Akulina Kuznetsova é transferida para o distrito de Tímovski para dividir os cuidados da propriedade com o colono Aleksei Charápovi" (1889, nº 25). [N.A.] **5** E é difícil entender onde morariam as mulheres, se rejeitassem o concubinato. Não existem instalações específicas para elas nos trabalhos forçados. O diretor da área médica, em seu relatório de 1889, escreve: "Quando chegam a Sacalina, elas mesmas se veem na obrigação de encontrar alojamento... a fim de pagar, algumas delas não podem desprezar nenhum meio para obter tais recursos". [N.A.]

para a localidade mencionada abaixo e também o sexo feminino, para cuidar da vida doméstica". O comandante da ilha, em minha presença, conversando com colonos do povoado de Úskov, enquanto lhes fazia diversas promessas, falou:

— E quanto a mulheres, não vou deixar vocês em falta.

— É ruim que mandem mulheres da Rússia para cá no outono, e não na primavera — me disse um funcionário. — No inverno, a mulher não pode fazer nada, não ajuda o mujique, é só uma boca a mais para comer. É por isso que, no outono, os bons proprietários recebem as mulheres de má vontade.

Assim raciocinam também sobre os cavalos de carga, no outono, quando preveem que vai custar caro alimentá-los no inverno. A dignidade humana e também a feminilidade e o pudor da mulher forçada não são levados em conta em nenhum caso; como se o pressuposto fosse que tudo isso tivesse queimado dentro dela até virar cinza, por força da vergonha, ou tivesse sido perdido por ela mesma, durante seu percurso pelas prisões e pelas etapas da viagem dos condenados rumo à deportação. Mesmo quando lhe impõem um castigo corporal, não hesitam sequer com a consideração de que ela pode sentir vergonha. Entretanto, sua humilhação pessoal nunca chegou ao ponto de ser casada à força ou de lhe imporem um concubino. Os boatos a respeito são lendas vazias, assim como os enforcamentos na beira do mar ou os trabalhos em subterrâneos.[6]

6 Pessoalmente, sempre encarei tais boatos com ceticismo, mas fui conferir nos próprios locais e reuni todos os casos que podiam servir de motivo para eles. Contam que, há três ou quatro anos, quando o comandante da ilha era o general Hintze, em Aleksándrovski, uma forçada estrangeira foi casada à força com um chefe dos guardas penitenciários. A forçada Iaguélskaia, no distrito de Korsákov, recebeu trinta vergastadas porque quis fugir de seu concubino, o colono Kotliárov. Lá mesmo, o colono Iarováti reclamou que sua mulher se negava a viver com ele. Seguiu-se esta determinação: "Dê uma surra". "De quanto?" "Setenta." Chicotearam a mulher, mas ela não mudou de atitude e passou a morar com o colono Maloviétchkin,

Nem a velhice nem a diferença de religião nem a condição de pessoa errante representam obstáculo para o concubinato. Encontrei concubinas de cinquenta anos ou mais não só na casa de colonos jovens, mas também de guardas penitenciários que mal haviam completado 25 anos. Acontece de a mãe velha e a filha adulta chegarem juntas aos trabalhos forçados; ambas se tornam concubinas de colonos e ambas começam a dar à luz como se estivessem competindo entre si. Católicas, luteranas e até tártaras e judias, muitas vezes, moram com russos. Em Aleksándrovski, numa isbá, encontrei uma mulher russa no meio de um grande grupo de quirguizes e caucasianos, para os quais ela estava servindo a mesa, e a registrei no recenseamento como concubina de um tártaro ou, como ela mesma o chamou, um tchetcheno. Em Aleksándrovski, todos sabem que o tártaro Kerbalai vive com a russa Lopuchina e tem, com ela, três filhos.[7] Os vagabundos também formam família, e um deles, o vagabundo Ivan, 35 anos, em Dierbínskoie, chegou a me contar, com um sorriso,

que agora não cansa de elogiar a mulher. O colono Rezviétsov, um velho, surpreendeu a concubina com o colono Ródin e foi dar queixa. Em seguida, veio a determinação: "Traga-a para cá!". A mulher apareceu. "Então você, sua isso e aquilo, não quer viver com Rezviétsov? Vergasta!" E Rezviétsov recebeu a ordem de castigar, ele mesmo, sua concubina, e assim fez. No final das contas, ela não arredou pé de sua posição, e eu registrei seu concubinato não com Rezviétsov, mas com Ródin. Aqui estão todos os casos que podem remeter ao casamento forçado. Se uma forçada de caráter turbulento ou oriunda da prostituição muda muitas vezes de concubino, é castigada, porém tais casos são raros e só vêm à tona por causa das queixas dos colonos. [N.A.]

7 Em Viérkhni Armudan, na casa do tártaro Tukhvatúli, registrei a concubina Ekatierina Petrova; ela tem filhos com ele; o empregado dessa família é um muçulmano, as pessoas que visitam sua casa também são muçulmanas. Em Rikóvskoie, o colono Maomé Ustie-Norvive com Avdótia Medviédeva. Em Níjni Armudan, o colono luterano Periétski tem uma concubina judia chamada Leia Permut Brokha, e em Bolchoie Takoê o deportado camponês Kaliévski tem como concubina uma mulher aino. [N.A.]

que tinha duas concubinas: "Uma está aqui, a outra, de papel passado, em Nikoláievsk". Outro colono vive há dez anos com uma mulher como se fosse sua esposa, mas ela esqueceu quem são seus pais e ele continua até hoje sem saber seu nome verdadeiro e onde nasceu.

Quando pergunto como vivem, o colono e sua concubina costumam responder: "Vivemos bem". Mas algumas forçadas me disseram que, na Rússia, só recebiam de seus maridos gritos, pancadas e acusações, por um pedaço de pão, mas ali nos trabalhos forçados, pela primeira vez, elas viam a luz. "Graças a Deus que hoje eu vivo com um homem bom, ele tem pena de mim." Os deportados têm pena de suas concubinas e as estimam.

— Aqui, na falta de uma mulher, o próprio mujique tem de costurar, cozinhar, ordenhar a vaca e lavar a roupa branca — disse-me o barão A. N. Korf. — E, se calhar de aparecer uma mulher, ele se agarra a ela com toda força. Olhe só como ele a enfeita toda. Entre os deportados, a mulher goza de grande respeito.

— O que não impede que ela ande cheia de manchas roxas — acrescentou, de sua parte, o general Kononóvitch, que presenciava nossa conversa.

Há discussões e brigas e a questão chega até as manchas roxas, mas mesmo assim o colono dá suas lições à concubina com receio, pois a força está do lado dela: o colono sabe que ela é uma esposa informal e pode, a qualquer momento, largá-lo e ir morar com outro. Está claro que não é só por causa desse receio que os colonos têm pena de suas mulheres. Por mais simples que seja formar famílias ilegítimas em Sacalina, acontece também de o amor estar presente em sua modalidade mais pura e encantadora. Em Duê, vi uma forçada louca, epiléptica, que mora na isbá de seu concubino, também um forçado; ele cuida da mulher como uma enfermeira zelosa e, quando comentei com ele que devia ser penoso morar no mesmo cômodo com aquela mulher, me respondeu com alegria: "Nada disso, Vossa Excelência, é por humanidade!". Em Novo-Mikháilovka, encontrei uma colona concubina que havia muito tempo perdera o uso das pernas, passava os dias e as noites deitada no meio do quarto, em cima de farrapos, e era o colono quem cuidava dela; quando tentei convencê-lo de que seria mais cômodo, para ele, se a mulher fosse para um hospital, ele também falou em humanidade.

Junto com as famílias boas e regulares, encontramos, por outro lado, a categoria dos casais livres, a que se deve, em parte, a reputação ruim da "questão feminina" na deportação. Desde o primeiro minuto, essas famílias causam repulsa por sua artificialidade e falsidade e produzem a sensação de que ali, na atmosfera degradada pela prisão e pelo servilismo, a família já se deteriorou há muito tempo e, em seu lugar, se formou alguma outra coisa. Muitos homens e mulheres vivem juntos porque é preciso, é o costume na deportação; o concubinato tornou-se um regime tradicional na colônia e aquelas pessoas, débeis, de vontade fraca, submeteram-se a esse regime, embora ninguém as tenha obrigado a isso. Uma ucraniana de mais ou menos cinquenta anos veio para Novo-Mikháilovka com o filho, também um forçado, por causa da nora, que foi encontrada morta dentro de um poço; a ucraniana deixou em casa o velho marido e os filhos, mora em Sacalina com um concubino e, pelo visto, isso lhe dá tanta repugnância que tem até vergonha de falar sobre o assunto com estranhos. Ela despreza seu concubino, no entanto mora com ele e os dois dormem juntos: isso é necessário na deportação. Os membros de casais desse tipo são de todo estranhos um para o outro; por mais tempo que tenham morado juntos, sejam cinco ou dez anos, ignoram a idade um do outro, a província de onde vieram, seu patronímico... Quando pergunto qual a idade de seu concubino, a mulher olha para o lado, apática e indolente, e responde com voz de enfado: "Quem diabo vai saber!". Enquanto o concubino está no trabalho ou jogando cartas em algum canto, a concubina jaz prostrada na cama, ociosa, faminta; se alguém da vizinhança entra na isbá, ela se levanta de má vontade e, bocejando, diz que veio "por causa do marido", que foi castigada sem ter culpa: "Os meninos mataram aquele diabo e agora sou eu que estou aqui nos trabalhos forçados". O concubino volta para casa: não faz nada, não diz nada para a mulher; seria hora de preparar o samovar, mas não tem açúcar nem chá... Ao ver a concubina prostrada, o sentimento de tédio e indolência se apodera do colono e, a despeito da fome e da raiva, ele dá um suspiro e também se joga na cama. Se as mulheres de tais famílias passam a ganhar a vida na prostituição, seus concubinos incentivam essa prática. Na prostituta que consegue ganhar seu pão, o concubino vê um animal doméstico útil e a respeita, ou seja, ele mesmo prepara o samovar para ela e se mantém calado, enquanto ela pragueja. Muitas vezes, ela troca de concubino, escolhendo um mais rico ou que tenha vodca, ou troca de concubino apenas por tédio, para variar.

A mulher forçada recebe uma ração alimentar igual a de um prisioneiro, que ela divide com o concubino; às vezes, a ração da mulher é a única fonte de alimentação da família. Como a concubina é formalmente considerada uma operária, o colono paga ao governo por ela, como uma operária: ele é obrigado a transportar uma carga de uns vinte *pudi* de um distrito para outro ou entregar ao posto dez toras de madeira. Entretanto, essa formalidade só é obrigatória para o colono mujique e não é cobrada dos deportados que moram nos postos sem fazer nada. Terminado o tempo da pena, a mulher forçada é transferida para a categoria de colona e deixa de receber a ração alimentar e as roupas a que um prisioneiro tem direito; desse modo, em Sacalina, a passagem para a colonização não representa, nem de longe, um abrandamento do destino: para as forçadas, que recebem a ração do governo, a vida é mais fácil do que para as colonas e, portanto, quanto mais longa a pena nos trabalhos forçados, melhor para as mulheres; se a mulher for condenada à pena perpétua, isso significa que ela tem garantido seu pedaço de pão por toda a vida. Em geral, elas recebem o estatuto de camponesa após seis anos, como um privilégio.

As mulheres de condição livre que vieram voluntariamente acompanhando os maridos são, hoje em dia, mais numerosas na colônia do que nos trabalhos forçados e, em relação ao número total de mulheres deportadas, elas representam duas em cada três. Registrei 697 mulheres de condição livre; as mulheres forçadas, colonas e camponesas eram 1041 — ou seja, as mulheres livres representam 40% de todo o contingente populacional de mulheres adultas.[8] São diversos motivos que impelem as mulheres a deixar a terra natal e partir para a deportação por causa de um crime cometido pelos maridos. Algumas fazem isso por amor e piedade; outras, por uma forte convicção de que só Deus pode separar o marido e a esposa; outras, ainda, fogem de casa por vergonha; no sombrio ambiente rural, a desgraça do marido recai sempre também na esposa: quando, por exemplo, a esposa de um condenado vai lavar roupas num rio, as outras mulheres a chamam de forçada; outras, ainda, são atraídas para Sacalina por uma cilada preparada pelos maridos, como uma armadilha. Ainda no porão do navio, muitos presos escrevem para casa dizendo que em Sacalina faz calor e que a terra é abundante, o pão é

8 Nos primeiros dez anos, desde o início do transporte marítimo, de 1879 a 1889, nos navios da Frota Voluntária, foram transportados 8430 homens e mulheres forçados e 1146 familiares que os acompanhavam voluntariamente. [N.A.]

barato, as autoridades são cordiais; já na prisão, escrevem a mesma coisa, às vezes durante anos, inventando sempre novos atrativos, contando com a ignorância e a credulidade das esposas, e com certa razão, como os fatos muitas vezes comprovaram.[9] Por fim, outras vão para Sacalina porque continuam sob a forte influência moral do marido; é possível que elas mesmas tenham participado do crime ou tirado proveito de seus frutos e não foram a julgamento apenas por um acaso, por falta de provas. A maioria corresponde aos dois primeiros motivos: compaixão e piedade, que chegam ao autossacrifício, e também uma inexorável força de convicção. Entre as esposas que foram voluntariamente para acompanhar os maridos, além de russas, há também tártaras, judias, ciganas, polonesas e alemãs.[10]

Quando as mulheres de condição livre chegam a Sacalina, não são recebidas com especiais boas-vindas. Aqui está um episódio característico. No dia 19 de outubro de 1889, no navio *Vladivostok*, da Frota Voluntária, chegaram a

---

9 Um preso, numa carta, chegou até a se gabar de ter uma moeda de prata estrangeira. O tom dessas cartas é entusiasmado, festivo. [N.A.]

10 Acontece de os maridos irem à deportação para acompanhar as esposas condenadas. Em Sacalina, só há três desses maridos: os soldados reformados Andrei Naiduch e Andrei Tanin, em Aleksándrovski, e o camponês Jigúlin, em Dierbínskoie. Este último veio acompanhando a esposa e os filhos; é um velho, se faz passar por excêntrico, parece embriagado e é motivo de chacota na rua toda. Um velho alemão veio com a esposa para acompanhar o filho Gotlib. Ele não fala nenhuma palavra de russo. Perguntei, entre outras coisas, qual sua idade.

— Nasci em 1832 — respondeu em alemão, depois escreveu com giz, na mesa, 1890 e subtraiu 1832.

Um forçado, ex-comerciante, veio acompanhado de seu empregado, que, no entanto, só morou em Aleksándrovski por um mês, antes de voltar para a Rússia. Segundo o artigo 264 do "Estatuto dos deportados", os maridos judeus não podem seguir as esposas condenadas até a deportação, as quais só podem levar consigo os filhos lactentes, e isso apenas com o consentimento dos maridos. [N.A.]

Aleksándrovski trezentas mulheres de condição livre, adolescentes e crianças. Viajaram três ou quatro dias de Vladivostok até lá, no frio, sem comida quente e, entre elas, como me informou o médico, foram encontradas 26 doentes, com escarlatina, varíola e sarampo. O navio chegou no início da noite. O comandante, provavelmente com medo do mau tempo, fez questão de que os passageiros e a carga fossem desembarcados à noite. Descarregaram o navio entre meia-noite e duas da madrugada. Trancaram as mulheres e as crianças no porto, num galpão de barcos e num armazém construído para guardar mercadorias, e as doentes ficaram num galpão adaptado para enfermos que tinham de ser mantidos em quarentena. As bagagens dos passageiros foram despejadas desordenadamente numa lancha. De manhã, correu o boato de que, com as ondas, a lancha tinha se soltado e havia sumido no mar. O choro foi geral. Uma mulher, junto com as bagagens, perdeu trezentos rublos. Abriram um protocolo e concluíram que a culpa de tudo foi da tempestade; entretanto, no dia seguinte, na prisão, começaram a encontrar os objetos extraviados dos forçados.

No início de sua vida em Sacalina, a mulher livre parece desnorteada. A ilha e as circunstâncias dos trabalhos forçados a deixam atordoada. Em desespero, diz que, ao acompanhar o marido, não se iludia, esperava apenas o pior, mas que a realidade se revelou mais horrível do que todas suas expectativas. Assim que conversa brevemente com as mulheres que já chegaram há algum tempo e vê seu cotidiano maçante, adquire a convicção de que ela e os filhos estão perdidos. Embora restem ainda dez ou quinze anos para o fim da pena, ela já sonha com o continente e não quer nem ouvir falar de cuidar de uma propriedade na ilha, algo que lhe parece insignificante, indigno de atenção. Chora dia e noite, entre lamentações, lembrando seus familiares abandonados, como se tivessem morrido, e o marido, reconhecendo sua grande culpa em relação a ela, fica triste e calado, até que, afinal, perde a cabeça, começa a bater na mulher e passa a insultá-la por ter vindo para a ilha.

Se uma mulher livre chega sem dinheiro ou traz tão pouco que dá apenas para comprar uma isbá, e se não mandam nada de casa para ela e para o marido, em pouco tempo, a fome vai atacar. Salário não existe, não há onde pedir esmola, e ela e os filhos têm de se alimentar com a mesma ração que o marido forçado recebe da prisão na condição de preso, uma ração que mal dá para uma pessoa adulta.[11] Dia após dia, o pensamento só se move numa direção: o que comer e com o que alimentar os filhos. Por causa da fome constante, das acusações recíprocas por um pedaço de pão e por causa da convicção de que as coisas não vão melhorar, com o tempo, a alma se torna insensível, a mulher conclui que, em Sacalina, sentimentos delicados não vão encher a barriga de ninguém e então resolve ganhar moedas de cinco ou dez copeques "com o corpo", como ela diz. O marido também se torna insensível, não liga para a pureza, tudo isso lhe parece irrelevante. Assim que as filhas chegam aos catorze ou quinze anos, também entram no ramo; as mães as vendem em casa ou as entregam como concubinas para um colono rico ou para um guarda penitenciário. E tudo isso é feito com maior facilidade ainda, porque a mulher livre passa o tempo em completa ociosidade. Nos postos, não há absolutamente nada para fazer, e nos povoados,

---

11 Aqui, salta aos olhos a diferença entre a mulher livre, uma esposa legítima, e sua vizinha forçada, uma concubina, que recebe do governo três libras de pão por dia. Em Vladímirovka, uma mulher de condição livre foi acusada do assassinato do marido; se a condenarem aos trabalhos forçados, ela vai começar a receber a ração — ou seja, vai ficar numa situação melhor do que antes do julgamento. [N.A.]

especialmente nos distritos do norte, as atividades agrícolas são, de fato, insignificantes.

Além da carência e do ócio, a mulher livre conta ainda com uma terceira fonte de todas as desgraças: o marido. Ele pode beber ou desperdiçar no jogo de cartas sua ração, a roupa da mulher e até a dos filhos. Pode cometer um novo crime ou arriscar-se a fugir. Vi o colono Bíchevets, do distrito de Tímovski, preso na carceragem em Duê: é acusado de tentativa de homicídio; a esposa e os filhos moravam perto das casernas para as famílias, e a casa e a propriedade estavam abandonadas. Em Malo-Tímovo, o colono Kutcherenko fugiu, abandonando a esposa e os filhos. Se o marido não é do tipo que mata ou foge, mesmo assim, todo dia, a esposa vive com receio de que ele seja castigado, que lancem calúnias contra ele, que ele se esgote no trabalho, adoeça ou morra.

Os anos voam, a velhice se aproxima; o marido já cumpriu a pena de trabalhos forçados bem como o prazo de colono e é promovido para o estatuto de camponês. O passado fica no esquecimento, é perdoado e, com a perspectiva da partida para o continente, parece que vai começar uma vida nova, sensata, feliz. Às vezes, é o contrário. A esposa morre de tuberculose, o marido vai embora para o continente, já velho e sozinho; ou então é ela que fica viúva e não sabe o que fazer, para onde ir. Em Dierbínskoie, a esposa de condição livre Aleksandra Timofiéievna fugiu do marido molokane[12] e foi para a casa do pastor Akim, mora num casebre apertado, imundo, já teve uma filha com o pastor, e o marido arranjou outra mulher, uma concubina. As mulheres de condição livre Chulikina e Fedina, em Aleksándrovski,

---

12 Grupo religioso que se separou da Igreja ortodoxa russa no século XVIII. Bebiam leite em períodos em que isso era proibido pela Igreja oficial. Em russo, *molokó* quer dizer "leite".

também fugiram dos maridos e foram viver como concubinas. Nenila Karpenko enviuvou e agora mora com um colono. O forçado Altukhov fugiu para viver como vagabundo e sua esposa, Ekatierina, de condição livre, formou um casal ilegítimo.[13]

13 O "Estatuto dos deportados" também abre espaço para tratar das mulheres de condição livre. No artigo 85, "as mulheres que vão por vontade própria, não devem, durante todo o tempo do inquérito, ser separadas dos maridos nem ser sujeitas aos rigores da vigilância". Na Rússia europeia ou num navio da Frota Voluntária, elas estão livres de vigilância, mas na Sibéria, quando um grupo de condenados viaja a pé ou em carroças, a escolta não tem tempo de identificar, na multidão, quem é forçado e quem é livre. Na Transbaikália, calhou de eu ver homens, mulheres e crianças tomando banho juntos, no rio; a escolta, postada num semicírculo, não permitia que ninguém saísse daquele limite, nem as crianças. Nos artigos 173 e 253, as mulheres que acompanham os maridos voluntariamente "recebem roupa, calçados e dinheiro para a alimentação durante todo o percurso, até o local de destino", na mesma proporção da ração do preso. Mas no *Estatuto* não se diz como as mulheres de condição livre devem viajar pela Sibéria, se a pé ou em carroças. No artigo 406, elas têm permissão, com o consentimento dos maridos, de se afastarem temporariamente do local de deportação e irem para províncias interiores do império. Se o marido morrer na deportação ou se o casamento se dissolver em virtude de um novo crime, a esposa, segundo o artigo 408, pode regressar para a terra natal às expensas do governo.

Ao descrever a situação das esposas dos forçados e seus filhos, cuja única culpa consiste no fato de o destino ter lhes reservado o parentesco de um criminoso, Vlássov diz, em seu relatório, que esse "deve ser o aspecto mais sombrio de todo nosso sistema de deportação". Já me referi ao fato de as mulheres de condição livre serem alojadas de forma aleatória nos distritos e nas colônias e de a administração local lhes dedicar pouca atenção. Basta o leitor lembrar-se das casernas de Duê para as famílias. A circunstância de que as mulheres livres e seus filhos são mantidos em celas comuns, como numa prisão, em condições detestáveis, junto com presos jogadores de cartas, suas amantes e porcos, e de que são mantidas em Duê, ou seja, no lugar mais assustador e desesperado da ilha, ilustra de forma suficiente a política colonizadora e agrícola das autoridades locais. [N.A.]

XVII

Composição populacional por faixa de idade —
Situação familiar dos deportados — Os casamentos
— Natalidade — As crianças de Sacalina

Os números relativos à faixa etária da população de deportados, mesmo que se destacassem por uma exatidão ideal e fossem incomparavelmente mais completos do que aqueles que recolhi, ainda assim, não teriam quase nada a nos dizer. Em primeiro lugar, são dados colhidos de modo aleatório, pois não são condicionados por fatores naturais ou econômicos, mas sim por teorias jurídicas, pelo código penal existente, pelo arbítrio das pessoas que formam a direção prisional. Com a mudança da visão que temos da deportação, em geral, e de Sacalina, em particular, mudará também a composição populacional por faixa de idade; o mesmo acontecerá quando passarem a mandar para a colônia duas vezes mais mulheres ou quando tiver início a imigração livre, com a abertura da ferrovia siberiana. Em segundo lugar, numa ilha de deportação, com um regime de vida excepcional, esses números não têm absolutamente o mesmo significado que se verifica em condições normais, nos distritos de Tcherepoviets ou de Moscou. Por exemplo, o percentual insignificante de velhos em Sacalina não indica quaisquer condições desfavoráveis, como por exemplo um alto índice de mortalidade, mas apenas que os deportados, em sua maioria, conseguem terminar de cumprir sua pena e vão embora para o continente antes da chegada da velhice.

Hoje em dia, na colônia, predominam as pessoas entre os 25 e os 35 anos (24,3%) e entre 35 e 45 anos (24,1%).[1] A faixa entre vinte e 55 anos, que o dr. Griáznov chama de idade de trabalhar, dão à colônia 64,6%, ou seja, quase uma vez e meia mais do que se verifica na Rússia, em geral.[2] Infelizmente, a alta porcentagem e até o excesso de pessoas em idade de trabalhar, ou em idade produtiva, em Sacalina, não serve absolutamente como indicador de bem-estar econômico; mostra apenas um excesso de mão de obra, graças ao qual, apesar do imenso número de famintos, de ociosos e de incapazes, em Sacalina, constroem-se cidades e estradas excelentes. As dispendiosas construções permanentes e, ao mesmo tempo, a insegurança e a indigência das pessoas em idade produtiva fazem pensar em certas semelhanças entre a colônia atual e os tem-

1 Aqui está a tabela de faixas etárias que elaborei:

Idade	Homens	Mulheres
0 a 5	593	473
5 a 10	319	314
10 a 15	215	234
15 a 20	89	96
20 a 25	134	136
25 a 35	1419	680
35 a 45	1405	578
45 a 55	724	236
55 a 65	318	56
65 a 75	90	12
75 a 85	17	1
85 a 95	–	1
Idade ignorada	142	35

[N.A.]

2 No distrito de Tcherepoviets, as pessoas em idade de trabalhar constituem 44,9%; em Moscou, 45,4%; em Tambov, 42,7%. Ver o livro de V. I. Nikólski, *O distrito de Tambov: Estatística da população e da enfermidade*, 1885. [N.A.]

pos em que se formava artificialmente um excesso de mão de obra e, enquanto construíam catedrais e circos, as pessoas em idade produtiva suportavam carências extremas, exaustivas.

As crianças, isto é, pessoas entre zero e quinze anos de idade, também alcançam uma cifra elevada: 24,9%. Em comparação com os índices russos para a mesma faixa etária,[3] é um número baixo, mas para uma colônia de deportados, onde a vida familiar encontra condições tão desfavoráveis, é alto. A fecundidade das mulheres de Sacalina e a baixa mortalidade infantil, como o leitor verá abaixo, em breve farão subir mais ainda o percentual de crianças, talvez ele até alcance o nível da Rússia em geral. Isso é bom, porque, afora outras considerações relativas à colonização, a proximidade de crianças representa para os deportados um apoio moral e, de modo mais vivo do que qualquer outra coisa, faz recordar sua aldeia natal russa; além disso, os afazeres com os filhos salvam da ociosidade as mulheres deportadas; mas isso também é ruim, porque as pessoas em idade improdutiva, como cobram um preço da população e nada oferecem em troca, complicam mais ainda as dificuldades econômicas; aumentam a carência e, nesse aspecto, a colônia se situa em condições ainda mais ingratas do que a zona rural russa: as crianças de Sacalina que se tornam adolescentes ou adultos partem para o continente e, desse modo, as despesas que a colônia tem com elas não trazem nenhum retorno.

A idade que constitui a esperança e o fundamento de uma colônia que, se ainda não está madura, está amadurecendo, apresenta, em Sacalina, um percentual insignificante. As pessoas entre quinze e vinte anos, em todas as colônias, são apenas 185: 89 homens e 96 mulheres, ou seja, cerca de 2%. Delas, somente 27 são autênticos filhos da colônia, pois nasceram em Sacalina ou no caminho rumo à deportação; os demais são

---

3 No distrito de Tcherepoviets, 37,3%; em Tambov, cerca de 39%. [N.A.]

todos de fora. Porém, mesmo os que nasceram em Sacalina estão apenas esperando a partida dos pais ou maridos para o continente para irem embora junto com eles. Quase todos os 27 são filhos de camponeses prósperos, que já cumpriram sua pena e ficaram na ilha para acumular capital. Um exemplo são os Ratchkóvi, no povoado de Aleksándrovski. Até Maria Baranóvskaia, filha de um colono voluntário, nascida em Tchibissáni — hoje, ela tem dezoito anos —, não vai ficar em Sacalina, vai partir para o continente, com o marido. Entre aqueles que nasceram em Sacalina há vinte anos e que têm 21 anos, já não resta nenhum na ilha. Na colônia há, ao todo, 27 pessoas com vinte anos: treze foram enviados para os trabalhos forçados, sete vieram voluntariamente acompanhando os maridos e sete são filhos de deportados, jovens que já conhecem o caminho para Vladivostok e para o Amur.[4]

Em Sacalina, há 860 casais legítimos e 782 livres, e esses números definem de forma satisfatória a situação familiar dos deportados que moram na colônia. Em termos gerais, quase metade de toda a população adulta desfruta as bênçãos da vida conjugal. Todas as mulheres na colônia têm um par, por consequência a outra metade, ou seja, as 3 mil almas que vivem sozinhas, é formada apenas por homens. Entretanto, essa relação, por ser acidental, está sujeita a constantes flutuações. Assim, quando, em razão de um indulto do Soberano, cerca de mil novos colonos saem da prisão, de uma só vez, rumo a seus lotes

---

4 Pela tabela, se vê que, na idade infantil, os sexos se distribuem quase de forma equilibrada, mas, na faixa entre quinze e vinte anos e entre vinte e 25 anos, se observa até certo excesso de mulheres; no entanto, entre 25 e 35 anos, os homens alcançam quase o dobro e, na faixa da velhice, essa predominância pode-se dizer que é esmagadora. O pequeno número de velhos e a quase ausência de velhas mostram a carência, nas famílias de Sacalina, do elemento da experiência, da tradição. A propósito, toda vez que eu visitava uma prisão, me parecia que os velhos, ali, eram relativamente mais numerosos do que na colônia. [N.A.]

de terra, o percentual de solteiros na colônia aumenta; mas quando, como aconteceu pouco depois de minha partida, os colonos de Sacalina recebem autorização para trabalhar na estrada de ferro siberiana, em Ussúri, esse percentual diminui. Seja como for, o desenvolvimento do princípio familiar entre os deportados é tido como extremamente débil e, como causa principal do insucesso da colônia, até agora, é apontado exatamente o grande número de homens sem família.[5]

Agora, falta analisar por que, na colônia, o concubinato ilegítimo ou livre alcançou tamanho desenvolvimento e por que, examinando os números relativos à situação conjugal dos deportados, temos a impressão de que os deportados tendem, de forma renitente, a evitar o casamento legal. Pois, se não houvesse as mulheres de condição livre que vieram voluntariamente para acompanhar os maridos, os casais livres, na colônia, seriam quatro vezes mais numerosos do que os casais legítimos.[6] Quando me ditava os dados que eu anotava no caderno, o governador-geral chamou essa situação de "escandalosa" e, está claro, não culpou os deportados por isso. Como pessoas patriarcais e religiosas, em sua maioria, os deportados preferem o casamento legítimo. As cônjuges ilegítimas muitas vezes

5 Todavia, não há nenhuma prova de que a consolidação de uma colônia dependa principalmente, nos primeiros tempos, do desenvolvimento do princípio familiar; sabemos que o bem-estar de Virgínia se consolidou antes de começarem a levar mulheres para lá. [N.A.] 6 A julgar apenas pelos números brutos, poderíamos chegar à conclusão de que a forma de casamento na Igreja é a mais inadequada para os deportados russos. Nos cadastros oficiais de 1887, por exemplo, se vê que no distrito de Aleksándrovski havia 211 mulheres. Delas, só 34 estavam legalmente casadas, enquanto 136 viviam em concubinato com forçados e colonos. No distrito de Tímovski, no mesmo ano, de 194 mulheres forçadas, onze viviam com maridos legais, mas 161 viviam em concubinato. De 198 colonas, 33 eram casadas e 118, concubinas. No distrito de Korsákov, nenhuma das mulheres forçadas vivia com um marido; 115 viviam casadas ilegalmente; de 21 colonas, só quatro eram casadas. [N.A.]

pedem às autoridades permissão para trocar de marido, mas a maior parte de tais pedidos precisa ser negada, por razões que não dependem da administração local nem dos deportados. A questão é que, além da privação de todos os direitos da posição social do deportado, são afetados também os direitos de homem casado, ele deixa de existir para a família, como se tivesse morrido, entretanto seu direito de casar na deportação não é determinado pelas circunstâncias decorrentes de sua vida dali para a frente, mas sim pela vontade do cônjuge que não foi condenado e que permanece na terra natal. É necessário que esse cônjuge concorde com a dissolução do casamento, conceda o divórcio e só então o condenado pode contrair novo matrimônio. Os cônjuges que ficaram para trás não costumam dar seu consentimento: alguns, por convicção religiosa de que o divórcio é pecado; outros, porque acham que a dissolução do casamento é algo desnecessário, ocioso, um capricho, sobretudo quando os dois cônjuges já estão perto dos quarenta anos. "E por acaso ele está em idade de casar com alguém?", raciocina a esposa, quando recebe do marido a carta a respeito do divórcio. "Ora, seu cachorro velho, era melhor pensar na sua alma." Outros negam porque temem entrar num processo extremamente complicado, enervante e caro, como é um divórcio, ou simplesmente porque não sabem para onde encaminhar a petição e como começar. A culpa do fato de os forçados não casarem legalmente recai, não raro, nas imperfeições das certidões do registro civil, que engendram, em cada caso específico, toda uma série de formalidades que só servem para levar o deportado, que já desperdiçou muito com escrivães, selos e telegramas, a acabar desistindo, em desespero, e decidindo que não vai mais formar um casal legítimo. Muitos forçados simplesmente não têm certidão nenhuma; também existem certidões nas quais não consta a posição familiar do forçado ou em que ela aparece de forma obscura ou incorreta; entretanto, afora a certidão do registro civil, o forçado não tem qualquer outro documento para mostrar, em caso de necessidade.[7]

Dados sobre o número de casamentos realizados na colônia podem ser obtidos nos livros dos registros paroquiais; porém, como o casamento legal, na ilha, constitui um luxo que não está ao alcance de todos, esses dados estão longe de indicar a verdadeira carência da população no campo da vida matrimonial; em Sacalina, as pessoas não se casam quando precisam, mas quando podem. A idade média de quem se casa, na ilha, é um número absolutamente vazio: a partir desse índice, é impossível tirar conclusões sobre a prevalência dos casamentos tardios ou precoces e extrair daí quaisquer deduções, pois, para a maioria dos deportados, a vida conjugal começa muito antes da cerimônia da igreja e, quando se casam, os noivos já têm filhos. Nos livros paroquiais, por ora, só se pode saber que, nos últimos dez anos, a maioria dos casamentos ocorreu em janeiro; nesse mês, foi realizado quase um terço dos

---

7 O príncipe Chakhovskói, em seu *Dossiê sobre a organização de Sacalina*, escreveu, entre outras coisas: "Consideráveis dificuldades para a realização de casamentos decorrem das certidões de registro civil, nas quais muitas vezes não consta a religião e a posição familiar, e principalmente não se sabe se houve o divórcio do cônjuge que ficou na Rússia; obter essa informação e alcançar o divórcio por meio do consistório de Sacalina é uma missão quase impossível".

Como ilustração, eis como se organiza uma família na colônia. Em Máloie Takoê, a forçada Soloviova Praskóvia vive em concubinato com o colono Kudrin, que não pode casar com ela, porque deixou uma esposa na terra natal; a filha dessa Praskóvia, Natália, de dezessete anos, de condição livre, é concubina do colono Gorodínski, que, pela mesma razão, não vai casar com ela. O colono Ignátiev, em Novo-Mikháilovka, queixou-se comigo de que não deixam que ele case com sua concubina, porque não consegue comprovar sua situação conjugal, "por causa da antiguidade"; sua concubina me implorou que eu fizesse diligências a respeito e disse: "É pecado viver assim, já não somos crianças". Tais exemplos podem chegar a algumas centenas. [N.A.]

matrimônios. O aumento do número de casamentos no outono é insignificante em comparação com janeiro e, portanto, é impossível falar em semelhanças com nossos distritos agrícolas. Os casamentos realizados em condições normais por filhos de deportados, que são pessoas livres, são todos precoces; os noivos têm idade entre dezoito e vinte anos e as noivas, entre quinze e dezenove. Porém, na faixa entre quinze e vinte anos, há mais moças livres do que homens, pois eles costumam ir embora da ilha antes de chegarem à idade de casar; e, provavelmente, por conta da falta de noivos e, em parte, em virtude de considerações econômicas, foi elevado o número de casamentos com grande diferença de idade entre os noivos; moças livres, quase meninas ainda, foram cedidas pelos pais a colonos e camponeses idosos. Muitos sargentos, cabos, enfermeiros militares, escrivães e guardas penitenciários casaram, mas contemplaram apenas moças de quinze ou dezesseis anos.[8]

8 Sargentos e, em especial, guardas penitenciários são considerados noivos invejáveis em Sacalina; nesse aspecto, eles têm plena noção de seu valor e comportam-se com as noivas e seus pais com a arrogância desenfreada que levou N. S. Leskov a detestar tanto "as bestas episcopais esfomeadas". Em dez anos, houve várias *mésalliances* [casamentos entre noivos de condições sociais díspares]. Um registrador colegiado casou com a filha de um forçado, um conselheiro da corte casou com a filha de um colono, um capitão, com a filha de um colono, um comerciante, com uma deportada camponesa, uma mulher da nobreza casou com um colono. Os raros casos em que membros da intelligentsia casam com filhas de deportados são extremamente louváveis e, com certeza, não deixam de exercer uma influência benéfica na colônia. Em janeiro de 1880, na igreja de Duê, houve o casamento de um forçado com uma mulher guiliaque. Em Ríkovskoie, registrei Grigóri Sivokobilka, de onze anos, cuja mãe é uma guiliaque. No geral, casamentos entre russos e indígenas são muito raros. Contaram-me de um guarda penitenciário que vivia com uma guiliaque, a qual teve um filho e quer ser batizada, para poder casar na Igreja. O padre Irákli conheceu um iacuto deportado que era casado com uma georgiana; os dois compreendiam pouco a língua russa. No que tange aos muçulmanos, na deportação, eles não abrem mão da poligamia e alguns têm duas esposas; assim, Djaksanbiétov, em

Os casamentos são comemorados de maneira modesta e maçante; no distrito de Tímovski, dizem que às vezes há casamentos alegres, barulhentos e quem mais faz barulho são os ucranianos. Em Aleksándrovski, onde há uma tipografia, os deportados têm o costume de enviar convites impressos antes do casamento. Os forçados tipógrafos estão fartos de imprimir ordens de serviço e ficam felizes de exibir sua arte e, no desenho e no texto, seus convites pouco diferem dos de Moscou. O governo oferece uma garrafa de bebida para cada casamento.

Aleksándrovski, tem duas esposas — Bátima e Sassena — e Abubakírov, em Korsákov, também tem duas esposas — Ganosta e Verkhónissa. Em Andreie-Ivánovskoie, vi uma tártara extraordinariamente bonita, de quinze anos, comprada pelo marido por cem rublos; quando o marido não está em casa, ela fica sentada na cama e os colonos ficam olhando para ela, através da porta, e se apaixonam.

O "Estatuto dos deportados" permite que os forçados de ambos os sexos casem apenas um ou três anos depois de ingressarem na categoria dos presos "em regeneração"; obviamente, a mulher que ingressou na colônia, mas se encontra ainda na categoria dos presos "em estágio probatório", só pode ser concubina, e não esposa. Os homens deportados têm permissão de casar com criminosas, e as pessoas do sexo feminino que foram privadas de todos os direitos civis, antes da promoção ao estatuto de camponesas, só podem casar com deportados. Na Sibéria, a mulher de condição livre que se casa com um deportado em primeiras núpcias recebe do governo cinquenta rublos; o colono, na Sibéria, que se casa em primeiras núpcias com uma deportada ganha quinze rublos a fundo perdido e uma soma igual a título de empréstimo.

No *Estatuto*, nada se diz a respeito de casamentos de pessoas errantes, ou vagabundos. Ignoro por meio de quais documentos se determine sua posição familiar e sua idade, na hora de casar. A primeira notícia que tive de que, em Sacalina, eles se casam, me chegou no seguinte documento, redigido em forma de petição: "Vossa Excelentíssima, senhor comandante da ilha de Sacalina. Certidão do colono Ivan, do distrito de Tímovski, do povoado de Ríkovskoie, de pais ignorados e 35 anos. Que eu, de nome Esquecido, casei em matrimônio legal com a colona Maria Beriéznikova, no ano passado, 1888, no dia 12 de novembro". Dois colonos assinaram em seu lugar, por ser analfabeto. [N.A.]

O índice de natalidade na colônia é visto pelos próprios deportados como extremamente elevado e isso dá motivo a constantes gracejos sobre as mulheres e a diversos comentários sagazes. Dizem que, em Sacalina, o próprio clima predispõe as mulheres à gravidez; as velhas dão à luz, bem como até mesmo aquelas que, na Rússia, eram inférteis e já nem esperavam mais ter filhos. As mulheres parecem ter pressa para povoar Sacalina e muitas vezes dão luz a gêmeos. Uma parturiente já de certa idade, em Vladímirovka, que tinha já uma filha adulta, depois de ouvir muitas conversas sobre gêmeos, esperava também ter gêmeos e ficou desgostosa quando teve só um filho. "Procure mais um pouco", pediu para a parteira. O nascimento de gêmeos não ocorre em Sacalina com frequência maior do que nos distritos russos. No período de dez anos antes de primeiro de janeiro de 1890, nasceram na colônia 2275 crianças de ambos os sexos, mas houve só 26 casos dos chamados nascimentos frutíferos.[9] Todas essas conversas um tanto exageradas sobre a extraordinária fecundidade das mulheres, gêmeos etc. indicam o grande interesse da população deportada em relação ao índice de natalidade e seu importante significado na ilha.

Como os números da população estão sujeitos a flutuações em consequência dos constantes afluxos e refluxos populacionais, aleatórios como num mercado, a determinação de um coeficiente da natalidade geral na colônia durante alguns anos é algo que pode ser considerado um luxo inacessível; deduzir esse índice é tanto mais difícil, porque o material numérico que eu e outros conseguimos reunir é de volume muito modesto; a composição numérica da população em anos passados é ignorada e sua reconstituição, depois que travei contato com o material arquivado nas secretarias, me pareceu um verdadeiro trabalho de escravos egípcios, que além do mais levaria a resultados muito duvidosos.

---

9 Esses dados numéricos foram tomados por mim nos livros de registros paroquiais e se referem apenas à população cristã ortodoxa. [N.A.]

Só se pode determinar um coeficiente de forma aproximada e apenas para o momento presente. Em 1889, nas quatro paróquias, nasceram 352 crianças de ambos os sexos; em condições normais, na Rússia, tal quantidade de crianças nasce anualmente em locais em que a população é de 7 mil almas;[10] e eram exatamente 7 mil pessoas, e mais algumas centenas, que moravam na colônia em 1889. O coeficiente de natalidade local, obviamente, é apenas um pouco mais elevado do que na Rússia em geral (49,8) e do que nos distritos russos como, por exemplo, em Tcherepoviets (45,4). Pode-se reconhecer que a natalidade em Sacalina, em 1889, foi relativamente da mesma grandeza do que na Rússia em geral e, se houve diferença nos coeficientes, ela foi pequena, provavelmente irrelevante. No entanto, entre duas localidades com coeficientes de natalidade idênticos, aquela em que as mulheres são em número relativamente menor será também aquela em que a fecundidade das mulheres é mais elevada, e a partir daí se pode admitir, obviamente, que a fecundidade em Sacalina é significativamente superior à da Rússia em geral.

A fome, a saudade da terra natal, as tendências pervertidas, a escravidão — a soma total das condições desfavoráveis da deportação não cancela a capacidade reprodutiva dos deportados; contudo, sua presença não significa bem-estar. As causas da elevada fecundidade das mulheres e também do índice de natalidade são, em primeiro lugar, a ociosidade dos deportados que moram na colônia, a permanência compulsória de concubinos e maridos em casa, pois não trabalham fora e não têm empregos, e a monotonia da vida, na qual a satisfação dos instintos sexuais, muitas vezes, constitui a única diversão possível; e, em segundo lugar, a circunstância de que a maioria das mulheres está em idade reprodutiva. Além dessas causas

---

10 Considerando, segundo Ianson, que a natalidade é de 49,8 ou quase cinquenta por mil. [N.A.]

imediatas, existem, provavelmente, causas remotas, ainda inacessíveis para a observação direta. Talvez se deva encarar a natalidade elevada como um recurso que a natureza oferece à população para lutar contra influências nocivas, destrutivas, e antes de tudo contra inimigos naturais, como a escassez populacional e a falta de mulheres. Quanto maior o perigo que ameaça a população, maior o número de nascimentos e, nesse sentido, as condições desfavoráveis podem ser consideradas como um fator da elevação da natalidade.[11]

De 2275 nascimentos num período de dez anos, o *maximum* se verifica nos meses de outono (29,2%), o *minimum* na primavera (20,8%), e no inverno (26,2%) o índice foi maior do que no verão (23,6%). O índice mais elevado de gestações e de nascimentos se verificou, até agora, no semestre entre agosto e fevereiro e, nesse aspecto, o tempo de dias curtos e noites compridas foi mais favorável do que a nublada e chuvosa primavera e do que o próprio verão.

Hoje em dia, em Sacalina, há 2122 crianças ao todo, incluindo os adolescentes que completaram quinze anos em 1890. Entre elas, 644 vieram da Rússia com os pais e 1473 nasceram em Sacalina e no trajeto rumo à deportação; há cinco crianças cujo local de nascimento eu ignoro. O primeiro grupo é quase três vezes menor; em sua maioria, chegaram à ilha já na idade em que as crianças têm consciência das coisas: recordam e amam a terra natal; o segundo grupo, os nativos de Sacalina, nunca viram nada melhor do que Sacalina e devem sentir apego por ela, como sua verdadeira terra natal. No geral, os dois grupos diferem significativamente. Assim, no primeiro grupo,

---

11 As catástrofes agudas e que passam ligeiro, como a safra ruim, a guerra etc., reduzem a natalidade; as desgraças crônicas, como a mortalidade infantil elevada e, talvez, também o cativeiro, a condição de servidão, a deportação etc., aumentam a natalidade. Em algumas famílias, junto com a degeneração psíquica, se observa também o aumento da natalidade. [N.A.]

os nascimentos ilegítimos são só 1,7%; já no segundo, 37,2%.[12] Os membros do primeiro grupo se denominam livres; em sua grande maioria, nasceram ou foram concebidos antes do julgamento e por isso conservam todos os direitos de sua situação original. Já as crianças nascidas na deportação não têm uma denominação própria; com o tempo, serão inscritas numa determinada categoria social e irão se chamar de camponeses ou pequeno-burgueses, mas agora sua posição social é definida assim: filho ilegítimo de um forçado, filha de um colono, filha ilegítima de uma deportada etc. Quando uma nobre, esposa de um deportado, soube que tinham registrado seu filho, no livro paroquial, como filho de um colono, dizem que ela chorou amargamente.

Crianças lactentes e menores de quatro anos quase não existem no primeiro grupo: predominam nesse grupo as crianças que estão na chamada idade escolar. No segundo grupo, das nascidas em Sacalina, ao contrário, predominam as de idade mais baixa e, além disso, quanto mais velha a criança, menor o número de crianças da sua idade, e se representarmos num gráfico a idade das crianças desse grupo, veremos uma acentuada curva descendente. Nesse grupo, há 203 crianças com menos de um ano, 45 entre nove e dez anos, e só onze, entre quinze e dezesseis. Como eu já disse, não restou em Sacalina nenhum nativo da ilha com vinte anos de idade. Desse modo, a escassez de adolescentes e de jovens é compensada pelos que chegaram depois, que por enquanto são os únicos que se apresentam como jovens noivos e noivas. O baixo percentual de crianças de idade mais elevada entre os nativos de Sacalina se explica, também, pela mortalidade infantil e pelo fato de que, em anos anteriores, havia menos mulheres na ilha e, por isso, nasciam

---

12 Os filhos ilegítimos do primeiro grupo são filhos de mulheres forçadas, nascidos, em sua maior parte, depois do julgamento e na prisão; já nas famílias que vieram voluntariamente acompanhando os cônjuges ou os pais, não existem filhos ilegítimos. [N.A.]

menos crianças, mas a culpa maior recai na emigração. Os adultos, ao partirem para o continente, não deixam os filhos, levam-nos consigo. Os pais dos nativos de Sacalina, em geral, começam a cumprir a pena muito antes de terem filhos e, enquanto as crianças nascem, crescem e chegam aos dez anos, os pais, em sua maioria, já passaram para o estatuto de camponeses e foram embora para o continente. A situação dos filhos que nasceram antes de ir para a ilha é muito distinta. Quando os pais são mandados para Sacalina, o filho já tem cinco, oito, dez anos de idade; enquanto os pais cumprem a pena como forçados ou colonos, os filhos deixam para trás a idade infantil e depois, enquanto os pais ainda estão empenhados em obter o estatuto de camponeses, os filhos já se tornaram trabalhadores e, antes mesmo de irem embora de vez para o continente, às vezes já conseguiram empregos temporários em Vladivostok e Nikoláievsk. Em todo caso, na colônia, não ficam nem os que vieram de fora nem os nascidos na ilha e, por isso, todos os postos e povoados de Sacalina até hoje poderiam ser chamados, de maneira mais fidedigna, não de colônias, mas de locais de assentamento temporário.

O nascimento de mais uma pessoa na família não é bem recebido; junto ao berço, não cantam e só se ouvem lamentos sinistros. Os pais e as mães dizem que os filhos não têm o que comer, que em Sacalina eles não têm nada de bom para aprender e "o melhor é que Deus misericordioso os leve embora depressa". Se a criança chora ou faz bagunça, gritam para ela, com raiva: "Cala a boca, senão vai morrer!". No entanto, por mais que falem e se lamentem, as pessoas mais úteis, mais necessárias e mais simpáticas em Sacalina são as crianças, e os próprios deportados entendem isso muito bem e dão muito valor a elas. Na família empedernida, moralmente desgastada, de Sacalina, as crianças introduzem um elemento de ternura, pureza, docilidade e alegria. Apesar de sua inocência, as crianças amam, mais que tudo no mundo, a mãe malvada e o pai ladrão e, se o deportado que perdeu na prisão o costume do carinho se comove com o apego de um cachorro, que valor não deverá ter, para ele, o amor de uma criança! Eu já disse que a presença de crianças oferece para os deportados um apoio moral, mas agora acrescento que as crianças, muitas vezes, constituem a única coisa que ainda prende à vida os homens e as mulheres deportados, que os resgata do desespero, da degradação definitiva. Certa vez, me ocorreu de registrar duas mulheres de condição livre, que vieram voluntariamente para acompanhar os maridos e moram na mesma casa; uma delas, sem filhos, enquanto eu estive na isbá, resmungava o tempo todo contra o destino, escarnecia de si mesma, se chamava de burra e desgraçada por ter ido para Sacalina, cerrava os punhos de modo convulsivo, e tudo isso na presença do marido, que estava ali e olhava para mim com ar de culpa, enquanto a outra, "filhada", como é costume dizer em Sacalina, ou seja, que tinha alguns filhos, se mantinha calada, e eu pensava que a situação da primeira, a sem filhos, devia ser mesmo horrível. Lembro que, ao registrar, numa isbá, um menino tártaro de três anos, de barrete na cabeça e olhos muito afastados um do outro, eu disse para ele algumas palavras carinhosas e, de repente, o rosto indiferente do pai, um tártaro de Kazan, se iluminou e ele inclinou a cabeça com alegria, como se estivesse concordando comigo e dissesse que o filho era mesmo um bom menino, e me pareceu que aquele tártaro estava feliz.

Por tudo que foi dito antes, o leitor pode entender sob quais influências se educam as crianças de Sacalina e que impressões determinam sua formação espiritual. Aquilo que na Rússia, nas cidades e no campo, é terrível, aqui é algo habitual. As crianças, com olhos indiferentes, assistem à passagem dos grupos de condenados, presos em correntes; quando os acorrentados empurram um carrinho de mão com areia, as crianças se penduram ao lado e dão risadas. Um menino, ao sair para a rua, grita para seus camaradas: "Sentido!", "Descansar!". Ou então mete num saco seus brinquedos e um pedaço de pão e diz para a mãe: "Vou vagabundear". "Cuidado para que um soldado não atire em você", brinca a mãe; ele vai para a rua e fica vagabundeando ali, enquanto seus camaradas, que fazem o papel de soldados, o capturam. As crianças de Sacalina falam de vagabundos, vergastas, açoites, sabem o que são os carrascos, as correntes, os concubinos. Ao percorrer as isbás em Viérkhni Armudan, entrei numa casa onde não havia ninguém mais velho; na isbá, estava apenas um menino de dez anos, louro, de ombros curvados, descalço; o rosto pálido, coberto de sardas grandes, parecia de mármore.

— Qual o patronímico de seu pai? — perguntei.

— Não sei — respondeu.

— Como não sabe? Mora com o pai e não sabe como ele se chama? Que vergonha.

— Ele não é meu pai de verdade.

— Como não é o pai de verdade?

— Ele é o concubino da mamãe.

— Sua mãe é casada ou viúva?

— Viúva. Ela veio por causa do marido.

— O que quer dizer "por causa do marido"?

— Ela matou.

— E você se lembra do seu pai?

— Não lembro. Sou filho ilegítimo. Minha mãe me pariu em Kara.

As crianças de Sacalina são pálidas, magras, apáticas; se vestem com andrajos e querem comer o tempo todo. Como o leitor verá abaixo, elas morrem quase exclusivamente de enfermidades do aparelho digestivo. Vivem mal alimentadas, às vezes passam um mês inteiro só comendo nabiças, e nas famílias remediadas, comendo apenas peixe seco e salgado. A temperatura baixa e a umidade liquidam o organismo da criança lentamente, na maior parte das vezes, por uma espécie de esgotamento, pouco a pouco degenerando todos os tecidos do corpo; não fosse a emigração, dentro de uma ou duas gerações, provavelmente, a colônia apresentaria toda sorte de enfermidades causadas por profundos distúrbios alimentares. Hoje em dia, os filhos de colonos e forçados muito pobres recebem do governo as chamadas "alimentícias": as crianças entre um e quinze anos recebem um rublo e meio, os órfãos de pai e mãe, deficientes, com deformações e gêmeos recebem três rublos por mês. O direito da criança a esse auxílio é determinado pela observação pessoal de funcionários, que entendem a expressão "muito pobres" cada um à sua maneira;[13] os pais e as mães

13 O tamanho do subsídio depende também do que o funcionário entende como criança deficiente e como deformidades: se são apenas os mancos, os manetas e os corcundas ou também os escrofulosos, os retardados e os cegos.
 Como ajudar as crianças de Sacalina? Antes de tudo, parece-me que o direito à ajuda não deve estar subordinado às exigências de noções como "muito pobre", "deficiente" etc. É preciso ajudar todos os que pedem, sem exceções, e sem temer fraudes: é melhor ser enganado do que cometer um engano. A forma da ajuda é determinada pelas condições locais. Se dependesse de mim, com o dinheiro usado hoje em dia para pagar as "alimentícias", eu construiria, nos postos e povoados, casas de chá para todas as mulheres e crianças, distribuiria alimentos e roupas em abundância, sem excluir as grávidas e lactantes, e reservaria as "alimentícias" de um rublo e meio e três rublos por mês apenas para as meninas de treze anos ou mais, até o casamento, e daria esse dinheiro diretamente em suas mãos.
 Todo ano, os filantropos mandam de Petersburgo donativos para as crianças de Sacalina, casaquinhos, botas de feltro, gorros, acordeões, livrinhos religiosos, penas para escrever. O comandante da ilha, ao receber essas coisas, convida as damas locais para cuidar da distribuição dos donativos. Dizem que esses objetos acabam usados pelos pais para pagar bebidas e fazer apostas de jogo, dizem que melhor seria, em lugar de acordeões, mandar comida etc., mas as pessoas generosas não devem dar ouvidos a tais comentários. Em geral, as crianças ficam muito contentes e os pais e as mães ficam infinitamente agradecidos. Seria inteiramente apropriado se os benfeitores interessados no destino dos filhos dos deportados recebessem, todo ano, as informações mais precisas possíveis sobre as crianças de Sacalina: seu número, sua distribuição por sexo e idade, o número de alfabetizados, de não cristãos etc. Se o benfeitor souber, por exemplo, quantas crianças são alfabetizadas, ele saberá quantos livretos ou lápis é preciso mandar, para que ninguém se

gastam a seu critério o rublo e meio ou os três rublos que recebem. Essa ajuda pecuniária, que depende de tantos critérios e que, por conta da pobreza e da falta de consciência dos pais, raramente alcança sua finalidade, há muito já deveria ter sido abolida. Ela não reduz a pobreza, apenas a mascara, obrigando as pessoas mal informadas a pensar que, em Sacalina, as crianças estão bem providas.

sinta prejudicado, e é muito mais cômodo escolher os brinquedos e as roupas levando em conta o sexo, a idade e a nacionalidade das crianças. Em Sacalina, é necessário retirar todas as questões relativas à filantropia da jurisdição da polícia, a qual, sem isso, já está sobrecarregada de afazeres, e deixar a organização dos donativos por conta da intelligentsia local; nesse meio, não são poucas as pessoas que ficariam felizes de assumir essa tarefa vivificante. Em Aleksándrovski, às vezes, no inverno, são apresentados espetáculos amadores em benefício das crianças. Há pouco tempo, no posto de Korsákov, os servidores juntaram dinheiro, com uma lista de doadores, compraram vários tecidos e as esposas costuraram trajes e roupas de baixo, que distribuíram para as crianças.

As crianças representam um fardo, no aspecto econômico, e um castigo divino pelos pecados, mas isso não impede que os deportados que não têm filhos acolham e adotem filhos alheios. Os que têm filhos exprimem o desejo de que seus filhos morram, mas os que não têm filhos cuidam dos órfãos como seus filhos. Acontece de deportados adotarem órfãos e pobres tendo em vista receber a ajuda alimentícia e qualquer outra ajuda, e até para que os adotivos peçam esmola na rua, mas na maioria dos casos, provavelmente, são motivações honestas que movem os deportados. No quesito "crianças", são incluídas não só as crianças como também adultos e até velhos. Assim, o colono Ivan Nóvikov Primeiro, de sessenta anos, se considera filho adotivo do colono Evguíeni Efímov, de 42 anos. Em Ríkovskoie, Elissiei Maklákov, de setenta anos, se registrou como filho adotivo de Iliá Mináiev.

Segundo o "Estatuto dos deportados", as crianças de pouca idade que seguem para a Sibéria com os deportados, ou com os pais removidos para lá, são transportadas em carroças e cada carroça comporta cinco pessoas; quais as crianças que estão incluídas na categoria "de pouca idade", o *Estatuto* não especifica. As crianças que acompanham os pais ganham roupas, calçados e dinheiro para a alimentação durante todo o trajeto. Quando a família acompanha voluntariamente o condenado, os filhos com mais de catorze anos só viajam se assim desejarem. Os filhos com mais de dezessete anos podem deixar o local de deportação e retornar para a terra natal sem autorização dos pais. [N.A.]

XVIII

Os afazeres dos deportados — A agricultura — A caça
— A pesca — A pesca sazonal: o salmão e o arenque —
A atividade pesqueira na prisão — O artesanato

A ideia de direcionar o trabalho dos forçados e o dos colonos para a agricultura, como eu já disse, surgiu logo no início da deportação em Sacalina. Em si, a ideia é muito atraente: o trabalho agrícola, aparentemente, contém todos os elementos necessários para ocupar o deportado, inspirar o apreço pela terra e até regenerá-lo. Além disso, é um trabalho útil para a grande maioria dos deportados, pois nossos trabalhos forçados são uma instituição em que a maioria é de mujiques e, entre forçados e colonos, só um décimo não pertence à classe agrária. E essa ideia teve sucesso; pelo menos até recentemente, a principal atividade dos deportados em Sacalina era tida como a agricultura e a colônia não deixou de ser chamada de colônia agrícola.

Em Sacalina, durante todo o tempo da existência da colônia, todos os anos, araram e semearam a terra; não houve interrupção e, com o aumento da população, todo ano a área de cultivo foi ampliada. O trabalho do lavrador local era não só compulsório como também árduo e, se considerarmos como sinais essenciais dos trabalhos forçados a coerção e a aplicação da força física, subentendidos pela palavra "árduo", nesse sentido seria difícil encontrar uma atividade mais apropriada para os criminosos do que a lavoura em Sacalina; por enquanto, ela tem satisfeito as finalidades penais mais rigorosas.

Mas será que foi produtiva, será que atendeu também as finalidades da colonização? Sobre isso, desde o início da deportação em Sacalina até os tempos atuais, foram apresentadas as opiniões mais díspares e extremadas, na maior parte das vezes. Alguns achavam que Sacalina era uma ilha fertilíssima e a classificavam assim em seus relatórios e em suas correspondências, e até, como dizem, enviaram telegramas entusiásticos, dizendo que os deportados finalmente estariam em condições de se alimentar com seu trabalho e que o governo não precisaria mais ter despesas com eles; porém outros trataram a agricultura em Sacalina com ceticismo e comunicaram, em tom taxativo, que a atividade agrícola na ilha era impensável. Esse desacordo decorria do fato de que, em grande parte, as pessoas que avaliavam a agricultura em Sacalina desconheciam a verdadeira dimensão desse ramo de atividade. A colônia foi fundada numa ilha ainda inexplorada; do ponto de vista científico, ela se apresentava como uma verdadeira *terra incognita*;[1] e, quanto às suas condições naturais e à possibilidade da agricultura, avaliavam apenas por alguns sinais, como a latitude geográfica, a proximidade do Japão, a presença de bambu, de sobreiro etc. Para jornalistas incidentais, que não raro avaliavam tudo com base nas primeiras impressões, tinha importância decisiva a circunstância de pegarem um tempo bom ou ruim, o pão e a manteiga que lhes ofereciam nas isbás e terem ido, de saída, para um lugar soturno, como Duê, ou para um local de aspecto animado, como Siantsi. Os funcionários encarregados de gerir a colônia agrícola, em sua grande maioria, antes de começarem a exercer seu cargo, não eram proprietários de terra nem camponeses e não tinham nenhum conhecimento de agricultura; para seus registros, usaram sempre apenas as informações que os guardas penitenciários lhes forneciam. Já os agrônomos locais eram inexperientes em sua especialidade e ou não

1 Latim: terra desconhecida.

faziam nada ou seus relatórios se destacavam pela flagrante tendenciosidade, ou ainda, como iam direto dos bancos escolares para a colônia, no início eles se limitavam ao aspecto teórico e formal de sua atividade e, para seus relatórios, serviam-se das informações colhidas por funcionários subalternos para suas secretarias.[2] Seria de imaginar que informações

2 Em suas resoluções sobre o relatório do inspetor agrícola de 1890, o comandante da ilha diz: "Agora, enfim, existe um documento, talvez ainda longe de ser incontestável, mas pelo menos baseado em dados da observação, colhidos e analisados por um especialista, sem o desejo de agradar a quem quer que seja". Chama o relatório de "primeiro passo nessa direção"; logo, todos os relatórios anteriores a 1890 foram escritos com o desejo de agradar a alguém. Mais adiante, em sua resolução, o general Kononóvitch diz que as únicas fontes de informação sobre a agricultura em Sacalina, antes de 1890, eram "invenções ociosas".

O funcionário agrônomo em Sacalina é chamado de inspetor agrícola. Um cargo de sexta classe na escala do funcionalismo, com bom salário. Depois de dois anos na ilha, o inspetor atual apresentou um relatório; é um pequeno trabalho de gabinete em que não existem observações pessoais do autor e suas conclusões não se destacam pela clareza; em compensação, no relatório, são apresentadas breves informações sobre a meteorologia e a flora, que dão uma imagem bastante clara das condições naturais da parte povoada da ilha. Esse relatório foi publicado e, provavelmente, será incluído na literatura relativa a Sacalina. No que concerne aos agrônomos que trabalharam antes, tiveram todos muita má sorte. Já mencionei mais de uma vez M. S. Mitsul, que foi agrônomo, depois se tornou diretor e, no fim, morreu de angina do peito, antes de completar 45 anos. Outro agrônomo, segundo contam, tentou com afinco provar que a agricultura era impossível em Sacalina, mandou documentos e telegramas para vários lugares e acabou morrendo também, parece que vítima de uma profunda perturbação nervosa; pelo menos, hoje ele é lembrado como honesto e estudioso, embora louco. Um terceiro "diretor do departamento de agronomia" foi um polonês, demitido pelo comandante da ilha por causa de um escândalo raro nos anais dos funcionários: a ordem era que lhe dessem o dinheiro da viagem na condição de "mostrar as condições acertadas com o condutor de trenó de cachorros que o transportou até Nikoláievsk"; o diretor, obviamente, temia que o agrônomo se apoderasse do dinheiro da viagem e ficasse na ilha para sempre (ordem nº 349, 1888). O quarto agrônomo foi um alemão que não fez nada e mal entendia

mais fidedignas poderiam provir das próprias pessoas que aram e semeiam a terra, mas essa fonte se revelou incerta. Com medo de serem privados da ajuda que recebiam, de não ganharem mais sementes a crédito, de serem deixados em Sacalina até o fim da vida, os deportados costumavam informar uma extensão de terra lavrada e uma colheita inferiores à realidade. Os deportados prósperos, que não precisavam de ajuda, também não contavam a verdade, mas não por medo e sim pelas mesmas motivações que obrigaram Polônio a concordar que a nuvem parecia, ao mesmo tempo, um camelo e uma doninha.[3] Eles seguem atentamente a moda e a tendência das ideias e, se a administração local não acredita na agricultura, eles também não acreditam; mas, se as secretarias tornaram moda a tendência oposta, eles também passam a acreditar que em Sacalina, graças a Deus, é possível viver, as safras são boas e a única desgraça é que o povo hoje em dia está muito mimado etc., e assim, para agradar às autoridades, eles recorrem a mentiras deslavadas e a toda sorte de fraudes. Por exemplo, escolheram no campo as espigas mais robustas, levaram para Mitsul e este, de boa-fé, acreditou e concluiu que a colheita tinha sido excelente. Mostram aos visitantes uma batata do tamanho de uma cabeça, nabos e melancias de meio *pud* e os visitantes, vendo aquele prodígio,

---

alguma coisa de agronomia, pelo que me contou o padre Irákli; parece que, depois que uma geada em agosto matou o trigo, ele foi a Ríkovskoie, reuniu uma assembleia e perguntou, com ar importante: "Por que vocês tiveram uma geada?". O mais inteligente da multidão se adiantou e respondeu: "Não temos como saber, Vossa Excelência, na certa a misericórdia divina houve por bem fazer isso". O agrônomo satisfez-se inteiramente com a resposta, embarcou na carroça e foi para casa com o sentimento do dever cumprido. [N.A.]
3 Refere-se ao personagem Polônio, da peça *Hamlet*, de William Shakespeare.

acreditam que em Sacalina o trigo rende quarenta vezes o peso das sementes plantadas.[4]

Durante minha estada, a questão agrícola em Sacalina se encontrava numa fase especial, na qual era difícil entender o que quer que fosse. O governador-geral, o comandante da ilha e os chefes dos distritos não acreditavam na produtividade do trabalho dos lavradores de Sacalina; para eles, já não restava dúvida de que a tentativa de direcionar o trabalho dos deportados para a atividade agrícola tinha sido um completo fracasso e que continuar a insistir em que a colônia, a todo custo, fosse agrícola significa desperdiçar o dinheiro público e sujeitar as pessoas a tormentos vãos. Aqui estão as palavras do governador-geral, que anotei enquanto ele ditava:

"Uma colônia agrícola de criminosos na ilha é impraticável. É preciso oferecer às pessoas um meio de ganhar a vida, mas a agricultura deve ser apenas um complemento."

Os funcionários mais jovens exprimiam a mesma ideia e, em presença de seu superior, sem receio, criticavam o passado da ilha.

---

4 "Chegou a Sacalina um novo agrônomo (um prussiano)", escreveu o jornalista de *Vladivostok*, em 1886, nº 43, "que se destacou por organizar e inaugurar, no dia 1º de outubro, uma exposição agrícola de Sacalina, cujos protagonistas foram os colonos dos distritos de Aleksándrovski e Tímovski, mas também as hortas do governo [...]. Os colonos expuseram sementes de cereais que não se destacavam por nada de especial, se não considerarmos que entre as sementes supostamente colhidas em Sacalina havia sementes encomendadas ao famoso Grátchev [o agrônomo I. A. Grátchev, 1826-1877], para a semeadura. Sítchov, colono do distrito de Tímovski, que expôs seu trigo com o certificado do chefe do distrito de Tímovski, assegurando que ele havia colhido, na última safra, setenta *pudi* de trigo, foi acusado de fraude, ou seja, expôs um trigo selecionado." Sobre essa exposição, há também o nº 50 do mesmo jornal. "O que espantou em especial todos os presentes foram os exemplares de legumes, por exemplo, uma cabeça de repolho com 22,5 libras de peso, um nabo com treze libras, batatas de três libras etc. Atrevo-me a dizer que na Europa Central não poderiam encontrar melhores exemplares de legumes." [N. A.]

Os próprios deportados, à pergunta: "Como vão as coisas?", respondiam nervosos, desesperançados, com um sorriso amargo. E, apesar dessa visão taxativa e unânime a respeito da colônia agrícola, os deportados continuam a arar e semear, a administração continua a lhes fornecer sementes a crédito e o comandante da ilha, que é quem menos acredita na agricultura em Sacalina, publica ordens nas quais, "com o propósito de direcionar os deportados para o trabalho na agricultura", confirma que a promoção ao estatuto de camponês dos colonos que não oferecerem fundamentadas esperanças de sucesso nas atividades agrícolas nas terras a eles conferidas "nunca poderá acontecer" (nº 276, 1890). A psicologia de tais contradições é de todo incompreensível.

A quantidade de terras lavradas, até agora, foi indicada nos relatórios com números inflados e manipulados (ordem nº 366, 1888) e ninguém calcula com precisão quanta terra, em média, deveria caber a cada proprietário. O inspetor agrícola determina que a quantidade média de terra por lote é de 1555 *sájeni* quadradas, ou cerca de dois terços de deciatina, mas, em particular, para o melhor dos distritos, ou seja, Korsákov, a média é de 935 *sájeni* quadradas. Além desses números poderem ser falsos, seu significado se reduz ainda mais, porque a terra é distribuída entre os proprietários de forma extremamente desigual: os que chegaram da Rússia com dinheiro ou ascenderam para a condição de colonos abastados têm três, cinco e até oito deciatinas de terras cultiváveis, por outro lado, há muitos proprietários, sobretudo no distrito de Korsákov, que possuem apenas, no total, umas poucas *sájeni* quadradas de terra. Obviamente, a quantidade de terra cultivável aumenta todos os anos, em números absolutos, mas o tamanho médio dos lotes não cresce e ameaça, ao que parece, manter-se numa grandeza constante.[5]

---

5 Com o aumento da população, torna-se cada vez mais difícil encontrar terra adequada. Vales banhados por rios, cobertos de bosques caducifólios — com

Os proprietários semeiam as sementes fornecidas pelo governo, sempre a crédito. No melhor distrito, ou seja, em Korsákov, em 1889, "do total das sementes plantadas, 2060 *pudi*, só 165 *pudi* eram de sementes próprias dos lavradores e, das 610 pessoas que semearam essa quantidade, só 56 tinham sementes próprias" (ordem nº 318, 1889). Segundo os dados do inspetor agrícola, para cada habitante adulto, em média, são semeados só três *pudi* e dezoito libras de cereais, e menos ainda no distrito do sul. Quanto a isso, é interessante notar que, no distrito de condições climáticas mais favoráveis, a agricultura alcança menos sucesso do que nos distritos do norte e isso, contudo, não impede que ele seja o melhor distrito.

Nos dois distritos do norte, nenhuma vez se observou uma quantidade de calor suficiente para o pleno amadurecimento da aveia e do trigo, e só em dois anos se verificou a quantidade de calor suficiente para o amadurecimento da cevada.[6] A primavera e o começo do verão quase sempre são frios; em 1889,

olmos, espinheiros-brancos, sabugueiros etc., onde o solo é profundo e fértil, surgem como raros oásis no meio da tundra, dos pântanos, das montanhas, cobertas de matas de montanha, e das baixadas com bosques de coníferas, onde o subsolo mal deixa a água se infiltrar. Mesmo na parte sul da ilha, esses vales, ou *ieláni*, alternam com montanhas e brejos, nos quais a vegetação mirrada mal difere da vegetação polar. Assim, toda a imensa área entre o vale de Takoê e Maúka — regiões de cultivo — é ocupada por um pântano completamente inaproveitável. Talvez se consiga fazer uma estrada passar por esse pântano, mas não está ao alcance do homem alterar seu clima inóspito. Por maior que seja a área de Sacalina do Sul, até agora, só foi possível encontrar 405 deciatinas de terra adequada para os campos aráveis, as hortas e as lavouras (ordem nº 318, 1889). Entretanto, a comissão presidida por Vlássov e Mitsul, ao tratar a questão da viabilidade de uma colônia penal agrícola em Sacalina, achou que, na parte média da ilha, havia terras que poderiam servir para a agricultura: "deve haver muito mais de 200 mil deciatinas". E na parte sul a quantidade de tais terras "alcança 220 mil deciatinas". [N.A.]

6 Detalhes em *Relatório sobre a situação da agricultura na ilha de Sacalina em 1889*. Von Fricken. [N.A.]

houve fortes friagens em julho e agosto e o mau tempo outonal começou em 24 de julho e prosseguiu até o fim de outubro. É possível lutar contra o frio, e a aclimatação dos cereais em Sacalina representaria um problema bastante compensador, não fosse a umidade especialmente elevada, contra a qual dificilmente será possível lutar, algum dia. No período da brotação, da floração e do desabrochamento das espigas, e em especial de seu amadurecimento, a quantidade de precipitação na ilha é desproporcionalmente alta, razão pela qual os campos não dão cereais plenamente amadurecidos, mas aguados, rugosos e sem densidade. Ou, em virtude da chuva abundante, o cereal desaparece, apodrecendo ou germinando em feixes, no campo. O tempo da ceifa do cereal, em especial os cereais da primavera, quase sempre coincide com o tempo mais chuvoso, e acontece de toda a colheita ficar no campo por causa das chuvas, que caem sem cessar, de agosto até uma fase já avançada do outono. O relatório do inspetor agrícola apresenta uma tabela das colheitas dos últimos cinco anos, formada por dados que o comandante da ilha chama de "invenções ociosas"; dessa tabela, é possível concluir que, aproximadamente, a colheita média de grãos de cereais em Sacalina rende três vezes o peso das sementes plantadas. Isso encontra confirmação em outro número: em 1889, a colheita de cereais deu em média cerca de onze *pudi* para cada adulto, ou seja, três vezes mais do que foi plantado. O grão colhido foi ruim. Certa vez, depois de ver as amostras de grãos apresentadas pelos colonos, que desejavam trocá-los por farinha, o comandante da ilha achou que alguns deles não eram adequados para semear e outros estavam misturados com uma quantidade significativa de grãos imaturos e queimados pelas geadas (ordem nº 41, 1889).

Diante de colheitas tão minguadas, o proprietário de Sacalina, para não passar fome, deveria ter pelo menos quatro deciatinas de terra cultivável, dar valor a seu trabalho e não contratar empregados, em nenhuma hipótese; e quando, num futuro próximo, o sistema de monocultura, sem pousio e sem adubos, esgotar o solo e os deportados "reconhecerem a necessidade de adotar um processo mais racional de explorar os campos e um sistema novo de rodízio de culturas", serão necessárias ainda mais terras e mais trabalho, e o cultivo de cereais será abandonado, como improdutivo e prejudicial.

A horticultura, ramo da atividade agrícola cujo sucesso depende não tanto das condições naturais quanto do esforço pessoal e do conhecimento do agricultor, ao que parece, dá bons resultados em Sacalina. O sucesso da cultura local de hortaliças se expressa na circunstância de que, às vezes, durante todo o inverno, famílias inteiras se alimentam apenas de nabiças. Em julho, quando uma dama, em Aleksándrovski, queixou-se comigo de que as flores ainda não tinham brotado em seu jardim, numa isbá em Korsákov, vi uma peneira cheia de pepinos. Pelo relatório do inspetor agrícola, se percebe que a colheita de 1889 no distrito de Tímovski rendeu, por adulto, 4,1 *pudi* de repolho e cerca de dois *pudi* de diversos tubérculos. Nesse mesmo ano, no distrito de Aleksándrovski, o cultivo de batata rendeu cinquenta *pudi* por adulto; em Tímovski, dezesseis; em Korsákov, 34. A batata, no geral, dá boas safras e isso é confirmado não só pelos números, como também por impressões pessoais; não vi caixas nem sacos com cereais, não vi os deportados comendo pão de farinha de trigo, embora se plante mais trigo do que centeio, mas vi batatas em todas as isbás e ouvi queixas de que muita batata tinha se estragado no inverno. Com o desenvolvimento da vida urbana em Sacalina, cresce também, pouco a pouco, a necessidade de mercados; em Aleksándrovski, já se definiu o lugar onde as mulheres vão vender legumes e, nas ruas, não é raro encontrar deportados que vendem pepinos e diversas verduras. Em certos lugares no sul, por exemplo, no Primeiro Desfiladeiro, a horticultura já constitui um empreendimento sério.[7]

[7] Até agora, não sei por que razão, só a cultura da cebola obteve fracos resultados. A escassez desse legume na economia dos deportados é compensada por um alho-silvestre (*Allium victorialis*), que, em Sacalina, nasce sozinho. Essa planta bulbosa, com forte aroma de alho, no passado, foi considerada pelos soldados dos postos e pelos deportados como um verdadeiro remédio contra o escorbuto e, pelas centenas de *pudi* que as autoridades prisionais e militares armazenavam para o inverno, todos os anos, podemos avaliar como essa enfermidade era difundida na ilha. Dizem que essa planta é gostosa e nutritiva, mas seu cheiro não agrada a todos; não só em casa, mas também ao ar livre, quando alguém que comia essa planta se aproximava de mim, eu me sentia sufocado.

Ainda se ignora o tamanho da área ocupada pelos campos de feno em Sacalina, embora no relatório do inspetor agrícola haja alguns números. Sejam quais forem esses números, por enquanto a única certeza é que todos os proprietários, na primavera, estão longe de saber onde irão ceifar o feno no verão, e também que o feno é insuficiente e que, no fim do inverno, o gado definha por falta de comida. As melhores pastagens são tomadas pelos mais fortes, ou seja, as autoridades prisionais e militares; para os colonos, restam ou as pastagens mais distantes ou aquelas onde o feno não pode ser ceifado com o gadanho, mas apenas com a foice. Como o subsolo é pouco permeável, os prados locais, em grande parte, são pantanosos, estão sempre molhados e, por isso, nele só nascem ervas ácidas e juncos, que dão um feno bruto, pouco nutritivo. O inspetor agrícola diz que o feno local mal alcança a metade do valor nutricional do feno comum; os deportados também acham o feno ruim e os mais prósperos não dão feno puro para seu gado, mas uma mistura com farinha ou batata. O feno de Sacalina não tem, nem de longe, aquele cheiro gostoso do nosso feno russo. Não ouso avaliar se o capim gigante que cresce nos vales de florestas e na beira dos rios, sobre o qual tanto se fala, pode ser considerado uma boa alimentação para o gado. Quanto a isso, observo que as sementes desse capim, chamado de trigo-sarraceno de Sacalina, já estão sendo vendidas entre nós. Sobre a necessidade ou a possibilidade de cultivar capim em Sacalina, o relatório do inspetor agrícola não diz nenhuma palavra.

Agora, sobre a pecuária. Em 1889, nos distritos de Aleksándrovski e Korsákov, havia uma vaca leiteira para cada 2,5 propriedades e, em Tímovski, esse número era de três e um terço. Os números são quase iguais no caso dos animais de carga, ou seja, cavalos e bois, e também nesse aspecto se verifica que o distrito mais pobre, ou seja, Korsákov, é justamente o melhor.

O cultivo de cereais é tido como a principal atividade dos deportados. A caça e a pesca são consideradas atividades secundárias, fontes acessórias de renda. Do ponto de vista do caçador, a fauna de animais vertebrados em Sacalina é luxuriante. Entre os animais selvagens, os mais valiosos para os negócios, e que são encontrados em quantidades enormes, estão a zibelina, a raposa e o urso.[8] A zibelina está difundida em toda a ilha. Dizem que, ultimamente, em razão do corte de árvores e dos incêndios florestais, a zibelina se afastou das regiões povoadas e foi para matas mais distantes. Ignoro até que ponto isso é correto; em Vladímirovka, bem perto do povoado, vi um guarda penitenciário atirar com um revólver numa zibelina que atravessava um riacho sobre uma tora, e os deportados caçadores com quem tive oportunidade de conversar costumam caçar perto dos povoados. A raposa e o urso também vivem em toda a ilha. Em tempos passados, o urso não atacava as pessoas nem os animais domésticos e era considerado manso, mas depois que os deportados passaram a se instalar nas cabeceiras dos rios, derrubar a mata local e barrar o caminho dos ursos até os peixes, sua principal fonte de alimentação, começou a aparecer, nos livros paroquiais e nos "boletins de ocorrência", uma nova causa de morte: "dilacerado por urso" e, hoje em dia, o urso já é tratado como um terrível fenômeno natural, contra o qual é preciso lutar a sério. Encontram-se também cervos, almiscareiros, lontras, glutões,

---

Contudo, esses números não retratam a situação verdadeira da atividade, pois todo o gado de Sacalina está distribuído entre os proprietários de modo extremamente desigual. Toda a quantidade de gado disponível se concentra nas mãos dos proprietários ricos, que têm mais parcelas de terra ou se dedicam ao comércio. [N.A.]

8 Detalhes em A. M. Nikólski, *A ilha de Sacalina e sua fauna de animais vertebrados*. [N.A.]

linces, raramente lobos e, mais raros ainda, tigres e arminhos.[9] Apesar de tamanha fartura de animais, a caça como negócio quase não existe na colônia.

Os deportados prósperos que alcançaram a condição de comerciantes costumam se dedicar ao comércio de peles, que eles obtêm com os indígenas por um valor ínfimo e em troca de bebida, porém isso já não se trata de caça, mas de um negócio de outro tipo. Os deportados caçadores, no todo, são muito poucos. Na maioria dos casos, não se trata de um negócio, eles caçam por paixão, são diletantes, usam armas ruins e não utilizam cães, é só um divertimento. Vendem a fera morta em troca de uma ninharia qualquer ou de bebida. Em Korsákov, um colono, ao me vender um cisne que havia caçado, pediu "três rublos ou uma garrafa de vodca". É preciso ter em mente que a

9 Os lobos se mantêm afastados das moradias, pois temem os animais domésticos. Para que tal explicação não pareça inverossímil, darei mais um exemplo: Busse escreve que os ainos que viam um porco, pela primeira vez na vida, se assustavam; também Middendorf diz que, quando trouxeram ovelhas pela primeira vez ao Amur, os lobos não tocavam nelas. Os cervos selvagens ocupam, em especial, a costa ocidental da parte setentrional da ilha; no inverno, eles se reúnem na tundra, mas na primavera, segundo as palavras de Glen, quando seguem na direção do mar para lamber o sal, é possível vê-los em rebanhos intermináveis nas vastas campinas daquela parte da ilha. Entre as aves, há os gansos, os patos de vários tipos, perdizes brancas, tetrazes, perdizes-avelã, maçaricos, galinholas; a migração prossegue até junho. Cheguei a Sacalina em junho, quando na taiga já havia um silêncio de túmulo; a ilha parecia sem vida e era preciso acreditar nos observadores, que dizem que, lá, existem rouxinóis de Kamtchatka, o abelharuco, o melro e o pintassilgo-verde. Há muitos corvos pretos, mas não existem gralhas e estorninhos. Em Sacalina, Poliákov viu só uma andorinha do campo, mas, na sua opinião, ela foi parar na ilha por acidente, porque se perdeu. Certa vez, me ocorreu de ver uma codorniz no capim; ao olhar mais atentamente, vi que era um bichinho pequeno e bonito, que chamam de *burunduk* [tâmia]. Esse é o menor mamífero que há nos distritos do norte. Segundo A. M. Nikólski, ali não existem ratos domésticos, entretanto, nos documentos relativos aos primórdios da colônia, já se mencionam "migalhas, madeira roída e buracos de rato". [N.A.]

caça numa colônia de deportados nunca assume a dimensão de um negócio, justamente porque é uma atividade da deportação. Para ser um negócio, a caça precisa ser livre, corajosa e saudável, mas os deportados, em sua grande maioria, são pessoas de caráter fraco, hesitantes, neurastênicas; na terra natal, não eram caçadores, não sabiam usar espingardas e, para suas almas degradadas, essa atividade livre é a tal ponto estranha que o colono, em caso de necessidade, prefere degolar um bezerro fornecido a crédito pelo governo, mesmo com o risco de sofrer punição, a sair para caçar uma tetraz ou uma lebre. Além disso, dificilmente seria desejável o largo desenvolvimento dessa atividade numa colônia para onde são enviadas, para regeneração, pessoas que cometeram, sobretudo, homicídios. É impossível permitir que um ex-assassino mate animais com frequência e execute as operações brutais sem as quais nem pode existir caça — por exemplo, cravar a faca num cervo ferido, morder o pescoço de uma perdiz alvejada etc.

A principal riqueza de Sacalina e seu futuro, talvez invejável e feliz, não estão na pele dos animais selvagens nem no carvão, como imaginam, mas na pesca sazonal. Uma parte da profusão de substâncias, talvez toda ela, que os rios carregam para o oceano retorna ao continente, todos os anos, na forma de peixes migratórios. O *keta*, ou *kita*, peixe da família dos salmões, que tem o tamanho, a cor e o gosto do nosso salmão e que povoa a parte setentrional do Oceano Pacífico, num determinado período da vida entra em certos rios da América do Norte e da Sibéria e, com força irresistível e numa quantidade efetivamente incontável, sobe em atropelo contra a corrente, até alcançar as cabeceiras dos rios nas montanhas. Em Sacalina, isso acontece no fim de julho ou no primeiro terço de agosto. A massa de peixes que se observa nesse período é tão vasta e seu avanço é a tal ponto impetuoso que quem não puder ver pessoalmente esse fenômeno admirável não poderá ter uma ideia verdadeira a respeito. A velocidade do deslocamento e a profusão de peixes podem ser avaliadas pela superfície do rio, que parece ferver, a água adquire um gosto de peixe, os remos ficam presos dentro da água e, para se soltar, espirram os peixes pelo ar. No estuário dos rios, o salmão entra saudável e forte, mas depois a luta incessante contra a corrente veloz, o caminho congestionado, a fome, as contusões e o atrito nos troncos e nas pedras o deixam esgotado, o salmão emagrece, seu corpo se cobre de escoriações, a carne fica flácida e branca, os dentes ficam arreganhados; o peixe muda tão completamente de fisionomia que as pessoas desavisadas tomam o salmão por outra espécie de peixe e o chamam de *zubatka*.[10] O peixe se debilita pouco a pouco, já não consegue se contrapor à corrente e sai para remansos ou estaciona atrás de troncos, com o focinho enfiado na lama da margem; ali, podemos apanhá-lo com a mão e até o urso, com a pata, pega o peixe na água. No fim, exaurido pelo ímpeto sexual e pela fome, ele perece; já no curso médio do rio começamos a encontrar uma multidão de exemplares desfalecidos, porém são as margens das cabeceiras que ficam completamente cobertas de peixes mortos, que exalam mau cheiro. Todos esses sofrimentos que os peixes padecem no período do amor são chamados de "marcha para a morte", porque eles avançam inexoravelmente na direção da morte e nenhum daqueles peixes voltará para o oceano, todos vão perecer nos rios. "Os irresistíveis impulsos da atração erótica, até o aniquilamento, constituem o ponto culminante da ideia da migração", escreve Middendorf. "E ideais como esse se encontram num peixe obtuso, frio e úmido!"

Não menos impressionante é a migração do arenque, que periodicamente aparece na beira do mar, na primavera, em geral na segunda metade de abril. O arenque se desloca em imensos cardumes, "numa quantidade inacreditável", segundo as

10 Peixe da família *anarhichadidae*.

testemunhas. Percebe-se a aproximação dos arenques pelos seguintes sinais característicos: uma faixa circular de espuma branca que abarca uma vasta área do mar, enxames de gaivotas e albatrozes, baleias que esguicham chafarizes e bandos de leões-marinhos. A cena é maravilhosa! As baleias que seguem os arenques até a baía de Aniva são tão numerosas que o navio de Krusenstern foi cercado por elas e se viu obrigado a voltar para a margem "com cuidado". Na época da migração do arenque, o mar parece estar em ebulição.[11]

Não existe possibilidade de determinar, nem sequer aproximadamente, a quantidade de peixes que pode ser pescada na migração pelos rios de Sacalina e em sua costa, todos os anos. Só poderia ser um número grande demais.

Em todo caso, sem exagero, pode-se dizer que, com a organização correta e abrangente da pesca e com a presença de mercados, que já existem há muito tempo, no Japão e na China, a pesca periódica em Sacalina poderia trazer uma receita de milhões. Quando os japoneses ainda controlavam o sul de Sacalina e o negócio da pesca estava em suas mãos e apenas começava a se desenvolver, os peixes já rendiam cerca de meio milhão de rublos por ano. Segundo o relatório de Mitsul, a extração de óleo

---

11 Um dos autores viu uma rede japonesa que "ocupava três verstas no mar e, presa na margem, formava uma espécie de saco, de onde extraíam os arenques gradualmente". Busse, em suas memórias, diz: "As redes de arrasto japonesas são frequentes e extraordinariamente grandes. Uma rede abrange uma área de umas setenta *sájeni*, a partir da margem. Mas qual foi minha surpresa quando os japoneses, por não conseguirem puxar uma rede de umas dez *sájeni*, a abandonaram dentro da água, porque aquela rede de dez *sájeni* estava a tal ponto repleta de arenques que, apesar de todo esforço de sessenta trabalhadores, não foi possível arrastá-la para a margem [...]. Os remadores, ao baixarem os remos e remarem, lançavam em suas pás diversos arenques para o ar e reclamavam porque não conseguiam remar direito". A migração do arenque e sua pesca pelos japoneses são descritas de forma minuciosa por Busse e por Mitsul. [N. A.]

de baleia, na parte sul de Sacalina, exigiria 611 caldeiras e 15 mil *sájeni* de lenha, e só o arenque rendia 295 806 rublos por ano.

Com a ocupação de Sacalina do Sul pelos russos, a atividade pesqueira entrou numa fase de decadência, em que se encontra até hoje. "Onde há pouco tempo a vida fervilhava, fornecendo alimento para os ainos indígenas e lucros consideráveis para os negociantes", escreveu L. Deuter,[12] em 1880, "agora, é quase um deserto." A atividade pesqueira que nossos forçados praticam agora em ambos os distritos setentrionais é insignificante, e não se pode classificá-la de outro modo. Estive em Tim, quando os salmões já estavam nas cabeceiras dos rios e, nas margens verdejantes, aqui e ali, surgiam figuras solitárias de pescadores, que usavam ganchos presos na ponta de varas compridas para agarrar peixes semivivos. Nos últimos anos, em busca de meios para os colonos ganharem a vida, a administração passou a encomendar a eles peixe seco e salgado. Os colonos recebem o sal a um preço vantajoso e a crédito, depois a prisão compra o peixe seco a um preço alto, como forma de incentivo, mas essa nova fonte de receita é insignificante e só a menciono aqui porque, na opinião dos presos, a sopa de repolho da prisão, feita com o peixe dos colonos locais, se destaca pelo sabor repugnante e pelo cheiro insuportável. Os colonos não sabem pescar e preparar os peixes e ninguém lhes ensina como fazer isso; a prisão tomou para si os melhores lugares para a pesca hoje em dia, e deixou para os deportados as corredeiras dos rios e os bancos de areia, onde suas redes modestas, feitas por eles mesmos, são rasgadas pelas pedras e pelos galhos flutuantes. Quando estive em Dierbínskoie, os forçados pescavam para a prisão. O comandante da ilha, o general Kononóvitch, ordenou reunir os colonos e fez um discurso, acusando-os de terem vendido para a prisão, no ano anterior,

---

12 *Jornal marítimo*, 1880, nº 3. [N.A.]

peixes impossíveis de comer. "O forçado é seu irmão e é meu filho", disse ele. "Ao enganar o governo, vocês mesmos prejudicam o seu irmão e o meu filho." Os colonos concordaram, mas, pelo rosto deles, é evidente que, no ano que vem, o irmão e o filho vão comer peixe fedorento. Ainda que os colonos aprendam, de algum modo, a preparar o peixe, mesmo assim esse novo meio de ganhar a vida não vai render nada para o colono, porque o controle sanitário, cedo ou tarde, deverá proibir que o peixe apanhado nas cabeceiras dos rios seja usado para a alimentação. No dia 25 de agosto, em Dierbínskoie, vi uma pescaria dos presos. A chuva, que havia se prolongado muito, dava a toda a natureza um aspecto desolador; era difícil caminhar pela margem escorregadia. De início, fomos a um galpão onde dezesseis forçados, sob as ordens de Vassílienko, um ex-pescador de Taganrog, estavam salgando os peixes. Já havia 150 barris de peixe salgado, cerca de 2 mil *pudi*. Tinha-se a impressão de que, se Vassílienko não tivesse ido para os trabalhos forçados, ninguém ali saberia como preparar os peixes. Havia uma ladeira do galpão até a margem, onde seis forçados, com facas muito afiadas, limpavam os peixes e jogavam as vísceras no rio; a água estava vermelha, turva. O cheiro de peixe e de lodo, misturado com o cheiro de sangue, era opressivo. De um lado, um grupo de forçados, todos molhados e descalços, ou com os pés enrolados em trapos, joga uma pequena rede de arrasto. Vi a rede ser puxada duas vezes e, nos dois casos, veio cheia. Todos os salmões tinham uma aparência duvidosa. Todos tinham os dentes arreganhados, a coluna arqueada e o corpo coberto de manchas. Quase todos tinham a barriga manchada de marrom ou de verde e excretavam fezes líquidas. Os peixes largados na margem desfalecem muito depressa, se já não tiverem desmaiado na água ou enquanto se debatiam na rede. Os poucos exemplares sem manchas, chamados de prateados, são cuidadosamente separados, mas não vão para as panelas da prisão, e sim "para o *balik*".

Ali, mal conhecem a história natural do peixe que sobe os rios periodicamente e ainda não existe a convicção de que só se deve pescar no estuário e na parte baixa da correnteza, pois na parte alta dos rios o peixe já se torna imprestável. Ao navegar pelo rio Amur, ouvi queixas dos antigos habitantes locais de que os outros estavam pegando o salmão verdadeiro nos estuários dos rios e que só a *zubatka* chegava até eles; e, no navio, falavam que já era hora de regularem a pesca, ou seja, proibir a pesca no curso inferior dos rios.[13] Enquanto, nas cabeceiras do rio Tim, a prisão e os colonos pescavam peixes franzinos, semivivos, os japoneses, no estuário, agindo de forma clandestina, barravam o rio com uma paliçada e, no curso inferior, os guiliaques, para alimentar seus cães, pescavam peixes incomparavelmente mais saudáveis e saborosos do que aqueles que eram salgados e secos em Tímovski, para alimentar as pessoas. Os japoneses abarrotavam as jangadas de junco e até embarcações maiores, e aquele navio bonito que Poliákov encontrou em 1881 no estuário do Tim, provavelmente, veio para a ilha também no verão deste ano.

Para que a pesca represente um negócio sério, é preciso deslocar a colônia mais para perto do estuário do rio Tim ou Poronai. Mas essa não é a única condição. É necessário também que a população livre não concorra com os deportados, pois não existe nenhum negócio em que, no caso de conflito de

---

13 Por falar nisso, no Amur, onde o pescado é muito abundante, a atividade pesqueira é muito mal organizada, porque, ao que parece, os negociantes são sovinas e não querem contratar especialistas da Rússia. Por exemplo, pescam uma enormidade de esturjões, mas não conseguem de forma nenhuma preparar o caviar de modo que, ao menos no aspecto exterior, fique parecido com o caviar russo. A arte dos negociantes locais só chegou até o *balik*, filezinhos de salmão defumado, e não foi além. G. Deuter escreveu, no *Jornal marítimo* (1880, nº 6), que, em certa época, criou-se no Amur uma companhia pesqueira (de capitalistas), planejaram um negócio de larga escala, mas eles mesmos se banqueteavam com o caviar, que custava, pelo que dizem, de duzentos a trezentos rublos, em moedas de prata. [N.A.]

interesses, os livres não acabem prejudicando os deportados. Entretanto, os colonos enfrentam a concorrência dos japoneses, que praticam a pesca de forma clandestina ou pagando as taxas, e também dos funcionários, que tomaram para as prisões os melhores locais para pescar; e já se aproxima o tempo em que, com a passagem da estrada de ferro siberiana e o desenvolvimento da navegação, os rumores sobre a incrível fartura de pescado e de peles de animais comecem a atrair a população livre para a ilha; terá início a imigração, vai se organizar uma verdadeira indústria pesqueira, da qual os deportados participarão, não como donos e empresários, mas apenas como assalariados, e depois, a julgar por casos análogos, começarão as reclamações e os pedidos para que o trabalho dos deportados, em muitos aspectos, seja entregue para os livres e até para os mánzi e para os coreanos; do ponto de vista econômico, a população deportada será vista como um fardo para a ilha e, com o aumento da imigração e o desenvolvimento da vida sedentária e comercial na ilha, o próprio governo achará mais justo e vantajoso tomar o partido da população livre e cessar a deportação. Assim, a pesca será a riqueza de Sacalina, mas não da colônia de deportados.[14]

14 Para os deportados que hoje moram nos estuários dos regatos e junto ao mar, a pesca pode servir como uma fonte secundária de receita e gerar algum lucro, mas para isso é preciso lhes fornecer redes boas, assentar perto do mar apenas aqueles que, na terra natal, moravam perto do mar etc.

Hoje em dia, as embarcações japonesas que aparecem no sul de Sacalina para pescar pagam uma taxa de sete copeques, em moedas de ouro, por *pud*. Todos os produtos extraídos do peixe também são taxados, por exemplo, adubo, óleo de arenque e de bacalhau, mas a receita de todas essas taxas não alcança nem 20 mil, e essa é quase a única receita que recebemos pela exploração das riquezas de Sacalina.

Nos rios de Sacalina, além do salmão *keta*, entram periodicamente peixes da sua família, o salmão rosa, o *kundja*, ou *salvelinus leocameaenis*, e o *tchevitsa*, ou *hucho perryi*; vivem apenas nas águas doces de Sacalina a truta, o lúcio, o *tchebak (Rutilus rutilus lacustris)*, o *carassius*, o *gobio gobio* e o *kóriuchka (Osmerus eperlanus)*, chamado de "pepineiro", pois tem forte cheiro de

Já falei sobre a colheita do repolho do mar ao descrever o povoado de Maúka. Nessa atividade, os colonos ganham de 150 a duzentos rublos, no período entre 1º de março e 1º de agosto; os deportados gastam um terço da receita com comida e levam dois terços para casa. É uma boa renda, mas infelizmente só é

pepino. Entre os peixes de água salgada, além do arenque, pescam o bacalhau, o linguado, o esturjão, o caboz (*gobiidae*), que em Sacalina é tão grande que engole um *kóriuchka* inteiro. Em Aleksándrovski, um forçado se dedica a pescar lagostins de rabo comprido, muito saborosos, que são chamados de *tchirim* ou *chrim*.

Entre os mamíferos marinhos, chegam às costas de Sacalina, em quantidades enormes, as baleias, os leões-marinhos, ou *sivutch*, as focas e os lobos-marinhos. A bordo do *Baikal*, a caminho de Aleksándrovski, vi muitas baleias que passeavam aos pares no estreito e davam pulos. Perto da costa ocidental de Sacalina, se ergue acima do mar uma rocha solitária, chamada Pedra do Perigo. Uma testemunha a bordo da escuna *Ermak*, que desejava explorar aquele rochedo, escreveu: "Ainda a uma milha e meia da pedra, tornou-se evidente que o rochedo estava completamente tomado por enormes leões-marinhos. O rugido daquele imenso rebanho selvagem nos impressionou; as feras alcançavam dimensões fabulosas, pois mesmo de longe pareciam rochedos inteiros [...]. Os leões-marinhos mediam duas *sájeni* ou mais [...]. Além dos leões-marinhos, o rochedo e o mar em redor fervilhavam de lobos-marinhos" (*Vladivostok*, 1886, nº 29). Sobre a dimensão que podia alcançar, em nossos mares setentrionais, a caça da foca e do lobo-marinho, podemos avaliar pelos números tremendos apresentados por um autor: segundo os armadores de navios baleeiros americanos, durante catorze anos (até 1861), 200 milhões de rublos foram extraídos do Mar de Okhotsk em óleo e barbas de baleia (V. Zbichévski, "Comentários sobre a indústria baleeira no mar de Okhotsk". *Antologia marítima*, 1863, nº 4). Porém, apesar de seu futuro, aparentemente, radiante, esses negócios não vão enriquecer a colônia de deportados, justamente porque é de deportados. Segundo o testemunho de Brehm, "a caça da foca é uma matança em massa, sem misericórdia, na qual a brutalidade se alia à completa falta de sensibilidade. Por isso não falam em caçar focas, mas em surrar focas". E "as tribos mais selvagens se comportam de modo imensamente mais humano do que o europeu civilizado". Mas quando matam os lobos-marinhos a pauladas, os miolos se espalham para todo lado e os olhos dos pobres animais saltam das órbitas. Os deportados, especialmente aqueles condenados por homicídio, devem ficar longe de tais cenas. [N.A.]

acessível, por enquanto, para os colonos do distrito de Korsá-kov. Os trabalhadores recebem seu pagamento diariamente, e por isso o tamanho da remuneração depende diretamente da experiência, do esforço, da dedicação — qualidades que estão longe de ser encontradas em todos os deportados, e por isso mesmo não são todos que vão para Maúka.[15]

Entre os deportados, há muitos carpinteiros, marceneiros, alfaiates etc., mas a maioria deles não tem trabalho ou se dedica à lavoura de cereais. Um forçado que é serralheiro e faz espingardas já vendeu quatro no continente; outro forçado faz umas correntinhas originais, de aço, outro ainda faz esculturas de gesso; mas todas essas espingardas, correntinhas e estojinhos muito caros representam a situação econômica da colônia tão mal quanto o fato de que um colono, no sul, recolhe ossos de baleia e outro apanha pepinos do mar. Tudo isso é incidental. Os artigos de madeira elegantes e caros que estavam na exposição da prisão apenas mostram que, nos trabalhos forçados, às vezes aparecem serralheiros muito bons; mas eles não têm qualquer relação com a prisão, pois a prisão não oferece um mercado para seus produtos e não forma artesãos entre os forçados; até recentemente, a prisão usava o trabalho de artesãos já formados. A oferta de mão de obra de artesãos excede a demanda significativamente. "Aqui, não tem onde dar vazão nem para as notas de dinheiro falso", disse-me um forçado. Os carpinteiros trabalham por vinte copeques por

---

15 Graças ao repolho do mar e ao clima comparativamente ameno, considero que a costa sudoeste, por enquanto, é o único lugar de Sacalina onde é possível estabelecer uma colônia de deportados. Em 1885, numa sessão da Sociedade de Estudos da Região do Amur, foi lida uma comunicação interessante sobre o repolho do mar, do atual proprietário desse negócio, I. L. Semiónov. Essa comunicação foi publicada em *Vladivostok*, 1885, n°s 47 e 48. [N.A.]

dia e a comida ainda fica por sua conta, e os alfaiates costuram em troca de vodca.[16]

Se fizermos, hoje, um balanço da receita média que um deportado obtém com a venda de sementes para o governo, a caça, a pesca etc., chegaremos a um número lastimável: 22 rublos e 21 copeques.[17] Entretanto, cada proprietário deve ao governo, em média, 31 rublos e 51 copeques. Pois, no total dessa receita, entraram também a ajuda alimentícia e os subsídios fornecidos pelo governo, bem como o dinheiro que o deportado recebe pelo correio e, portanto, a receita do deportado é formada principalmente pelo salário que o governo lhe dá, pagando às vezes um valor deliberadamente elevado, e assim metade dessa receita, ou mais, constitui uma ficção, e a dívida com o governo é, na realidade, mais alta do que aparenta.

16 Por enquanto, os artesãos só encontram trabalho nos postos, para os funcionários e para os deportados ricos. Em favor da intelligentsia local, devemos dizer que eles sempre pagam generosamente pelo trabalho dos artesãos. A respeito de casos como o do médico que trancou um sapateiro na solitária, sob o pretexto de estar doente, para que ele fizesse botas para o filho, ou do funcionário que inscreveu entre seus criados domésticos uma costureira que costurava de graça para a esposa e os filhos dele — a respeito de casos como esses, fala-se, na ilha, como exceções lamentáveis. [N.A.]

17 Segundo os dados do inspetor agrícola. [N.A.]

XIX

A alimentação dos deportados — O que e como comem os
presos — As roupas — A igreja — A escola — A alfabetização

Enquanto recebe ração do governo, o deportado de Sacalina ganha por dia três libras de pão, quarenta *zólotnik*[1] de carne, cerca de quinze *zólotnik* de grãos de cereais e diversos produtos alimentícios por um copeque; nos dias de jejum, a carne é substituída por uma libra de peixe. Para determinar até que ponto essa provisão corresponde às verdadeiras necessidades de um deportado, é muito pouco satisfatório o método de gabinete adotado, que se baseia na avaliação comparativa e, portanto, meramente exterior, dos dados numéricos relativos à ração alimentar de diversos grupos populacionais, no exterior e na Rússia. Se nas prisões saxônicas e prussianas os detidos recebem carne só três vezes por semana, sempre em quantidade inferior a um quinto de libra, e se o camponês de Tambov come quatro libras de pão por dia, isso não significa que o deportado de Sacalina recebe muita carne e pouco pão, significa apenas que os diretores das prisões alemãs temem ser alvo de suspeitas de filantropia enganosa e que o alimento do mujique de Tambov se distingue por um elevado índice de pão. No aspecto prático, é muito importante que a estimativa da ração alimentar de qualquer grupo populacional parta da análise não de sua quantidade, mas de sua qualidade e, desse modo, devem ser estudadas as condições naturais e domésticas em que vive esse grupo; sem uma rigorosa individualização, a solução do problema será parcial e convincente apenas, talvez, para os formalistas.

[1] Antiga medida russa, equivalente a 4,25 gramas.

Certo dia, eu e o inspetor agrícola, sr. Von Fricken, estávamos voltando de Krásni Iar para Aleksándrovski: eu numa charrete e ele a pé. Fazia calor e, na taiga, estava abafado. Os presos que trabalhavam na estrada entre o posto e Krásni Iar, sem chapéu e com camisas molhadas de suor, quando cheguei até eles, de modo inesperado, tomaram-me certamente por um funcionário, detiveram meus cavalos e me apresentaram a reclamação de que estavam lhes dando um pão impossível de comer. Quando expliquei que era melhor se dirigirem ao diretor, responderam:

— A gente falou com o chefe dos guardas, o Davídov, e ele disse: vocês são uns rebeldes.

O pão era de fato horroroso. Quando aberto, cintilava ao sol, com minúsculas gotas de água, grudava nos dedos, tinha aspecto de sujo, pegajoso, e era desagradável de segurar na mão. Trouxeram-me várias porções de pão e todos estavam igualmente mal assados, feitos de farinha mal moída e, obviamente, com seu peso artificialmente aumentado. Os pães eram assados em Novo-Mikháilovka, sob a observação do chefe dos guardas penitenciários, Davídov.

As três libras de pão que fazem parte da ração alimentar, muitas vezes, por causa da mistura de outros ingredientes na massa, a fim de aumentar seu peso, contêm muito menos farinha do que convém, segundo a tabela.[2] Os forçados padeiros de Novo-Mikháilovka, que acabei de mencionar, vendiam sua ração de pão e comiam a farinha que subtraíam no preparo da massa. Na prisão de Aleksándrovski, os presos que desfrutam a comida comum recebem um pão decente, os que vivem em casas separadas recebem um pão pior e os que trabalham fora do

---

2 A "Tabela da ração alimentar de homens e mulheres forçados" é estabelecida com base no regulamento sobre as provisões e a ração alimentar das tropas militares, aprovado pelo Soberano no dia 31 de julho de 1871. [N.A.]

posto, um pão pior ainda; em outras palavras, só é bom o pão que estiver ao alcance dos olhos do chefe do distrito ou do inspetor. Para aumentar o peso da massa, os padeiros e os guardas encarregados da ração alimentar recorrem a várias tramoias, elaboradas ainda na experiência siberiana, entre as quais, por exemplo, escaldar a farinha com água fervente é uma das mais inocentes; a fim de aumentar o peso do pão, antigamente, no distrito de Tímovski, misturavam farinha com argila peneirada. Abusos dessa ordem são facilitados porque os funcionários não podem ficar o dia todo na padaria e vigiar ou controlar cada ração, e os prisioneiros quase nunca dão queixa.[3]

A despeito de o pão ser bom ou ruim, geralmente não se come a ração inteira. O preso come sua ração com parcimônia, pois, por um costume já há muito estabelecido em nossas prisões e na deportação, o pão dado pelo governo serve como uma espécie de dinheiro trocado corrente. Com pão, o preso paga quem arruma a cela, quem trabalha em seu lugar, quem satisfaz suas fraquezas; com pão, ele paga por agulhas,

---

3 O aumento artificial do peso do pão é um demônio tentador, a cujos encantos, como se pode ver, é muito difícil resistir. Graças a ele, muitos perderam a consciência e até a vida. O inspetor Selivánov, do qual já falei, foi uma de suas vítimas, pois foi assassinado por um padeiro forçado a quem ele repreendeu por ter obtido um aumento de peso pequeno. De fato, há razão para preocupar-se. Suponhamos que, na prisão de Aleksándrovski, assem pão para 2870 pessoas. Se subtraírem, de cada ração, apenas dez *zólotnik*, chega-se a trezentas libras por dia. No geral, a operação com o pão é muito lucrativa. Por exemplo, seriam necessários dois ou três anos para se apropriar de 10 mil *pudi* de farinha e depois cobrir essa falta, pouco a pouco, com a farinha subtraída das rações dos prisioneiros, em minguados *zólotnik*.

Poliákov escreveu: "O pão no povoado de Malo-Tímovo era a tal ponto ruim que não era qualquer cachorro que aceitava comê-lo. No pão, havia farinha mal moída, grãos inteiros, palha e resíduos da debulha; um de meus camaradas presentes na inspeção do pão comentou, com razão: Sim, com esse pão, é tão fácil ficar com os dentes todos cheios de comida grudada quanto encontrar palitos para limpar os dentes". [N.A.]

linhas e sabão; para variar sua comida escassa, monótona ao extremo e sempre salgada, ele acumula pães e depois, no *maidan*, troca por leite, pão branco, açúcar, vodca... Os nativos do Cáucaso, em sua maioria, adoecem quando comem pão preto e, por isso, tentam trocá-lo. Desse modo, se as três libras indicadas pela tabela parecem plenamente suficientes no aspecto quantitativo, quando se conhece a qualidade do pão e as condições de vida na prisão, essa eficácia da ração se torna ilusória e os números já perdem sua força. A carne que se usa na comida é só a salgada, e o peixe também;[4] na sopa, ambos adquirem o aspecto de um alimento cozido. A sopa da prisão, ou caldo, tem a aparência de uma papa semilíquida, feita de batata e de cereais muito cozidos, na qual boiam pedaços vermelhos de carne ou de peixe, e que alguns funcionários enaltecem, mas que eles mesmos não se atrevem a tomar. A sopa, mesmo aquela feita para os doentes, tem sabor muito salgado. Se, na prisão, aguardam visitantes, se avistam no horizonte a fumaça de um navio, se inspetores ou cozinheiros discutem na cozinha — todos esses são fatores que influenciam o sabor da sopa, sua coloração e seu cheiro; muitas vezes, o cheiro é tão repugnante que nem a pimenta e a folha do louro ajudam. Nesse aspecto, a sopa de peixe salgado goza de uma fama especialmente ruim, e isso não é de admirar: primeiro, esse ingrediente apodrece com facilidade e, portanto, em geral, tra-

4 Na prisão, às vezes acontece de cozinharem o caldo com carne fresca; isso significa que um urso matou uma vaca ou que aconteceu algum acidente com um boi ou com uma vaca do governo. Porém os presos muitas vezes acham que essa carne é carniça e se recusam a comer. Aqui está mais um trecho de Poliákov: "Também era muito ruim a carne de charque bovina local; era feita com carne de bois do governo, exauridos pelo trabalho, em estradas ruins e estafantes e, não raro, mortos pouco antes de perecerem por causas naturais, e isso quando não acontecia de cortarem o pescoço do animal já semimorto". Na época da migração sazonal dos peixes, os presos são alimentados com peixe fresco, do qual é destinado uma libra por pessoa. [N.A.]

tam de pôr logo na sopa o peixe que já começou a estragar; em segundo lugar, para a panela, vai também o peixe já doente, pescado nas cabeceiras dos rios pelos forçados e colonos. Na prisão de Korsákov, certa época, alimentavam os presos com sopa de arenque salgado; nas palavras do diretor do departamento médico, essa sopa se destacava pela insipidez, o arenque se desfazia muito depressa, em pedacinhos miúdos, a presença de pequenos ossos dificultava a deglutição e produzia catarro no tubo digestivo. Não se sabe com que frequência os presos viram os pratos e jogam fora a sopa, pela impossibilidade de comer, mas isso ocorre.[5]

Como os presos comem? Não há refeitórios. Ao meio-dia, os presos formam uma fila diante da caserna ou de um anexo, onde fica a cozinha, como se fosse a bilheteria de uma estação ferroviária. Cada um traz nas mãos uma espécie de prato. Nessa altura, a sopa costuma estar pronta e fervente, engrossando em fogo baixo dentro das panelas tampadas. O cozinheiro empunha um pau comprido com uma tigela presa na ponta, que usa para tirar a sopa da panela e servir a ração de quem se aproxima, e ele pode pegar com a tigela tanto dois pedaços de carne quanto nenhum pedaço, conforme sua vontade. Quando, afinal, chega a vez dos últimos da fila, a sopa já não é uma sopa, mas uma viscosa massa quente no fundo da panela, que é preciso diluir na água.[6] Depois de receber sua ração, os

5 Tudo isso é do conhecimento da administração. Pelo menos, aqui está a opinião do próprio comandante da ilha a respeito: "Nas operações locais do preparo da ração alimentar dos forçados, existem circunstâncias que não podem deixar de lançar uma sombra duvidosa sobre o assunto" (ordem nº 314, 1888). Se um funcionário diz que comeu a ração dos presos por uma semana ou por um mês inteiro e sentiu-se muito bem, isso significa que, na prisão, prepararam uma comida especial para ele. [N.A.] 6 Até que ponto é fácil, para os cozinheiros, enganar-se e preparar um volume maior ou menor de rações fica evidente pelas quantidades de alimentos que são colocadas dentro das panelas. Na prisão de Aleksándrovski, no dia 3 de

presos vão em frente; uns comem enquanto andam, outros sentam no chão, outros comem em suas camas de tábua. Não existe controle para verificar se todos comeram e se não venderam ou trocaram suas rações. Ninguém pergunta se todos almoçaram, se alguém ficou dormindo e perdeu a refeição; e se alguém disser para aqueles que cuidam da cozinha que, nos trabalhos forçados, há pessoas deprimidas e mentalmente perturbadas e que, entre elas, não são poucas as que devem ser vigiadas para que não fiquem sem comer e que até existem algumas que precisam ser alimentadas à força, esse comentário desperta neles apenas uma expressão de perplexidade e a resposta: "Não tenho como saber, Vossa Excelência!".

Entre os que recebem a ração do governo, só 25% ou 40%[7] comem na prisão; os demais recebem diretamente as provisões. Essa maioria se divide em duas categorias: uns comem a ração em sua casa, com os familiares ou os meeiros; os outros, enviados em missão longe da prisão, comem em seus locais de trabalho. Cada trabalhador da segunda categoria, ao fim do turno de trabalho, cozinha seu almoço em separado, numa marmita de lata, se a chuva não atrapalhar e se, depois do trabalho pesado, ele não tombar de sono; está cansado, faminto e, muitas vezes, para não perder tempo, come carne e peixe salgados sem cozinhar. Se adormece na hora do almoço, se vende ou perde sua ração no jogo de cartas, se suas provisões estragam ou se o pão fica encharcado com a chuva, nada

---

maio de 1890, comeram 1279 pessoas; nas panelas, foram colocados: 13,5 *pudi* de carne, cinco *pudi* de arroz, 1,5 *pud* de farinha para engrossar, um *pud* de sal, 24 *pudi* de batata, um terço de libra de folha de louro e dois terços de libra de pimenta; na mesma prisão, no dia 29 de setembro, para 675 pessoas: dezessete *pudi* de peixe, três *pudi* de cereais, um *pud* de farinha, 0,5 *pud* de sal, 12,5 *pudi* de batata, um sexto de libra de folha de louro e um terço de libra de pimenta. [N.A.]   **7** No dia 3 de maio, na prisão de Aleksándrovski, de 2870 pessoas, 1279 comeram na prisão e, no dia 29 de setembro, de 2432 pessoas, só 675. [N.A.]

disso interessa à direção. Acontece de alguns comerem, num só dia, a ração de três e até de quatro dias, e depois ficam comendo apenas pão ou passam fome e, além do mais, nas palavras do diretor do departamento médico, aqueles que trabalham na beira do mar e dos rios não desdenham as ostras e os peixes arrastados para a margem, e a taiga fornece raízes variadas, mas às vezes venenosas. Aqueles que trabalham nas minas, segundo o testemunho do engenheiro de mineração Keppen, comem velas de sebo.[8]

8 A administração e os médicos locais acham insuficiente a ração recebida pelos presos, também no aspecto quantitativo. Pelos dados colhidos por mim no relatório médico, a ração contém, em gramas: proteína, 142,9; gorduras, 37,4; carboidratos, 659,9, nos dias de comer carne e, nos dias de jejum, 164,3, 40,0 e 671,4, respectivamente. Segundo Erisman, nos dias que não são de jejum, a alimentação de nossos operários contém 79,3 gramas de gorduras e, nos dias de jejum, 67,4. Quanto mais uma pessoa trabalha, quanto mais forte e mais prolongado o esforço físico, segundo as regras da higiene, tanto mais gordura e carboidrato devem ser ingeridos. A que ponto são reduzidas as esperanças de que o pão e a sopa possam atender essas necessidades, o leitor pode avaliar por tudo o que foi dito acima. Os presos que trabalham nas minas nos quatro meses de verão recebem uma ração reforçada, que consiste de quatro libras de pão, uma libra de carne e 24 *zólotnik* de cereais; por solicitação da administração local, os operários que trabalham na construção das estradas passaram a receber a mesma ração. Em 1887, em Sacalina, por ideia do chefe da direção central da prisão, levantou-se a questão da "possibilidade de modificação na tabela existente na ilha de Sacalina, com o propósito de redução do custo da alimentação dos condenados, sem prejuízo da nutrição do organismo" e foram feitas experiências nutricionais pelo método recomendado por Dobroslávni. O falecido professor, como se vê por seu relatório, achou inconveniente "reduzir a quantidade de alimentos fornecida já há tantos anos para os forçados e deportados, sem fazer um estudo mais detido das condições de trabalho e de vida em que esses presos se encontram, pois dificilmente se pode ter uma ideia precisa das propriedades da carne e do pão servidos ali"; todavia, ele achou possível a redução, durante o ano, das rações caras de carne e propôs três tabelas: uma para dias de jejum e duas para dias em que se come carne. Em Sacalina, essas tabelas foram apresentadas a uma comissão de análise presidida pelo diretor do departamento médico. Os médicos de Sacalina que

Os colonos, nos primeiros dois e, raramente, três anos após a liberação dos trabalhos forçados, recebem alimentação do governo e depois passam a se alimentar por sua conta e risco. Nem na literatura nem nas secretarias existem números ou dados documentados relativos à alimentação dos colonos; porém, a julgar pelas impressões pessoais que se podem obter no local, o principal alimento na colônia é a batata. Ela e outros tubérculos, como o nabo e a nabiça, muitas vezes constituem a única alimentação de uma família ao longo de um tempo bem longo. Só comem peixe fresco na época em que os peixes sobem os rios para a desova, já o peixe salgado é acessível apenas aos mais prósperos.[9] Sobre a carne, também não há o que dizer. Os que têm vacas preferem vender o leite a bebê-lo; não guardam o leite em potes de barro, mas o deixam em garrafas — sinal de que o leite é para vender. Em geral, o colono vende os produtos de sua propriedade com muita presteza, mesmo em prejuízo de sua saúde, pois, de seu ponto de vista, o di-

faziam parte da comissão se mostraram à altura de sua profissão. Sem hesitar, declararam que, em função das condições de trabalho em Sacalina, do clima rigoroso, do trabalho pesado em todos os meses do ano, com tempo bom ou ruim, a alimentação atual já era insuficiente e que a alimentação conforme a tabela do professor Dobroslávni, mesmo com a redução das rações de carne, ficaria muito mais cara do que a da tabela vigente. Em resposta ao ponto principal da questão, relativo ao barateamento da ração, eles propuseram suas próprias tabelas, que, no entanto, proporcionavam economias bem menores do que a direção da prisão desejava. "Não haverá economia material", escreveram eles, "mas, com elas, pode-se esperar a melhoria da quantidade e da qualidade do trabalho dos presos, a diminuição do número de doentes e debilitados, o incremento geral do estado de saúde dos presos, o que vai se refletir positivamente na colonização de Sacalina, ao fornecer, para essa finalidade, colonos saudáveis e cheios de força." Esse *Dossiê da secretaria do comandante da ilha de Sacalina* sobre a modificação da tabela com o objetivo de reduzir os custos contém vinte relatórios, pareceres e atas dos mais diversos tipos e merece ser conhecido, mais detidamente, pelos interessados na higiene da prisão. [N.A.] **9** Nas vendinhas, o salmão defumado é negociado por trinta copeques a unidade. [N.A.]

nheiro é mais necessário do que a saúde: se não economizar dinheiro, não poderá ir para o continente e, quando estiver em liberdade, poderá comer até se fartar e, com o tempo, recuperar a saúde. Entre as plantas silvestres, são usadas na alimentação o alho-silvestre e diversas frutinhas, como a amora-branca, o mirtilo, a amora comum etc. Pode-se dizer que os forçados que vivem na colônia comem exclusivamente alimentos vegetais, pelo menos a grande maioria deles. Em todo caso, sua alimentação se distingue pelo baixo teor de gordura e, nesse aspecto, é de duvidar que sejam mais felizes do que os que comem as refeições da prisão.[10]

Roupas e calçados, ao que tudo indica, os presos recebem em quantidade suficiente. Os forçados, homens ou mulheres, todos os anos, ganham um *armiak*[11] e um casaco de pele curto, entretanto, os soldados, que trabalham em Sacalina não menos do que os forçados, recebem um uniforme a cada três anos e um capote a cada dois; quanto aos sapatos, um preso ganha por ano quatro pares de sapatos e dois pares de botinas, já um soldado recebe só um par de botas de cano alto e 2,5 pares de solas. Mas o soldado desfruta condições sanitárias melhores, tem cama e um lugar onde pode secar-se em caso de mau tempo, enquanto o forçado não tem opção, senão deixar o sapato e a roupa mofarem, pois, na falta de cama, ele dorme em cima do *armiak* e de quaisquer trapos, que, com suas exalações, empesteiam e contaminam o ar, pois ele não tem onde secar-se; muitas vezes, dorme com as roupas molhadas e, enquanto não oferecerem ao forçado condições mais humanas,

---

10 Os nativos, como eu já disse, usam muita gordura na comida e isso, sem dúvida, os ajuda na luta contra as temperaturas baixas e a umidade extrema. Disseram-me que, em algum lugar na costa oriental ou nas ilhas vizinhas, os russos que lá trabalham também começaram a usar, aos poucos, gordura de baleia na comida. [N.A.] **11** Casacão de lã comprido, sem botões, fechado com uma faixa na cintura.

a questão da quantidade conveniente de roupa e de calçados continuará em aberto. No que diz respeito à qualidade, repete-se a mesma história do pão: quem vive ao alcance dos olhos do chefe recebe roupas melhores; quem está em missão em locais afastados recebe roupas piores.[12]

Falemos agora da vida espiritual, da satisfação das necessidades de ordem mais elevada. A colônia é chamada de correcional, porém não existem em Sacalina instituições ou pessoas que cuidem, especificamente, da correção dos criminosos; tampouco existem, a esse respeito, quaisquer instruções e artigos no "Estatuto dos deportados", senão algumas poucas diretrizes para os casos em que um oficial de escolta ou um sargento pode usar uma arma contra o deportado ou em que um sacerdote deve "alertar para os deveres da fé e da moralidade", explicar aos forçados "a importância do alívio obtido" etc.; não há juízos definidos sobre a questão; mas é aceitável pensar que a primazia no processo da correção cabe à Igreja e à escola, e também à parte livre da população, que, com sua autoridade, tato e exemplo pessoal, pode abrandar os costumes de modo significativo.

No que toca à Igreja, Sacalina faz parte da diocese do bispo de Kamtchatka, das ilhas Kurilas e de Blagoviéschensk.[13] Os bispos visitaram Sacalina várias vezes, viajando com a

---

12 Quando o capitão Machínski abria caminho na mata para o telégrafo, ao longo do Poronai, seus operários ganhavam camisas curtas, que só podiam servir para crianças. A roupa do preso se destaca por ser padronizada, malfeita e por tolher os movimentos do trabalhador e, por isso, na hora de carregar um navio ou durante os trabalhados nas estradas, não encontramos nenhum forçado de *armiak* ou de capote; mas os incômodos da roupa malfeita no trabalho são facilmente eliminados por meio da venda ou da troca da roupa. Pois o vestuário mais confortável para o trabalho e para a vida em geral é a roupa comum do camponês, assim a maioria dos deportados usa roupa de pessoas livres. [N.A.]   13 Como as ilhas Kurilas passaram para o Japão, é mais correto chamar esse bispo de Bispo de Sacalina. [N.A.]

mesma simplicidade e suportando, no caminho, os mesmos desconfortos e privações que um sacerdote comum. Em sua chegada, ao lançar a pedra fundamental de uma igreja, ao abençoar determinados prédios[14] e percorrer a prisão, os bispos se dirigiam aos deportados com palavras de conforto e esperança. Podemos avaliar o caráter de suas atividades pastorais pelo seguinte excerto da resolução do reverendíssimo Gúria, em uma das atas guardadas na igreja de Korsákov: "Se não é em todos eles (ou seja, nos deportados) que existem a fé e o arrependimento, em todo caso, ambos estão presentes em muitos que vi pessoalmente; não foi outra coisa senão o sentimento de fé e de arrependimento que os obrigava a chorar amargamente, enquanto eu fazia sermões para eles, em 1887 e 1888. A função da prisão, além da pena de um crime, consiste também no estímulo de sentimentos moralmente bons nos encarcerados, em especial para que eles, em face de seu destino, não entrem em completo desespero". Essa visão foi adotada, também, pelos membros do escalão inferior da Igreja; os sacerdotes de Sacalina sempre se mantiveram à margem do castigo e tratam os deportados não como criminosos, mas como pessoas e, nesse aspecto, mostraram mais tato e compreensão de seu dever do que os médicos ou os agrônomos, que muitas vezes interferiam em assuntos que não eram da sua alçada.

Até hoje, na história da igreja de Sacalina, o lugar de maior destaque cabe ao padre Simeon Kazánski ou, como a população o chamava, pope Semion, que nos anos 1870 foi o sacerdote da igreja de Aniva ou de Korsákov. Ele trabalhava ainda naqueles tempos "pré-históricos", quando, em Sacalina do Sul, não havia estradas e a população russa, principalmente a militar, estava dispersa em pequenos grupos por todo o sul.

---

14 Sobre a consagração do farol de Krílon pelo bispo Martimian, ver *Vladivostok*, 1883, nº 28. [N.A.]

O pope Semion passava quase todo o tempo circulando por regiões desertas, viajando de um grupo para outro, em trenós puxados por cachorros e por cervos, e no verão se deslocava num barco à vela ou ia mesmo a pé, pela taiga; ficava enregelado, bloqueado pela neve, pegava doenças no caminho, era incomodado por mosquitos e por ursos, barcos viravam em rios turbulentos e ele caía na água gelada; porém suportava tudo isso com uma brandura extraordinária, chamava a vastidão deserta de adorável e não reclamava de sua vida árdua. Nas relações pessoais com os funcionários e oficiais, portava-se como um excelente camarada, nunca se negava a fazer companhia e, no meio de uma conversa divertida, sabia como introduzir, com pertinência, a citação de um texto religioso. Sobre os forçados, sua opinião era esta: "Aos olhos do criador, somos todos iguais", e isso num documento oficial.[15] Em seu tempo, as igrejas de Sacalina eram pobres. Certa vez, quando abençoava a iconóstase da igreja de Aniva, ele se exprimiu desta forma a respeito dessa pobreza: "Não temos nenhum sino, não temos livros para celebrar a missa, mas para nós o importante é que o Senhor esteja aqui". Eu já mencionei esse sacerdote quando descrevi as iurtas dos popes. Histórias sobre ele chegaram até a Sibéria, levadas por soldados e deportados, e o pope Semion, hoje em dia, é uma figura lendária em Sacalina e numa vasta região em redor.

---

15 O tom de seus documentos é original. Ao pedir às autoridades que deixassem um forçado ajudá-lo na função de sacristão, escreveu: "No que toca ao motivo por que não tenho um sacristão titular, explica-se porque não há ninguém disponível no consistório e, mesmo se houvesse, nas condições locais de vida do sacerdócio, seria impossível conseguir um acólito. O passado é passado. Pelo visto, em breve, terei de partir de Korsákov e seguir para minha adorável vastidão deserta e terei de dizer aos senhores: Estou deixando sua casa vazia". [N. A.]

Hoje em dia, em Sacalina, há quatro igrejas paroquiais: em Aleksándrovski, em Duê, em Ríkovskoie e em Korsákov.[16] Em geral, as igrejas não são pobres, os sacerdotes fazem jus a um salário de mil rublos anuais, em cada paróquia há um coro de cantores que sabem ler partituras e vestem cafetãs de gala. Só há missa aos domingos e nos feriados importantes; no dia anterior, celebram o ofício noturno e depois, às nove da manhã, a missa principal; não há missa de vésperas. Os padres locais não exercem nenhuma função específica, determinada pela composição característica da população, e sua atividade é tão rotineira quanto a dos nossos sacerdotes rurais, ou seja, limitam-se apenas a rezar as missas nos dias santos, ministrar os sacramentos e lecionar nas escolas. Não tive ocasião de presenciar nenhuma palestra, sermão etc.[17]

16 Na região da paróquia de Ríkovskoie, há também uma igreja em Malo-Tímovo, onde só há ofício religioso no feriado do santo padroeiro, dia do Grande Antônio, e na região de Korsákov há três capelas: em Vladímirovka, em Kriésti e em Gálkino-Vraskoie. Todas as igrejas e capelas de Sacalina foram construídas com recursos da prisão, com o trabalho dos deportados. Só a de Korsákov foi construída com recursos doados pelas tripulações dos navios *Vsádnik* e *Vostok* e por militares que moravam no posto. [N.A.]
17 O professor Vladímirov, em seu manual de direito penal, diz que a passagem de um forçado para a condição de preso em vias de regeneração é comunicada com certa solenidade. Com certeza, ele tem em mente o artigo 301 do "Estatuto dos deportados", segundo o qual o forçado passa para a nova condição em presença das principais autoridades da prisão e de um representante do clero, convidado para a ocasião. Mas na prática esse artigo é inviável, pois seria preciso convidar um representante do clero todos os dias; e semelhante solenidade é um tanto incompatível com as condições do trabalho. Também não se aplica, na prática, a lei da liberação dos presos do trabalho nos feriados, segundo a qual os presos em vias de regeneração devem ser liberados com mais frequência do que aqueles em período probatório. Tal separação exigiria, a cada vez, muito tempo e aborrecimento.
Com efeito, entre os sacerdotes locais, a única atividade fora do comum é daqueles que cumprem os deveres missionários. Durante minha estada em Sacalina, conheci o hieromonge Irákli, de origem buriate, sem barba e sem bigode, oriundo do monastério de Possolsk, que fica na Transbaikália;

Na Páscoa, os forçados fazem o jejum e as devoções que antecedem a comunhão; para isso, ganham três manhãs. Quando os acorrentados ou os que vivem nas prisões de Voievod e Duê fazem suas devoções, as sentinelas ficam postadas em volta da igreja e isso, dizem, produz uma impressão desoladora. Os forçados que fazem os trabalhos mais brutos, em geral, não vão à igreja, pois aproveitam todos os feriados para descansar, arrumar suas coisas e sair para colher frutinhas silvestres; além disso, as igrejas são pequenas e, espontaneamente, não se sabe como, ficou estabelecido que só pessoas em trajes de livres podem entrar na igreja, ou seja, o chamado público decente. Em minha presença, por exemplo, em Aleksándrovski, a primeira metade da igreja durante a missa era ocupada pelos funcionários e seus familiares; depois, seguia-se uma fileira variada, com as esposas dos soldados e dos guardas penitenciários e as mulheres de condição livre, acompanhadas dos filhos; depois, os guardas e os soldados e, atrás de todos, junto à parede, os colonos, em trajes civis, e os forçados escrivães. Um forçado de cabeça raspada, com um ou dois ases nas costas, preso em correntes ou acorrentado a um carrinho de mão poderá, se desejar, ir à igreja? Um dos sacerdotes a quem fiz a pergunta me respondeu: "Não sei".

Os colonos jejuam e se preparam para a comunhão, casam e batizam os filhos nas igrejas, se moram perto. Os próprios

ele passou oito anos em Sacalina e, nos últimos anos, foi sacerdote na paróquia de Ríkovskoie. Por dever missionário, viajava uma ou duas vezes por ano para a baía de Níiski e pelo Poronai para realizar batizados, dar a comunhão e casar indígenas. Converteu pelo menos trezentos membros do povo órotchi. Naturalmente, nas viagens pela taiga, ainda mais no inverno, enfrentou condições que nem se pode imaginar. À noite, o padre Irákli costumava se enfiar num saco de pele de carneiro; dentro do saco, ele tinha tabaco e um livro de horas. Seus companheiros de viagem, duas ou três vezes durante a noite, avivavam a fogueira e esquentavam chá, enquanto ele dormia dentro do saco a noite toda. [N.A.]

sacerdotes viajam para os povoados remotos e "jejuam" os deportados, aproveitando para ministrar outros sacramentos. O padre Irákli tinha "vigários" em Viérkhni Armudan e, em Malo-Tímovo, eles eram os forçados Vorónin e Iakoviénko, que aos domingos liam o livro de horas. Quando o padre Irákli chegou a certo povoado para rezar a missa, um mujique saiu andando pela rua e gritava a plenos pulmões: "Sai todo mundo para rezar!". Onde não há igreja nem capela, rezam a missa nas casernas ou nas isbás.

Quando eu estava morando em Aleksándrovski, um dia veio à minha casa o sacerdote local, padre Egor, ficou um pouquinho e depois foi à igreja fazer um casamento. E eu fui com ele. Na igreja, já tinham acendido as velas do lustre e os cantores, com rostos indiferentes, estavam postados no coro, à espera dos noivos. Havia muitas mulheres, forçadas e livres, que olhavam para a porta com impaciência. Ouvia-se um rumor. De repente, na porta, alguém ergueu a mão e sussurrou, alvoroçado: "Estão vindo!". Os cantores começaram a tossir baixinho. Uma onda jorrou para os lados, abrindo caminho na porta, alguém gritou com força e, enfim, entraram os noivos: um forçado tipógrafo de uns 25 anos, de paletó, colarinho engomado, dobrado nas pontas, e gravata branca, e uma forçada, três ou quatro anos mais velha, de vestido azul com rendas brancas e uma flor na cabeça. Havia um lenço estendido no tapete; o noivo foi o primeiro a pisar sobre o lenço.[18] Os padrinhos, tipógrafos, também estavam de gravata branca. O padre Egor saiu do altar e ficou muito tempo folheando um livro no leitoril. "Bendito seja nosso Deus...", proclamou, e o casamento teve início. Quando o sacerdote colocou as coroas na cabeça do noivo e da noiva e pediu a Deus que coroasse os dois com a glória e a honra, os rostos das mulheres presentes

---

18 Segundo a tradição, quem pisar primeiro o lenço terá o comando do lar.

exprimiam ternura e alegria e elas pareciam ter esquecido que aquilo se passava na igreja de uma prisão, nos trabalhos forçados, muito longe da terra natal. O sacerdote falou para o noivo: "Exultai, noivo, tal como Abraão...". Depois do casamento, quando a igreja esvaziou e espalhou-se um cheiro de pavio queimado que vinha das velas apagadas às pressas pelo guarda, tudo ficou triste. Saímos para o átrio. Chovia. Perto da igreja, nas sombras, uma multidão, duas charretes: numa, os noivos; a outra, vazia.

— Padre, por favor! — ressoaram vozes, e dezenas de braços se estenderam para o padre Egor, como se quisessem agarrá-lo.

— Por favor! Dê essa honra!

O padre Egor foi acomodado na charrete e levado para a casa dos noivos.

No dia 8 de setembro, um feriado, depois da missa, saí da igreja com um jovem funcionário e, naquele momento, estavam levando um defunto numa liteira; era carregado por quatro forçados em andrajos, de rostos brutos, exauridos, semelhantes aos mendigos de nossas cidades; atrás, iam mais dois iguais a eles, seus ajudantes, uma mulher com duas crianças e o georgiano moreno Kelbokiáni, em roupas de livre (ele trabalha como escrivão e é chamado de príncipe), e todos pareciam afobados, com receio de não encontrar o sacerdote na igreja. Por meio de Kelbokiáni, soubemos que o defunto era uma mulher de condição livre chamada Liálikova, cujo marido, um colono, tinha ido embora para Nikoláievsk; com ela, ficaram dois filhos e agora ele, Kelbokiáni, que morava na casa de Liálikova, não sabia o que fazer com as crianças.

Eu e meu companheiro não tínhamos o que fazer e fomos ao cemitério juntos, sem esperar o fim da cerimônia fúnebre. O cemitério ficava a uma versta da igreja, depois do subúrbio, bem perto do mar, num morro alto e escarpado. Quando chegamos lá em cima, o cortejo já havia nos alcançado: obviamente, a cerimônia fúnebre tomara apenas dois ou três minutos. Do alto, podíamos ver que o caixão sacudia sobre a liteira e que o menino que a mulher conduzia tentava recuar, puxando-a pela mão.

De um lado, a ampla paisagem do posto e seus arredores; de outro, o mar sereno, radiante com o sol. No morro, havia muitos túmulos e cruzes. Duas cruzes altas estavam juntas: eram os túmulos de Mitsul e do guarda Selivánov, assassinado por um preso. Nos túmulos dos forçados, havia cruzes pequenas — todas com o mesmo feitio e todas sem nome. Mitsul será lembrado ainda por algum tempo, já todos esses que jazem debaixo das cruzes pequenas, que assassinaram e que fugiram, retinindo as correntes, ninguém tem necessidade de lembrar. No máximo, talvez, em algum lugar na estepe russa, junto a uma fogueira, ou na mata, um velho carroceiro, movido pelo tédio, resolva contar como alguém andava praticando assaltos em seu povoado; o ouvinte, olhando para a escuridão, sentirá um arrepio, um pássaro noturno vai piar — e será essa toda a lembrança. Na cruz onde está enterrado um enfermeiro deportado, estão os versos:

Passante! Que estes versos o façam lembrar [19]
Que tudo sob o céu logo passa etc.

E no fim:

Adeus, meu camarada, até a alegre manhã!

E. Fiódorov

---

[19] Segundo a edição russa de *A ilha de Sacalina*, trata-se de uma paráfrase de versos do poeta russo Nikolai Karamzin (1776-1826). A. P. Tchékhov, *Obras completas e cartas em 30 volumes*. URSS: Naúka, 1974-1983, v. 14-15.

A cova recém-escavada estava com água até um quarto de sua profundidade. Os forçados, ofegantes, de rostos suados, conversavam em voz alta sobre algo que não tinha qualquer relação com o enterro, até que, por fim, trouxeram o caixão e o colocaram na beira da cova. O caixão de tábuas pregadas às pressas não tinha nenhuma pintura.

— E aí? — disse alguém.

Tombado de modo brusco, o caixão fez a água espirrar. Torrões de barro bateram na tampa, com baques surdos, o caixão balançava, mas os forçados, enquanto trabalhavam com as pás, continuavam a falar de seus assuntos e Kelbokiáni, com ar perplexo, olhava para nós e, abrindo os braços, queixou-se:

— E agora, o que vou fazer com essas crianças? Mais um peso nas minhas costas! Fui falar com o inspetor, pedi para me dar uma mulher, mas ele não dá!

O menino Aliochka, de três ou quatro anos, que a mulher trazia pela mão, está parado e olha para a cova. A camisa não é do seu tamanho, as mangas são compridas demais e a calça azul está desbotada; tem remendos azul-claros nos joelhos.

— Aliochka, cadê a mãe? — perguntou a pessoa que me acompanhava.

— Enterra-a-a-ram! — disse Aliochka, riu e acenou com a mão para a cova.[20]

20 Por todos os números que apurei, os ortodoxos constituem 86,5%, os católicos e luteranos juntos 9%, os muçulmanos, 2,7%, e os restantes são judeus e adeptos da Igreja armênia-gregoriana. Uma vez por ano, o padre católico vem de Vladivostok e então "correm" os deportados católicos dos dois distritos do norte para Aleksándrovski, e isso acontece justamente na temporada da primavera, em que as estradas estão lamacentas. Os católicos reclamaram comigo que o padre vem muito raramente; os filhos ficam muito tempo sem serem batizados e muitos pais, para que o bebê não morra sem receber o batismo, procuram o sacerdote ortodoxo. E de fato me aconteceu de encontrar crianças ortodoxas com pai e mãe católicos. Quando morre um católico, por falta de opção, chamam um sacerdote russo para

Em Sacalina, há cinco escolas, sem contar a de Dierbínskoie, na qual, por falta de professor, não havia aulas. Em 1889--1890, 222 pessoas estudavam nas escolas: 144 meninos e 78 meninas, com 44 alunos em média por escola. Estive na ilha na época das férias, não vi as aulas e por isso a vida interna das escolas locais, provavelmente original e muito interessante, continuou desconhecida para mim. É opinião corrente que as escolas de Sacalina são pobres, equipadas de modo indigente, sua existência é fortuita, pois ninguém sabe se continuarão a existir ou não. Quem as dirige é um funcionário da secretaria do comandante da ilha, um jovem com boa instrução, mas ele é um rei do tipo que reina, mas não governa, pois no fundo as escolas são dirigidas pelos chefes dos distritos e pelos inspetores das prisões, dos quais depende a seleção e a nomeação dos professores. Quem leciona nas escolas são forçados que, na terra natal, não eram professores; são pessoas que pouco entendem do assunto e não têm nenhum preparo. Em troca de seu trabalho, recebem dez rublos por

cantar o "Deus Santo". Em Aleksándrovski, veio à minha casa um luterano, condenado por incêndio criminoso em Petersburgo; disse que os luteranos, em Sacalina, constituem uma sociedade e, como prova, mostrou-me um carimbo no qual estava inscrito: "Carimbo da sociedade de luteranos em Sacalina"; em sua casa, os luteranos se reúnem para rezar e trocar ideias. Os tártaros escolhem em sua comunidade um mulá e os judeus, um rabino, mas isso não é oficial. Em Aleksándrovski, estão construindo uma mesquita. O mulá Vas-Khassan-Mamet, um moreno bonito de uns 38 anos, nativo da região do Daguestão, está construindo a mesquita por sua conta. Perguntou--me se, depois de cumprir sua pena, o deixariam ir a Meca. No subúrbio de Peissikóvska, em Aleksándrovski, há um moinho de vento completamente abandonado: dizem que teria sido construído por um tártaro e sua esposa. Os dois cortaram as árvores, arrastaram os troncos e prepararam as tábuas, ninguém os ajudava e o trabalho deles se estendeu por três anos. Depois que recebeu o estatuto de camponês, o tártaro mudou-se para o continente, passou o moinho para o governo, e não para seus companheiros tártaros, pois estava zangado com eles porque não o escolheram para ser o mulá. [N.A.]

mês; a administração acha impossível pagar mais e não convida pessoas de condição livre, porque teria de pagar pelo menos 25 rublos. É evidente que o ensino nas escolas é considerado uma ocupação sem importância, pois os guardas penitenciários, convocados entre os deportados, que muitas vezes cumprem funções indefinidas e servem apenas de meninos de recados para os funcionários, ganham entre quarenta e cinquenta rublos por mês.[21]

Na população masculina, considerando adultos e crianças, os alfabetizados correspondem a 29% e, na feminina, 9%. E esses 9% referem-se exclusivamente às pessoas em idade escolar, pois, sobre as mulheres adultas em Sacalina, pode-se dizer que elas não sabem ler; a educação é algo que não lhes diz respeito, as mulheres causam espanto pela ignorância crassa e parece-me que em nenhum outro lugar vi mulheres tão obtusas e de

---

21 Em seu relatório de 27 de fevereiro de 1890, o chefe do distrito de Aleksándrovski, no cumprimento das instruções do comandante da ilha sobre a procura de pessoas confiáveis, de condição livre ou colonos, para substituírem os forçados que, na ocasião, cumpriam as funções de professor nas escolas rurais, informa que, no distrito sob sua jurisdição, não há, nem entre as pessoas de condição livre nem entre os colonos, ninguém que satisfaça os requisitos do cargo de professor. "Desse modo", escreve ele, "por encontrar dificuldades insuperáveis na seleção de pessoas que, pelo nível de instrução, sejam minimamente adequadas para as atividades escolares, eu não me atrevo a indicar ninguém entre os que moram no distrito sob minha jurisdição, seja colono, seja deportado camponês, a quem se possam confiar as atividades de ensino." Embora o chefe do distrito não se atreva a confiar a um deportado as atividades de ensino, eles continuam sendo professores, com seu conhecimento e por sua indicação. Para evitar esse tipo de contradição, parece que o mais simples seria convidar professores autênticos da Rússia ou da Sibéria e nomeá-los com o mesmo salário pago aos guardas penitenciários, mas para tanto seria preciso modificar radicalmente a visão que se tem do ensino e não o considerar menos importante do que a função dos guardas penitenciários. [N.A.]

tão escassa compreensão como aqui, em meio a uma população criminosa e escravizada. Entre as crianças que vieram da Rússia, as alfabetizadas chegam a 25% e, entre as que nasceram em Sacalina, chegam só a 9%.[22]

---

22 A julgar por certos dados incompletos e por alusões, os alfabetizados cumprem a pena em condições mais favoráveis do que os analfabetos; ao que tudo indica, entre os analfabetos, é relativamente alto o índice de reincidência, enquanto os alfabetizados alcançam com mais facilidade o estatuto de camponês; em Siantsi, registrei dezoito homens alfabetizados, treze deles, ou seja, quase todos os adultos alfabetizados, têm o estatuto de camponês. Nas prisões, ainda não existe o costume de alfabetizar os adultos, entretanto, no inverno há dias em que os presos, por causa do tempo ruim, ficam dentro da prisão, sem sair, e sofrem por não ter o que fazer; em dias assim, eles se alfabetizariam de bom grado.

Em razão do analfabetismo dos deportados, são os escrivães que redigem as cartas para a terra natal. Eles descrevem a vida penosa na ilha, a pobreza e o sofrimento, as mulheres pedem o divórcio para os maridos etc., mas tudo no tom de quem descreve uma farra ocorrida na véspera: "Pois é, pronto, estou escrevendo finalmente uma cartinha para o senhor... Me liberte dos laços matrimoniais" etc. Ou então filosofam de tal modo que se torna difícil entender o sentido da carta. De tanto enfeitar o texto, um escrivão do distrito de Tímovski ganhou, dos outros escrivães, o apelido de bacharel. [N.A.]

XX

A população livre — Os escalões inferiores do destacamento
militar local — Os guardas penitenciários — A intelligentsia

Os soldados são chamados de "pioneiros" de Sacalina, porque
eles já viviam aqui antes da fundação dos trabalhos forçados.[1]
Desde os anos 1850, quando Sacalina foi ocupada, e até quase os
anos 1880, além das obrigações que competiam diretamente a
eles, segundo o regulamento, os soldados executavam também
todo o trabalho que hoje é feito pelos forçados. A ilha era deserta;
não havia nem casas nem estradas nem animais de carga, e os soldados tinham de construir as casernas e as casas, abrir clareiras na
mata, levar a carga nas costas. Quando chegava um engenheiro
ou um cientista a Sacalina, punham a seu serviço alguns soldados, que faziam as vezes dos cavalos. "Como eu tinha em vista",
escreve o engenheiro de mineração Lopátin, "penetrar fundo na
taiga de Sacalina, nem pensava em ir a cavalo e transportar cargas pesadas. Mesmo a pé, foi com dificuldade que subi as montanhas íngremes de Sacalina, cobertas ora por matas cerradas, com
galhos e troncos caídos, ora por bambuzais. Desse modo, tive de
atravessar a pé mais de 1600 verstas."[2] E atrás dele iam os soldados, que carregavam nas costas a carga pesada do engenheiro.

Todo o pequeno contingente de soldados estava disperso na
costa oeste, sul e sudeste; os locais onde moravam eram chamados
de postos. Hoje abandonados e esquecidos, na época esses postos desempenhavam o mesmo papel que agora cabe aos povoados e eram encarados como bases da futura colônia. No posto de

---

1 Ver N. V. Busse, *A ilha de Sacalina e a expedição de 1853-1854.* [N.A.]
2 Lopátin, "Relatório ao senhor governador-geral da Sibéria Oriental".
Revista de mineração, 1870, nº 10. [N.A.]

Muraviov, havia uma unidade de fuzileiros; em Korsákov, três unidades do quarto batalhão siberiano e um pelotão da artilharia de montanha; nos demais postos, como os de Manui e de Sortunai, havia apenas seis soldados. Separados de sua unidade por uma distância de centenas de verstas, entregues ao comando de um sargento ou até de um civil, esses seis homens viviam como verdadeiros Robinson Crusoé. A vida era selvagem, monótona e maçante ao extremo. Se o posto ficava no litoral, no verão, um navio chegava, deixava provisões para os soldados e ia embora; no inverno, o sacerdote vinha "jejuar" os soldados, vestindo casaco de pele e calça comprida e mais parecia um guiliaque do que um sacerdote. A vida só variava quando havia alguma desgraça: ora um soldado numa balsa de palha era arrastado pelo mar, ora um soldado era despedaçado por um urso ou soterrado pela neve, ora havia um ataque de fugitivos, ora era o escorbuto que investia... Ou então um soldado, cansado de ficar trancado no barracão, coberto pela neve, ou de vagar sem rumo pela taiga, começava a dar sinais de "perturbação, embriaguez, insolência", ou apelava para o roubo, o desvio de munição, ou acabava processado por desrespeito contra alguma forçada, concubina de outro homem.[3]

---

3 No departamento de polícia de Korsákov, vi o seguinte, na "Lista dos membros dos escalões inferiores que se encontram no posto das minas de carvão de Putiatínski, no rio Sortunai", referente ao ano de 1870:

"Vassíli Vediérnikov: Chefe, sapateiro, padeiro e cozinheiro.

Luka Pilkov: Afastado da chefia por indolência, foi preso por bebedeira e insolência.

Khariton Mílnikov: Não fez nada errado, mas é preguiçoso.

Evgraf Raspopov: Idiota, incapaz de qualquer serviço.

Fiódor Tcheglokov e Grigóri Ivánov: Presos por roubo de dinheiro e eu vi os dois com sinais de perturbação, embriaguez e insolência.

Diretor do posto nas minas de carvão de Putiatínski em Sacalina.
Secretário de província
F. Litke." [N.A.]

Em função da diversidade de suas tarefas, os soldados não conseguiam desenvolver a competência na arte militar, esqueciam o que haviam aprendido e, como o mesmo se dava com os oficiais, o elemento militar combatente se encontrava na situação mais deplorável. As inspeções eram sempre seguidas de desentendimentos e manifestações de insatisfação da parte dos superiores.[4] O serviço era pesado. O soldado que era rendido da guarda imediatamente partia numa escolta e, da escolta, voltava para o posto de guarda, ou ia ceifar feno, ou ia descarregar as cargas do governo; não tinha descanso, nem de dia nem de noite. Os soldados viviam em instalações apertadas, frias e sujas, que pouco diferiam de uma prisão. No posto de Korsákov, até 1875, a casa da guarda ficava instalada na prisão dos deportados; ali havia até um calabouço militar que parecia um canil. "Para deportados", escreve Sintsóvski, "talvez essa situação constrangedora possa ser admitida como medida punitiva, mas ela não faz sentido para soldados, e não se sabe para que nem por que eles têm de suportar semelhante castigo."[5] Comiam tão pessimamente quanto os presos, vestiam andrajos, porque nenhuma roupa aguentava o rigor de seus trabalhos. Os soldados, ao perseguir os fugitivos pela taiga, esfrangalhavam

4 N. S. conta que, há pouco tempo, em 1885, um general, ao assumir o comando das tropas de Sacalina, perguntou a um soldado que era guarda penitenciário:
— Para que você tem um revólver?
— Para intimidar os deportados, Vossa Excelência!
— Atire com o revólver naquele tronco — ordenou o general.
Então houve uma grande confusão. O soldado não conseguiu soltar o revólver do coldre e só fez isso com a ajuda de terceiros, porém, uma vez sacado o revólver, o soldado se mostrou tão inapto no manuseio da arma que a ordem foi cancelada: do contrário, em lugar do tronco, ele poderia facilmente acertar a bala em alguém da plateia. *Mensageiro de Kronstadt*, 1890, nº 23. [N.A.]
5 Sintsóvski, "Condições higiênicas dos deportados". *Saúde*, 1875, nº 16. [N.A.]

as roupas e os sapatos de tal modo que, certa vez, em Sacalina do Sul, acharam que os próprios soldados eram fugitivos e atiraram contra eles.

No presente, a segurança militar da ilha consiste de quatro destacamentos: o de Aleksándrovski, o de Duê, o de Tímovski e o de Korsákov. Em janeiro de 1890, os membros dos escalões inferiores de todos os destacamentos eram 1548. Os soldados, como antes, suportavam trabalhos pesados, incompatíveis com suas forças e com o desenvolvimento e as exigências do estatuto militar. Na verdade, eles já não abrem clareiras na mata nem constroem casernas, mas, tal como antes, o soldado que volta do turno da guarda ou do treinamento não pode contar com nenhum descanso: na mesma hora, ele pode ser enviado para uma escolta ou para ceifar feno ou para perseguir fugitivos. Necessidades econômicas desviam um número significativo de soldados, de modo que se sente uma carência constante de pessoal para as escoltas e a guarda não pode ser programada em três turnos. No início de agosto, quando estive em Duê, sessenta homens do destacamento estavam ceifando feno e metade deles percorreu 109 verstas a pé para cumprir essa tarefa.

O soldado de Sacalina é dócil, calado, obediente e sóbrio; só no posto de Korsákov, vi soldados embriagados, fazendo bagunça na rua. O soldado raramente canta, e é sempre a mesma coisa: "Dez meninas, eu sozinho, aonde elas vão, eu vou atrás... As meninas estão no bosque, eu vou atrás". É uma canção alegre, que, no entanto, o soldado canta com tamanha melancolia que, ao som de sua voz, começamos a sentir saudade da terra natal e sentimos todo desamparo da natureza de Sacalina. Ele suporta com resignação todas as privações e é indiferente aos perigos que, com muita frequência, ameaçam sua vida e sua saúde. Mas ele é rude, limitado e obtuso e, por falta de tempo livre, não consegue se imbuir da consciência da honra e do dever militar e, por isso, ocorrem erros inevitáveis que, não raro, fazem dele um inimigo da ordem, tanto quanto as pessoas que ele mesmo vigia e captura.[6] Tais deficiências sobressaem nele de forma especialmente gritante, quando lhe atribuem tarefas que não correspondem a seu nível de desenvolvimento, por exemplo, quando é designado para ser guarda penitenciário.

Segundo o artigo 27 do "Estatuto dos deportados" em Sacalina, "a vigilância prisional é atribuída aos guardas penitenciários, chefes e subalternos, cujo número, supondo a proporção de um chefe para quarenta forçados e de um subalterno para vinte forçados, é definido anualmente pela direção central da prisão". Três guardas penitenciários, um chefe e dois subalternos são encarregados de quarenta pessoas, ou seja, um para treze. Se imaginarmos que treze pessoas trabalham, comem, passam o tempo na prisão etc. sob a constante vigilância de um homem consciencioso e capaz e que, acima dele, por sua vez, está uma autoridade, na pessoa do inspetor da prisão, e que acima do inspetor está o chefe do distrito etc., então podemos apaziguar nossos pensamentos, achando que tudo caminha muito bem. Mas na realidade, até agora, a vigilância tem sido o ponto mais frágil dos trabalhos forçados em Sacalina.

Hoje em dia, em Sacalina, há cerca de 150 chefes de guardas penitenciários e o número de subalternos é o dobro. Os cargos de chefia são ocupados por sargentos e soldados rasos alfabetizados que terminaram seu tempo de serviço nos

6 Na prisão de Voievod, mostraram-me um forçado que tinha sido soldado de escolta e que, em Khabárovk, havia ajudado alguns vagabundos a fugir e tinha fugido com eles. No verão de 1890, na prisão de Ríkovskoie, havia uma mulher de condição livre que foi condenada por incêndio criminoso; seu vizinho de cela, o preso Andréiev, reclamava que, à noite, não podia dormir, porque os soldados da escolta, volta e meia, vinham visitar a mulher e faziam bagunça. O chefe do distrito determinou que mudassem a fechadura da cela e a chave nova ficou com ele. Porém os soldados da escolta esconderam uma cópia da chave, o chefe do distrito não pôde fazer nada e as orgias noturnas continuaram. [N.A.]

destacamentos locais e também por *raznotchíniets*;[7] estes, aliás, eram muito poucos. Membros do escalão inferior da hierarquia civil, que se encontram no serviço ativo, constituem 6% de todo o conjunto dos chefes, entretanto, o cargo de guarda penitenciário subalterno é destinado quase que exclusivamente a soldados rasos, apartados de seus destacamentos locais. No caso de carência de pessoal no quadro de guardas penitenciários, o *Estatuto* permite convocar membros dos escalões inferiores dos destacamentos militares locais para preencher as vagas e, desse modo, jovens siberianos, tidos como incapazes até de cumprir as tarefas de uma escolta, são nomeados para preencher os cargos vagos de guarda penitenciário, a rigor, "temporariamente" e "nos limites de uma necessidade extrema", mas esse "temporariamente" já se prolonga por dez anos e "os limites da necessidade extrema" não param de se ampliar, tanto assim que os membros dos escalões inferiores dos destacamentos militares locais já constituem 73% de todo o contingente dos guardas penitenciários subalternos e ninguém garante que esse número, dentro de dois ou três anos, não alcance 100%. Cumpre notar, a propósito, que não são os melhores soldados que são encaminhados para a função de guarda penitenciário, pois os comandantes dos destacamentos, para o bem do serviço militar, liberam para as prisões os menos capazes e mantêm os melhores em suas unidades.[8] Nas prisões, há muitos guardas penitenciários,

7 Civis que não pertenciam à nobreza e tinham bom nível de instrução.
8 E isso dá motivo a uma flagrante injustiça: os melhores soldados, que permanecem em seus destacamentos, ganham apenas o soldo de soldado, enquanto os piores, que trabalham na prisão, ganham o soldo e um salário. O príncipe Chakhovskói, no seu *Dossiê*, queixava-se: "O contingente principal dos guardas penitenciários (66%) é formado por soldados rasos dos destacamentos militares locais, que recebem do governo doze rublos e cinquenta copeques por mês. Seu analfabetismo, seu baixo nível de desenvolvimento, sua visão transigente do suborno, algo perfeitamente possível

mas não há ordem, e os guardas penitenciários servem apenas como um empecilho constante para a administração, o que é atestado pelo próprio comandante da ilha. Quase todo dia, em suas ordens, ele aplica multas contra os guardas, rebaixa seus salários ou os demite de uma vez: um por deslealdade e negligência; outro por imoralidade, desonestidade e apatia; outro por roubo de um carregamento de provisões confiado à sua guarda; outro por ocultamento de um crime; outro não só por não manter a ordem como até por dar, ele mesmo, o exemplo para o saque de uma balsa carregada de nozes gregas; outro porque foi processado pela venda de machados e pregos do governo; outro porque foi apanhado várias vezes fazendo uso inescrupuloso do suprimento de forragem do gado do governo; outro por transações condenáveis com os forçados. Por meio das ordens, ficamos sabendo que um chefe dos guardas penitenciários, ex-soldado raso, que estava de serviço na prisão, se permitiu entrar pela janela na caserna das mulheres, com propósitos de teor romântico, depois de soltar uns pregos; e outro ainda, no horário de serviço, à uma hora da madrugada, deixou entrar um soldado raso, também guarda penitenciário, num cômodo onde havia mulheres presas. As aventuras amorosas dos guardas não se limitam apenas ao estreito território das casernas das mulheres e das celas individuais. Nos aposentos dos guardas, encontrei mocinhas adolescentes que, quando eu indagava quem eram, respondiam: "Sou uma concubina". Entramos nos aposentos de um guarda

em sua esfera de atividade, a ausência do rigor militar que havia antes, em suas unidades, e a liberdade de ação incomparavelmente maior, com algumas exceções, conduzem ou a uma violência ilegal contra os criminosos ou a uma descabida humilhação perante eles". O atual comandante da ilha é de opinião de que "a experiência de muitos anos demonstrou toda a impossibilidade de contar com os soldados enviados pelos destacamentos locais para o serviço de vigilância". [N.A.]

penitenciário; suado, saciado, corpulento, num colete puído e de botas novas que rangem, ele está sentado à mesa e "belisca" o chá; junto à janela, está sentada uma jovem de catorze anos, de rosto definhado, pálido. Ele costuma chamar a si mesmo de sargento, de chefe de guardas penitenciários e, sobre a menina, diz que é filha de um forçado, tem dezesseis anos e é sua concubina.

Os guardas penitenciários, no horário de serviço na prisão, deixam os presos jogarem cartas e até participam do jogo; embriagam-se na companhia dos forçados, fazem comércio de bebida. Nas ordens de serviço, também encontramos desordem, desobediência, extrema insolência com os chefes dos guardas na presença dos forçados e, por fim, uma agressão com pauladas na cabeça de um forçado que resultou em ferimentos.

Esses guardas são rudes, limitados, gostam de beber e jogar cartas com os forçados, desfrutam sem remorsos o amor e a bebida das forçadas, são indisciplinados, inescrupulosos, só podem ter autoridade de caráter negativo. A população deportada não os respeita e os trata com desprezo desdenhoso. Frente a frente, os chamam de "descarados" e não se dirigem a eles como "o senhor", mas como "você". A administração, por sua vez, não se esforça nem um pouco para levantar o prestígio dos guardas, certamente por achar que tais esforços não levariam a nada. Os funcionários tratam os guardas por "você" e os xingam à vontade, sem se incomodar com a presença de forçados. Volta e meia, escutamos: "O que é que você está olhando aí, seu palhaço?". Ou: "Você não entende nada, seu retardado!". Pode-se ver como os guardas são pouco respeitados pelo fato de muitos deles serem designados para "tarefas incompatíveis com sua posição funcional", ou seja, sem meias-palavras, servem aos funcionários como lacaios e meninos de recados. Os guardas penitenciários oriundos das camadas privilegiadas parecem ter vergonha de sua profissão, tentam de qualquer maneira distinguir-se do conjunto de seus colegas de trabalho: um traz nos ombros grossos alamares de uniforme militar; outro usa um distintivo de oficial; outro, um registrador colegiado,[9] nos documentos, se apresenta não como guarda penitenciário, mas como "diretor dos trabalhos e dos trabalhadores".

Como os guardas de Sacalina nunca alcançaram a compreensão dos propósitos da vigilância, ao longo do tempo, segundo a ordem natural das coisas, os próprios objetivos da vigilância tiveram de se estreitar pouco a pouco, até chegar à sua situação atual. Agora, toda vigilância se reduziu, para o soldado raso, a manter-se em seu posto, cuidar "para que não façam bagunça" e dar queixa aos superiores; nos trabalhos forçados, armado de um revólver, com que, por sorte, não sabe atirar, e de uma espada que dificilmente retira da bainha enferrujada, ele fica postado, observa apático os trabalhos, fuma e se entendia. Na prisão, ele é um servente que abre e fecha as portas, e, nos trabalhos forçados, é um homem supérfluo. Embora para cada quarenta forçados haja três guardas penitenciários — um chefe e dois subalternos — constantemente vemos que quarenta ou cinquenta pessoas trabalham sob a vigilância de um só guarda, ou até sem a presença de nenhum guarda. Se, dos três guardas, um se encontra nos trabalhos forçados, o outro nessa ocasião fica perto da venda do governo e presta continência para os funcionários que passam, enquanto o terceiro mata o tempo postado em posição de sentido, sem nenhuma necessidade, na entrada de um lugar qualquer ou na recepção do hospital.[10]

9 Funcionário de 14º classe na tabela da hierarquia dos funcionários russos, com catorze classes. 10 Um chefe dos guardas penitenciários ganha um salário de 480 rublos e o subalterno, de 216 rublos por ano. Em intervalos determinados, esses honorários aumentam em um ou dois terços e até dobram. Esse salário é considerado bom e serve de isca para funcionários modestos, por exemplo, telegrafistas, que mudam para o cargo de guardas penitenciários na primeira chance que aparece. Existe o temor de que os

Sobre os membros da intelligentsia, há pouco a dizer. Castigar o próximo por obrigação profissional e por ter feito um juramento, ser capaz de recalcar, o tempo todo, a repugnância e o horror, bem como o mal-estar de trabalhar num lugar tão distante, a insignificância do salário, o tédio, a constante proximidade das cabeças raspadas, das correntes, dos carrascos, ter de fazer contas com seu dinheiro minguado, as brigas por ninharias e principalmente a consciência de sua completa impotência na luta contra o mal circundante — tudo isso, tomado em conjunto, sempre tornou o serviço na administração dos trabalhos forçados e na deportação excepcionalmente pesado e sem atrativos. No passado, serviam nos trabalhos forçados, principalmente, pessoas inescrupulosas, desleixadas, intratáveis, para as quais não importava onde estavam trabalhando, contanto que comessem, bebessem, dormissem e jogassem cartas; pessoas decentes iam para Sacalina por necessidade e depois, na primeira chance, largavam o trabalho ou passavam a beber, perdiam a cabeça, se matavam ou, pouco a pouco, as circunstâncias, como um polvo com seus tentáculos, as arrastavam para a sordidez e elas também passavam a roubar, a açoitar cruelmente...

A julgar pelos relatórios oficiais e pelas correspondências, nos anos 1860 e 1870, a intelligentsia de Sacalina se distinguia pela completa nulidade moral. No tempo daqueles funcionários, as prisões tinham se convertido em redutos de depravação, casas de jogo, onde as pessoas se corrompiam, se tornavam insensíveis,

professores de escola, se algum dia forem nomeados para trabalhar em Sacalina, e se pagarem a eles os vinte ou 25 rublos mensais de costume, rapidamente deixem suas funções em troca do posto de guarda penitenciário.

Na impossibilidade de encontrar, na ilha, pessoas de condição livre para a função de guarda penitenciário ou de requisitá-las das tropas locais sem enfraquecer o contingente militar, o comandante da ilha, em 1888, decidiu aceitar, para preencher essas vagas de guarda penitenciário, colonos e deportados camponeses de comportamento confiável e de já comprovada dedicação. Mas essa medida não deu bom resultado. [N.A.]

eram chicoteadas até a morte. O diretor mais ilustrativo, nesse aspecto, é certo major Nikoláiev, chefe do posto de Duê durante sete anos. Seu nome é lembrado muitas vezes nas correspondências.[11] Ele tinha sido servo, recrutado pelo Exército. Sobre as capacidades demonstradas por esse homem bruto, ignorante, alçado ao posto de major, não existem informações. Quando um jornalista lhe perguntou se já fora, algum dia, à parte central da ilha e o que tinha visto lá, o major respondeu: "Uma montanha, um vale, outro vale e de novo uma montanha; todo mundo sabe que o solo é vulcânico, pode haver erupções". Quando perguntaram "que tipo de coisa" era o alho-silvestre, respondeu: "Em primeiro lugar, não é uma coisa, mas uma planta e, em segundo lugar, uma planta muito útil e saborosa; faz a barriga inflar de gases, é verdade, mas a gente nem liga, aqui não é lugar para damas". Ele substituiu os carrinhos de mão, usados para transportar carvão, por barris, para que pudessem rolar melhor pela ponte do portaló dos navios; colocava dentro desses barris os forçados relapsos e mandava rolar pela beira do mar. "Depois de rolar uma hora para valer, acredite, parece que o homem virou de seda." No intuito de ensinar os soldados a contar, introduziu o jogo de víspora. "Quem não souber cantar o número tem de pagar uma moedinha de dez copeques; paga uma vez, duas e aí ele vai entender que isso não vale a pena. Acredite, ele vai começar a estudar os números para valer e vai aprender numa semana." Semelhantes tolices pretensiosas produziram um efeito corruptor sobre os soldados de Duê: aconteceu de venderem até seus fuzis para os forçados. Quando encaminhou um forçado para o castigo, o major prometeu a ele que não sairia de lá vivo e, de fato, o criminoso morreu logo depois do castigo. Depois desse caso, o major Nikoláiev foi julgado e condenado aos trabalhos forçados.

---

11 Entre outros, ver Lukachévitch, "Meus conhecidos em Duê, em Sacalina". *Mensageiro de Kronstadt*, 1868, nᵒˢ 47 e 49. [N.A.]

Quando perguntamos a algum colono de mais idade se, em seu tempo de moço, havia gente boa na ilha, primeiro ele se mantém calado por alguns momentos, como se estivesse tentando lembrar, e depois responde: "Tinha todo tipo de gente". Em nenhum lugar o passado é esquecido tão depressa como em Sacalina, graças justamente à extraordinária mobilidade da população deportada, que aqui muda de forma drástica a cada cinco anos e também, em parte, pela ausência de arquivos organizados nas secretarias locais. Aquilo que há vinte ou 25 anos era considerado um tempo remoto hoje está esquecido, apagado da história. Apenas sobreviveram umas poucas construções; sobreviveram Mikriúkov, duas dezenas de anedotas, além de alguns números que não merecem qualquer confiança, pois na época nenhuma secretaria sabia quantos presos havia na ilha, quantos tinham fugido, morrido etc.

Os tempos "pré-históricos" em Sacalina duraram até 1878, quando o príncipe Chakhovskói, excelente administrador, homem inteligente e honrado, foi nomeado para o cargo de diretor dos trabalhos forçados da Região de Primórki.[12] Ele deixou o *Dossiê sobre a organização da ilha de Sacalina*, um trabalho exemplar em vários aspectos, hoje guardado na secretaria do comandante da ilha. Era, acima de tudo, um trabalhador de ga-

---

12 Até 1875, os trabalhos forçados em Sacalina do Norte foram dirigidos pelo comandante do posto de Duê, um oficial cujos superiores residiam em Nikoláievsk. A partir de 1875, Sacalina foi dividida em dois distritos: Sacalina do Norte e do Sul. Os dois distritos, incorporados à Região de Primórski, no âmbito civil, estavam subordinados ao governador militar e, no militar, ao comandante das tropas da Região de Primórski. O governo local era confiado aos chefes dos distritos, o cargo de chefe do distrito de Sacalina do Norte era atribuído ao diretor dos trabalhos forçados na ilha de Sacalina e da Região de Primórski, que tinha residência em Duê, e o cargo de chefe do distrito de Sacalina do Sul, ao comandante do quarto batalhão siberiano de linha, que tinha residência no posto de Korsákov. Na pessoa dos chefes de distrito se concentrava o governo local, tanto militar quanto civil. A administração era completamente militar. [N.A.]

binete. Durante seu tempo, a vida para os presos era tão dura como antes, mas, sem dúvida, suas observações, que ele dividia com os superiores e com os subordinados, e seu *Dossiê*, independente e franco, talvez tenha servido como o ponto de partida para uma nova e boa inspiração.

Em 1879, começou a funcionar a Frota Voluntária e, pouco a pouco, os cargos em Sacalina passaram a ser ocupados por nativos da Rússia europeia. Em 1884, foi adotado em Sacalina um novo regulamento que provocou um intenso afluxo, ou, como dizem aqui, uma enxurrada de gente nova.[13] No presente, em Sacalina, já temos três cidades provinciais, nas quais residem funcionários e oficiais com suas famílias. A sociedade já é tão diversificada e educada que, em Aleksándrovski, por exemplo, em 1888, puderam encenar a peça *O casamento*,[14] num espetáculo amador; e quando, em Aleksándrovski, nos feriados importantes, por acordo mútuo, os funcionários e os oficiais substituem as visitas sociais por contribuições em dinheiro destinadas a ajudar

13 Segundo esse regulamento, o governo principal de Sacalina cabe ao governador-geral da região do Amur, e o governo local, ao comandante da ilha, escolhido entre os generais militares. A ilha está dividida em três distritos. As prisões e os povoados em cada distrito se encontram sob a direção pessoal dos chefes de distrito, que correspondem aos nossos chefes de polícia. Eles presidem também os departamentos de polícia. O inspetor da prisão supervisiona a prisão e os povoados em seu entorno; se um funcionário especial supervisiona os povoados, ele se intitula de inspetor de povoados; as duas funções correspondem ao nosso comissário de polícia rural. No gabinete do comandante da ilha, ficam o diretor das secretarias, o contador, o tesoureiro, o inspetor agrícola, o agrônomo, o arquiteto, o tradutor das línguas aino e guiliaque, o inspetor dos armazéns centrais e o diretor do departamento médico. Em cada um dos quatro destacamentos militares, deve haver um oficial superior, dois oficiais subalternos e um médico; além disso, um ajudante de ordens do comando das tropas da ilha de Sacalina, seu auxiliar e um auditor. Falta ainda mencionar quatro sacerdotes e os servidores que não têm relação direta com a prisão, como, por exemplo, o chefe do escritório dos correios e telégrafos, seu auxiliar, os telegrafistas e os inspetores dos dois faróis. [N.A.]
14 Há uma peça com esse título, do escritor russo Nikolai Gógol (1809-1852).

as famílias pobres de forçados ou seus filhos, o número de signatários na lista de subscrições costuma chegar a quarenta. Para o visitante da ilha, a sociedade de Sacalina produz uma impressão favorável. É alegre, hospitaleira e, em todos os aspectos, resiste bem quando comparada a nossas sociedades provinciais e, na região da costa oriental, ela é tida como a mais animada e interessante; pelo menos os funcionários de lá se transferem com relutância para Nikoláievsk ou para De-Kástri, por exemplo. Contudo, assim como no estreito da Tartária há fortes tempestades que os marinheiros dizem ser repercussões de um ciclone que agita os mares da China e do Japão, também na vida dessa sociedade, de vez em quando, se faz sentir o passado recente e a proximidade com a Sibéria. Que tipos de jovens vieram para a ilha a serviço, já depois da reforma de 1884, é algo que fica evidente pelas ordens relativas ao afastamento do trabalho, aos processos e aos julgamentos, ou pelas declarações oficiais sobre as desordens no serviço, que chegaram "à depravação descarada" (ordem nº 87, 1890), ou pelas anedotas e relatos, como a história do forçado Zolotariov, homem próspero, que mantinha boas relações com os funcionários, farreava e jogava cartas com eles; quando a esposa desse forçado o apanhava na companhia de funcionários, o repreendia de modo acerbo por andar com pessoas que podiam ter má influência sobre sua conduta. E ainda hoje encontramos funcionários que, por um motivo à toa, levantariam a mão e dariam um soco na cara de um deportado, mesmo que fosse um privilegiado, ou diriam para um homem que não tirou o chapéu rapidamente para ele: "Vá falar com o inspetor e diga para ele dar trinta vergastadas em você". Na prisão, até hoje, ainda são possíveis tamanhas confusões que dois presos ficaram quase dois anos registrados como pessoas de paradeiro ignorado, enquanto, todo esse tempo, recebiam a ração alimentícia e até eram usados nos trabalhos forçados (ordem nº 87, 1890). Certamente, não é qualquer inspetor que sabe dizer quantos presos residem na prisão em determinado momento, quantos realmente recebem a ração alimentícia, quantos fugiram etc. O próprio comandante da ilha acha que, "no geral, a situação no distrito de Aleksándrovski, em todos os setores do governo, produz uma impressão penosa e exige muitos e sérios melhoramentos"; no que toca ao próprio trabalho burocrático, ele era deixado, excessivamente, ao sabor dos caprichos dos escrivães, que "davam ordens sem nenhum controle, a julgar por algumas fraudes que por acaso vieram a público" (ordem nº 314, 1888).[15] Sobre a situação lamentável em que se encontra o setor de inquéritos, falarei no momento adequado. No escritório dos correios e telégrafos, tratam as pessoas com rudeza, só entregam a correspondência de um pobre mortal no quarto ou quinto dia depois da chegada do correio; o telegrafista é analfabeto, o sigilo telegráfico não é respeitado. Não recebi nenhum telegrama que não fosse desfigurado da maneira mais bárbara e quando, certa vez, por algum acaso, se infiltrou no meu telegrama o pedaço do

15 Basta escavar por um dia o material de uma secretaria para entrar em desespero com os números sem sentido, os somatórios incorretos e as "invenções ociosas" de diversos auxiliares de inspetor, dos inspetores-chefes e dos escrivães. Não consegui encontrar em lugar nenhum "os boletins" de 1886. Há "boletins" que trazem escrito, a lápis, embaixo, a título de resolução: "Obviamente falso". A mentira é especialmente marcante nas seções relativas à situação das famílias dos deportados, aos filhos, à classificação dos forçados segundo o tipo de crime. O comandante da ilha me disse que quando, certa vez, precisou saber quantos presos chegavam da Rússia anualmente nos navios da Frota Voluntária, a partir do ano de 1879, se viu obrigado a procurar informações na direção geral da prisão, pois nas secretarias locais não havia os dados necessários. "Do ano de 1886, apesar de minhas repetidas cobranças, não me apresentaram nenhum boletim", queixa-se o chefe do distrito em um de seus relatórios. "Eu me vi em condições ainda mais desfavoráveis em função da impossibilidade de recuperar com exatidão as informações exigidas, pela ausência de certos dados, que nos anos anteriores simplesmente não tinham sido recolhidos. Assim, por exemplo, no presente, é extraordinariamente difícil determinar qual era o efetivo real de deportados na ilha, em 1º de janeiro de 1887, incluindo colonos e camponeses." [N.A.]

telegrama de outra pessoa e eu, para recuperar o sentido de ambos os telegramas, pedi que corrigissem o erro, disseram-me que não podiam fazer nada, a menos que eu pagasse a conta.

Na nova história de Sacalina, um papel notável é desempenhado pelos representantes do sistema recente, uma mistura de Dierjimorda com Iago[16] — senhores que, ao tratar com subalternos, não admitem nada que não sejam os punhos, a vergasta e os xingamentos de carroceiros, ao mesmo tempo que deixam os superiores embevecidos com seu nível de instrução e até com seu liberalismo.

Mas, seja como for, a "casa dos mortos"[17] não existe mais. Em Sacalina, entre os membros da intelligentsia que administram e trabalham nas secretarias, calhou de eu encontrar pessoas razoáveis, bondosas e honradas, cuja presença serve de garantia suficiente de que o retorno do passado é impossível. Agora, não fazem mais alguns forçados rodar dentro de barris e é impossível chicotear uma pessoa ou levar alguém ao suicídio sem que isso escandalize a sociedade local e sem que falem do assunto no Amur e em toda a Sibéria. Qualquer evento reprovável, cedo ou tarde, vem à tona, se torna público, como prova o sinistro caso ocorrido em Oron, que, por mais que tentassem ocultá-lo, provocou muito falatório e saiu nos jornais, graças à própria intelligentsia de Sacalina. Pessoas boas e boas ações já não constituem raridades. Há pouco tempo, em Ríkovskoie, morreu uma enfermeira que trabalhou muitos anos em Sacalina, movida pela ideia de sacrificar a vida às pessoas que sofrem. Durante minha estadia em Korsákov, certa vez, um forçado foi arrastado numa balsa de palha pelo mar turbu-

16 Dierjimorda: policial, personagem da peça *O inspetor geral*, de Nikolai Gógol. Iago: personagem da peça *Otelo*, de William Shakespeare.
17 Alusão ao título do livro *Recordações da Casa dos Mortos*, do escritor russo Fiódor Dostoiévski (1821-1881), que trata das prisões e da deportação na Sibéria.

lento; o inspetor da prisão, major Ch., entrou no mar a bordo de uma lancha e, apesar da tormenta, expondo a vida ao perigo, navegou desde o fim da tarde até as duas horas da madrugada, quando afinal conseguiu encontrar a balsa, na escuridão, e resgatar o forçado.[18]

A reforma de 1884 mostrou que, quanto mais numerosas forem as administrações na colônia de deportados, melhor será o resultado. A complexidade e a dispersão dos problemas exigem um mecanismo complexo e a participação de muitas pessoas. Isso é indispensável para que casos de pouca relevância não desviem os funcionários de suas obrigações principais. Entretanto, por falta de um secretário ou de um funcionário que se encontre constantemente a seu lado, o comandante da ilha passa a maior parte do dia ocupado com a redação de diversas ordens e documentos, e esse complexo e repetitivo trabalho burocrático toma quase todo seu tempo, tão necessário para visitar as prisões e percorrer os povoados. Os chefes dos distritos, além dos diretores dos departamentos de polícia, devem eles mesmos distribuir às mulheres as "alimentícias", participar de vários tipos de comissões, inspeções etc. Aos inspetores das prisões e seus auxiliares, cabe a parte do inquérito policial. Sob tais condições, os funcionários

---

18 Para cumprir suas obrigações, os funcionários locais, não raro, se expõem a sérios riscos. O chefe do distrito de Tímovski, sr. Butakov, quando percorreu a pé todo o vale do Poronai, perfazendo o caminho de ida e de volta, teve diarreia hemorrágica e por pouco não morreu. O chefe do distrito de Korsákov, sr. Biéli, viajou certa vez de Korsákov a Maúka numa baleeira; no caminho, foi colhido por uma tormenta e se viu forçado a fugir para longe da costa, mar adentro. A baleeira foi carregada pelas ondas, sacudiu durante quase dois dias e o próprio sr. Biéli, um forçado, que manejava o leme, e um soldado, que por acaso estava a bordo, acharam que tinha chegado seu fim. Mas eles acabaram arrastados de volta para a margem, perto do farol de Krílon. Quando o sr. Biéli chegou à casa do vigia do farol e se viu no espelho, notou no cabelo uma cor grisalha que antes não havia; o soldado adormeceu e ninguém conseguiu despertá-lo, senão quarenta horas depois. [N.A.]

de Sacalina devem se matar de tanto trabalhar ou, como dizem, trabalhar até virar uma besta, ou então dar de ombros e deixar uma parte imensa de seu trabalho por conta dos escrivães forçados, que é o que acaba acontecendo, na maioria das vezes. Nas secretarias locais, os escrivães forçados estão ocupados não só com transcrições como redigem, eles mesmos, documentos importantes. Como, não raro, eles são funcionários mais experientes e dinâmicos, sobretudo no caso dos novatos, acontece de o forçado ou colono assumir e carregar nas próprias costas uma secretaria inteira, toda a contabilidade e até a parte dos inquéritos. No decorrer de muitos anos de trabalho, por ignorância ou desonestidade, um escrivão embaralha todos os papéis da secretaria e, como só ele é capaz de decifrar essa confusão, torna-se indispensável, insubstituível, e o diretor, mesmo o mais rigoroso, não tem condições de passar sem seus serviços. Só de um modo é possível desfazer-se desse escrivão todo-poderoso: pôr em seu lugar um ou dois funcionários de verdade.

Onde houver uma numerosa intelligentsia, haverá inevitavelmente uma opinião pública que impõe um controle moral e estabelece exigências éticas, das quais, para qualquer um, mesmo para o major Nikoláiev, é impossível se esquivar impunemente. Também não há dúvida de que, com o desenvolvimento da vida social, pouco a pouco, o serviço público local vai perder seus traços menos atraentes e o percentual de loucos, bêbados e suicidas vai baixar.[19]

19 Hoje, no entanto, já são possíveis certos entretenimentos, como espetáculos amadores, piqueniques, festas; no passado, era difícil até organizar uma partida de *préférance*. E os interesses espirituais são satisfeitos com grande facilidade. São feitas assinaturas de jornais, revistas e livros, todo dia chegam telegramas da agência do norte; muitas casas têm piano. Os poetas locais encontram leitores e ouvintes; certa vez, em Aleksándrovski, publicou-se uma revista manuscrita chamada *Butontchik* (botõezinhos de flor), que, no entanto, terminou após o sétimo número. Os funcionários mais antigos moram em boas casas do governo, amplas e aquecidas, têm

cozinheiros e cavalos, e os de escalão mais baixo alugam aposentos nas casas dos colonos, ou suas casas inteiras, com os móveis e todo o equipamento. Um jovem funcionário, poeta, que mencionei no início, morava num quarto alugado em que havia muitas imagens de santos, uma cama de gala com cortinados e até um tapete na parede, no qual havia a imagem de um cavaleiro que atirava num tigre.

O comandante da ilha ganha 7 mil rublos, o chefe do departamento médico, 4 mil, o inspetor agrícola, 3500, o arquiteto, 3100, os chefes dos distritos, 3500. A cada três anos, o funcionário tem direito a férias de meio ano, com manutenção dos proventos. Depois de cinco anos, ganha um aumento de 25% no salário. Depois de dez anos, recebe uma pensão. Dois anos contam como três. As ajudas de custo pelas viagens também não são pequenas. Um ajudante de inspetor da prisão que não tem posto nenhum na hierarquia funcional recebe 1945 rublos e 68,75 copeques por viagem de Aleksándrovski até Petersburgo, ou seja, uma quantia suficiente para perfazer uma viagem ao redor do mundo com todo conforto (ordens nº 302 e 305, 1889). Pagam-se ajudas de custo de viagem para os funcionários que se aposentam e também para os que tiram férias após cinco ou dez anos, a contar do dia em que começaram a trabalhar. Estes últimos podem até não viajar, e assim a ajuda de custo tem o papel de um abono ou gratificação. Os sacerdotes recebem ajuda de custo para todos os membros de sua família. O funcionário que se aposenta e vai embora cobra para si uma ajuda de custo equivalente a uma viagem para Petropávlovsk no inverno: 13 mil verstas; ou para o distrito de Kholmogórski: 11 mil verstas; ao mesmo tempo, ao dar entrada no pedido de aposentadoria, ele envia à direção central da prisão um telegrama com o pedido de uma viagem gratuita, com toda a família, até Odessa num navio da Frota Voluntária. Resta ainda acrescentar que, enquanto o funcionário serve em Sacalina, a educação dos filhos corre por conta do governo.

Mesmo assim, os funcionários locais não estão satisfeitos com a vida. São irritadiços, discutem entre si por bobagens e se sentem entediados. Eles e seus familiares demonstram propensão para a tísica e para doenças nervosas e psíquicas. Durante minha estadia em Aleksándrovski, um jovem funcionário, muito boa pessoa, andava o tempo todo, até de dia, com um revólver enorme. Quando perguntei por que carregava no bolso aquela arma volumosa, respondeu, com ar sério:

— Há aqui dois funcionários que querem me dar uma surra e já me agrediram uma vez.

— O que o senhor pode fazer com um revólver?

— Muito simples, eu vou matar, como se fosse um cachorro, sem cerimônia. [N.A.]

XXI

A moral da população deportada — A criminalidade
— O inquérito e o julgamento — Os castigos —
As vergastas e os açoites — A pena de morte

Alguns deportados suportam o castigo com valentia, reconhecem de bom grado sua culpa e, quando perguntam a eles por que foram mandados para Sacalina, em geral respondem assim: "Por boas ações, não mandam ninguém para cá". Já outros impressionam por sua pusilanimidade e por seu aspecto abatido, eles se lamentam, choram, se desesperam e juram que não têm culpa. Um considera o castigo uma bênção, pois, segundo suas palavras, só nos trabalhos forçados ele conheceu Deus; outro se esforça para fugir na primeira oportunidade e, quando é apanhado, defende-se com golpes de porrete. Juntos, sob o mesmo teto, com malfeitores inveterados, incorrigíveis e monstros, vivem criminosos fortuitos, "desafortunados" e condenados sem culpa.[1] Portanto, no que toca à questão da moralidade geral, a população deportada produz uma impressão extremamente embaralhada e confusa, de modo que, em face das capacidades atuais de investigação, quase não existe possibilidade de qualquer generalização séria sobre essa questão. Costumam avaliar a moralidade da população pelos números indicativos

---

1 O sr. Kamórski, inspetor prisional, me disse, em presença do governador-geral local: "Se, no fim das contas, entre cem forçados, encontramos quinze ou vinte decentes, devemos isso menos às medidas correcionais que adotamos do que aos nossos tribunais russos, que mandam para os trabalhos forçados tantos elementos bons e confiáveis". [N.A.]

da criminalidade, no entanto, com relação à colônia penal, mesmo essa maneira simples e habitual se revela inadequada. Uma população deportada, que vive em circunstâncias anormais e peculiares, tem a sua criminalidade específica e convencional, o seu estatuto, e os crimes que consideramos leves são, aqui, referidos como graves e, ao contrário, um grande número de crimes capitais não são sequer registrados, pois no âmbito da prisão são considerados fenômenos banais, quase indispensáveis.[2]

Nos deportados, observam-se defeitos e perversões peculiares sobretudo a pessoas privadas de liberdade, escravizadas, famintas e constantemente atemorizadas. A dissimulação, a astúcia, a covardia, a pusilanimidade, a delação, o roubo, toda sorte de vícios secretos — aí está o arsenal empregado pela

---

2 A aspiração natural e invencível do bem supremo — a liberdade — é encarada, aqui, como uma tendência criminosa e a fuga é castigada com trabalhos forçados e chicotadas, como se fosse um grave crime capital; o colono imbuído das motivações mais puras que, em nome de Cristo, abriga um fugitivo durante a noite é castigado por isso com os trabalhos forçados. Se o colono fica ocioso ou leva uma vida de embriaguez, o comandante da ilha pode mandá-lo para as minas de carvão por um ano. Em Sacalina, até as dívidas são consideradas um crime capital. Em castigo pelas dívidas, os colonos não são promovidos a camponeses. A ordem da polícia que trata do regresso de um colono para os trabalhos forçados por um ano, como castigo por preguiça e indolência nos cuidados com sua propriedade e por omissão intencional do pagamento de sua dívida com o governo, foi ratificada pelo comandante da ilha, com a ressalva de que o colono fosse previamente entregue como trabalhador assalariado para a empresa Sacalina a fim de saldar a dívida com seus salários (ordem nº 45, 1890). Em resumo, o deportado é castigado com trabalhos forçados e chicotadas por ações que, em condições comuns, mereceriam apenas repreensão, detenção ou encarceramento numa prisão. Por outro lado, os roubos, praticados com tanta frequência, nas prisões e nos povoados, raramente dão motivo a processos judiciais e, a julgar pelos números oficiais, é possível chegar à conclusão absolutamente falsa de que os deportados encaram a propriedade alheia com um respeito até maior do que os livres. [N.A.]

população humilhada, ou pelo menos por grande parte dela, contra os chefes e os guardas penitenciários, que eles não respeitam, mas temem e consideram seus inimigos. A fim de esquivar-se do trabalho pesado ou do castigo corporal e conseguir um pedaço de pão, uma pitada de chá, sal ou tabaco, o deportado recorre à fraude, pois a experiência já lhe mostrou que, na luta pela sobrevivência, a fraude é o meio mais fiel e confiável. Os roubos são habituais e se assemelham a um ramo de negócio. Com a tenacidade e a avidez de um gafanhoto faminto, os presos agarram tudo que estiver mal guardado e, nisso, dão preferência a alimentos e roupas. Roubam dentro da prisão, uns aos outros, na casa dos colonos, nos trabalhos forçados, no descarregamento dos navios e, ao mesmo tempo, pela habilidade virtuosística com que executam os roubos, pode-se avaliar a frequência com que os ladrões locais se exercitam. Certa vez, em Duê, roubaram um carneiro vivo de um navio e uma barrica de massa de pão fermentada; a balsa ainda não tinha se desprendido do navio, mas mesmo assim ninguém foi capaz de encontrar os produtos roubados. Numa outra vez, depenaram o camarote do comandante de um navio e chegaram a desaparafusar as escotilhas e a bússola; numa terceira ocasião, escalaram até a cabine de um navio estrangeiro e surrupiaram talheres e utensílios de prata. Na hora do desembarque de cargas, barris e fardos inteiros desaparecem.[3]

O deportado se distrai em segredo, à maneira de um ladrão. Para conseguir um copo de vodca, que em condições normais se compra por apenas cinco copeques, ele precisa procurar

---

3 Os forçados jogam sacos de farinha na água e os apanham depois, provavelmente já tarde da noite. O imediato do comandante de um navio me disse: "Nem dá tempo de olhar e eles já roubaram tudo o que tem. Por exemplo, quando descarregam barris de peixe salgado, cada um enche os bolsos de peixe, na camisa, na calça... Aí a gente pula em cima dele! Pega o peixe pelo rabo e bate com ele na fuça, na fuça...". [N.A.]

em segredo um contrabandista e, se não tiver dinheiro, lhe dar em troca seu pão ou alguma roupa. O único prazer espiritual — o jogo de cartas — só é possível à noite, à luz de tocos de vela, ou na taiga. Mas qualquer prazer secreto, repetido com frequência, pouco a pouco se transforma numa paixão; em razão do exacerbado talento imitativo dos deportados, um preso contagia o outro e, no final, aparentes bobagens, como a vodca contrabandeada e o jogo de cartas, acarretam desordens inacreditáveis. Como eu já disse, deportados camponeses ricos ganham fortunas com o comércio secreto de bebida e de vodca; isso significa que, a par dos deportados que têm 30 mil ou 150 mil rublos, é preciso levar em conta as pessoas que sistematicamente dissipam sua comida e sua roupa. O jogo de cartas, como uma doença epidêmica, já tomou conta de todas as prisões; mais parecem grandes cassinos e os povoados e os postos são suas filiais. O negócio se estabeleceu de modo muito amplo e dizem até que os apostadores e organizadores locais — em cujas casas são encontrados, em buscas fortuitas, centenas ou milhares de rublos — mantêm verdadeiras relações de negócios com as prisões siberianas, por exemplo, com a prisão de Irkutsk, onde, como dizem os forçados, se joga "de verdade". Em Aleksándrovski, já existem algumas casas de jogo; numa delas, na Segunda Rua Kirpítchnaia, ocorreu até um escândalo, característico em antros desse tipo: um guarda penitenciário que estava jogando levou um tiro. O jogo de *chtos* turva as cabeças como um narcótico e o forçado que perde a comida e a roupa no jogo não sente fome nem frio e, quando lhe dão chicotadas, não sente dor e, por mais estranho que pareça, até durante a execução de trabalhos pesados como o descarregamento de navios, quando a lancha bate no costado do cargueiro e as ondas espirram em volta, a conversa sobre o trabalho se mistura com o carteado: "Está fora! Uma dupla! Eu tenho!".

A condição de servidão da mulher, sua pobreza e humilhação servem para fomentar a prostituição. Em Aleksándrovski, quando perguntei se havia prostitutas, responderam: "Quantas quiser!".[4] Em vista da enorme demanda, nem a velhice nem a feiura nem mesmo a sífilis, na forma terciária, impedem que alguém trabalhe na prostituição. Tampouco a idade precoce representa um obstáculo. Ocorreu-me de encontrar na rua, em Aleksándrovski, uma jovem de dezesseis anos que, segundo relatos, começou a trabalhar na prostituição aos nove anos. Essa menina tem mãe, mas o mero contexto familiar, em Sacalina, está longe de poder salvar uma jovem da perdição. Contam a história de uma cigana que vende as filhas e até barganha o preço. Uma mulher de condição livre, no subúrbio de Aleksándrovski, dirige um "estabelecimento" no qual apenas as suas filhas trabalham. Em Aleksándrovski, no geral, a depravação tem um caráter citadino. Existe até uma "sauna familiar", de um judeu, e já apontam pessoas que ganham a vida como proxenetas.

Entre os forçados, os reincidentes, ou seja, os condenados novamente pelo tribunal distrital, em 1º de janeiro de 1890, segundo os dados dos boletins oficiais, representavam 8%. Nesse número estão incluídos os reincidentes condenados pela terceira, quarta, quinta e até sexta vez, e aqueles que, em virtude das sentenças acumuladas, suportam penas de vinte a cinquenta anos nos trabalhos forçados são 175 pessoas, ou seja, 3% de todo o contingente. Porém todas essas reincidências, por assim dizer, foram exageradas, pois entre os reincidentes figuram, sobretudo, condenados por tentativa de fuga. Mas também com relação aos fugitivos, esses números não são confiáveis, pois nem sempre os

---

4 O departamento de polícia, no entanto, me deu uma lista em que constavam apenas trinta prostitutas, examinadas semanalmente pelo médico. [N.A.]

fugitivos recapturados são levados a julgamento e, na maioria das vezes, recebem um castigo em particular. Não se sabe, por enquanto, em que medida a população deportada é culpada pela reincidência, ou, para dizer de outra maneira, é propensa a ela. Na verdade, aqui os crimes são julgados, mas muitos casos terminam arquivados por não encontrarem os culpados, muitos voltam para complementação de dados ou para esclarecimentos sobre a jurisdição competente ou ficam parados por insuficiência de informações indispensáveis de diversas repartições siberianas e, no fim, após uma demorada burocracia, terminam arquivados até a morte do acusado ou até que ele fuja e não seja mais recapturado, e o principal é que não se pode confiar nos dados de um inquérito conduzido por jovens que não receberam educação nenhuma nem no tribunal distrital de Khabárovsk, que julga os sacalinenses à revelia e à distância, apenas por meio de papéis.

Ao longo do ano 1889, havia 243 forçados sob inquérito ou julgamento, ou seja, um acusado para 25 forçados. Os colonos sob inquérito ou julgamento eram 69, ou seja, um para 55; já os camponeses acusados eram apenas quatro, um para 115. Por esses dados se percebe que, com o alívio de seu fardo, à medida que o deportado passa para uma condição mais livre, suas chances de ser acusado e julgado se reduzem à metade a cada etapa desse processo. Todos esses números indicam se o deportado está sob julgamento e inquérito, mas não o índice de criminalidade em 1889, pois no número de casos desse ano estão incluídos também processos iniciados muitos anos antes e que ainda não se concluíram. Esses números podem dar ao leitor uma noção da enormidade do número de pessoas, em Sacalina, submetidas a julgamento e inquérito por conta da demora dos processos, que se arrastam por muitos anos, e o leitor pode imaginar como esse sistema se reflete de modo prejudicial na situação econômica da população e em sua psique.[5]

5 Em 1889, havia 171 forçados sob julgamento e inquérito por tentativa de fuga. O processo sobre a fuga de certo Kolossóvski foi aberto em julho de 1887 e parou por conta da ausência das testemunhas para o interrogatório. Processos sobre uma fuga da prisão com arrombamento, iniciados em setembro de 1883, foram enviados pelo senhor procurador em julho de 1889 para a decisão do tribunal distrital de Primórski. O processo de Liésnikov foi aberto em março de 1885 e encerrado em fevereiro de 1889 etc. A maioria dos processos de 1889 são por fuga: 70%; ao passo que os de homicídio e cumplicidade em homicídio chegam a 14%. Se fosse possível excluir as fugas, metade de todos os processos diria respeito a homicídios. O homicídio é um dos crimes mais frequentes em Sacalina, provavelmente porque metade dos deportados foi condenada por homicídio. Os assassinos locais cometem homicídios com extraordinária facilidade. Quando estive em Ríkovskoie, nas hortas do governo, um forçado agarrou outro e cravou uma faca no seu pescoço a fim de não trabalhar, como ele mesmo me explicou, porque as pessoas sob inquérito ficam em suas celas sem fazer nada. Em Cabo Nu, o jovem carpinteiro Plaksin matou um amigo por umas poucas moedas de prata. Em 1885, forçados fugitivos foram parar numa aldeia de ainos e, ao que parece, apenas para desfrutar emoções fortes, torturaram homens e mulheres, estupraram as últimas e, no fim, enforcaram crianças em traves. A maioria dos assassinatos impressiona por sua gratuidade e crueldade. Os processos por homicídio se arrastam por um tempo tremendamente longo. Assim, um processo foi aberto em setembro de 1881 e só terminou em abril de 1888; outro foi aberto em abril de 1882 e encerrado em agosto de 1889. O processo do assassinato das famílias de ainos que acabei de contar ainda não foi concluído: "O processo do assassinato dos ainos foi julgado por um tribunal militar e onze forçados foram condenados à pena de morte e executados, mas quanto à decisão do tribunal militar a respeito dos cinco acusados restantes, o departamento de polícia não tem conhecimento. Foram encaminhados ofícios ao senhor comandante da ilha de Sacalina, com relatórios, nos dias 13 de junho e 23 de outubro de 1889". Os processos por "mudança de nome e sobrenome de família" prolongam-se de modo especialmente demorado. Assim, um processo foi aberto em março de 1880 e prossegue até hoje, pois um governo provincial de Iakútia ainda não enviou as informações pedidas; outro processo foi aberto em 1881, um terceiro, em 1882. Sob julgamento e inquérito "pela fabricação e venda de cédulas falsas de dinheiro", há oito forçados. Dizem que as notas falsas são fabricadas na própria ilha de Sacalina. Os presos, enquanto descarregam

O inquérito costuma ser conduzido pelo ajudante do inspetor da prisão ou pelo secretário do departamento de polícia. Segundo as palavras do comandante da ilha, "os inquéritos são abertos sem que haja motivos suficientes, são conduzidos de forma vagarosa e incompetente, e os presos envolvidos ficam detidos sem nenhum fundamento". O suspeito ou acusado é mantido sob custódia e metido num cárcere. Quando um colono foi assassinado em Cabo Nu, quatro pessoas[6] foram consideradas suspeitas e postas sob custódia, trancadas em cárceres escuros e frios. Após alguns dias, soltaram três e deixaram só um preso; ele foi posto em grilhões e a ordem era lhe dar comida quente só de três em três dias; depois, por causa da queixa de um guarda penitenciário, veio a ordem de lhe dar cem vergastadas e assim ele foi mantido no escuro, esfomeado

navios estrangeiros, compram tabaco e vodca dos copeiros e costumam pagar com notas falsas. Aquele judeu de quem roubaram 56 mil rublos em Sacalina foi condenado por falsificação de dinheiro; ele já cumpriu sua pena e fica passeando por Aleksándrovski de chapéu, paletó e correntinha de ouro; sempre fala baixo com os funcionários e os guardas, quase em sussurros, e aliás foi graças a uma delação dessa figura nefasta que foi capturado, e preso a grilhões, um camponês de família numerosa, também judeu, que tinha sido condenado à pena perpétua de trabalhos forçados "por sedição", muito tempo atrás, por um tribunal militar, contudo, no caminho através da Sibéria, por meio de uma falsificação, a pena que constava seu registro criminal foi reduzida para quatro anos. Nos *Boletins sobre os deportados que se encontravam sob inquérito e julgamento ao longo do ano de 1889*, é mencionado, entre outros, o caso do "roubo no arsenal do destacamento de Korsákov"; o acusado está sob julgamento desde 1884, mas "não consta a informação do momento da abertura e do encerramento dos inquéritos nos documentos do ex-chefe do distrito de Sacalina do Sul e não se sabe quando ocorreu a instrução do processo"; e esse processo, segundo uma ordem do comandante da ilha, em 1889, foi transferido para o tribunal distrital. Isso significa, ao que parece, que o acusado será julgado pela segunda vez. [N.A.]

6 Segundo o "Estatuto dos deportados", para pôr um deportado sob custódia, as autoridades não são constrangidas pelas regras apresentadas nas leis processuais; o deportado pode ser detido em qualquer caso, contanto que exista alguma suspeita contra ele (artigo 484). [N.A.]

e com medo, enquanto não confessasse. Nessa altura, também levaram para a prisão uma mulher de condição livre, chamada Gagárina, suspeita de assassinar o marido; também ela ficou num cárcere escuro e só recebia comida quente de três em três dias. Quando um funcionário a interrogou em minha presença, ela declarou que já fazia muito tempo que estava doente e que não sabia por que não queriam levá-la a um médico. Quando o funcionário perguntou ao guarda por que não tinham procurado o médico, ele respondeu literalmente o seguinte:

— Apresentei um ofício ao senhor inspetor, mas ele respondeu: Que morra!

Essa incapacidade de distinguir a prisão preventiva da prisão propriamente dita (ainda mais num cárcere escuro de uma prisão dos trabalhos forçados!) e a incapacidade de distinguir os livres dos forçados me espantaram ainda mais, porque o chefe do distrito local concluiu o curso da faculdade de direito e o inspetor da prisão serviu, tempos atrás, na polícia de Petersburgo.

Na outra vez em que estive nos cárceres, já foi em companhia do chefe do distrito, de manhã cedo. Quando soltaram dos cárceres quatro deportados suspeitos de homicídio, eles tremiam de frio. Gagárina estava de meias compridas e sem sapatos, também tremia e piscava os olhos, por causa da luz. O chefe do distrito ordenou que a levassem para uma acomodação clara. Dessa vez, aliás, percebi um georgiano, que vagava como uma sombra perto da entrada dos cárceres; já fazia cinco meses que estava ali, no vestíbulo escuro, por suspeita de envenenamento, à espera de um inquérito que, até então, nem havia começado.

O assistente do procurador não mora em Sacalina e não há ninguém para cuidar do andamento do inquérito. O rumo e a rapidez de um inquérito ficam na completa dependência de diversas circunstâncias fortuitas, que não têm nenhuma relação com o próprio processo. Num boletim, li que o assassinato de certa Iákovleva foi cometido "com o intuito de roubo, precedido por tentativa de estupro, o que fica demonstrado pela desordem das roupas de cama e pelos recentes arranhões e riscos deixados pelos pregos dos saltos dos sapatos na cabeceira da cama". Tal consideração predetermina o destino de todo o processo e, em casos desse tipo, já não se considera que a autópsia seja necessária. Em 1888, um forçado fugitivo matou o soldado raso Khromiátikh e a autópsia só foi realizada em 1889, por exigência do procurador, quando o inquérito já estava encerrado e o processo tinha sido posto em julgamento.[7]

O artigo 469 do *Estatuto* dá à autoridade local o direito de definir e ordenar a execução da pena de deportados, sem o inquérito policial formal, em casos de crimes e delitos cuja pena, segundo as leis criminais comuns, não ultrapasse a privação de todos os direitos e prerrogativas individuais e detenção na prisão. Porém, no geral, os casos de pouca importância, em Sacalina, ficam por conta da justiça sumária policial, que aqui é da alçada do departamento de polícia. Apesar de ser muito ampla a competência dessa justiça local, à qual são submetidos todos os casos de menor importância, bem como uma enormidade de casos considerados de pouca importância apenas por força de uma convenção, a população local não conhece o direito e

---

7 Em tempos passados, ocorria de processos desaparecerem misteriosamente ou serem interrompidos "por causa misteriosa" (ver *Vladivostok*, 1885, nº 43). Aliás, certa vez, chegaram a roubar um processo já concluído pelo tribunal militar. O sr. Vlássov, em seu relatório, menciona o deportado Aizik Chapir, condenado à pena perpétua nos trabalhos forçados. Esse judeu morava em Duê e, lá, vendia vodca. Em 1870, foi acusado de violentar uma menina de cinco anos, mas o processo, apesar da existência de provas e da prisão em flagrante, foi abafado. Quem conduziu o inquérito do caso foi um oficial do destacamento do posto, que havia penhorado o fuzil a esse mesmo Chapir, em relação a quem estava em condição de dependência financeira; quando o processo foi retirado das mãos do oficial, não se acharam os documentos que condenavam Chapir. Este gozava de grande respeito em Duê. Quando, certa vez, o chefe do posto perguntou onde estava Chapir, responderam: "Sua Excelência foi tomar chá". [N.A.]

vive sem a justiça. Onde um funcionário, pela lei, sem julgamento nem investigação, tem o direito de castigar com vergastadas, trancar na prisão e até mandar uma pessoa para as minas de carvão, a existência de um tribunal tem significado meramente formal.[8]

A pena dos crimes graves é determinada pelo tribunal distrital de Primórski, que decide os processos apenas por meio de documentos, sem interrogar os acusados e as testemunhas. A decisão do tribunal distrital é sempre submetida à sanção do comandante da ilha, que, em caso de discordância com a sentença, decide a questão com sua autoridade, porém, em caso de qualquer alteração da sentença, terá de informar ao senado. No caso de qualquer crime parecer, à administração, algo fora do comum e a pena prevista para ele, segundo o "Estatuto dos deportados", parecer insuficiente, ela fará uma petição para que o acusado seja entregue ao tribunal militar.

As penas impostas aos forçados e colonos por seus crimes se destacam pelo rigor exacerbado e, se nosso "Estatuto dos deportados" está em completo desacordo com o espírito dos tempos e das leis, isso se faz notar, antes de tudo, na parte que trata das penas. Os castigos que humilham o criminoso, o tornam impiedoso, contribuem para embrutecer o caráter e já faz muito tempo que tais castigos foram reconhecidos como prejudiciais para a população livre, porém continuam em vigor para os colonos e os forçados, como se a população forçada

---

8 No povoado de Andrei-Ivánovski, numa noite chuvosa, roubaram um porco da casa de S. A suspeita recaiu sobre Z., cujas calças estavam sujas de excremento de porco. Deram uma busca em sua casa, mas não acharam o porco; não obstante, a comunidade rural decidiu confiscar um porco que pertencia ao proprietário de sua casa, A., que podia ser culpado de ocultamento. O chefe do distrito confirmou esse veredito, embora achasse injusto. "Se nós não ratificarmos as sentenças das comunidades rurais", disse-me ele, "Sacalina vai acabar sem tribunal nenhum." [N.A.]

estivesse sujeita a menos risco de embrutecimento, de recrudescimento e de acabar perdendo a dignidade humana. A vergasta, o chicote, o acorrentamento a um carrinho de mão, castigos que aviltam a personalidade do criminoso, causam dor e tormentos a seu corpo, são aqui amplamente aplicados. O castigo com chicote ou vergasta é imposto por qualquer crime, seja ele capital ou leve; aplicado como castigo suplementar, junto com outros, ou de forma independente, constitui, de todo modo, um conteúdo indispensável de qualquer sentença.

O castigo mais usado é a vergasta.[9] Como demonstra o *Boletim*, no distrito de Aleksándrovski, ao longo do ano de 1889,

9 O às nas costas, a metade da cabeça raspada e os grilhões, que serviam, em tempos passados, para impedir fugas e para identificar mais facilmente os deportados, perderam seu antigo significado e se conservam, hoje em dia, apenas como castigos aviltantes. O ás de ouros, um remendo em forma de losango, com dois *verchki* [8,8 centímetros] de lado, segundo o *Estatuto*, deve ter cor distinta da roupa; até pouco tempo, era amarelo, mas como essa é a cor dos cossacos do Amur e da Transbaikália, o barão Korf deu ordem para que os ases fossem feitos de pano preto. Contudo, em Sacalina, os ases perderam todo sentido, pois já faz muito tempo que as pessoas veem o ás e nem mais reparam. O mesmo vale para as cabeças raspadas. Em Sacalina, é muito raro raspar a cabeça, esse castigo só é aplicado aos fugitivos capturados, os submetidos a processo e os acorrentados a carrinhos de mão, mas no distrito de Korsákov ninguém tem a cabeça raspada. Segundo o "Estatuto dos presos mantidos sob custódia", todas as correntes devem pesar de cinco a cinco libras e meia. A única mulher que vi presa a correntes foi a Mãozinha de Ouro, que tinha correntes nos pulsos. Para os presos em período probatório, o uso de grilhões é obrigatório, mas o *Estatuto* permite retirar os grilhões quando necessário para a execução de um trabalho, e como as correntes são um empecilho para quase todos os trabalhos, a grande maioria dos forçados está livre delas. E nem mesmo todos os condenados à pena perpétua usam correntes, longe disso, embora, segundo o *Estatuto*, devam ser mantidos com correntes nos pulsos e nos pés. Por mais que as correntes sejam leves, mesmo assim tolhem os movimentos de forma considerável. As pessoas também se acostumam a elas, mas nem todas, longe disso. Calhou de eu ver presos, já mais velhos, que, diante de estranhos, escondiam as correntes nas abas do capote; tenho uma fotografia em que há um grupo grande de

foram castigados, por ordem da administração, 282 colonos e forçados, 265 receberam castigo corporal, ou seja, com a vergasta, e dezessete de outras formas. Isso significa que, de cem casos, a administração adota a vergasta em 94. Na realidade, o boletim está longe de abranger o número completo dos castigados: no boletim do distrito de Tímovski, se vê que em 1889 apenas 57 forçados foram castigados com a vergasta e, em Korsákov, só três, entretanto em ambos os distritos todos os dias algumas pessoas são castigadas com a vergasta e, em Korsákov, às vezes, o número chega a uma dezena. Qualquer delito costuma servir para que se apliquem trinta ou cem vergastadas em alguém: o descumprimento da tarefa do dia (por exemplo, se um sapateiro não costurou os três pares de botinas previstos, será vergastado), embriaguez, grosseria, desobediência... Se vinte ou trinta trabalhadores não cumpriram a tarefa, todos serão vergastados. Uma pessoa me disse:

— Os presos, em especial os acorrentados, adoram fazer todo tipo de pedido absurdo. Quando fui nomeado para cá e percorri a prisão pela primeira vez, me apresentaram cinquenta pedidos; aceitei, mas expliquei aos peticionários que aqueles cujos pedidos parecessem não merecer atenção seriam castigados. Só dois pedidos se revelaram válidos, o restante era bobagem. Mandei chicotear 48 pessoas. Depois, da outra vez, 25, e depois cada vez menos, e agora ninguém me apresenta nenhum pedido. Acabei com esse mau costume.

No sul, por delação de um forçado, deram uma busca na casa de outro e acharam um diário que foi entendido como rascunhos de cartas; deram-lhe cinquenta vergastadas e prisão

forçados de Duê e Voievod no local de trabalho e a maioria dos acorrentados tentou ficar numa posição em que as correntes não saíssem na foto. Obviamente, como um castigo aviltante, em muitos casos, as correntes alcançam seu objetivo, mas o sentimento de humilhação que elas provocam no criminoso dificilmente terá algo em comum com a vergonha. [N.A.]

de quinze dias em cárcere escuro, a pão e água. O inspetor do povoado, com o conhecimento do chefe do distrito, submeteu a castigo corporal quase todo o povo de Liutoga. Eis como o comandante da ilha descreve isso: "O chefe do distrito de Korsákov me informou, aliás, de um caso extremamente grave de abuso de autoridade, que [nome cortado] se permitiu e que consistiu no cruel castigo corporal de alguns colonos e numa medida que excede em muito a norma estabelecida em lei. O caso, escandaloso em si mesmo, parece-me ainda mais grave com a análise das circunstâncias que acarretaram tamanho castigo, aplicado em inocentes e em culpados, sem poupar nem uma mulher grávida e sem nenhuma análise do caso, que se tratava de uma simples briga entre colonos deportados, sem consequência nenhuma" (ordem nº 258, 1888).

Na maioria das vezes, quem comete uma falta leva trinta ou cem vergastadas. Isso não depende da culpa, mas de quem deu ordem para castigar, o chefe do distrito ou o inspetor da prisão: o primeiro tem direito de dar no máximo cem vergastadas e o segundo, trinta. Um inspetor de prisão sempre dava exatamente trinta, até que um dia teve de ocupar temporariamente o cargo de chefe do distrito e então logo tratou de elevar sua cota habitual para cem, como se essas cem vergastadas fossem o sinal indispensável de seu novo poder; e ele não alterou esse sinal até a chegada do próprio chefe do distrito, e então, imediatamente, e com o mesmo escrúpulo, mudou para trinta novamente. O castigo com vergasta, demasiado frequente, se vulgarizou a tal ponto em Sacalina que, em muitos, já não desperta nem aversão nem medo e dizem que, entre os presos, já não são poucos aqueles que, na hora da execução, não sentem mais dor.

O chicote é usado muito mais raramente, só em consequência de uma sentença dos tribunais de distrito. Pelo relatório do diretor do departamento médico, se vê que, em 1889, "a fim de determinar a capacidade de suportar o castigo corporal segundo as sentenças dos tribunais", os médicos examinaram 67 pessoas. De todos os castigos empregados em Sacalina, esse é o mais repugnante por sua crueldade e pelo contexto, e os juristas da Rússia europeia que sentenciam vagabundos e reincidentes a chicotadas teriam abandonado esse castigo há muito tempo se fosse executado em sua presença. No entanto, eles estão protegidos do sentimento aviltante e vexaminoso desse espetáculo graças ao artigo 478 do *Estatuto*, segundo o qual as sentenças dos tribunais russos e siberianos são executadas no local de deportação.

Em Duê, eu vi como castigam com o chicote. O vagabundo Prókhorov, também chamado de Mílnikov, homem de uns 35 ou quarenta anos, fugiu da prisão de Voievod e, depois de construir uma pequena jangada, partiu para o continente. Ainda na costa, porém, foi avistado a tempo e mandaram uma lancha no seu encalço. Abriu-se um processo por fuga, examinaram o registro criminal e, de repente, fizeram uma descoberta: aquele Prókhorov, ou Mílnikov, no ano anterior, tinha sido sentenciado pelo tribunal distrital a noventa chicotadas e acorrentamento a um carrinho de mão pelo assassinato de um cossaco e seus dois netos, mas essa pena, por negligência, ainda não tinha sido aplicada. Se Prókhorov não tivesse inventado de fugir, talvez nunca tivessem notado o erro e o caso seguiria sem chicotadas e sem carrinho de mão, mas agora a execução da pena era inevitável. No dia marcado, 13 de agosto, de manhã, o inspetor da prisão, um médico e eu nos dirigimos para a secretaria, sem pressa; Prókhorov, cujo comparecimento tinha sido ordenado na véspera, estava sentado na varanda, junto com guardas penitenciários, sem saber ainda o que o esperava. Ao nos ver, levantou-se e certamente entendeu do que se tratava, pois ficou muito pálido.

— Para a secretaria! — ordenou o inspetor.

Entraram na secretaria. Levaram Prókhorov. O médico, um jovem alemão, ordenou despi-lo e auscultou-lhe o coração para determinar quantos golpes o preso poderia receber. Ele decide a questão em um minuto e depois, com ar profissional, senta e escreve a ata do exame.

— Ah, coitado! — diz ele em tom de pena, com forte sotaque alemão, enquanto molha a pena no tinteiro. — As correntes devem pesar muito para você! Peça ao senhor inspetor, ele vai mandar retirar.

Prókhorov se mantém calado; os lábios estão pálidos e tremem.

— Você não tem motivo para ficar assim — o médico não consegue sossegar. — Todos vocês ficam assim à toa. Na Rússia, as pessoas são tão desconfiadas! Ah, coitado, coitado!

A ata fica pronta; é anexada ao processo do inquérito sobre a tentativa de fuga. Em seguida, vem um silêncio. O escrivão escreve, o médico e o inspetor escrevem... Prókhorov ainda não sabe ao certo para que foi levado ali: só por causa da fuga ou também em razão do processo antigo? A incerteza o atormenta.

— O que você sonhou de noite? — pergunta, afinal, o inspetor.

— Esqueci, Vossa Excelência.

— Então, escute bem — diz o inspetor, olhando para o registro criminal. — No dia tal do ano tal, o tribunal distrital de Khabárovsk sentenciou você pelo assassinato de um cossaco a noventa chicotadas... Então, hoje você vai receber o castigo.

E, depois de dar uma palmada na testa do preso, o inspetor diz, em tom professoral:

— E tudo por quê? Porque você quer ser mais inteligente do que é. Vocês só pensam em fugir, acham que vai ser melhor e acabam piorando tudo.

Fomos todos para o "alojamento dos guardas penitenciários" — um prédio velho e úmido, uma espécie de galpão. Um enfermeiro militar que está na entrada pede, com voz de súplica, como se fosse uma esmola:

— Vossa Excelência, por caridade, deixe-me ver como castigam!

No meio do galpão dos guardas, há um banco em plano inclinado, com furos para prender as mãos e os pés. O carrasco Tolstikh, homem alto e corpulento, que tem o físico de um acrobata e de um Hércules, sem casaco, de colete desabotoado,[10] faz um sinal com a cabeça para Prókhorov; este se deita em silêncio. Tolstikh não tem pressa, também se mantém calado, abaixa as calças do homem até os joelhos e, lentamente, começa a prender as mãos e os pés dele no banco. O inspetor olha pela janela com indiferença, o médico anda de um lado para outro. Nas mãos, segura o frasco de não sei que gotas.

— Não quer um copo de água? — pergunta.

— Pelo amor de Deus, Vossa Excelência.

Enfim, Prókhorov é amarrado. O carrasco pega um chicote de três correias e, sem pressa, o estica nas mãos.

— Segure firme! — diz ele em voz baixa e, erguendo o braço, como se apenas escolhesse a melhor posição, desfere o primeiro golpe.

— Um! — diz o guarda penitenciário, com voz de sacristão.

No primeiro instante, Prókhorov fica em silêncio e mesmo a expressão do rosto não muda, mas uma convulsão de dor percorre o corpo e ressoa não um grito, mas um ganido.

— Dois! — grita o guarda.

O carrasco se põe de lado e bate de maneira que o chicote atinja o corpo no sentido longitudinal. Após cada cinco golpes, ele passa devagar para o outro lado e dá um descanso de meio minuto. Os cabelos de Prókhorov colaram na testa, o pescoço

---

10 Ele foi mandado para os trabalhos forçados por ter cortado a cabeça da esposa. [N.A.]

inchou; depois de cinco ou dez golpes, o corpo, coberto de cicatrizes ainda de chicotadas antigas, ficou vermelho, azulado; a cada golpe, a epiderme se rompe.

— Vossa Excelência! — ouve-se entre ganidos e choro. — Vossa Excelência! Tenha pena de mim, Vossa Excelência!

E depois de vinte ou trinta golpes, Prókhorov se lamenta baixinho, como um bêbado ou como se estivesse delirando:

— Sou um desgraçado, sou um homem morto... Para que estão me castigando desse jeito?

E então há uma estranha distensão do pescoço, sons de vômito... Prókhorov não pronuncia nenhuma palavra, apenas urra e arqueja; parece que, desde o início, o castigo durou uma eternidade, mas o guarda penitenciário apenas grita: "Quarenta e dois! Quarenta e três!". Falta muito para noventa. Vou para o lado de fora. Na rua, em volta, está tudo calmo e tenho a impressão de que os sons lancinantes do alojamento dos guardas se alastram por toda Duê. De repente, um forçado em roupas de livre passa por mim, olha de lado para o alojamento dos guardas e, no rosto e até no jeito de andar, se estampa o horror. Entro de novo no alojamento dos guardas, depois saio de novo, e o guarda não para de contar.

Enfim, noventa. Rapidamente, desamarram as mãos e os pés de Prókhorov e o ajudam a levantar-se. O lugar em que bateram está vermelho e azulado por causa dos hematomas e dos sangramentos. Os dentes tiritantes, o rosto amarelo, molhado, os olhos perdidos. Quando lhe dão umas gotas, ele morde o copo, convulsivamente... Molham sua cabeça e o levam para o posto de polícia.

— Isso é pelo homicídio. Depois, pela fuga, vai ter mais — me explicam quando voltamos para casa.

— Adoro ver como são castigados! — diz o enfermeiro militar, contente, muito satisfeito de ter se fartado com aquele espetáculo repugnante. — Adoro! São uns canalhas, uns patifes... deviam enforcar!

Os castigos corporais embrutecem e recrudescem não apenas os presos, mas também os que castigam e os que presenciam o castigo. Disso não escapam nem as pessoas instruídas. Pelo menos eu não notei que os funcionários de formação universitária reajam às execuções de forma diferente dos enfermeiros militares ou de pessoas formadas na escola de cadetes do Exército e em seminários da igreja. Há pessoas a tal ponto acostumadas ao chicote e à vergasta e tão embrutecidas que, no final das contas, começam até a encontrar prazer nas surras. Contam que certo inspetor de prisão, ao presenciar chicotadas, ficava assoviando; outro, um velho, dizia para o preso, com maldade: "Por que está gritando? Deixe disso! Não é nada, aguente firme! Bate nele, bate! Mete a pancada!". Um outro mandava amarrar o preso no banco pelo pescoço para que ficasse ofegante, dava cinco ou dez golpes e saía para qualquer lugar, por uma ou duas horas, depois voltava e dava o resto.[11]

---

[11] Iádrintsev conta o caso de certo Diemídov, que, para descobrir todos os detalhes de um crime, fez o carrasco torturar a esposa do assassino, uma mulher livre que acompanhou voluntariamente o marido até a Sibéria e, portanto, estava a salvo de castigos corporais; depois torturou a filha do assassino, de onze anos de idade; deixaram a menina ao ar livre, no frio, e o carrasco a vergastou dos pés à cabeça; chegaram até a dar alguns golpes de chicote na criança e, quando ela pediu água, lhe deram um salmão salgado. Teriam dado até mais chicotadas, se o próprio carrasco não tivesse se recusado a prosseguir. "Entretanto", diz Iádrintsev, "a crueldade de Diemídov é a consequência natural da educação que ele recebeu, enquanto foi o diretor, por tanto tempo, da massa de deportados" ("A situação dos deportados na Sibéria". *Mensageiro da Europa*, 1875, livros XI e XII). Vlássov conta, em seu relatório, sobre o tenente Evfónov, cuja fraqueza, "de um lado, levou a caserna onde viviam os forçados a se transformar numa taberna, com jogo de cartas, o que acarretou uma enxurrada de crimes de vários tipos, e sua crueldade indócil suscitou, de outro lado, um recrudescimento dos forçados. Um dos criminosos, no intuito de esquivar-se da exacerbada quantidade de vergastadas, matou o guarda penitenciário antes do castigo".

O comandante da ilha atual, general Kononóvitch, sempre foi contra os castigos corporais. Quando lhe apresentam para sanção as sentenças dos

O tribunal militar é composto por oficiais locais, indicados pelo comandante da ilha; o processo e a sentença do tribunal militar são enviados para a confirmação do governador-geral. Em tempos passados, os condenados a dois e a três anos ficavam nos cárceres, aguardando a confirmação, mas agora o destino deles é resolvido por telégrafo. A sentença habitual do tribunal militar é a pena de morte por enforcamento. O governador-geral às vezes atenua a sentença, mudando a pena para cem chicotadas, acorrentamento a um carrinho de mão e manutenção perpétua na condição de preso em estágio probatório. Se o condenado à morte for um assassino, a sentença raramente é atenuada. "Os assassinos, eu enforco", disse-me o governador-geral.

Na véspera da execução, à tardinha e à noite, um sacerdote vai aconselhar o condenado. O aconselhamento consiste na confissão e numa conversa. Um sacerdote me contou:

"No início de minha atividade, quando eu ainda tinha 25 anos, certo dia, tive de ir à prisão de Voievod para aconselhar dois condenados à forca pelo assassinato de um colono, por causa de um rublo e quarenta copeques. Entrei na cela deles e, por falta de experiência, fiquei com medo; mandei que não trancassem a porta e que a sentinela não se afastasse. Eles me disseram:

"— Não tenha medo, padre. Não vamos matar você. Sente.

"Pergunto:

"— Sentar onde?

departamentos de polícia e do tribunal de Khabárovsk, costuma escrever: "Sanciono, exceto o castigo corporal". Infelizmente, por falta de tempo, ele raramente visita as prisões e não sabe quantas vezes, na ilha, mesmo a duzentos ou trezentos passos de seu gabinete, batem nas pessoas com vergastas, enquanto ele só pode avaliar o número de castigados pelos boletins. Contudo, quando me sentei em sua sala de visitas, ele, na presença de alguns funcionários e de um engenheiro de mineração que veio visitar Sacalina, me disse:

— Em Sacalina, temos recorrido aos castigos corporais raramente, quase nunca. [N.A.]

"Apontaram para a cama de tábua. Sentei numa barrica de água e depois, tomando fôlego, sentei na cama, entre os dois criminosos. Perguntei de que província tinham vindo e isso e aquilo, depois comecei a aconselhar. Só na hora da confissão eu olhei pela janela: estavam levantando uma trave para fixar as forcas e preparando todos os acessórios.

"— O que é isso? — perguntaram os presos.

"— Isso — respondi — deve ser alguma coisa que o inspetor mandou construir.

"— Não, padre. É para nos enforcar. Escute, padre, será que não dá para arranjar uma vodcazinha para nós?

"— Não sei — respondo. — Vou perguntar.

"Fui falar com o coronel L. e disse que os condenados queriam beber. O coronel me deu uma garrafa e, para que não houvesse falatório, deu ordem para dispensar a sentinela. Pedi um copo ao vigia e fui para a cela dos presos. Enchi o copo.

"— Não, padre — disse um deles. — Tome o senhor primeiro, senão não vamos beber.

"Tive de beber o copo todo. E não havia nada para comer.

"— Pois é — disseram. — A vodca clareia as ideias.

"Então, continuei a aconselhar. Falei por uma, duas horas. De repente, veio a ordem:

"— Tragam!

"Depois, foram enforcados, e durante um tempo extraordinariamente longo, tive medo de entrar num quarto escuro."

O medo da morte e o contexto da execução agem sobre os condenados de forma opressiva. Em Sacalina, ainda não houve nenhum caso de um criminoso que tenha caminhado com coragem para a forca. O forçado Tchernochei, assassino do dono de uma venda chamado Nikítin, quando o mandaram de Aleksándrovski para Duê, onde seria executado, sofreu espasmos na bexiga no caminho e teve de parar toda hora; seu cúmplice, Kinjálov, começou a falar de modo desencontrado. Antes da execução, eles vestem uma mortalha e recebem os últimos sacramentos. Quando executaram os assassinos de Nikítin, um deles não suportou ouvir os últimos sacramentos e tombou desmaiado. O mais jovem dos assassinos, Pazúkhin, já depois de ser coberto pela mortalha e de ouvir os últimos sacramentos, foi avisado de que havia recebido um indulto; a forca foi comutada por outra pena. Mas o que esse homem teve de suportar naquele breve tempo! Uma noite inteira de aconselhamento com os sacerdotes, a solenidade da confissão, meio copo de vodca pela manhã, a ordem de "Tragam!", a mortalha, os últimos sacramentos, depois a alegria na hora do indulto e, logo depois da execução de seus camaradas, as cem chicotadas, o desmaio após o quinto golpe e, no final, o acorrentamento a um carrinho de mão.

No distrito de Korsákov, onze homens foram condenados à morte pelo assassinato de ainos. Durante a noite inteira, na véspera da execução, os funcionários e os oficiais não dormiram, iam à casa uns dos outros, tomavam chá. Havia uma angústia generalizada e ninguém conseguia ficar quieto em seu canto. Dois condenados se envenenaram com acônito — um grande transtorno para o comando militar, sob cuja responsabilidade se encontravam os condenados. À noite, o chefe do distrito ouviu um tumulto e foi comunicado de que dois condenados tinham se envenenado, mas mesmo assim, antes da execução, quando todos se reuniram em torno do cadafalso, teve de fazer ao comandante do destacamento esta pergunta:

— Foram condenados à morte onze pessoas e aqui só vejo nove. Onde estão os outros dois?

O comandante do destacamento, em lugar de responder no mesmo tom oficial, balbuciou, nervoso:

— Então, enforque a mim mesmo, me enforque...

Era bem cedo, numa manhã de outubro, úmida, fria, escura. O rosto dos condenados estava amarelo de pavor e os cabelos revoltos na cabeça. Um funcionário lê a sentença, treme de comoção e gagueja, porque enxerga mal. Um sacerdote de casula preta dá a cruz para todos os nove condenados beijarem e murmura, para o chefe do distrito:

— Pelo amor de Deus, me dispense, não consigo...

O processo é demorado: é preciso vestir a mortalha em todos, conduzi-los ao patíbulo. Enfim, uma vez enforcados os nove homens, formou-se no ar uma "verdadeira guirlanda", como se exprimiu o chefe do distrito ao me contar essa execução. Quando retiraram os executados do patíbulo, os médicos descobriram que um deles ainda estava vivo. Essa circunstância teve um significado especial: na prisão, onde se conhecem os segredos de todos os crimes cometidos por seus membros, entre os quais o carrasco e seus ajudantes, era sabido que aquele sobrevivente não tinha culpa no crime pelo qual havia sido enforcado.

— Precisaram enforcar de novo — assim o chefe do distrito concluiu seu relato. — Depois, passei um mês sem conseguir dormir.

XXII

Os fugitivos em Sacalina — As causas das fugas —
Composição dos fugitivos por origem, posição social etc.

A famosa comissão de 1868 apontou a situação insular como
uma das mais destacadas e principais vantagens de Sacalina.
Numa ilha, separada do continente pelo mar turbulento, pareceu que não seria difícil criar uma grande prisão marítima,
segundo a diretriz de "água em volta, desgraça no interior", e
constituir uma deportação ao estilo romano, numa ilha, onde
a fuga não passaria de um sonho. Na realidade, e na prática,
desde o início, a ilha se revelou uma *quasi insula*.[1] O estreito
que separa a ilha do continente congela completamente nos
meses de inverno e a água, que no verão desempenha o papel
dos muros de uma prisão, no inverno se torna plana, nivelada,
como um campo, e quem quiser pode muito bem atravessá-
-la a pé ou num trenó de cães. Além disso, mesmo no verão, o
estreito não é intransponível: o ponto mais próximo do continente, entre os cabos Pogóbi e Lazáriev, não tem mais do que
seis ou sete verstas de largura e, quando o tempo está calmo e
claro, não é difícil percorrer até cem verstas no mar, num frágil
bote dos guiliaques. Mesmo no ponto em que o estreito é mais
largo, os sacalinenses avistam a margem do continente com
bastante clareza; a enevoada faixa de terra, com belos picos
montanhosos, dia após dia, acena e chama o deportado, é uma
tentação que lhe promete a liberdade e a terra natal. Além
dessas condições físicas, a comissão não previu, ou deixou
de levar em conta, não as fugas para o continente, mas para o

---

[1] Latim: ilha aparente.

interior da ilha, que acarretam não menos problemas do que as fugas para o continente e, desse modo, a situação insular de Sacalina está longe de atender as expectativas da comissão.

Mesmo assim, a ilha continua a ter uma vantagem. Não é fácil fugir de Sacalina. Os vagabundos, que nesse aspecto podem ser encarados como especialistas, declaram com toda franqueza que é imensamente mais difícil fugir de Sacalina do que dos trabalhos forçados de Kara ou de Niértchinsk, por exemplo. Mesmo com a total displicência e todo o relaxamento que se verificava na antiga administração, as prisões de Sacalina continuaram cheias e os presos fugiam com menos frequência do que, talvez, desejassem os inspetores de prisão, para os quais as fugas representavam uma das situações mais vantajosas. Os funcionários atuais confessam que, levando em conta a dispersão dos trabalhos forçados e a debilidade da vigilância, não fosse o medo dos obstáculos físicos, não ficariam na ilha senão aqueles que gostam de morar aqui, ou seja, ninguém.

Todavia, entre os obstáculos que desanimam as pessoas de fugir, o mais aterrador não é o mar. A instransponível taiga de Sacalina, as montanhas, a umidade constante, os nevoeiros, as vastas áreas despovoadas, os ursos, a fome, os mosquitos, as tenebrosas geadas no inverno e as nevascas — aqui estão os verdadeiros amigos da vigilância. Na taiga de Sacalina, onde a cada passo é necessário vencer montanhas de galhos e troncos caídos, encarar as duras ericáceas e os bambus que se emaranham nas pernas, atravessar pântanos e riachos onde a água bate na cintura, sacudir as mãos para espantar os mosquitos ferozes — nessa taiga, mesmo andarilhos livres e bem nutridos não conseguem andar mais do que oito verstas num dia, já um homem esgotado pela prisão, que na taiga tem de se alimentar de sal e pedaços de madeira podre e ignora para que lado fica o norte ou onde está o sul, não consegue, em geral, fazer mais de três a cinco verstas num dia. Além disso, ele é obrigado a não caminhar em linha reta, tem de dar voltas compridas para não ser apanhado pelo cordão de isolamento. Fica fugindo durante uma ou duas semanas, raramente um mês e, devastado pela fome, pela diarreia e pela febre, picado pelos mosquitos, com os pés surrados e inchados, ele sucumbe, molhado e imundo, em qualquer lugar da taiga, ou então, com as últimas forças que restam, se arrasta de volta e pede a Deus, como a felicidade suprema, que apareça um soldado ou um guiliaque para levá-lo para a prisão.

A causa que impele o criminoso a procurar a salvação na fuga e não no trabalho ou no arrependimento se encontra, de modo especial, na consciência da vida, que, nele, não adormeceu. A menos que seja um filósofo para quem, em toda parte e em todas as circunstâncias, vive-se igualmente bem, o criminoso não pode deixar de querer fugir, e nem deve.

Antes de tudo, o que empurra o deportado para fora de Sacalina é seu amor apaixonado pela terra natal. Quando paramos para ouvir os forçados, não falam de outra coisa senão da felicidade e da alegria de poder viver em sua terra natal! Sobre Sacalina, sobre a terra local, as pessoas, as árvores, o clima, eles falam com um riso desdenhoso, com repulsa e irritação, ao passo que na Rússia tudo é belo e fascinante; nem a mente mais destemida consegue admitir que haja pessoas infelizes na Rússia, pois morar em qualquer lugar das províncias de Tula ou de Kursk, ver as isbás todos os dias, respirar o ar russo já é, por si mesmo, a felicidade suprema. "Deus, me mande a miséria, a doença, a cegueira, a surdez e o desprezo de todos, mas me deixe pelo menos morrer em casa." Uma velha forçada que, por algum tempo, foi minha criada, ficava admirada com minhas malas, meus livros, meu cobertor, e isso só porque todas essas coisas não eram de Sacalina, mas sim do nosso lado; quando os sacerdotes vinham me visitar, ela não pedia a bênção e olhava para eles com ironia, porque em Sacalina não podia haver sacerdotes de verdade. A saudade da terra natal se exprime na forma de lembranças constantes, dolorosas e comoventes, acompanhadas de queixas e lágrimas amargas, ou na forma de esperanças quiméricas, que muitas vezes surpreendem por seu absurdo e que parecem uma loucura, ou então na forma de uma clara manifestação de insanidade.[2]

Outro fator que impele os deportados para fora de Sacalina é a aspiração de liberdade, inerente ao homem, e que constitui, em condições normais, um de seus atributos mais nobres. Enquanto o deportado é jovem e forte, tenta fugir para o mais longe possível, para a Sibéria ou para a Rússia. Em geral, ele é capturado, julgado, trazido de volta para os trabalhos forçados, mas isso não é tão terrível; o demorado percurso a pé através da Sibéria, com suas diversas paradas de descanso, com a frequente mudança de prisões, de camaradas e de escoltas, e com as aventuras nas estradas, tem sua poesia peculiar e, apesar de tudo, se parece mais com a liberdade do que a prisão de Voievod e os trabalhos na construção de estradas. Debilitado pelos anos, já sem fé nas próprias pernas, ele foge para qualquer lugar mais próximo, para o Amur ou até para a taiga e para a montanha, contanto que seja distante da prisão, a fim de não ver as pessoas e os muros abomináveis, não ouvir o tilintar das correntes e as conversas dos forçados. No posto de Korsákov, mora o forçado Altukhóv, um velho de sessenta anos ou mais, que foge da seguinte maneira: pega um pedaço de pão, tranca sua isbá e, afastando-se do posto não mais do que meia versta, sobe a montanha e olha para a taiga, para o mar e para o céu; depois de permanecer ali uns três dias, volta para casa, apanha provisões e vai

---

2 Em nossa Vladivostok, entre os funcionários e os marinheiros, não raro, se observa a nostalgia; eu mesmo vi dois funcionários enlouquecidos — um jurista e um maestro de coro de igreja. Se tais casos não são raros entre pessoas livres que moram em condições relativamente saudáveis, está claro que em Sacalina eles devem ser muito frequentes. [N.A.]

de novo para a montanha... Antigamente, lhe davam chicotadas, agora se limitam a rir de suas fugas. Alguns fogem com o intuito de passear em liberdade por um mês ou uma semana; para outros, basta apenas um dia. É só um dia, mas é meu. Periodicamente, a saudade da liberdade se apodera de algumas pessoas e, nesse aspecto, lembra o alcoolismo e a epilepsia; contam que ela ataca numa determinada época ou mês do ano e, por isso, os deportados confiáveis, quando sentem a aproximação do ataque, sempre previnem as autoridades a respeito de sua fuga. Costumam castigar com a vergasta ou com o chicote todos os fugitivos, sem distinção, porém o que impressiona muitas vezes nessas fugas, em sua completa incongruência e insensatez, é que, não raro, pessoas razoáveis, humildes, de família, fogem sem levar roupas e alimento, sem nenhum destino ou plano, com a certeza de que serão fatalmente capturadas e sob o risco de perderem a saúde, a confiança das autoridades, sua relativa liberdade e às vezes até o salário, sem falar do perigo de morrerem congeladas ou de levarem um tiro — essa incongruência deveria bastar para mostrar aos médicos de Sacalina, dos quais depende a aplicação do castigo, que, em muitos casos, as fugas têm mais a ver com uma doença do que com um crime.

Entre os motivos gerais das fugas, cumpre apontar também a condenação à pena perpétua. Como se sabe, os trabalhos forçados estão associados com a deportação perpétua na Sibéria; o condenado aos trabalhos forçados é afastado do ambiente humano normal, sem esperança de algum dia voltar para lá, de tal modo que está morto para a sociedade em que nasceu e foi criado. Os forçados falam assim de si mesmos: "Os mortos não voltam do cemitério". Essa completa desesperança do forçado e sua desolação o levam à decisão: fugir, mudar o destino — pior não pode ser! Se um deles foge, dizem o seguinte: "Fugiu para mudar o destino". Se o capturam e o trazem de volta, isso é descrito assim: faltou sorte, a fortuna não ajudou. Na deportação perpétua, as fugas e a vagabundagem são um mal inevitável e necessário e até servem de válvula de escape. Se existisse alguma possibilidade de retirar do forçado a esperança na fuga como único meio de mudar seu destino, de voltar do cemitério, o seu desespero de encontrar uma saída talvez se manifestasse de outra forma, certamente mais cruel e terrível do que a fuga.

Existe outro motivo geral para as fugas: é a crença na facilidade, na impunidade e até na legitimidade da fuga, embora, na realidade, elas não sejam fáceis, acarretem castigos cruéis e sejam consideradas um crime grave e capital. Essa crença estranha se formou nas pessoas ao longo de gerações e sua origem se perde na névoa dos bons e velhos tempos, em que fugir era, de fato, muito fácil, e as fugas eram até incentivadas pelas autoridades. Se, por alguma razão, seus presos não fugiam, o chefe da fábrica ou o inspetor da prisão consideravam que isso era um castigo dos céus e se alegravam quando havia uma fuga em massa. Quando trinta ou quarenta pessoas fugiam antes do dia 1º de outubro — data em que eram distribuídas as roupas de inverno —, trinta ou quarenta casacos de pele costumavam ficar à disposição do inspetor. Nas palavras de Iádrintsev, o chefe da fábrica, na chegada de cada novo grupo, costumava gritar: "Quem quiser ficar, vai ganhar roupas; quem quiser fugir, não precisa!". Com sua autoridade, o chefe parecia legitimar a fuga, algo incutido no espírito por todo o sistema da deportação siberiana, onde até hoje a fuga não é tida como uma falta. Os próprios forçados só falam de suas fugas com risos ou com lamentos por não terem obtido sucesso, e seria inútil esperar deles algum arrependimento ou dor na consciência. De todos os fugitivos com que tive chance de falar, só um, velho e doente, acorrentado a um carrinho de mão por causa de repetidas fugas, se recriminava amargamente por ter fugido, e mesmo assim não definia suas fugas como crimes, mas como burrice: "Quando era jovem, fiz umas burrices, e agora tenho de sofrer".

Os motivos particulares das fugas são inúmeros. Aponto a insatisfação com a disciplina prisional, a comida ruim na prisão, a crueldade de um chefe com alguém, a indolência, a incapacidade para o trabalho, as doenças, a fraqueza de vontade, a tendência à imitação, o amor às aventuras... Aconteceu de grupos inteiros de forçados fugirem só para "passear" pela ilha, e os passeios foram acompanhados de homicídios e de toda sorte de vilanias, que provocaram pânico e perturbaram a população ao extremo. Vou contar uma fuga motivada por vingança. O soldado raso Biélov feriu o forçado fugitivo Klimenko na hora de sua captura, e escoltou-o até a prisão de Aleksándrovski. Já recuperado, Klimenko fugiu de novo e, dessa vez, com o único propósito de vingar-se de Biélov. Marchou direto para o cordão de isolamento e lá o apanharam. "Leve de novo o seu afilhado", disseram para Biélov os seus camaradas. "É o seu destino." E levou. No caminho, o guarda e o preso conversaram. Era outono, ventava, fazia frio... Pararam para fumar. Quando o soldado levantou a gola para fumar, Klimenko tomou o fuzil dele e matou-o na hora; depois, como se não tivesse havido nada, voltou para o posto de Aleksándrovski, onde foi preso e, pouco depois, enforcado.

Agora, por amor. O forçado Artiom — não lembro seu sobrenome de família —, jovem de uns vinte anos, servia em Naibutchi como sentinela de um prédio público. Estava apaixonado por uma jovem aino, que morava numa das iurtas à margem do rio Naiba, e, pelo que dizem, seu amor era correspondido. Não se sabe como, ele foi acusado de roubo e, por castigo, o enviaram para a prisão de Korsákov, ou seja, a noventa verstas da jovem aino. Então ele começou a fugir do posto para Naibutchi, a fim de encontrar-se com sua amada e continuou a fugir, até levar um tiro no pé.

As fugas também constituem objeto de fraudes. Aqui está um tipo de fraude que alia a ganância de dinheiro à traição mais abominável. Um velho, encanecido pelas fugas e pelas aventuras sem destino, identifica na multidão de novatos aquele que é mais rico (os novatos quase sempre trazem dinheiro) e o induz a fugirem juntos. Não é difícil persuadi-lo; o novato foge, mas, em algum local da taiga, o vagabundo mata o jovem e volta para a prisão. Outro tipo de fraude, mais difundido, está ligado aos três rublos que o governo paga pela captura de um fugitivo. Depois de combinarem tudo previamente com soldados rasos ou guiliaques, alguns forçados fogem da prisão e, no local estabelecido, num ponto qualquer da taiga ou na beira do mar, encontram-se com sua escolta; os homens da escolta os levam de volta para a prisão, como se tivessem sido capturados, e ganham três rublos cada um; mais tarde, é claro, o dinheiro é dividido. Chega a ser ridículo de ver, quando um guiliaque miúdo, franzino, armado apenas de um pedaço de pau, traz de volta seis ou sete vagabundos de ombros largos e de aspecto impressionante. Certa vez, vi o soldado raso L., que também não se destacava pelo físico, trazer de volta onze homens.

A estatística da prisão, até recentemente, quase não tratava das fugas. Por enquanto, só se pode dizer que os deportados que fogem são, na maioria das vezes, aqueles que mais sentem a diferença entre o clima de Sacalina e o de sua terra natal. Trata-se, acima de tudo, de nativos do Cáucaso, da Crimeia, da Bessarábia e da Ucrânia. Ocorre de vermos listas de fugitivos ou de recapturados, às vezes, com cinquenta ou sessenta pessoas, nas quais não há nenhum sobrenome russo, são sempre Ogli, Suleiman e Hassan. Também não cabe dúvida de que os condenados à pena perpétua e a penas muito longas fogem com mais frequência do que os forçados da terceira categoria; os que moram na prisão fogem mais do que os que vivem fora dela e os jovens e os novatos fogem mais do que os veteranos. As mulheres fogem muito mais raramente do que os homens, e isso se explica pelas dificuldades que cercam a fuga das mulheres e também, em parte, porque, nos trabalhos forçados, a mulher logo estabelece vínculos duradouros. As responsabilidades com a esposa e os filhos contêm as fugas, mas acontece também de os próprios familiares fugirem. Os cônjuges legítimos fogem mais raramente do que os ilegítimos. Quando eu entrava numa isbá e perguntava onde estava o concubino, as forçadas muitas vezes respondiam: "Quem é que pode saber? Vai procurar, você".

A par dos forçados de categorias humildes, também fogem os privilegiados. No departamento de polícia de Korsákov, folheando uma lista alfabética, encontrei um ex-nobre que fugiu e foi julgado por homicídio, cometido na ocasião da fuga, e recebeu oitenta ou noventa chicotadas. O famoso Laguíev, condenado pelo assassinato do diretor do Seminário de Tbilisi e que era professor em Korsákov, fugiu na noite da Páscoa de 1890, junto com o forçado Nikólski, filho de um sacerdote, e mais três vagabundos. Pouco depois da Páscoa, espalhou-se o rumor de que os três vagabundos teriam sido vistos em roupas "civis" seguindo pela costa rumo ao posto de Muraviov, mas com eles não estavam nem Laguíev nem Nikólski; muito provavelmente, os três vagabundos convenceram o jovem Laguíev e seu camarada a fugirem juntos e, no caminho, os mataram para pegar suas roupas e seu dinheiro. O filho do arcipreste K., condenado por homicídio, fugiu para a Rússia, matou de novo e foi mandado de volta para Sacalina. Certo dia, de manhã cedo, eu o vi num bando de forçados, perto de uma mina de carvão: extraordinariamente franzino, curvado, olhos turvos, num casaco de verão muito velho e com calças puídas por fora do cano das botas, sonolento, trêmulo com a friagem matinal, ele se aproximou do inspetor que estava ao meu lado e, depois de tirar o boné e deixar exposta a cabeça calva, começou a pedir alguma coisa.

Para avaliar em que época do ano as fugas são mais frequentes, utilizei alguns poucos dados que consegui encontrar e anotar. Em 1877, 1878, 1885, 1887, 1888 e 1889, fugiram 1501 deportados. Esse número se distribui por meses deste modo: janeiro, 117; fevereiro, 64; março, 20; abril, 20; maio, 147; junho, 290; julho,

283; agosto, 231; setembro, 150; outubro, 44; novembro, 35; dezembro, cem. Se traçarmos uma curva com os índices das fugas, o ponto mais alto irá corresponder aos meses de verão e aos meses de inverno em que a friagem é mais forte. É óbvio que os momentos favoráveis para as fugas são os de tempo quente, quando se trabalha fora da prisão, ocorre a migração sazonal dos peixes, os frutos na taiga estão maduros e há batatas na casa dos colonos, e também depois, quando o mar fica recoberto de gelo e Sacalina deixa de ser uma ilha. O aumento de fugas no verão e no inverno também é estimulado pela chegada de novas levas de condenados, com as viagens de primavera e de outono. Março e abril são os meses em que menos se foge, porque é quando os rios degelam e é impossível conseguir alimento, mesmo na taiga ou na casa dos colonos, que na primavera normalmente já ficam sem pão.

Em 1889, fugiram da prisão de Aleksándrovski 15,33% de seu contingente médio anual; nas prisões de Duê e de Voievod, onde, além dos guardas penitenciários, os próprios presos servem de sentinelas, armados de fuzis, em 1889 fugiram 6,4% da média anual, e na prisão do distrito de Tímovski, 9%. Esses dados se referem a um determinado ano, porém, se tomarmos o contingente total de forçados durante todo seu tempo de permanência na ilha, o índice de fugitivos em relação ao conjunto total de deportados não será menor do que 60%, ou seja, de cada cinco pessoas que vemos na prisão ou na rua, certamente três já fugiram. Pelas conversas com os deportados, fiquei com a seguinte impressão: todos já fugiram. É raro que alguém, ao longo de todo seu tempo de pena, não tenha tirado férias.[3]

---

3 Lembro-me de uma vez que eu estava numa lancha, voltando para o navio, e uma balsa abarrotada de fugitivos estava desatracando; alguns estavam tristes, outros riam alto; um deles tinha perdido os pés devido ao congelamento. Estavam sendo trazidos de volta de Nikoláievsk. Olhando para a balsa fervilhante de gente, pude imaginar quantos forçados fugitivos ainda vagueiam pelo continente e pela ilha! [N.A.]

Em geral, a fuga já é planejada desde o porão do navio, ou ainda a bordo da barca do rio Amur, quando os forçados estão a caminho de Sacalina; na viagem, os velhos vagabundos que já fugiram dos trabalhos forçados ensinam aos novatos a geografia da ilha, o sistema de Sacalina, a vigilância e as vantagens e dificuldades que envolvem a fuga. Se, nas prisões de trânsito e, depois, nos porões dos navios, mantivessem os vagabundos separados dos novatos, talvez estes não se apressassem tanto a fugir. Os novatos fogem, em geral, pouco depois, e até imediatamente depois, do desembarque. Em 1879, nos primeiros dias de sua permanência, fugiram de uma só vez sessenta pessoas, depois de massacrarem os soldados que os vigiavam.

Para fugir, não há nenhuma necessidade dos preparativos e das precauções descritas no belo conto "O sacalinense", de V. G. Korolenko.[4] As fugas são rigorosamente proibidas e já não são incentivadas pelas autoridades, mas as condições da vida prisional, da vigilância e dos trabalhos forçados, além da própria característica geográfica do local, são tais que, na grande maioria dos casos, é impossível evitar a fuga. Se hoje não é possível fugir da prisão pelos portões abertos, amanhã será possível fugir pela taiga, quando vinte ou trinta homens sairão para o trabalho sob a vigilância de um soldado; quem não foge pela taiga, espera mais um ou dois meses, quando um forçado pode ser designado para trabalhar como criado de algum funcionário ou como empregado nas terras de um colono. As diversas precauções e embustes contra as autoridades, os arrombamentos, as escavações etc. são necessários apenas para a minoria que fica acorrentada nas celas e na prisão de Voievod, e talvez também para aqueles que trabalham nas minas de carvão, onde, em quase todo o percurso entre a prisão de Voievod e Duê, há sentinelas postadas ou circulando. O início da fuga está associado

4 Vladímir Galaktiónovitch Korolenko (1853-1921), escritor russo.

ao perigo, mas quase todos os dias há casos de fugas bem-sucedidas. Muitas vezes, os disfarces e os truques são totalmente supérfluos e a isso recorrem os amantes de aventuras, a exemplo de Mãozinha de Ouro, a qual, para fugir, disfarçou-se com um uniforme de soldado.

A maior parte dos fugitivos ruma para o norte, para o ponto em que a ilha e o continente estão mais próximos, entre os cabos Pogóbi e Lazáriev, ou ainda um pouco mais ao norte: ali é despovoado, é fácil esconder-se do cordão de isolamento e é possível pegar um bote dos guiliaques ou fazer uma jangada partir para o continente, e se já estiver no inverno, com o tempo bom, bastam duas horas para perfazer a travessia. Quanto mais ao norte for a travessia, mais próxima estará a desembocadura do rio Amur e, portanto, menor será o risco de perecer de fome e de frio; na desembocadura do Amur, há muitas aldeias dos guiliaques, perto da cidade de Nikoláievsk, depois há Mariínsk, Sofisk e os povoados de cossacos, onde no inverno é possível trabalhar como empregado e onde, como dizem, mesmo entre os funcionários, há pessoas que dão alimento e abrigo para os desafortunados. Às vezes, sem saber onde fica o norte, os fugitivos começam a andar em círculos e acabam voltando ao lugar de onde partiram.[5]

5 Certa vez, em Duê, fugitivos roubaram uma bússola para localizar o norte e contornar o cordão de isolamento no cabo Pogóbi e a bússola os conduziu direto para o cordão de isolamento. Contaram-me que, ultimamente, a fim de evitar a costa ocidental, muito vigiada, os forçados começaram a experimentar outro caminho, exatamente pelo leste, na direção da baía de Níiski, de onde, pela costa do mar de Okhotsk, seguem rumo ao norte, na direção dos cabos Maria e Elizavieta, e depois vão para o sul, a fim de atravessar o estreito em frente ao cabo Prongue. Contaram que esse caminho foi o escolhido, aliás, pelo famoso Bogdánov, que fugiu pouco antes de minha chegada à ilha. Mas isso é bastante improvável. Na verdade, em toda a extensão do Tim, há uma trilha dos guiliaques e existem iurtas, porém o caminho em curva a partir da baía de Níiski é longo e árduo; a fim de avaliar todo o

Não é raro que os fugitivos tentem atravessar o estreito em algum ponto próximo da prisão. Para tanto, é indispensável uma audácia excepcional, uma ajuda incomum da sorte e, o mais importante, uma longa experiência prévia, que tenha ensinado como é árduo e arriscado o caminho para o norte através da taiga. Os vagabundos reincidentes que fogem das prisões de Voievod e de Duê vão imediatamente para o mar, já no primeiro ou segundo dia de fuga. Não existe, aqui, nenhuma ponderação acerca das tempestades e dos perigos, o que há é apenas o medo animal da perseguição e a avidez por liberdade: se ele se afogar, pelo menos estava em liberdade. Em geral, descem de cinco a dez verstas ao sul de Duê, na direção do rio Agnievo, ali constroem uma jangada e tratam logo de navegar rumo à outra margem nebulosa, separada deles por sessenta ou setenta milhas de um mar turbulento e gelado. Durante minha estadia, foi assim que o vagabundo Prókhorov, também chamado de Mílnikov e de quem já falei num capítulo anterior, fugiu da prisão de Voievod.[6] Também fogem pelo mar em balsas, chalanas e jangadas

risco da viagem dessa baía para o norte, cumpre lembrar quantas privações Poliákov teve de suportar ao descer da baía de Níiski para o sul.

Sobre os pavores que os fugitivos enfrentam, eu já falei. Os fugitivos, em especial os reincidentes, pouco a pouco se habituam à taiga e à tundra, suas pernas se adaptam e não é de admirar que alguns deles cheguem a dormir enquanto caminham. Contaram-me que, entre todos os fugitivos, os que conseguem fugir por mais tempo são os vagabundos chineses chamados de "khunkhuzes", enviados de Primórski para Sacalina, pois eles parecem ser capazes de se alimentar, por um mês inteiro, apenas com ervas e raízes. [N.A.]

6 No dia 29 de junho de 1886, no navio de guerra *Tungus*, a menos de vinte milhas de Duê, avistaram um ponto preto na superfície do mar; quando se aproximaram, viram o seguinte: sentados numa plataforma de cortiça, sobre quatro toras amarradas umas às outras, dois homens navegavam não se sabe para onde; perto deles, havia um balde de água doce, uma broa e meia de pão, um machado, cerca de um *pud* de farinha, um pouco de arroz, duas velas de estearina, um pedaço de sabão e duas barras de chá. Quando os trouxeram a bordo do navio e perguntaram quem eram, revelou-se que eram presos da prisão de Duê, fugidos no dia 17 de junho (ou seja, já

de palha, no entanto o mar sempre destroça essas embarcações impiedosamente ou as expele de volta para a margem da ilha. Houve um caso em que os forçados fugiram numa lancha que pertencia ao departamento de mineração.[7] Ocorre de fugirem nas embarcações que eles mesmos estão carregando. Em 1883, no navio *Triumph*, o forçado Franz Kitz fugiu, escondido no porão de carvão. Quando o encontraram e o retiraram do meio do carvão, a todas as perguntas, ele só respondia uma coisa: "Me dê água, faz cinco dias que não bebo".

Quando conseguem, de alguma forma, chegar ao continente, os fugitivos seguem direto para oeste, pedindo comida como se fosse esmola, vendendo seu trabalho onde podem e roubando

---

estavam em fuga havia doze dias) e que estavam navegando "lá para longe, para a Rússia". Duas horas depois, caiu uma tremenda tempestade e o navio não pôde aportar em Sacalina. Pergunta-se: o que aconteceria com os fugitivos num tempo tão ruim como aquele, se não estivessem a bordo do navio? Sobre isso, ver *Vladivostok*, 1886, nº 31. [N.A.] **7** Em junho de 1887, no ancoradouro de Duê, estavam carregando o navio *Tira* de carvão. Como de costume, o carvão era levado para o navio em balsas, puxadas por uma lancha a vapor. Ao entardecer, o tempo esfriou e caiu uma tempestade. O *Tira* não podia ficar ancorado e partiu para De-Kástri. Puxaram uma balsa para a margem, perto de Duê, e de lá a lancha partiu rumo ao posto de Aleksándrovski, onde se abrigou num córrego. À noite, quando o tempo amainou um pouco, a tripulação da lancha, formada por forçados, apresentou ao guarda um telegrama falso, que teria chegado de Duê, no qual havia uma ordem de partir imediatamente para o mar a fim de resgatar uma balsa com passageiros que a tempestade teria arrastado para longe da margem, mar adentro. Sem desconfiar do embuste, o guarda deixou a lancha sair do abrigo. Mas, em vez de seguir para o sul, na direção de Duê, a lancha foi para o norte. Nela, havia sete homens e três mulheres. De manhã, o tempo piorou de novo. Perto do cabo Khoê, a casa de máquinas da lancha foi inundada; nove pessoas se afogaram e foram arrastadas para a margem, só uma se salvou agarrada a uma tábua: era o homem que controlava o leme. O único que se salvou, de sobrenome Kúznetsov, agora trabalha nas minas de carvão no posto de Aleksándrovski, na casa do engenheiro de mineração. Ele me serviu chá. É um homem de uns quarenta anos, forte, moreno, bastante bonito, de aspecto orgulhoso e selvagem; me fez lembrar Thomas Ayrton, de *Os filhos do capitão Grant*. [N.A.]

tudo que estiver desprotegido. Roubam animais, legumes, roupas — em suma, tudo que se pode comer, vestir ou vender. São capturados, mantidos muito tempo na prisão, julgados e despachados de volta, com fichas criminais terríveis, mas, como é sabido pelos leitores dos processos judiciais, muitos conseguem chegar ao mercado Khítrov de Moscou e até mesmo a seu povoado natal. Em Pálievo, o padeiro Goriátchi, homem simplório, correto e certamente bom, contou-me como ele conseguiu chegar a seu povoado natal e encontrar-se com a esposa e os filhos, e como foi enviado de novo para Sacalina, onde já está concluindo o tempo de sua segunda pena. Dizem, e até na imprensa, aliás, foi apresentada essa conjetura, que baleeiros americanos recebem a bordo forçados fugitivos e os levam para a América.[8] Naturalmente, isso é possível, mas eu não ouvi falar de nenhum caso assim. Os baleeiros americanos que caçam no mar de Okhotsk raramente se aproximam de Sacalina e é mais raro ainda que se aproximem justamente na época em que há fugitivos na desabitada costa oriental. Segundo as palavras do sr. Kúrbski (*A voz*, 1875, nº 312), no *indian-territory*, na margem direita do rio Mississippi, vivem grupos inteiros de *vaqueros* que foram forçados em Sacalina. Esses *vaqueros*, se existirem na realidade, não chegaram à América em navios baleeiros, mas, provavelmente, através do Japão. Em todo caso, a fuga não para a Rússia, mas para o exterior, embora rara, acontece, disso não há a menor dúvida. Ainda na década de 1820, nossos forçados fugiam das minas de sal do mar de Okhotsk "para o calor", ou seja, para as ilhas Sandwich.[9]

---

8 "Os baleeiros americanos tomavam a bordo fugitivos de Botany Bay", diz o Veterano de Niertchínski, "e farão o mesmo com os fugitivos de Sacalina." *Boletins de Moscou*, 1875, nº 67. [N.A.]

9 E...v. "Os forçados em Okhotsk", *A velha Rússia*, tomo XXII. A propósito, aqui está um caso interessante. Em 1885, nos jornais japoneses, apareceu a notícia de que, perto de Sapporo, nove estrangeiros desconhecidos tinham sofrido um naufrágio. As autoridades mandaram funcionários para Sapporo

O medo de forçados fugitivos é muito grande e isso explica por que o castigo imposto pela fuga é tão severo e impressiona por seu rigor. Quando um vagabundo famoso foge da prisão de Voievod ou do setor dos acorrentados, a notícia desperta o temor não só na população de Sacalina, como até mesmo nos habitantes do continente; contam que quando, certa vez, fugiu um homem chamado Blokhá,[10] a notícia provocou tamanho medo entre os habitantes da cidade de Nikoláievsk que o chefe de polícia local achou necessário indagar, pelo telégrafo, se era mesmo verdade que Blokhá havia fugido.[11] O principal perigo que as

a fim de lhes prestar ajuda. Os estrangeiros explicaram aos funcionários, da maneira como puderam, que eles eram alemães, que sua escuna havia naufragado e que eles haviam se salvado num pequeno bote. Depois, foram transferidos de Sapporo para Khokodá. Ali, falaram com eles em inglês e em russo, mas os náufragos não compreenderam nenhuma das duas línguas e só respondiam "alemão, alemão". A muito custo, identificaram quem era o capitão e, quando lhe mostraram um atlas e pediram que apontasse o local do naufrágio, ele ficou muito tempo correndo com o dedo pelo mapa, sem encontrar Sapporo. No geral, suas respostas não eram claras. Na ocasião, em Khokodá, estava aportado nosso navio *Cruzador*. O governador-geral pediu ao comandante que mandasse um tradutor do alemão. O comandante mandou o primeiro-oficial. Desconfiando de que se tratava de forçados de Sacalina, os mesmos fugitivos que pouco tempo antes haviam atacado o farol de Krílon, o primeiro-oficial se permitiu uma astúcia: colocou os homens numa fila e ordenou em russo: "Virar à esquerda, marche!". Um dos estrangeiros não conseguiu representar seu papel e, imediatamente, obedeceu à ordem e, dessa forma, descobriram a que nação pertenciam aqueles Odisseus astuciosos. Ver *Vladivostok*, 1885, nos 32 e 38. [N.A.]   **10** Em russo, pulga.

11 Esse Blokhá é famoso por suas fugas e por ter assassinado muitas famílias de guiliaques. Ultimamente, ele foi preso nos "acorrentados", com grilhões nas mãos e nos pés. Quando o governador-geral visitou os acorrentados em companhia do comandante da ilha, este último ordenou que retirassem as correntes das mãos de Blokhá e, com isso, obteve sua palavra de honra de que não iria mais fugir. O interessante é que Blokhá é tido como uma pessoa honesta. Quando é punido com chicotadas, ele grita: "Bem feito para mim, Vossa Excelência! Bem feito! Eu mereço!". É bastante possível que tenha mantido sua palavra. Os forçados dão valor à reputação de pessoa honesta. [N.A.]

fugas representam para a sociedade reside, em primeiro lugar, no fato de fomentarem e respaldarem a vagabundagem e, em segundo lugar, na circunstância de colocarem na condição de ilegalidade todos os fugitivos, os quais, com isso, na grande maioria dos casos, são levados a cometer novos crimes. A maioria dos reincidentes são fugitivos; em Sacalina, os crimes mais terríveis e audaciosos, até hoje, foram cometidos por fugitivos.

Hoje em dia, para prevenir as fugas, empregam-se, sobretudo, medidas repressivas. Essas medidas reduziram o número de fugas, mas só até determinado limite, e a repressão, mesmo levada à sua perfeição ideal, não excluiria a possibilidade de fugas. Há um ponto além do qual as medidas repressivas deixam de produzir efeito. Como se sabe, o forçado continua a correr, mesmo no momento em que uma sentinela aponta a arma contra ele; nem as tempestades nem a certeza de que vai se afogar são capazes de conter sua fuga. E existe um limite além do qual as próprias medidas repressivas se transformam num motivo para fugir. Por exemplo, o castigo aterrador por tentativa de fuga, que acarreta o acréscimo de alguns anos na pena de trabalhos forçados, aumenta as penas de longa duração e o número de condenações perpétuas e, com isso, também aumenta o número de fugas. Em termos gerais, as medidas repressivas no combate às fugas não têm futuro, elas divergem profundamente dos ideais de nossa legislação, que vê no castigo, antes de tudo, uma forma de correção. Quando toda a energia e a inventividade de um carcereiro são consumidas, dia após dia, apenas para manter o preso em condições físicas tão difíceis que tornem a fuga impossível, já não existe mais correção, e só se pode falar da transformação do preso em uma fera e da prisão num cativeiro de animais ferozes. Além do mais, tais medidas não são práticas: em primeiro lugar, elas sempre repousam na opressão da população, que não tem culpa das fugas e, em segundo lugar, a detenção numa prisão reforçada, os grilhões, os cárceres de todo tipo, as celas escuras e os carrinhos de mão tornam o homem incapaz de trabalhar.

As chamadas medidas humanitárias, qualquer melhoria na vida do preso, seja um pedaço de pão a mais, seja a esperança de um futuro melhor, também reduzem significativamente o número de fugas. Vou dar um exemplo: em 1885, fugiram 25 colonos e, em 1887, depois da colheita de 1886, só sete. Os colonos fogem muito mais raramente do que os forçados, e os deportados camponeses quase nunca fogem. O lugar de onde menos se foge é o distrito de Korsákov, porque ali a colheita é melhor, predominam os presos de penas curtas, o clima é mais ameno e é mais fácil receber o estatuto de camponês do que em Sacalina do Norte e, uma vez cumprida a pena nos trabalhos forçados, não é necessário voltar para as minas de carvão para ganhar a vida. Quanto mais fácil é a vida do preso, menor o risco de que ele fuja e, nesse aspecto, pode-se admitir que são muito promissoras medidas como a melhoria das condições das prisões, a construção de igrejas, a fundação de escolas e hospitais, o fornecimento de víveres para as famílias dos deportados, a compensação financeira pelo trabalho etc.

Como eu já disse, para cada fugitivo capturado e trazido de volta para a prisão, os soldados rasos, os guiliaques e quaisquer agentes da captura dos fugitivos recebem do governo uma recompensa em dinheiro no valor de três rublos por cabeça. Não há dúvida de que a recompensa em dinheiro, tentadora para um homem esfomeado, impulsiona o processo e aumenta o número de "capturados e encontrados mortos e assassinados", mas essa ajuda, está claro, não compensa o prejuízo que os instintos perversos despertados por aqueles três rublos devem causar, inevitavelmente, à população da ilha. Quem se vê na necessidade de capturar fugitivos, seja um soldado, seja um colono que teve sua casa saqueada, irá apanhá-lo mesmo sem os três rublos, no entanto quem o captura não pelo dever profissional nem por necessidade, mas por considerações de características mercenárias, faz da captura um negócio abominável, e aqueles três rublos representam uma concessão do tipo mais aviltante.

Segundo os dados que tenho, de 1501 fugitivos, 1010 forçados foram capturados ou voltaram voluntariamente; os encontrados mortos e assassinados na perseguição somam quarenta; restam 451 pessoas sem paradeiro conhecido. Portanto, de todo o conjunto de fugitivos de Sacalina, um terço se extravia, apesar da situação insular. Nos *Boletins* de onde retirei esses números, os que retornam voluntariamente e os recapturados são incluídos no mesmo número, os encontrados mortos e os assassinados na perseguição também são somados sem distinção, por isso não se sabe o número dos capturados por seus perseguidores nem o percentual dos fugitivos que morrem atingidos pelas balas dos soldados.[12]

12 O "Estatuto dos deportados" diferencia, em graus de culpa distintos, a fuga e a ausência, a fuga para a Sibéria e a fuga para fora da Sibéria, e também a fuga pela primeira, segunda, terceira e quarta vez, e também pelas vezes subsequentes. O forçado é tido como ausente, mas não em fuga, se for apanhado antes de três dias ou se voltar voluntariamente antes de sete dias. Para um colono, esses prazos são aumentados para sete dias, no primeiro caso, e para catorze, no segundo. A fuga para fora da Sibéria é considerada um crime grave e é punido com mais rigor do que a fuga para a Sibéria; essa diferença, provavelmente, está baseada na ideia de que fugir para a Rússia europeia supõe uma disposição malévola imensamente maior do que a necessária para fugir para qualquer província siberiana. Entre os castigos aplicados por fuga, o mais brando é de quarenta chicotadas e mais quatro anos nos trabalhos forçados, e o mais pesado, de cem chicotadas, pena perpétua nos trabalhos forçados, acorrentamento a um carrinho de mão por três anos e retenção no estágio probatório por vinte anos. Ver os artigos 445 e 446 do "Estatuto dos deportados", editado em 1890. [N.A.]

XXIII

Morbidade e mortalidade na população deportada —
O sistema médico — O hospital em Aleksándrovski

Em 1889, nos três distritos de Sacalina, registraram-se 632 pessoas de ambos os sexos classificadas como debilitadas e inaptas para o trabalho, o que representa 10,6% da totalidade. Desse modo, uma em cada dez pessoas é debilitada e inapta para o trabalho. Quanto à população apta para o trabalho, ela não produz uma impressão de saúde plena. Entre os deportados do sexo masculino, não encontramos nenhum bem alimentado, bem fornido e de bochechas rosadas; mesmo os colonos que não fazem nada são pálidos e magros. No verão de 1889, de 31 forçados que trabalhavam numa obra de estrada em Taraika, 37 estavam doentes e os demais pareceram, aos olhos do comandante da ilha que fazia uma visita, "ter o aspecto mais horrível: maltrapilhos, muitos sem camisa, devorados por mosquitos, esfolados pelos ramos das árvores, mas ninguém se queixava" (ordem nº 318, 1889).

Em 1889, 11309 pessoas procuraram ajuda médica; no relatório médico de onde retirei esse número, os forçados e os livres são indicados sem distinção, porém um relatório do compilador dos dados observa que o contingente principal dos doentes é formado por forçados e deportados. Como os soldados se tratam com seus médicos militares e os funcionários e suas famílias se tratam em casa, temos de pensar que, nesse número de 11309 pessoas, entraram apenas os deportados e suas famílias, no qual os forçados constituem a maioria e que, desse modo, cada deportado ou pessoa ligada aos deportados procurou ajuda médica pelo menos uma vez por ano.[1]

Quanto à morbidade na população deportada, só posso avaliar pelo relatório de 1889, mas, infelizmente, ele é formado por dados obtidos nas fichas hospitalares dos "Livros de atestados", feitos com extremo desleixo, por isso tive também de me socorrer dos livros paroquiais e extrair deles as causas de morte nos últimos dez anos. As causas de morte são quase sempre registradas pelos sacerdotes segundo as fichas dos médicos e enfermeiros, e muita coisa ali é fantasia,[2] mas no geral esse material, em essência, é o mesmo dos "Livros de atestados", nem melhor nem pior. É fácil entender que as duas fontes estão longe de serem suficientes e tudo que o leitor encontrará a seguir sobre a morbidade e a mortalidade não é um retrato, mas apenas um ligeiro esboço.

As doenças que figuram no relatório em dois grupos distintos — infectocontagiosas e epidêmicas — tiveram pouca propagação em Sacalina, por enquanto. Assim, em 1889, só houve três registros de sarampo e nenhum de escarlatina, difteria e crupe. A morte por essas doenças, que afetam sobretudo crianças, são mencionadas apenas 45 vezes em dez anos, nos livros paroquiais. Nesse número, entraram "anginas" e "inflamação da garganta", que têm caráter contagioso e epidêmico, como a morte de uma série de crianças num curto intervalo de tempo me demonstrou, várias vezes. As epidemias costumavam começar em setembro ou outubro, quando os navios da Frota Voluntária traziam para a colônia as crianças doentes;

---

1 Em 1874, no distrito de Korsákov, a relação entre o número de casos de doença e o contingente total foi de 227,2 por cem. Sintsóvski, médico: "Condições sanitárias dos forçados". *Saúde*, 1875, nº 16. [N.A.] 2 Entre outros, encontrei os seguintes diagnósticos: "bebida imoderada do peito", "falta de evolução para a vida", "doença espiritual do coração", "inflamação do corpo", "atrofia interior", "pneumonia curiosa", "Baço" etc. [N.A.]

as epidemias são prolongadas, mas fracas. Assim, em 1880, a "angina" começou na paróquia de Korsákov em outubro e terminou em abril do ano seguinte, depois de levar dez crianças; a epidemia de difteria, em 1888, começou na paróquia de Ríkovskoie no outono e se prolongou por todo o inverno, depois passou para as paróquias de Aleksándrovski e de Duê e ali se extinguiu em novembro de 1889, ou seja, durou um ano inteiro; morreram vinte crianças. A varíola só foi registrada uma vez no relatório, e dezoito pessoas morreram por sua causa em dez anos; houve duas epidemias no distrito de Aleksándrovski: uma em 1886, de dezembro a junho, e outra em 1889, no outono. As terríveis epidemias de varíola que, no passado, percorriam todas as ilhas do Japão e do Mar de Okhotsk até a Kamtchatka, inclusive, e aniquilaram, em certos casos, tribos inteiras, como as dos ainos, hoje em dia não se verificam mais, ou pelo menos não se tem notícia do fato. Entre os guiliaques, vemos muitos rostos marcados pela varíola, mas a responsável é a "varíola de vento" (*varicella*), que, ao que tudo indica, continua a afetar os nativos.[3]

Quanto ao tifo, os registros assinalam 23 casos de febre tifoide, com mortalidade de 30%, três casos de febre recorrente e de tifo exantemático, sem casos de morte. Nos livros paroquiais, há cinquenta registros de morte por tifo e por febre, mas são todos casos isolados, dispersos pelos livros das quatro paróquias, ao longo de dez anos. Não encontrei em nenhuma

---

3 Sobre a epidemia dessa doença que alcançou toda Sacalina em 1868 e sobre a vacinação dos nativos em 1858, ver Vassílev, "Viagem à ilha de Sacalina", *Arquivo de medicina legal*, 1870, nº 2. Contra a coceira causada pela varicela, os guiliaques usam gordura de foca derretida, com que untam o corpo inteiro. Como nunca se lavam, a varicela, neles, provoca uma coceira tão forte como nunca se verifica entre os russos; de tanto coçar, formam-se úlceras. Em 1858, em Sacalina, ocorreu um surto de varíola verdadeira, extremamente maligna: um velho guiliaque contou para o dr. Vassíliev que dois em cada três guiliaques morreram. [N.A.]

correspondência qualquer indicação de uma epidemia de tifo e, ao que tudo indica, não houve mesmo nenhuma epidemia. Segundo os registros, a febre tifoide só se verificou nos dois distritos setentrionais; como causa, apontaram a escassez de água potável limpa, contaminação do solo perto das prisões e dos rios e também a superlotação e os espaços exíguos. Pessoalmente, não me ocorreu de ver, nenhuma vez, um caso de febre tifoide em Sacalina do Norte, embora eu tenha percorrido todas as isbás da região e tenha visitado os hospitais; alguns médicos me garantiram que não há, na ilha, nenhum caso dessa modalidade de tifo, mas permaneci com uma grande dúvida a respeito. Quanto ao tifo recorrente e exantemático, considero que todos os casos registrados em Sacalina até hoje são importados, assim como a escarlatina e a difteria; é inevitável concluir que, até agora, as doenças infecciosas agudas não encontraram, na ilha, solo favorável para sua propagação.

Foram registrados dezessete casos de doenças "febris de determinação incerta". Nos registros, essa modalidade vem descrita assim: "aparecia, sobretudo, nos meses de inverno, se manifestava numa febre de tipo remitente, às vezes com surgimento de *roseola*[4] e compressão geral dos centros cerebrais; depois de um curto intervalo de cinco ou sete dias, a febre passava e tinha início um rápido restabelecimento". Essa febre tifoide está muito difundida na ilha, em especial nos distritos setentrionais, mas os registros não apontam nem a centésima parte de todos os casos, pois os doentes não costumam buscar tratamento, suportam a febre de pé e, quando ficam de cama, fazem isso em casa, junto à estufa. Em minha breve estadia na ilha, fui obrigado a me convencer de que, na etiologia dessa doença, um papel importante cabe ao resfriado, que afeta pessoas que trabalham na taiga, sob um clima frio e úmido e que

4 Latim: erupções.

pernoitam a céu aberto. No mais das vezes, encontramos esses doentes nas obras de estrada e nos locais em que há povoados novos. Essa é a verdadeira *febris sachaliniensis*.

De pneumonia viral, em 1889, adoeceram 27 pessoas e três morreram. Essa doença, pelo visto, é tão perigosa para os forçados quanto para os livres. Nos livros paroquiais, ela foi a causa de 125 mortes em dez anos; 28% dos casos ocorreram em maio e em junho, quando o tempo em Sacalina se torna horrível e instável e começam os trabalhos em locais distantes da prisão; 46% em dezembro, janeiro, fevereiro e março, ou seja, no inverno.[5] Como causa da pneumonia viral, apontam, em especial, o forte frio do inverno, as bruscas mudanças de temperatura e os trabalhos pesados sob mau tempo. No relatório do médico do hospital distrital, sr. Piérlin, de 24 de março de 1888, cuja cópia eu trouxe comigo, está dito: "Eu sempre me horrorizava com a grande incidência de inflamação aguda dos pulmões entre os trabalhadores forçados"; e aqui está a causa, na opinião do sr. Piérlin: "o transporte, por oito verstas, de uma tora de seis a oito *verchki* de diâmetro e quatro *sájeni* de comprimento é feito por três trabalhadores; supondo que o peso da tora seja de 25 ou 35 *pudi*,[6] numa estrada coberta de neve, em roupas quentes, com aceleração da atividade respiratória e do sistema circulatório etc.".[7]

A disenteria, ou diarreia hemorrágica, só foi registrada cinco vezes. Em 1880, em Duê, e em 1887, em Aleksándrovski, pelo

---

5 Em julho, agosto e setembro de 1889, não houve nenhum caso. Em outubro, nos últimos dez anos, só houve um caso de morte por pneumonia viral; pode-se dizer que esse mês é o mais saudável em Sacalina. [N.A.]
6 Essas medidas correspondem respectivamente a: 8,5 quilômetros; 26,4 a 35 centímetros; 8,5 metros; 407 a 570 quilos.   7 A propósito, nesse relatório, encontrei o seguinte detalhe: "Os forçados são submetidos a castigos cruéis com vergastadas, tanto assim que, logo depois do castigo, eles são levados ao hospital sem sentidos". [N.A.]

visto, houve epidemias de diarreia hemorrágica, mas todas as mortes num período de dez anos, segundo os livros paroquiais, somaram oito casos. Nas reportagens e nos relatórios antigos, muitas vezes se menciona a diarreia hemorrágica, que em tempos passados, ao que tudo indica, era tão rotineira na ilha quanto o escorbuto. Padeciam com ela deportados, soldados e nativos e sua causa era atribuída à má alimentação e às difíceis condições de vida.[8]

O cólera asiático não ocorreu nenhuma vez em Sacalina. A erisipela e a gangrena hospitalar, eu mesmo observei e, pelo visto, ambas as doenças não são transmitidas dentro dos hospitais locais. Em 1889, não houve nenhum caso de coqueluche. A febre intermitente motivou 428 registros e mais da metade deles ocorreu em Aleksándrovski; o relatório aponta como causas o espaço exíguo nas moradias e a pouca circulação de ar fresco, o solo poluído perto das moradias, os trabalhos em locais sujeitos a alagamentos periódicos e a construção de povoados em locais desse mesmo tipo. Todas essas condições insalubres estão presentes, mas mesmo assim a ilha não dá a impressão de um local malárico. Ao visitar as isbás, não encontrei doentes de malária e não me lembro de nenhum povoado onde tenham se queixado dessa doença. É bem possível que muitos dos casos registrados fossem de pessoas que já sofriam da febre em sua terra natal e chegaram à ilha já com o baço aumentado.

A morte por antraz siberiano só aparece uma vez nos livros paroquiais. Ainda não se verificou nenhum caso de mormo ou de hidrofobia.

As doenças dos órgãos respiratórios são causa de um terço das mortes, em especial a tuberculose, responsável por 15%. Nos livros paroquiais, só estão registrados os cristãos, mas se

---

8 O dr. Vassíliev muitas vezes encontrava, em Sacalina, guiliaques que sofriam de diarreia hemorrágica. [N.A.]

acrescentarmos os muçulmanos, que em geral morrem de tuberculose, o percentual se eleva tremendamente. Em todo caso, em Sacalina, os adultos estão, em alto grau, sujeitos à tuberculose; trata-se da doença mais frequente e mais perigosa. A maioria morre em dezembro, quando, em Sacalina, faz muito frio, e também em março e abril; os meses menos afetados são setembro e outubro. Aqui está a distribuição, por idade, dos mortos por tuberculose:

de 0 a 20: 3%
de 20 a 25: 6%
de 25 a 35: 43%
de 35 a 45: 27%
de 45 a 55: 12%
de 55 a 65: 6%
de 65 a 75: 2%

Portanto, o risco de morrer de tuberculose em Sacalina afeta, sobretudo, as pessoas entre 25 e 35 e aquelas entre 35 e 45 anos, ou seja, a flor da idade, aquela mais própria para o trabalho.[9] Na maioria, os mortos de tuberculose são forçados (66%). A predominância de forçados e de pessoas em idade produtiva nos dá o direito de concluir que a significativa mortalidade por tuberculose na colônia de deportação depende, em especial, das condições de vida desfavoráveis nas celas comuns das prisões e do trabalho estafante e penoso dos forçados, que retira do trabalhador mais do que a alimentação prisional pode lhe dar. O clima rigoroso e as privações de toda sorte suportadas por ocasião dos trabalhos, das fugas e do encarceramento nas celas, a vida inquieta nas celas comuns, a insuficiência de gor-

9 Lembro ao leitor que essas idades correspondem a 24,3% e 24,1% de toda a população deportada. [N.A.]

duras na comida, a saudade da terra natal — aqui estão as causas principais da tuberculose em Sacalina.

A sífilis, em 1889, foi registrada 246 vezes, com cinco mortes. Todos eram sifilíticos antigos, com formas secundárias e terciárias da doença, como está dito no relatório. Os sifilíticos que tive ocasião de ver davam pena; esses pacientes abandonados, envelhecidos, denotavam a completa ausência de vigilância sanitária, que, no fundo, tendo em vista o baixo contingente da população deportada, poderia ser a ideal. Assim, em Ríkovskoie, vi um judeu com tuberculose sifilítica; fazia muito tempo que não se tratava, estava sucumbindo pouco a pouco, enquanto a família esperava sua morte com impaciência — e isso a mais ou menos meia versta de um hospital! Nos livros paroquiais, a morte por sífilis é mencionada treze vezes.[10]

Dos 271 doentes de escorbuto registrados em 1889, morreram seis. Nos livros paroquiais, a morte por escorbuto é mencionada dezenove vezes. Há vinte ou 25 anos, essa doença era encontrada na ilha com uma frequência incomparavelmente maior do que na última década e foi a causa da morte

---

10 A sífilis se verifica com mais frequência no posto de Aleksándrovski. No relatório, isso é explicado pela aglomeração de um número considerável de presos recém-chegados e de suas famílias, além de militares, artesãos e toda a população que vem de fora; é explicado também pela chegada de navios ao ancoradouro de Aleksándrovski e de Duê e pelo sistema de trabalho temporário, adotado no verão. Nos registros, são apontadas medidas implementadas contra a sífilis: 1) examinar os forçados nos dias 1º e 15 de cada mês; 2) examinar os grupos de recém-chegados à ilha; 3) examinar todos os dias as mulheres de conduta duvidosa; 4) observar as pessoas que já tiveram sífilis. Porém, apesar de todos esses exames e observações, uma porcentagem considerável de sifilíticos escapa aos registros.

O dr. Vassíliev, enviado em missão para Sacalina em 1869 para prestar ajuda médica aos nativos, não encontrou guiliaques doentes de sífilis. Os ainos chamam a sífilis de doença japonesa. Os japoneses que vêm à ilha para seus negócios pesqueiros são obrigados a apresentar ao cônsul um atestado médico que comprova que não têm sífilis. [N.A.]

de muitos soldados e presos. Alguns jornalistas antigos, que defendiam a fundação de uma colônia de deportação na ilha, negaram com veemência a incidência do escorbuto e, no entanto, louvavam o alho-silvestre como um excelente remédio para essa doença e escreviam que, no inverno, a população preparava centenas de *pudi* desse remédio. O escorbuto, que devasta a costa da Tartária, não poderia poupar Sacalina, onde as condições de vida nos postos não eram nem um pouco melhores. Hoje em dia, na maioria dos casos, são os presos transportados pelos navios da Frota Voluntária que trazem a doença para a ilha. O relatório médico também comprova isso. O chefe do distrito e o médico da prisão em Aleksándrovski me disseram que, em 2 de maio de 1890, no navio *Petersburgo*, chegaram quinhentos presos e, entre eles, não menos de cem estavam com escorbuto; 51 foram levados, pelo médico, para o hospital e para a delegacia de polícia. Um dos doentes era um ucraniano de Poltava, que encontrei no hospital e me disse que tinha pegado escorbuto na prisão central de Khárkov.[11] Entre as enfermidades de causas nutricionais, além do escorbuto, menciono ainda o marasmo, do qual, em Sacalina, não morrem apenas pessoas velhas, longe disso, mas também pessoas em idade produtiva. Um dos mortos tinha 27 anos, outro trinta, os demais 35, 43, 46, 47, 48 etc. E dificilmente se pode dizer que seja um erro do enfermeiro ou do sacerdote, pois "marasmo senil" vem apontado 45 vezes nos livros paroquiais como causa da morte de pessoas jovens, com menos de sessenta anos. A média de vida do forçado russo ainda é ignorada, mas a julgar pelo que se vê, os sacalinenses envelhecem e se

---

11 A permanência prolongada em prisões centrais e em porões de navios favorece a incidência do escorbuto e já ocorreu de levas inteiras de presos adoecerem na chegada à ilha. "O último transporte de forçados de Kostromá", escreve um jornalista, "chegou saudável, mas agora estão todos com escorbuto." *Vladivostok*, 1885, nº 30. [N.A.]

tornam decrépitos cedo, e um forçado e um colono de quarenta anos, em grande parte, já parece um velho.

Não é comum que deportados procurem o hospital por causa de doenças nervosas. Assim, em 1889, as nevralgias e as convulsões só tiveram dezesseis registros.[12] Obviamente, só se tratam os doentes nervosos que são transportados ou conduzidos ao hospital. Inflamação do cérebro, apoplexia e paralisia somaram 24 casos, com dez mortes; a epilepsia teve 31 registros e 25 de perturbação das faculdades mentais. Os doentes psíquicos, como eu já disse, não contam com um alojamento específico em Sacalina; num povoado de Korsákov, vi alguns deles instalados junto com sifilíticos e, a propósito, me contaram que um deles havia pegado sífilis, enquanto outros, que viviam em liberdade, trabalhavam da mesma forma que pessoas sãs, tinham concubinas, fugiam, eram julgados. Nos postos e nos povoados, encontrei pessoalmente vários loucos. Recordo que em Duê um ex-soldado não parava de falar de oceanos aéreos e celestiais, de sua filha Esperança, do Xá da Pérsia e de que havia matado um sacristão de Kristovozdvíjenski. Certa vez, quando eu estava em Vladímirovka, certo Vetriákov, que havia cumprido cinco anos de trabalhos forçados, com uma expressão obtusa e idiota no rosto, se aproximou do inspetor do povoado, sr. I., e lhe estendeu a mão, com ar amistoso. O sr. I. se surpreendeu: "Como é que você pode me cumprimentar?". Revelou-se que Vetriákov tinha vindo perguntar se não seria possível receber do governo um machado de lenhador. "Vou construir uma cabana para mim, depois vou cortar madeira para fazer uma isbá", disse ele. Tratava-se de um louco, já conhecido de longa data, tinha sido examinado por um médico

12 É fácil desconfiar de um forçado com enxaqueca ou dor ciática e não deixar que vá ao hospital; certa vez eu vi um bando inteiro de forçados pedir ao inspetor da prisão que os deixasse ir ao hospital e o inspetor recusou o pedido de todos eles, sem querer distinguir os doentes dos sadios. [N.A.]

e classificado como paranoico. Perguntei qual o nome de seu pai. Respondeu: "Não sei". Mesmo assim, lhe deram um machado. Nem vou falar dos casos de insanidade moral, da fase inicial da paralisia progressiva etc., em que é necessário um diagnóstico mais ou menos preciso. Todos eles trabalham e são tratados como pessoas sãs. Alguns já chegam doentes ou trazem consigo o embrião da doença; assim, num livro paroquial, está registrada a morte, por paralisia progressiva, do forçado Górodov, condenado por homicídio premeditado, que talvez ele tenha cometido já na condição de doente. Porém outros adoeceram na ilha, onde todo dia e toda hora atuam causas suficientes para que uma pessoa frágil, de nervos abalados, enlouqueça.[13]

Em 1889, foram registrados 1760 casos de doença gastrointestinal. Em dez anos, morreram 338; desse total, 66% referem-se a crianças. Os meses mais perigosos para crianças são julho e, sobretudo, agosto, meses em que ocorre um terço do total de mortes de crianças. O mês em que os adultos menos morrem de doenças gastrointestinais é agosto também, talvez por ser o mês em ocorre a migração de peixes, dos quais as pessoas se empanturram. Vivem se queixando de gastrite, de que têm "uma dor no coração" e de que, depois do pão de centeio e da sopa de repolho da prisão, elas têm vômitos.

Em 1889, os casos de doenças femininas registrados no hospital não foram numerosos, ao todo apenas 105. Entretanto, quase não se encontram mulheres saudáveis na colônia. Numa das atas das comissões sobre a alimentação dos forçados, da qual tomou parte o diretor do departamento médico, diz-se, entre outras coisas: "Cerca de 60% das mulheres forçadas sofrem de doenças femininas crônicas". E ocorreu

---

13 Por exemplo, os remorsos, as saudades da terra natal, o orgulho constantemente ferido, a solidão e todas as brigas entre os forçados... [N.A.]

de chegarem levas inteiras de presos em que não havia nenhuma mulher sadia.

Entre as doenças oculares, a que se observa com mais frequência é a conjuntivite; a forma epidêmica não cessa entre os nativos.[14] Nada posso dizer sobre problemas oculares mais graves, pois no relatório todas as doenças oculares são englobadas numa única cifra: 211. Nas isbás, eu encontrava pessoas caolhas, com catarata e cegas; vi também crianças cegas.

Com lesões traumáticas, luxações, fraturas, equimoses e ferimentos de vários tipos, 1217 pessoas procuraram ajuda médica, em 1889. Todas as lesões foram sofridas no trabalho, em toda sorte de acidentes funestos, em fugas (ferimentos por arma de fogo) e em brigas. Nesse grupo, estão incluídas quatro mulheres forçadas que foram para o hospital depois de serem espancadas pelos concubinos.[15] Quanto a congelamento, foram registrados 290 casos.

Os casos de morte não natural na população ortodoxa somaram 170, em dez anos. Desse número, vinte foram condenados

---

14 Dr. Vassíliev: "Entre os guiliaques, o principal fator que dá origem à doença é a constante contemplação da vastidão nevada... Sei, por experiência, que, com alguns dias de constante contemplação da vastidão nevada, é possível desenvolver uma inflamação blenorrágica da membrana mucosa dos olhos". Os forçados têm forte tendência para a cegueira noturna. Às vezes, ela "toma conta" de um grupo inteiro de forçados, de tal modo que eles caminham tateantes, segurando-se uns nos outros. [N.A.] **15** O autor do relatório comenta esses incidentes com as seguintes palavras: "A distribuição das forçadas como concubinas para os colonos deportados tem caráter coercitivo". Para não serem enviados para os trabalhos forçados, alguns forçados se mutilam, por exemplo, cortam dedos da mão direita. Nesse aspecto, as simulações são especialmente engenhosas; encostam no corpo moedas incandescentes, congelam os pés de propósito, usam certo pó caucasiano que, derramado sobre uma ferida pequena e até sobre uma irritação produz uma úlcera repugnante, com secreções purulentas; um deles verteu na própria uretra tabaco de aspirar etc. Os que mais gostam de simular são os mánzi, que vêm da região de Primórskia para a ilha. [N.A.]

à forca e dois foram enforcados não se sabe por quem; os suicídios somam 27 casos, por arma de fogo em Sacalina do Norte (um deles se matou com um tiro, quando estava de sentinela), e por envenenamento, em Sacalina do Sul; muitos se afogaram, se congelaram, foram esmagados por árvores; um foi despedaçado por um urso. A par de causas como paralisia do coração, ruptura do coração, apoplexia, paralisia geral do corpo etc., nos livros paroquiais é apontada também a "morte súbita", para dezessete casos; mais de metade desses mortos tinha entre 22 e quarenta anos de idade e só um tinha mais de cinquenta.

Isso é tudo o que posso dizer sobre a morbidade na colônia de deportação. Apesar da fraquíssima difusão das doenças infecciosas, não posso deixar de reconhecer que elas são importantes, mesmo com base nos números que acabo de mencionar. Os pacientes que procuraram ajuda médica em 1889 somaram 11 309; mas como, no verão, a maioria dos forçados vive e trabalha longe da prisão, em circunstâncias onde só há enfermeiros junto aos grupos grandes de forçados, e como a maioria dos colonos não tem possibilidade de ir ao hospital, em razão da grande distância e do mau tempo, esse número diz respeito, sobretudo, à parte da população que mora nos postos, perto dos locais de assistência médica. Segundo os dados do relatório, em 1889, morreram 194 pessoas, ou 12,5%, em mil. Com esse índice de mortalidade, é possível engendrar uma enorme ilusão e tomar nossa Sacalina como o lugar mais saudável da face da terra; mas é preciso levar em conta a seguinte consideração: em condições normais, cabe às crianças mais da metade das mortes e, aos velhos, apenas um pouco menos de um quarto; mas em Sacalina há muito poucas crianças e quase não há velhos, portanto o coeficiente de 12,5%, no fundo, só diz respeito a pessoas em idade produtiva; além disso, ele está abaixo do percentual verdadeiro, pois seu cálculo no relatório parte de uma população de 15 mil habitantes, ou seja, pelo menos uma vez e meia a mais do que a população real.

Hoje em dia, em Sacalina, existem três locais de assistência médica, um em cada distrito: Aleksándrovski, Ríkovskoie e Korsákov. As clínicas são chamadas, à maneira antiga, de hospitais militares distritais e as isbás ou celas onde são instalados os enfermos com doenças leves são chamados de postos. Para cada distrito, há um médico e, na chefia de todo o sistema, está o diretor do departamenro médico, um doutor de medicina. Os destacamentos militares têm seus hospitais e médicos próprios e não raro acontece de os médicos militares prestarem serviço temporário nas prisões: assim, durante minha estadia, na ausência do diretor do departamento médico, que tinha ido a uma inspeção prisional, e do médico da prisão, que havia se aposentado pouco antes, um médico militar ficou na direção do hospital de Aleksándrovski; também em Duê, durante minha estadia, um médico militar substituiu o médico da prisão, na hora da execução de uma pena. Os hospitais locais são regidos pelo estatuto dos estabelecimentos médicos civis e são mantidos à custa do orçamento das prisões.

Vou dizer algumas palavras sobre o hospital de Aleksándrovski. É formado por alguns blocos, à maneira de barracões,[16] e está previsto para 180 leitos. Quando eu estava chegando ao hospital, barracões novos reluziam ao sol, com suas toras de madeira pesada e redondas, e exalavam um cheiro de coníferas. Na farmácia, tudo é novo, tudo brilha, há até um busto de Bótkin,[17] esculpido por um forçado a

---

16 O hospital ocupa uma área de 8574 *sájeni* quadradas, é formado por onze prédios, distribuídos em três setores: 1) o bloco administrativo, que inclui a farmácia, a sala de cirurgia e a sala de emergência, quatro barracões, cozinha com setor de mulheres e uma capela — aqui fica o hospital propriamente dito; 2) dois blocos para sifilíticos, homens e mulheres, cozinha e alojamento dos guardas penitenciários; 3) dois blocos ocupados pelo setor epidemiológico. [N.A.] 17 Serguéi Petróvitch Bótkin (1832-1889), famoso médico russo.

partir de uma fotografia. "É um pouquinho diferente", disse o enfermeiro, olhando para o busto. Como é costume, há imensos caixotes de *cortex*[18] e *radix*,[19] das quais pelo menos metade já passou do prazo de validade. Avanço e entro nos barracões onde estão os pacientes. Lá, no corredor entre duas fileiras de leitos, o chão é coberto de ramos de abeto. Os leitos são de madeira. Num deles, está um forçado de Duê, com um corte no pescoço; o ferimento tem meio *verchok* de comprimento, está seco e aberto; ouve-se o sibilo do ar através do furo. O paciente se queixa de que, no trabalho, foi atingido pela queda de uma árvore, que machucou o flanco do corpo; procurou o posto médico, mas o enfermeiro não o recebeu e ele, abalado por essa desfeita, quis se matar e cortou o pescoço. Não havia atadura no pescoço; deixaram o ferimento curar-se sozinho. À direita dele, a três ou quatro *archins* de distância, está um chinês com gangrena; à esquerda, um forçado com erisipela... No canto, mais um com erisipela... As ataduras dos doentes cirúrgicos estão sujas, usam uma espécie de cordel de marinheiro, de aspecto suspeito, e até parece que andaram pisando sobre ele. Os enfermeiros e os ajudantes são indisciplinados, não entendem minhas perguntas e produzem uma impressão lamentável. Só um forçado chamado Sózin, que quando livre foi enfermeiro, parece familiarizado com as normas russas e, pelo visto, em toda aquela multidão hospitalar, é a única pessoa que, no desempenho de seu trabalho, não envergonha o deus Esculápio.

Depois de um breve tempo, vou visitar os pacientes ambulatoriais. A sala de espera fica ao lado da farmácia nova; tem cheiro de madeira fresca e verniz. A mesa, à qual está sentado um médico, é cercada por uma grade de madeira, como no guichê de um banco, para que, durante a consulta, o paciente não

---

18 Latim: cortiça.   **19** Latim: raiz.

fique perto e o médico, na maioria dos casos, o examina à distância. Na mesa ao lado do médico, está o enfermeiro chefe, que, em silêncio, brinca com um lápis, como se estivesse submetendo um aluno a uma prova. Ali mesmo, na sala de espera, junto à porta, está postado um guarda com revólver, enquanto mujiques e camponesas entram e saem depressa. Esse ambiente estranho confunde os pacientes e penso que nenhum sifilítico e nenhuma mulher se sentem à vontade para falar de sua enfermidade na presença daquele guarda penitenciário com revólver e dos mujiques. Os pacientes são poucos. Todos têm *febris sachaliniensis* ou eczemas, ou "o coração dói", ou alguma doença forjada; os forçados enfermos pedem com veemência para serem dispensados do trabalho. Levam um menino com um abcesso no pescoço. É preciso cortar. Peço um escalpelo. O enfermeiro e dois mujiques levantam-se com um pulo e saem correndo não sei para onde, pouco depois voltam e me dão um escalpelo. O instrumento não tem corte, está cego, mas eles me dizem que isso não é possível, pois o serralheiro havia amolado o escalpelo pouco tempo antes. Os mujiques e o enfermeiro, mais uma vez, saem correndo, e depois de dois ou três minutos de espera, trazem outro escalpelo. Começo a cortar, mas ele também está cego. Peço solução de fenol — me dão, mas demoram; parece que não usam muito esse líquido, por ali. Não há bacia nem bolas de algodão nem sondas nem tesouras decentes nem mesmo água em quantidade suficiente.

Nesse hospital, o número médio diário de pacientes ambulatoriais é de onze pessoas e o número médio anual (em cinco anos), 2581; a média diária de pacientes internados é de 138. No hospital, há um médico chefe[20] e um médico assistente, dois enfermeiros, uma parteira (uma só para dois distritos) e

---

20 Ele não é o diretor do departamento médico. [N.A.]

os ajudantes, é duro dizer, são 68: 48 homens e vinte mulheres. Em 1889, foram gastos nesse hospital 27 832 rublos e 96 copeques.[21] Segundo o relatório de 1889, os exames médico-legais e as autópsias nos três distritos somaram 21. Foram examinados sete casos de contusões, 58 grávidas e 67 casos em que era preciso determinar se o forçado poderia suportar os castigos corporais prescritos na sentença dos juízes.

Vou usar, agora, trechos do mesmo relatório, referentes ao inventário hospitalar. Em todos os três hospitais, havia: equipamento para exame ginecológico, um; equipamento para exame laringoscópico, um; termômetros máximos, dois, ambos quebrados; termômetros "para medir a temperatura alta", um; trocarte, um; seringas de Pravaz, três, uma com a agulha quebrada; seringas de estanho, 29; tesouras, nove, duas

---

21 Vestuário e roupa de cama custaram 1795 rublos e 26 copeques; alimentação, 12 832 rublos e 94 copeques; remédios, instrumentos cirúrgicos e acessórios, 2309 rublos e sessenta copeques; custos administrativos etc., 2500 rublos e dezesseis copeques; pessoal médico, 8300 rublos. A reforma dos prédios é feita com recursos da prisão e os serventes são de graça. Agora, quero fazer uma comparação. Um hospital de *ziêmstvo* em Siêrpukhov, na província de Moscou, instalado com luxo e que satisfaz integralmente as exigências contemporâneas da ciência, onde a média diária de pacientes internados em 1893 foi de 43, e de pacientes ambulatoriais, 36,2 (13 278 por ano), onde o médico quase todo dia faz uma operação importante, cuida de epidemias, controla um arquivo complexo etc., e que é o melhor hospital no distrito custou ao *ziêmstvo*, em 1893, 12 803 rublos e dezessete copeques, incluindo o seguro e a reforma dos prédios, por 1260 rublos (ver *Análise da organização médico-sanitária do ziêmstvo de Siêrpukhov entre 1892 e 1893*). A medicina em Sacalina custa muito caro, entretanto o hospital é desinfetado "mediante fumigação de cloro", não tem ventilação e a sopa que vi prepararem para os pacientes em Aleksándrovski tinha paladar muito salgado, pois era cozida com carne salgada. Até recentemente, dizem que, "por falta de utensílios e por a cozinha não ter sido montada", a alimentação dos pacientes provinha da comida comum da prisão (ordem do comandante da ilha nº 66, 1890). [N.A.]

quebradas; tubo de clister, um; almofariz grande com pilão, um, rachado; cinto de barbeiro, um; latas de ventosas, catorze.

Nos *Boletins sobre a entrada e o consumo de medicamentos em instituições médicas no setor civil na ilha de Sacalina*, vemos que, em todos os três distritos, foram consumidos ao longo do ano do relatório: 0,5 *pud* de ácido hidroclórico e 26 *pudi* de ácido perclórico, 18,5 libras de fenol, 56 libras de *aluminum crudum*. Mais de um *pud* de cânfora. Um *pud* e nove libras de camomila. Um *pud* e oito libras de cinchona de quinino. E 5,5 libras de pimenta leguminosa vermelha (os *Boletins* não dizem quanto álcool foi usado). Casca de carvalho, um *pud*. Hortelã, 1,5 *pud*. Arnica, 0,5 *pud*. Raiz de malva, três *pudi*. Terebentina, 3,5 *pudi*. Manteiga provençal, três *pudi*. Óleo vegetal, um *pud* e dez libras. Iodofórmio, 0,5 *pud*... Ao todo, sem considerar o ácido perclórico, o ácido hidroclórico, o álcool, os produtos desinfetantes e o material para curativos, segundo os dados dos *Boletins*, foram gastos 63 *pudi* e meio de medicamentos; a população de Sacalina, portanto, pode se gabar de que, em 1889, recebeu uma enorme dose de remédios.

Dos artigos de lei referentes à saúde dos deportados, vou mencionar dois:

1) Os trabalhos que tiverem efeito nocivo à saúde não serão permitidos, mesmo quando solicitados pelos próprios presos (Sanção Suprema da Opinião do Conselho de Estado, 6 de janeiro de 1886, artigo 11).

2) Até o término da gravidez, as mulheres grávidas estão dispensadas do trabalho, bem como nos quarenta dias seguintes ao parto. Após esse prazo, para as mulheres que estiverem amamentando, o trabalho será aliviado na medida do necessário para prevenir danos à mãe ou à criança que ela amamenta. Convém dar o prazo de um ano e meio para que as mulheres condenadas amamentem os filhos (Artigo 297 do "Estatuto dos deportados", edição de 1890).

Deportados presos a um carrinho de mão.
Abaixo, um prisioneiro acorrentado.

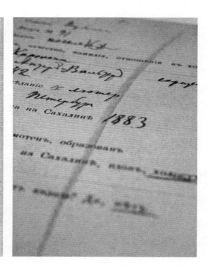

Fichas utilizadas por Tchékhov em sua pesquisa.

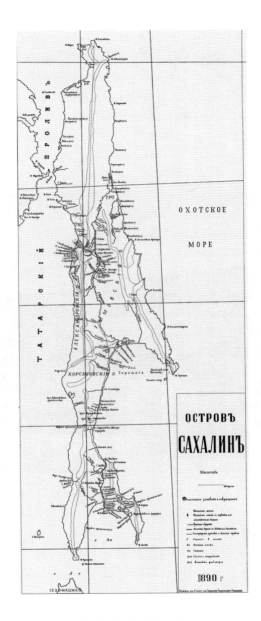

Mapa da ilha de Sacalina, 1890.

Ex-condenados e suas casas em um dos assentamentos.

Uma deportada presa em correntes.

Duas cartas
de Sacalina

Carta de Anton Tchékhov para Aleksei Suvórin[1]
11 de setembro de 1890
A bordo do navio a vapor *Baikal*, no estreito da Tartária.

11 de setembro. Navio *Baikal*.

Saudações! Estou navegando pelo estreito da Tartária, de Sacalina do Norte rumo a Sacalina do Sul. Escrevo, mas não sei quando esta carta chegará ao senhor. Estou bem de saúde, embora o cólera, com seus olhos verdes, me espreite de todos os lados na armadilha que preparou contra mim. Em Vladivostok, no Japão, em Xangai, em Iantai, em Suez e, parece, até na Lua, em toda parte grassa o cólera e as embarcações são mantidas em quarentena. Numa palavra, estou em maus lençóis. Em Vladivostok, europeus estão morrendo e, entre outros, morreu a esposa de um general.

Fiquei em Sacalina do Norte exatamente dois meses. Fui recebido pela administração local de modo extremamente amável, embora Gálkin não tenha escrito nenhuma palavra sobre mim. Nem Gálkin nem a baronesa Ratazana[2] nem outros gênios a quem tive a estupidez de me dirigir em busca de ajuda, nenhum deles me prestou ajuda nenhuma; tive de agir por minha conta e risco.

O governador-geral de Sacalina, Kononóvitch, é um homem instruído e correto. Logo nos demos bem e tudo correu perfeitamente. Levarei comigo alguns papéis, nos quais o senhor verá que as condições em que fui posto, desde o início,

---

1 Aleksei Serguéievitch Suvórin (1834-1912), rico empresário, dono de empresas de comunicação, livrarias e pontos de venda de periódicos, além de escritor e editor. Constante fonte de apoio para Tchékhov. **2** Em russo, *Víkhukhol*, roedor silvestre (*Desmana moschata*). Trocadilho com o nome da baronesa V. I. Ikskul von Hildenbandt.

eram as mais favoráveis. Vi *tudo*; portanto a questão agora não é o *que* vi, mas *como* vi.

Não sei o que vai sair disso tudo, mas o que fiz não foi pouco. Daria para escrever três dissertações. Todo dia, eu levantava às cinco da manhã, dormia tarde e passava todos os dias sob forte pressão, com a ideia de que ainda havia muito por fazer, mas agora, quando já terminei com os trabalhos forçados, tenho mais ou menos a sensação de que vi tudo, mas não percebi o elefante.[3]

Por falar nisso, tive a paciência de fazer o recenseamento de toda a população de Sacalina. Percorri todos os povoados, entrei em todas as isbás e falei com todas as pessoas; para o recenseamento, utilizei um sistema de fichas e já registrei cerca de 10 mil forçados e colonos. Em outras palavras, em Sacalina, não há nenhum forçado ou colono que não tenha falado comigo. Em especial, tive a felicidade de recensear as crianças, nas quais deposito bastante esperança.

Almocei em casa de Landsberg,[4] sentei na cozinha da ex-baronesa Guembruk…[5] Estive com todos os famosos. Presenciei o castigo com o chicote e depois, por três ou quatro noites, sonhei com o carrasco e com o medonho banco onde prendem os castigados. Conversei com os forçados acorrentados a um carrinho de mão. Certa vez, na mina de carvão, quando eu estava tomando chá com Borodávkin, o ex-comerciante de Petersburgo condenado por incêndio criminoso, ele tirou do bolso uma colher de chá e me deu, e com tudo isso meus nervos ficaram em pedaços e jurei a mim mesmo nunca mais ir a Sacalina.

Poderia escrever mais para o senhor, porém na cabine há uma senhorita que não para de rir e falar muito alto. Não tenho

---

3 Dito popular russo, oriundo da fábula de Krílov (1769-1844) intitulada "O curioso". Significa: "não vi o principal".   **4** Karl Landsberg, oficial militar deportado para Sacalina.   **5** Olga Guembruk (russificação do nome alemão Heimbruck), baronesa condenada à deportação em Sacalina.

forças para escrever. Ela está tagarelando e dando risadas desde ontem à noite.

Esta carta vai seguir pela América, mas eu, talvez, não volte pela América. Todos dizem que a rota americana é mais cara e mais maçante.

Amanhã, verei o Japão de longe, a ilha de Matsmai. Agora, é meia-noite. O mar está escuro, está ventando. Não entendo como este navio pode navegar e se orientar, quando não se enxerga nada a um palmo de distância, ainda mais em águas inóspitas e mal conhecidas como as do estreito da Tartária.

Quando lembro que 10 mil verstas me separam do mundo, me domina uma apatia. Parece que vou viajar cem anos até chegar em casa.

A mais profunda reverência e saudações cordiais a Anna Ivánovna e todos os seus. Que Deus lhe dê felicidade e tudo de bom.

Do seu Tchékhov.

É maçante.

De Tchékhov para E. I. Tchékhova
6 de outubro de 1890. Posto de Korsákov.

Sacalina do Sul. 6 de outubro

Saudações, querida mamãe! Escrevo esta carta para a senhora
quase na véspera de minha partida para a Rússia. Esperamos o navio a vapor da Frota Voluntária para os próximos dias e estamos
contando com que ele não chegue depois de 10 de outubro. En-
viarei esta carta para o Japão, de onde ela seguirá para a senhora
através de Xangai ou da América. Estou no posto de Korsákov,
onde não há telégrafo nem correio e aonde só chega um navio de
duas em duas semanas. Ontem chegou um navio a vapor e trouxe
para mim, do norte, um monte de cartas e telegramas. Pelas cartas, eu soube que Macha[1] gostou da Crimeia; creio que ela vai
gostar mais ainda do Cáucaso; eu soube que o Ivan[2] não está con-
seguindo de jeito nenhum cozinhar sua kacha professoral, inde-
ciso entre isso e aquilo. Por onde ele anda agora? Em Vladímir?
Eu soube que Mikhail,[3] graças a Deus, não tinha para onde ir e
por isso passou o verão todo em casa, eu também soube que a senhora esteve em Sviatíe Gorí,[4] que em Luka foi maçante e cho-
veu muito. Que estranho! A senhora enfrentou frio e chuva, mas
em Sacalina, desde minha chegada até hoje, o tempo está claro
e quente; de manhã cedo, faz um frio suave, com geada, a neve
branqueia o alto de uma das montanhas, mas a terra ainda está
verdejante, as folhas não caíram e tudo na natureza corre muito
bem, como em maio, numa casa de campo. Essa é a Sacalina da
senhora! Pelas cartas, eu também soube que o verão em Bábkino
foi maravilhoso, que Suvórin está muito satisfeito com sua casa,

---

1 Irmã de Tchékhov.   2 Irmão de Tchékhov, professor.   3 Irmão de Tchékhov.
4 Montanhas Sagradas, na região de Donetsk, na atual Ucrânia.

que Nemiróvitch-Dántchenko[5] está aborrecido, que a esposa do pobre Ejóv morreu, que Ivánenko afinal está se correspondendo com Jamait e que Kundassova desapareceu e ninguém sabe por onde anda. Eu vou matar o Ivánenko, mas Kundassova, provavelmente, está de novo vagando pelas ruas, balançando os braços e falando indecências para todo mundo, e por isso eu também não tenho pressa de sentir pena dela.

Ontem à meia-noite ouvi o apito de um navio. Todo mundo pulou da cama: Hurra! O navio chegou! Trocamos de roupa e, de lanterna em punho, fomos até o cais; olhamos ao longe — de fato, era a luz de um navio a vapor. Decidimos, por voto de maioria, que era o *Petersburgo*, no qual viajarei para a Rússia. Alegrei-me. Tomamos um bote e partimos na direção do navio... Navegamos, navegamos e, afinal, na neblina, avistamos a massa escura do navio; um de nós gritou, com voz rouca: "Que navio é esse?". E ouvimos a resposta: "O *Baikal*!". Ora essa, maldição, que decepcionante! Estou com saudades de casa e ando farto de Sacalina. Pois já faz três meses que não vejo ninguém, senão forçados ou então pessoas que só sabem falar de trabalhos forçados, chicotes e condenados. Uma vida triste. Minha vontade é ir logo para o Japão e, de lá, para a Índia.

Estou bem de saúde, deixando de lado as cintilações nos olhos, algo que agora me ocorre com frequência e que, depois, me deixa sempre com fortes dores de cabeça. Ontem, tive essas cintilações nos olhos e, por isso, hoje, estou escrevendo esta carta com dor de cabeça e o corpo todo pesado. As hemorroidas também se fazem sentir.

No posto de Korsákov, mora o cônsul japonês Kuze-San, com seus dois secretários, meus conhecidos. Eles vivem à maneira europeia. Hoje, a administração local foi à casa deles,

---

5 Vladímir Ivánovitch Nemiróvitch-Dántchenko (1858-1943), dramaturgo e diretor teatral. Um dos fundadores do Teatro Artístico de Moscou.

com toda solenidade, para entregar uma condecoração que lhes foi concedida; também fui até lá, com minha dor de cabeça, e tive de beber champanhe.

Enquanto morava no sul, por três vezes viajei do posto de Korsákov até Naibutchi, onde quebram autênticas ondas oceânicas. Olhe o mapa, veja a costa oriental da parte sul — lá se encontra a triste e pobre Naibutchi. As ondas arrastaram para a margem um bote com seis baleeiros americanos, cujo navio naufragou no litoral de Sacalina; agora, estão morando no posto e desfilam impávidos pelas ruas; esperam o *Petersburgo* e vão partir junto comigo.

No início de setembro, mandei uma carta para a senhora, via San Francisco. Recebeu?

Cumprimentos ao papai, aos irmãos, a Macha, a titia e Aliókha, a Mariuchka, Ivánenko e todos meus conhecidos. Não vou levar peles; não há peles em Sacalina. Que a senhora tenha boa saúde e que o céu proteja vocês todos.

Do seu Anton

Estou levando presentes para todos. O cólera foi debelado em Vladivostok e no Japão.

No envelope:
Rússia, Moscou.
Moscou,
Kariétnaia Sadóvaia, edifício Dukmássova
Para Evguénia Iokvliévna Tchékhova.
Via San Francisco.

Tudo o que puderes ver

Samuel Titan Jr.

Lá se vão trinta e tantos anos que fui à Sibéria pela primeira vez, a bordo de *Michel Strogoff*. Tinha doze anos ou por aí, morava com meus pais em Santo Amaro, zona sul de São Paulo, e lia sem parar. Devia estar às voltas com Júlio Verne — assim mesmo, em português —, pois minhas memórias do romance de 1876 sobre o indômito mensageiro do tsar datam da mesma época em que eu me entregava às proezas dos capitães Nemo e Hatteras ou às andanças de Otto e Axel Lidenbrock em sua *Viagem ao centro da Terra*. O nó da trama declarava-se já nas primeiras páginas: as linhas do telégrafo tinham sido cortadas a leste de Tomsk, certamente por obra do traidor Ivan Ogareff, que planejava levantar as "hordas tártaras" contra o grão-duque, irmão do tsar, estacionado com suas tropas em Irkutsk. Era urgente mandar um alerta a este último antes que se produzisse uma derrota catastrófica, capaz de levar de roldão metade do império; era urgente, portanto, encontrar quem fosse capaz de atravessar a inóspita, a infinita Sibéria e alertar as forças russas. Era a deixa para que entrasse em cena Michel Strogoff, sujeito "sóbrio de gestos como de palavras", "corpo de ferro" e "coração de ouro". Sua missão determinava o roteiro da viagem, que terá sido árdua para Strogoff, mas que soava como música exótica para mim: Níjni-Nóvgorod, Kazan ("a porta da Ásia"), Perm, Ekatierimburg, Tiumién, Omsk e Tomsk, Krasnoiarsk, os montes Urais, os rios de nome sonoro e, para arrematar, o lago Baikal — ah, o lago Baikal! Essas peripécias culminavam no episódio em que, capturado, Strogoff era submetido ao flagelo. Antes de cegá-lo com uma espada em brasa, o carrasco tártaro provocava-o, repetindo-lhe: "Olha tudo o que puderes ver, olha!". Mais que lido, tudo isso era vivido a fundo, para valer, num ímpeto que hoje posso chamar de adolescente, mas que na época não admitia desmentido e não comportava pose pedante — muitos anos se passariam, por exemplo, antes que eu redescobrisse a frase do carrasco na epígrafe de *A vida: Modo de usar*, de Georges Perec, agora em francês: *"Regarde de tous tes yeux, regarde!"*.

Como em tantos outros romances de Verne, a trama de *Michel Strogoff* acompanha os meandros de uma viagem imaginária por lugares reais. Essa mistura era decisiva para o efeito quase narcótico do livro, reforçado pelos mapas que acompanhavam a minha edição e que terminavam de conferir o selo de realidade àquele carrossel de aventuras. Se um episódio se passara em tal lugar, às margens de tal rio, a tantos graus de latitude e longitude, então aquilo era real — e estava a meu alcance. A injeção de veracidade não diminuía em nada os prazeres da evasão. Ao contrário, ela os dotava de certa respeitabilidade e desfazia qualquer dúvida ou ironia que eu pudesse nutrir a respeito. Hoje sei que o contrário se dava: o romance de Verne raptava o mundo tangível e o punha a serviço de uma trama tão realista quanto os livros de cavalaria que Dom Quixote lia. Feitas as contas, tratava-se menos de percorrer as 5200 verstas de Moscou a Irkutsk que de vencer os obstáculos que punham à prova a têmpera do herói. Os rios, os tártaros, as tempestades estavam lá como coadjuvantes encarregados de testar a honra, a coragem, a constância épica de Strogoff. O trajeto pelas vastidões ermas dava-se, na verdade, em foro perfeitamente íntimo. A minha Sibéria, de aparência tão sólida, era uma paisagem moral, e a viagem de Strogoff, um ritual de iniciação, destinado a cristalizar valores e traçar fronteiras simbólicas. Eu não tinha como sabê-lo então, mas estava diante de um tópos tão antigo quanto a *Odisseia* e tão persistente quanto a literatura.

Voltei à Sibéria uns dez anos depois. Morava agora na Vila Mariana, estava para me formar e, bem, ainda lia sem parar. Os autores de cabeceira eram outros: os clássicos franceses, Kafka, os vultos do boom latino-americano e todo escritor russo que me caísse nas mãos. Lia e relia, em especial, as antologias de contos de Tchékhov traduzidas por Boris Schnaiderman, e acho que foi por aí que cheguei a um livro sobre o qual não sabia grande coisa, *A ilha de Sacalina*. Imagino que o nome sonoro e a promessa de paisagens sem fim devem ter tido lá seu apelo romântico — afinal de contas, eu não estava assim tão distante dos meus anos de Verne. Mas foi só começar a ler para que a miragem se desfizesse e eu tivesse certeza de que essa viagem seria diferente.

Em vez do ímpeto de Michel Strogoff, uma prosa sóbria, que progredia no ritmo de quem caminha, observa e escreve num caderninho; em vez de tártaros e torrentes, uma mistura de militares e moscas, grandes exploradores e pequenos funcionários, deportados e camponeses pobres. O cenário de papel machê cedia lugar a uma natureza sempre grandiosa, mas agora indiferente aos destinos humanos, também estes feitos tanto de grandes sofrimentos como de pequenas contrariedades. O livro era antes anotado com precisão do que escrito em grande estilo. O contraste não podia ser maior, mas a surpresa não estava bem aí — surpreendente mesmo era notar que não havia como parar de ler *A ilha de Sacalina*.

Longe de me sentir frustrado, eu descobria a que ponto aquele exercício de observação exata e honesta do real podia dar numa experiência literária tão absorvente quanto as leituras da meninice. Mais que isso: a vida real mostrava-se absorvente nos seus próprios termos. Era como se Tchékhov sussurrasse: não é preciso contrabandear nada, não é preciso insuflar nada — o real é fecundo. E, de fato, a cada par de páginas, um detalhe se impunha, uma situação se desenhava, um perfil ganhava contornos e capturava o olhar, sem que por isso ficassem obrigados a desempenhar um papel definido num enredo romanesco. O relato tampouco servia à maior glória de quem o escrevia, uma vez que o autor-viajante insistia na discrição. Avesso à semostração, Tchékhov não escrevera ao irmão Aleksandr, já em 20 de fevereiro de 1883, que "a subjetividade é uma coisa horrível" e que "o material se perde à toa" quando ela rouba a cena? O tema era tudo e o escritor devia se apagar no ato de ver e dar a ver seus objetos. "Olha tudo o que puderes ver, olha!" — como em Verne, mas em outro sentido.

Esses dois veios — o imperativo de ver tudo e o desejo de livrar-se de si mesmo — certamente entraram no projeto de viagem a Sacalina. Ao colega Ivan Leôntiev, em carta de 22 de março de 1890, o escritor dissera querer partir "apenas porque eu quero viver seis meses como nunca vivi antes". Leia-se: longe da família, que ele sustentava e que lhe pesava; longe da vida mundana, que julgava cada vez mais fátua; mas longe também do sucesso que granjeara com os contos que vinha publicando desde os tempos de estudante. Pois, por mais que o negasse ("não deposite esperanças literárias na minha viagem", dizia na mesma carta), o fato é que a viagem siberiana se deu num momento em que Tchékhov buscava explorar novos territórios narrativos. Para dar apenas um exemplo, vale recordar que dois anos antes, em 1888, publicara *A estepe*, relato longo, ambientado entre camponeses, sem lugar para o humor e com o subtítulo premonitório de *História de uma viagem*. Assim, se não é o caso de suspeitar da sinceridade e do empenho depositados no projeto de investigação da vida dos degredados siberianos — no fundo, um inquérito de saúde pública —, também não há como subestimar a importância do que Tchékhov viu em Sacalina para sua obra narrativa posterior.

E Tchékhov viu muito. Contemplou a paisagem e fez um censo da colônia penal. Observou a lenta erosão do caráter humano às mãos do sofrimento e da desesperança, num tom que ia na contramão do estilo enfático de Dostoiévski em suas *Recordações da Casa dos Mortos*. E intuiu sem fazer alarde que a katorga siberiana, bem mais que um instituição de justiça, era um dispositivo de poder e de conquista neocolonial, comparado por ele mesmo ao que se passava então no Oeste americano ou na Patagônia argentina. Tudo isso está em *A ilha de Sacalina* e nada disso passou em branco, na medida em que a viagem terá confirmado Tchékhov nos novos caminhos que vinha buscando como escritor. E não faltam, nas próprias páginas do livro, trechos que parecem conter a semente de um personagem ou de um conto; como não há dúvida de que alguma coisa da colônia penal siberiana entrou, por exemplo, na concepção dessa história terrível que é "Enfermaria número 6", de 1892, ou no ambiente sufocante e sórdido de "O assassinato", de 1895, sem falar em "No fundo do barranco", de 1900.

Vou me arriscar um pouquinho mais e sugerir que o que Tchékhov viu e viveu na Sibéria em 1890 terá também contribuído para fixar uma tonalidade séria que o dominou nos anos seguintes e que o foi distanciando de certas fórmulas da década de 1880. Ao longo dessa última década de vida, ele aperfeiçoou um modo narrativo em que a peripécia bem-acabada não só perdia importância como ainda se tornava objeto de desconfiança. Em suas memórias, o escritor Ivan Búnin registrou uma tirada dessa época: Tchékhov teria declarado ao colega mais jovem que, "depois de se escrever um conto, deve-se cortar o início e o fim. É aí que nós, escritores, mais mentimos". Em outras palavras: o que interessa é o empenho em capturar as verdadeiras linhas de força de um caráter ou de uma situação. Os desenlaces são supérfluos e mesmo menti-rosos, não acrescentam nada ou, no máximo, providenciam ao leitor o prazer ou o consolo de ver a tensão desfeita e o sentido estabelecido. Por extensão, o escritor deve ser menos o criador de uma esfera perfeita e antes o investigador de um mundo que não se revela como num panorama, mas sim sob forma de indícios e fragmentos a serem coletados com argúcia, empatia e paciência.

Para se ter uma ideia da força dessa última fase de Tchékhov, basta pensar numa obra-prima como "A dama do cachorrinho", que eu lia e continuo a ler com devoção. Em vez de aplacar nossa angústia quanto ao destino de Gúrov e Anna Serguêievna, escondidos num quarto de hotel moscovita, o fim da história deixa tudo em aberto, assim como nos deixa sozinhos, entregues a nós mesmos, diante de personagens que amamos, mas cujas fraturas conhecemos bem demais. Nada, nesse conto de 1899, remete expressamente à Sibéria de 1890. Contudo, não consigo deixar de pensar que sim, que algo desse tom terno mas sério, compassivo mas penetrante, nutriu-se da mesma disposição que, um dia, fizera seu autor sair de casa para ir ver tudo o que houvesse a ser visto numa ilha perdida do outro lado do mundo. Seja como for, Tchékhov me abriu os olhos para dimensões da vida e da literatura que eu intuía mal e que ainda hoje teimam em se furtar a mim. "Mas pronto, *taková zhizn'*, a vida é assim", talvez dissesse Anton Pávlovitch com um sorriso no canto da boca. Resta o fato que lhe sou profundamente grato — e o que mais eu poderia dizer para recomendar este livro a seus novos leitores?

ANTON TCHÉKHOV nasceu em 1860 em Taganrog, um porto no Mar de Azov, na Rússia. Após receber uma educação clássica em sua cidade natal, mudou-se para Moscou em 1879 para estudar medicina, diplomando-se em 1884. Ainda nos tempos de faculdade conseguiu sustentar sua família graças a histórias humorísticas, contos e esquetes publicados com enorme sucesso em diversas revistas e jornais. Estreou em livro em 1886, e no ano seguinte já receberia o prêmio Púchkin pelo seu segundo livro. Suas histórias mais famosas foram escritas depois que retornou da temerária viagem à Sacalina. A montagem por Stanislávski de sua peça *A gaivota*, de 1898, consolidou sua fama no teatro, gênero em que deixou alguns dos mais importantes textos da história, como *Tio Vânia*, *Três irmãs* e *O jardim das cerejeiras*. Com a saúde debilitada após contrair tuberculose, mudou-se para Ialta, onde entrou em contato com Tolstói e Górki, e seria nesta cidade na costa do Mar Negro que passaria o resto de seus dias. Em 1901 casou-se com Olga Knipper, atriz do Teatro Artístico de Moscou. Morreu em 1904.

RUBENS FIGUEIREDO nasceu em 1956, no Rio de Janeiro. Como escritor, publicou os romances *Barco a seco* e *Passageiro do fim do dia*, além dos livros de contos *As palavras secretas* e *O livro dos lobos*, entre outros. Como tradutor, verteu as obras de grandes autores como Dostoiévski, Turguêniev, Tolstói e Bábel, além de numerosos escritores contemporâneos de língua inglesa.

SAMUEL TITAN JR. nasceu em Belém (PA), em 1970. Tradutor, crítico e editor, leciona no Departamento de Teoria Literária e Literatura Comparada da Universidade de São Paulo (USP).

créditos das imagens
Heritage Image Partnership Ltd / Alamy Stock Photo [capa]
Charles Henry Hawes, 1903 [pp. 439a, 443]
Innokenty Pavlovsky, 1890 [p. 439b]
Ivan Krasnov, 1891 [p. 442]

© Todavia, 2018
© *tradução e apresentação*, Rubens Figueiredo, 2018

Grafia atualizada segundo o Acordo Ortográfico da Língua
Portuguesa de 1990, que entrou em vigor no Brasil em 2009.

Original usado para esta tradução:
Чехов А. П., Полное собрание сочинений и писем в тридцати томах.
(Tchékhov A. P., Pólnoie Sobránoie Sotchiníenii i Píssiem v 30 T.)
[Obras completas e cartas em 30 volumes].
Moscou: Naúka, 1974-1983, v. 14 e 15.

capa
Ciça Pinheiro
imagem da capa
Anton Tchékhov
preparação
Mariana Donner
revisão
Huendel Viana
Débora Donadel

2ª reimpressão, 2023

Dados Internacionais de Catalogação na Publicação (CIP)

Tchékhov, Anton (1860-1904)
  A ilha de Sacalina : notas de viagem / Anton Tchékhov ;
tradução e apresentação Rubens Figueiredo ; posfácio
Samuel Titan Jr. — 1. ed. — São Paulo : Todavia, 2018.

  Título original: *Остров Сахалин* (*Ostrov Sakhalin*)
  ISBN 978-85-88808-09-6

  1. Jornalismo literário. 2. Outras literaturas.
  I. Figueiredo, Rubens. II. Titan Jr., Samuel. III. Título.

CDD 890

Índice para catálogo sistemático:
1. Outras literaturas 890

Bruna Heller — Bibliotecária — CRB 10/2348

todavia
Rua Luís Anhaia, 44
05433.020 São Paulo SP
T. 55 11. 3094 0500
www.todavialivros.com.br

fonte
Register*
papel
Pólen soft 80 g/m²
impressão
Geográfica